"十四五"职业教育国家规划教材

高等职业教育机械类
新形态一体化教材

机械设计基础

（第六版）

主编 陈立德 罗卫平

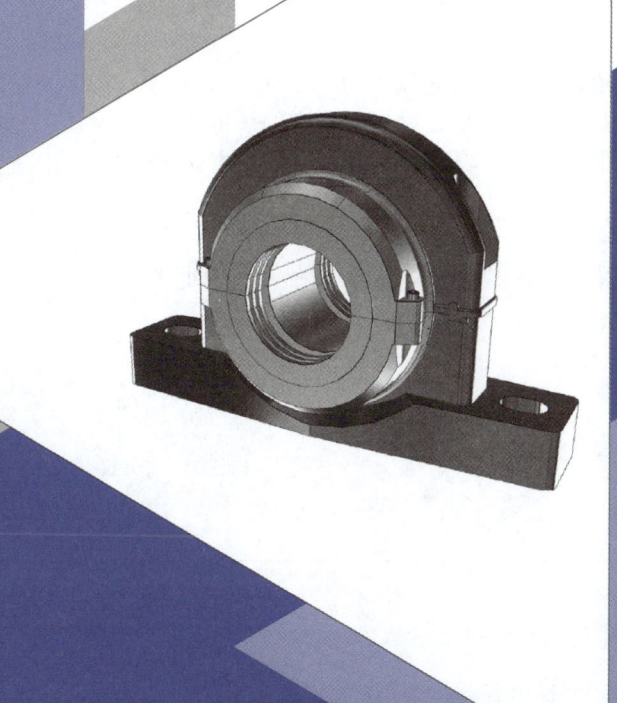

中国教育出版传媒集团
高等教育出版社·北京

内容提要

本书是"十四五"职业教育国家规划教材,在《机械设计基础》(第五版)基础上修订而成的。本书不但突出了高等职业教育的特点,而且在相关各章中增设了"实例分析"这一节,激发学生的创新意识、提高学生的创新能力。

全书除绪论外共分17章,包括机械设计概述,摩擦、磨损及润滑概述,平面机构的结构分析,平面连杆机构,凸轮机构,间歇运动机构,螺纹连接与螺旋传动,带传动,链传动,齿轮传动,蜗杆传动,齿轮系,机械传动设计,轴和轴毂连接,轴承,其他常用零部件,机械的平衡与调速等内容。

本书结合AR技术,增设三维实体模型,并且在关键知识点配有动画等数字化资源,方便学生随扫随学。授课教师如需本书配套的教学课件,请登录"高等教育出版社产品信息检索系统"(https://xuanshu.hep.com.cn/)免费下载。

本书可作为高等职业院校、成人高校、应用型本科院校及本科院校举办的二级职业技术学院机械类及近机类专业的教学用书,也可供有关工程技术人员参考。

本书第一版2002年被评为全国普通高等学校优秀教材一等奖。

图书在版编目(CIP)数据

机械设计基础 / 陈立德,罗卫平主编. -- 6版. -- 北京:高等教育出版社,2025.2. -- ISBN 978-7-04-063665-9

Ⅰ.TH122

中国国家版本馆CIP数据核字第2024Y7W810号

机械设计基础(第六版)
JIXIE SHEJI JICHU

| 策划编辑 张 璋 | 责任编辑 张 璋 | 封面设计 李小璐 | 版式设计 童 丹 |
| 责任校对 王 雨 | 责任印制 张益豪 | | |

出版发行	高等教育出版社	网 址	http://www.hep.edu.cn
社 址	北京市西城区德外大街4号		http://www.hep.com.cn
邮政编码	100120	网上订购	http://www.hepmall.com.cn
印 刷	北京鑫海金澳胶印有限公司		http://www.hepmall.com
开 本	787mm×1092mm 1/16		http://www.hepmall.cn
印 张	22	版 次	2000年8月第1版
字 数	520千字		2025年2月第6版
购书热线	010-58581118	印 次	2025年2月第1次印刷
咨询电话	400-810-0598	定 价	49.80元

本书如有缺页、倒页、脱页等质量问题,请到所购图书销售部门联系调换
版权所有 侵权必究
物 料 号 63665-00

AR教材
一书在手,全部拥有

内容精选,理实一体,贴近职业教育实际。
双色印刷,图文并茂,机械形体生动具体。
AR 技术,随扫随学,即时获取立体三维模型,
激发学生学习兴趣。

1. 使用微信扫描下方二维码,进入登录页面,完成登录、绑定。
2. 进入"资源详情"页,点击"查看资源",即可进入AR模型页面,展开自己的3D学习之旅。

注: 教材中带有" [AR] "标识的图片,均配套有对应的AR资源。

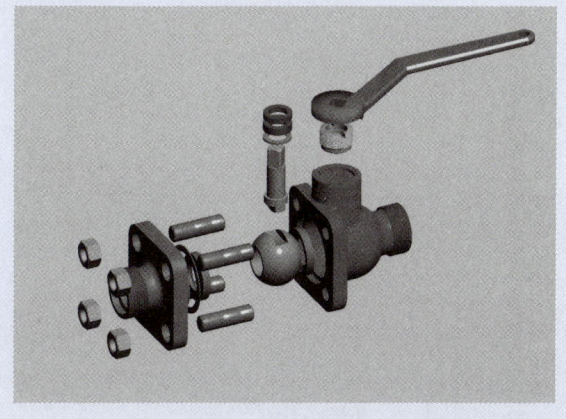

第六版前言

　　创新驱动的实质是人才驱动。各级层次的高校必然是创新人才培养的重要基地,担负着不可推卸的责任。教材的建设是高校培养创新人才的基本依托和重要保证,它是一项复杂而艰巨的任务。为了适应对人才培养的新要求,决定对《机械设计基础》(第五版)(第一版 2002 年被评为全国普通高等学校优秀教材一等奖)进行修订。经过讨论,确定了修订的方案与重点。具体的修订工作和具有的特色如下所述:

　　1. 本次修订为加快推进党的二十大精神进教材,将进一步着眼于课程思政育人,加强创新设计训练,将党的二十大精神融入课程教学单元,引导学生在专业知识技能学习的同时,提升自身的爱国情怀和道德修养,培养学生将所学融入生活、改善生活的创新意识。

　　2. 在创新驱动发展战略引领与支撑下,在有关各章中增设了"实例分析"一节。它是一道经实践解决生产难题的案例,也为一项在创新理念指导下解决的生产实例。"实例分析"的内容是在"解题思路与方法"思想指导下所组织的编写内容,可激发学生的创新意识以及提高学生的创新能力。

　　3. 增、删或改写思考题,可深化教学内容,提高学生求知欲及解决实际问题的能力,有利于创新能力的培养和提高。

　　4. 采用已正式颁布的最新国家标准和有关技术规范、数据及资料。

　　本书修订工作分工为:李晓晖修订第 3、12 章,杜洪香修订第 16、17 章、第 4 章实例分析,胡云堂修订第 5、6 章,姜小菁、罗卫平共同修订部分思考题、资料收集,陈立德、罗卫平共同修订第 8 章,罗卫平修订第 4.6 节、第 10.8~10.14 节,卞咏梅负责资料收集、文字修饰等,陈立德修订全书的思考题、复习题及课堂讨论题、其余的实例分析及其余各章、第 10.1~10.7 节等。全书由金陵科技学院陈立德教授和罗卫平副教授任主编,姜小菁、胡云堂任副主编。

　　本书由中国一拖集团有限公司、金陵科技学院茅军高级工程师(副教授)审阅。在修订过程中,许多同行提出了很好的意见及建议,在此一并表示衷心的感谢!

　　为便于师生的教与学,本书配套了齐全的辅助教学资源,现已建设完成的有:电子教案、《机械设计基础学习指南与题解》《机械设计基础课程设计指导书》(第六版)等。

　　鉴于编者水平有限,书中难免会有不妥之处,恳请同行和广大读者批评指正。

编　者

2024 年 12 月

第一版前言

本书是根据教育部制定的《高职高专教育机械设计基础课程教学基本要求》(机械类专业适用),并结合编者多年从事教学、生产实践的经验编写而成的,可供机械类、近机类专业使用,参考学时数为 90~100 学时。

本书的特点如下:

1. 将机械原理、机械零件两部分内容有机地结合在一起。
2. 以培养技术应用型人才为目标,贯彻基本理论以"必需、够用"为度的原则,删减了理论性较强的内容,而突出了实用性强的教学内容。
3. 适当介绍了机械设计 CAD 的方法以及机械零、部件的新型式和新结构。
4. 一律采用国际单位制,采用已正式颁布的最新国家标准。
5. 加强了复习题部分,并在有关章节中适当地加入思考题,以深化教学内容,加强应用理论知识解决实践问题能力的训练。对有关章节还给出了课堂讨论题目。

参加本书编写的有:苏州市职业大学吕慧瑛(第 3、4、5 章,第 10 章的第 10.1~10.7 节,第 16 章),南京金陵职业大学李晓辉(第 6、12、15 章)、陈立德(绪论,第 1、13 章,全书的思考题、复习题及课堂讨论题),沈阳电力高等专科学校沈冰(第 7、8、14 章),天津职业大学牛玉丽(第 2、9 章,第 10 章的第 10.8~10.14 节,第 11、17 章)。全书由南京金陵职业大学陈立德教授主编,负责全书的统稿。

南京机械高等专科学校徐锦康教授仔细地审阅了全部文稿和图稿,提出了很多宝贵意见和建议,在此表示衷心的感谢。

由于编者水平有限,缺点和错误在所难免,恳请广大读者批评指正。

编 者
2000 年 2 月

目 录

绪论	1
0.1 机器的组成及特征	1
0.2 本课程的内容、性质和任务	2
0.3 学习方法	2
0.4 我国机械的发展概述	3
0.5 创新意识	3

第1章 机械设计概述 … 4
- 1.1 机械设计的基本要求 … 4
- 1.2 机械设计的内容与步骤 … 5
- 1.3 机械零件的失效形式及设计计算准则 … 6
- 1.4 机械零件设计的标准化、系列化及通用化 … 7
- 复习题 … 8

第2章 摩擦、磨损及润滑概述 … 9
- 2.1 摩擦与磨损 … 9
- 2.2 润滑 … 11
- 2.3 密封方法及装置 … 19
- 复习题 … 25

第3章 平面机构的结构分析 … 26
- 3.1 机构的组成 … 26
- 3.2 平面机构的运动简图 … 28
- 3.3 平面机构的自由度 … 30
- 复习题 … 33

第4章 平面连杆机构 … 35
- 4.1 概述 … 35
- 4.2 平面机构的运动分析 … 35
- 4.3 平面机构的力分析 … 37
- 4.4 四杆机构的基本型式及演化 … 43
- 4.5 平面四杆机构的基本特性 … 48
- 4.6 平面四杆机构的设计 … 52
- 4.7 实例分析 … 54
- 复习题 … 55

第5章 凸轮机构 … 58
- 5.1 概述 … 58
- 5.2 常用的从动件运动规律 … 61
- 5.3 盘形凸轮轮廓的设计与加工方法 … 63
- 5.4 凸轮机构基本尺寸的确定 … 66
- 5.5 凸轮机构的结构和精度 … 68
- 复习题 … 69

第6章 间歇运动机构 … 71
- 6.1 棘轮机构 … 71
- 6.2 槽轮机构 … 73
- 6.3 不完全齿轮机构和凸轮式间歇运动机构 … 74
- 复习题 … 76

第7章 螺纹连接与螺旋传动 … 77
- 7.1 螺纹连接的基本知识 … 77
- 7.2 螺纹连接的预紧与防松 … 83
- 7.3 单个螺栓连接的强度计算 … 85
- 7.4 螺栓组连接的结构设计和受力分析 … 89
- 7.5 螺纹连接件的材料、机械性能等级和许用应力 … 93
- 7.6 提高螺栓连接强度的措施 … 96
- 7.7 滑动螺旋传动简介 … 97
- 7.8 滚动螺旋传动简介 … 99
- 7.9 实例分析 … 103
- 复习题 … 104
- 课堂讨论题 … 105

附表 ································ 106

第8章　带传动 ·················· 108

8.1　概述 ······························· 108
8.2　V带和带轮的结构 ············ 112
8.3　带传动的工作能力分析 ······ 119
8.4　普通V带传动的设计 ········· 122
8.5　带传动的张紧、安装与维护 ··· 129
8.6　实例分析 ························ 132
8.7　同步带传动 ···················· 135
　　复习题 ···························· 136

第9章　链传动 ·················· 138

9.1　概述 ······························· 138
9.2　滚子链和链轮 ·················· 139
9.3　链传动的运动特性 ············ 142
9.4　滚子链传动的设计计算 ······ 143
9.5　链传动的布置、张紧及润滑 ··· 146
　　复习题 ···························· 149

第10章　齿轮传动 ············· 151

10.1　齿轮传动的特点和基本类型 ··· 151
10.2　渐开线齿轮的齿廓及传动比 ··· 152
10.3　渐开线标准直齿圆柱齿轮的主要
　　　参数及几何尺寸计算 ········· 157
10.4　渐开线直齿圆柱齿轮的啮合
　　　传动 ····························· 160
10.5　渐开线齿轮的加工方法 ····· 162
10.6　渐开线齿廓的根切现象与标准
　　　外啮合直齿轮的最少齿数 ···· 164
10.7　变位齿轮传动 ················· 165
10.8　齿轮常见的失效形式与设计
　　　准则 ····························· 167
10.9　齿轮的常用材料及许用应力 ··· 170
10.10　渐开线标准直齿圆柱齿轮传动的
　　　　强度计算 ····················· 174
10.11　平行轴斜齿圆柱齿轮传动 ···· 178
10.12　直齿锥齿轮传动 ············· 184
10.13　齿轮的结构设计及齿轮传动的
　　　　润滑和效率 ··················· 189
10.14　标准齿轮传动的设计计算 ··· 192
10.15　实例分析 ····················· 195

　　　复习题 ·························· 202
　　　课堂讨论题 ···················· 203

第11章　蜗杆传动 ············· 204

11.1　蜗杆传动的类型和特点 ····· 204
11.2　蜗杆传动的主要参数和几何尺寸
　　　计算 ····························· 206
11.3　蜗杆传动的失效形式和计算
　　　准则 ····························· 210
11.4　蜗杆传动的材料和结构 ····· 211
11.5　蜗杆传动的强度计算 ········ 213
11.6　蜗杆传动的效率、润滑及热平衡
　　　计算 ····························· 217
11.7　普通圆柱蜗杆传动的精度等级
　　　选择及安装和维护 ············ 220
11.8　实例分析 ······················ 221
11.9　常用各类齿轮传动的选择 ··· 223
　　　复习题 ·························· 224

第12章　齿轮系 ················ 226

12.1　定轴齿轮系传动比的计算 ··· 226
12.2　行星齿轮系传动比的计算 ··· 228
12.3　齿轮系的应用 ················ 231
12.4　减速器 ·························· 233
　　　复习题 ·························· 236

第13章　机械传动设计 ······· 238

13.1　概述 ···························· 238
13.2　常用机械传动机构的选择 ··· 240
13.3　机械传动的特性和参数 ····· 241
13.4　机械传动的方案设计 ········ 243
13.5　机械传动的设计顺序 ········ 246
　　　复习题 ·························· 246

第14章　轴和轴毂连接 ······· 247

14.1　概述 ···························· 247
14.2　轴的结构设计 ················ 248
14.3　轴的强度计算 ················ 252
14.4　轴的材料及选择 ·············· 257
14.5　轴的设计 ······················ 258
14.6　实例分析 ······················ 259
14.7　轴毂连接 ······················ 263
　　　复习题 ·························· 268

第 15 章 轴承 ······ 269
- 15.1 轴承的功用和类型 ······ 269
- 15.2 滚动轴承的组成、类型及特点 ······ 269
- 15.3 滚动轴承的代号 ······ 273
- 15.4 滚动轴承类型的选择 ······ 277
- 15.5 滚动轴承的工作情况分析及计算 ······ 279
- 15.6 滚动轴承的选择 ······ 288
- 15.7 滚动轴承的组合设计 ······ 289
- 15.8 实例分析 ······ 299
- 15.9 滑动轴承概述 ······ 303
- 15.10 滚动轴承与滑动轴承的性能比较 ······ 311
- 复习题 ······ 312
- 课堂讨论题 ······ 313

附表 ······ 314

第 16 章 其他常用零部件 ······ 316
- 16.1 联轴器 ······ 316
- 16.2 实例分析 ······ 321
- 16.3 离合器 ······ 321
- 16.4 弹簧 ······ 323
- 复习题 ······ 326

第 17 章 机械的平衡与调速 ······ 328
- 17.1 概述 ······ 328
- 17.2 回转件的静平衡 ······ 328
- 17.3 回转件的动平衡 ······ 330
- 17.4 机器速度波动的调节 ······ 331
- 复习题 ······ 334

参考文献 ······ 336

绪　论

0.1　机器的组成及特征

在人们的生产和生活中广泛使用着各种机器。图 0.1 所示为单缸内燃机,它由气缸体 1、活塞 2、进气阀 3、排气阀 4、连杆 5、曲轴 6、凸轮 7、顶杆 8、齿轮 9 和齿轮 10 等组成。通过燃气在气缸内的进气—压缩—做功—排气过程,使其燃烧的热能转变为曲轴转动的机械能。

图 0.2 所示为颚式破碎机,由电动机 1、带轮 2、V 带 3、带轮 4、偏心轴 5、动颚板 6、肘板 7、定颚板 8 及机架等组成。电动机的转动通过带传动带动偏心轴转动,进而使动颚板产生平面运动,与定颚板一起实现压碎物料的功能。

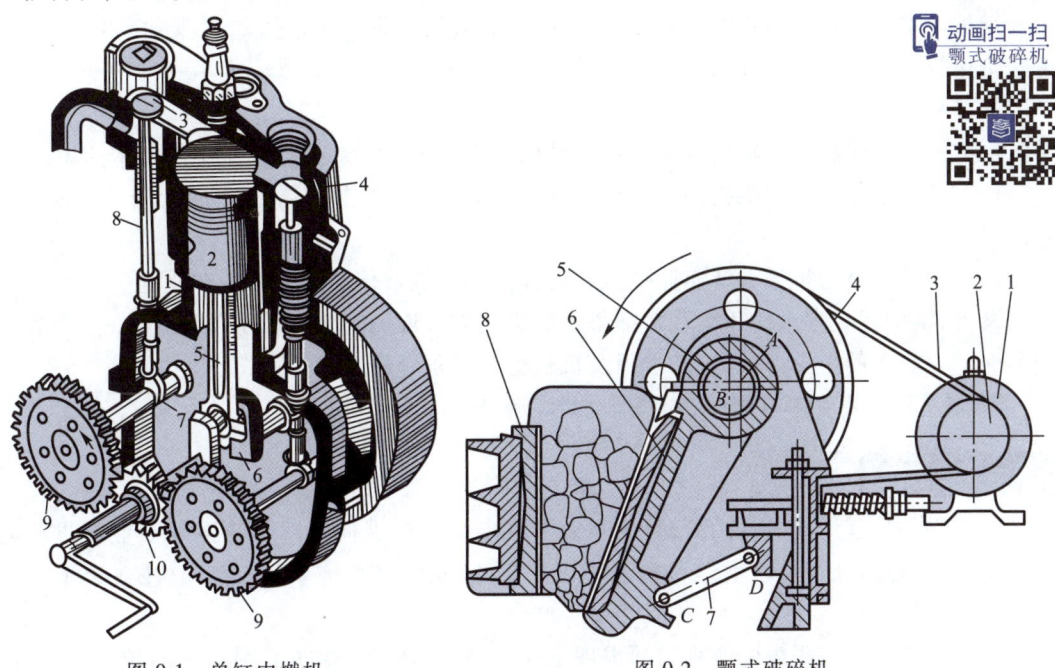

图 0.1　单缸内燃机　　　　　图 0.2　颚式破碎机

机器的种类繁多,结构型式和用途也各不相同,但总的来说机器有三个共同的特征:1)都是一种人为的实物组合;2)各部分形成运动单元,各单元之间具有确定的相对运动;3)能实现能量转换或完成有用的机械功。仅具备前两个特征的称为机构。机构是多个实物的组合,能实现预期的机械运动。如图 0.1 中的齿轮机构,将曲轴的转动传递给凸轮轴,而凸轮机构则将凸轮轴的转动变换为顶杆的直线往复运动,保证了进、排气阀有规律地启闭。由此可见,机器是由机构组成的,但从运动观点来看两者并无差别,工程上统称为"机械"。

各种机器中普遍使用的机构称为常用机构,例如齿轮机构、凸轮机构等。

组成机械的各个相对运动的实物称为构件,机械中不可拆的制造单元体称为零件。构件可以是单一零件,如内燃机的曲轴6(图0.1),也可以是多个零件的刚性组合体,如内燃机的连杆5(图0.1)。由此可见,构件是机械中运动的单元体,零件是机械中制造的单元体。

零件分为两类:一类是通用零件,是各种机器中经常使用的零件,如螺栓、螺母等;另一类是专用零件,是仅在特定类型机器中使用的零件,如活塞、曲轴等。

随着近代科学技术的发展,人类综合应用各方面的知识和技术,不断创造出各种新型的机器,因此"机器"也有了新的含义。更广泛意义上的机器定义是:一种用来转换或传递能量、物料和信息的能执行机械运动的装置。

思考题 0.1 选定一台较为简单的机器(如台钻等),分析其中哪些是连接部分?哪些是传动部分,各用到哪些零件等。

0.2 本课程的内容、性质和任务

本课程研究的对象为机械中的常用机构及一般工作条件下和常用参数范围内的通用零部件,研究其工作原理、结构特点、运动性能、基本设计理论、计算方法以及一些零部件的选用和维护。本课程是一门重要的专业基础课,综合应用各先修课程的基础理论和生产知识,解决常用机构及通用零部件的分析和设计问题。

本课程的任务为:

(1) 使学生了解常用机构及通用零部件的工作原理、类型、特点及应用等基本知识。

(2) 使学生掌握常用机构的基本理论和设计方法、掌握通用零部件的失效形式、设计准则与设计方法。

(3) 使学生具备机械设计实验技能和设计简单机械及传动装置的基本技能。

总之,本课程是理论性和实践性都很强的机械类及近机类专业的主干课程之一,在教学中具有承上启下的作用,是机械工程师及机械管理工程师的必修课程。

思考题 0.2 与以前学过的哪些技术基础课相比,本课程有哪些特点?

0.3 学习方法

本课程是从理论性、系统性很强的基础课和专业基础课向实践性较强的专业课过渡的一个重要转折点。因此,学生学习本课程时必须在学习方法上有所转变,应注意以下几个特点:

(1) 本课程将多门先修课程的基本理论应用到实际中去,解决有关实际问题,因此先修课程的掌握程度直接影响到本课程的学习。

(2) 学生一接触本课程就会产生"没有系统性""逻辑性差"等错觉,这是由于学生习惯了基础课的系统性所造成的。本课程中,虽然对于不同研究对象所涉及的理论基础不相同,且相互之间无多大关系,但最终的研究目的只有一个,即设计出能应用的机构、零件等。本课程的各部分内容都是按照工作原理、结构、强度计算、使用维护的顺序介绍的,有其自身的系统性,学习时应注意这一特点。

(3) 由于实践中所发生的问题很复杂,很难用纯理论的方法来解决,因此常常采用很多经验公式、参数以及简化计算(条件性计算)等,这样往往会给学生造成"不讲道理""没有理论"等错觉,这点必须在学习过程中逐步适应。

(4) 计算步骤和计算结果不像基础课那样具有唯一性。

(5) 计算对解决设计问题虽然很重要,但并不是唯一所要求的能力,学生必须逐步培养把理论计算与结构设计、工艺等结合起来解决设计问题的能力。

0.4　我国机械的发展概述

我国是世界上机械发展最早的国家之一。公元前 5 世纪,春秋时代的子贡就给机械下了定义,机械是能使人用力寡而成功多的器械。中国古代创造出许多杰出的科技成果,如耧车、立轴式风车、冶金鼓风机、木牛流马、悬棺、指南车、记里鼓车、地动仪、水运仪象台、被中香炉等机械;产生了许多像鲁班、墨翟、赵过、丁缓 、张衡 、祖冲之、苏颂、宋应星等古代优秀科学家;留下了许多科技古籍,如春秋战国时期的《考工记》、元代的《梓人遗制》、宋代的《新仪象法要》、明代的《天工开物》等。

改革开放以来,我国通过不断优化先进技术、提升技术创新、研发高精尖技术,使我国的核心技术不断完善;并逐步实现机械制造的自动化、集成化、智能化;实现环境保护与经济发展的共赢。中国机械工业的高速发展引起世界瞩目。

0.5　创新意识

创新是一个民族的灵魂,是一个国家兴旺发展的不竭动力。创新定位为发展的第一动力,而人才的培养是创新的根基。创新驱动的实质是人才驱动,人才培养是关键,高校必然是创新人才培养的基地、教材建设又是高校培养创新型人才的基本依托和重要保证,担负着不可推卸的责任。"机械设计基础"是机械类各专业的一门核心技术基础课,在培养创新人才中起着重要的作用。

本书为《机械设计基础》(第六版),是在第五版基础上修订而成的。修订教材的指导思想为在创新驱动发展战略的引领和支撑下激发学生的创新意识和提高学生的创新能力。目前具体修订教材的内容主要是增设"实例分析"节和适当地增删思考题,其重点应放在"实例分析"中,并在今后应多次组织编写、使用教材。经不断总结、不断充实、大胆创新,才能创造一套高质量、富有鲜明特色的创新型的教材。

思考题 0.3　试述创新驱动发展与教学改革的关系。

第 1 章

机械设计概述

本章扼要阐述机械设计的基本要求、内容与步骤以及设计计算准则等。

1.1 机械设计的基本要求

机械设计包括以下两种设计:1) 应用新技术、新方法开发创造新机械;2) 在原有机械的基础上重新设计或进行局部改造,从而改变或提高原有机械的性能。设计质量直接关系机械产品的性能、价格及经济效益。

机械零件是组成机器的基本单元,在讨论机械设计的基本要求之前,首先应初步了解设计机械零件的一些基本要求。

1.1.1 设计机械零件的基本要求

零件工作可靠并且成本低廉是设计机械零件应满足的基本要求。

零件的工作能力是指零件在一定的工作条件下抵抗可能出现的失效的能力,对载荷而言称为承载能力。失效是指零件由于某些原因不能正常工作。只有每个零件都能可靠地工作,才能保证机器的正常运行。

设计机械零件还必须坚持经济观点,力求综合经济效益高。为此要注意以下几点:1) 合理选择材料,降低材料费用;2) 保证良好的工艺性,减少制造费用;3) 尽量采用标准化、通用化设计,简化设计过程,从而降低成本。

1.1.2 机械设计的基本要求

机械产品设计应满足以下几方面的基本要求:

1. 实现预定功能

设计的机器能实现预定的功能,并能在规定的工作条件下、规定的工作期限内正常运行。

2. 满足可靠性要求

机器由许多零件及部件组成,其可靠度取决于零部件的可靠度。机械系统的零部件越多,其可靠度也就越低,因此在设计机器时应尽量减少零件数目。但就目前而言,对机械产品的可靠度难以提出统一的考核指标。

3. 满足经济性要求

经济性指标是一项综合性指标,要求设计及制造成本低、机器生产率高、能源和材料耗费少、维护及管理费用低等。

4. 操作方便、工作安全

操作系统要简便可靠,有利于减轻操作人员的劳动强度。要有各种保险装置以消除由于误操作而引起的危险,避免人身及设备事故的发生。

5. 造型美观、减少污染

运用工业艺术造型设计方法对机械产品进行工业造型设计,使所设计的机器不仅使用性能好、尺寸小、价格低廉,而且外形美观,富有时代特点。机械产品的造型直接影响到产品的销售和竞争力,在当前机械设计中是一个不容忽视的环节。

尽可能地降低噪声,减轻对环境的污染。噪声也是反映机械质量的一个重要指标。

1.2 机械设计的内容与步骤

机械设计是一项复杂、细致和科学性很强的工作。随着科学技术的发展,对设计的理解在不断地深化,设计方法也在不断地发展。近年来发展起来的"优化设计""可靠性设计""有限元设计""模块化设计"和"计算机辅助设计"等现代设计方法已在机械设计中得到了推广与应用。即使如此,常规设计方法仍然是工程技术人员进行机械设计的重要基础,必须很好地掌握。常规设计方法又可分为理论设计、经验设计和模型试验设计等。

机械设计的步骤通常可分为以下几个阶段:

1. 产品规划

产品规划的主要工作是提出设计任务和明确设计要求,这是机械产品设计首先需要解决的问题。通常是人们根据市场需求提出设计任务,通过可行性分析后才能进行产品规划。

2. 方案设计

在满足设计任务书中设计具体要求的前提下,由设计人员构思出多种可行方案并进行分析比较,从中优选出一种功能满足要求、工作性能可靠、结构设计可行以及成本低廉的方案。

3. 技术设计

在既定设计方案的基础上,完成机械产品的总体设计、部件设计、零件设计等,设计结果以工程图及计算说明书的形式表达出来。

4. 制造及试验

经过加工、安装及调试制造出样机,对样机进行试运行或生产现场试用,将试验过程中发现的问题反馈给设计人员,经过修改完善,最后通过鉴定。

与设计机器时一样,设计机械零件也常需拟定出几种不同方案,经过认真比较选用其中最好的一种。设计机械零件的一般内容如下:

(1) 根据机器的具体运转情况和简化的计算方案确定零件的载荷。

(2) 根据零件工作情况的分析,判定零件的失效形式,从而确定其计算准则。

(3) 进行主要参数选择,选定材料,根据计算准则求出零件的主要尺寸,考虑热处理及结构工艺性要求等。

(4) 进行结构设计。

(5) 绘制零件工作图,制订技术要求,编写计算说明书及相关技术文件。

对于不同的零件和工作条件,以上这些设计内容可以有所不同。此外,在设计过程中,这些内容又是相互交错、反复进行的。

第 1 章　机械设计概述

应当指出,在设计机械零件时往往是将较复杂的实际工作情况进行一定的简化,才能应用力学等理论解决机械零件的设计计算问题。因此,这种计算或多或少地带有一定的条件性或假定性,这种计算称为条件性计算。机械零件设计基本上是按条件性计算进行的。为了使计算结果更符合实际情况,必要时可进行模型试验或实物试验。

本课程在介绍各种零件设计时,其内容的安排顺序基本上是按照上述步骤进行的。

1.3　机械零件的失效形式及设计计算准则

机械零件丧失预定功能或预定功能指标降低到许用值以下的现象,称为机械零件的失效。由于强度不够而引起的破坏是最常见的零件失效形式,但并不是零件失效的唯一形式。进行机械零件设计时必须根据零件的失效形式分析失效的原因,提出防止或减轻失效的措施,根据不同的失效形式提出不同的设计计算准则。

1.3.1　失效形式

机械零件最常见的失效形式大致有以下几种。

1. 断裂

机械零件的断裂通常有以下两种情况:

(1) 零件在外载荷的作用下,某一危险截面上的应力超过零件的强度极限时将发生断裂(如螺栓的折断);

(2) 零件在循环变应力的作用下,危险截面上的应力超过零件的疲劳强度而发生疲劳断裂。

2. 过量变形

当零件上的应力超过材料的屈服极限时,零件将发生塑性变形。当零件的弹性变形量过大时也会使机器的工作不正常,如机床主轴的过量弹性变形会降低机床的加工精度。

3. 表面失效

表面失效主要有疲劳点蚀、磨损、压溃和腐蚀等形式。表面失效后通常会增加零件的摩擦,使零件尺寸发生变化,最终造成零件的报废。

4. 破坏正常工作条件引起的失效

有些零件只有在一定的工作条件下才能正常工作,否则就会引起失效。如带传动因过载发生打滑,使传动不能正常地进行。

1.3.2　设计计算准则

同一零件对于不同失效形式的承载能力也各不相同。根据不同的失效原因而建立起来的工作能力判定条件,称为设计计算准则,主要包括以下几种。

1. 强度准则[①]

强度是零件应满足的基本要求。强度是指零件在载荷作用下抵抗断裂、塑性变形及表面失效(磨粒磨损、腐蚀除外)的能力。强度可分为整体强度和表面强度(接触与挤压强度)两种。

---

① 说明:目前金属材料室温拉伸试验方法的标准为 GB/T 228.1—2021。为了与计算中的应力符号统一,本书中的各强度、应力符号未采用最新标准中的符号,仍然采用旧标准中规定的符号。

整体强度的判定准则为：零件在危险截面处的最大应力(σ,τ)不应超过允许的限度(称为许用应力，用[σ]或[τ]表示)，即

$$\sigma \leq [\sigma]$$

或

$$\tau \leq [\tau]$$

另一种表达形式为：危险截面处的实际安全系数 S 应大于或等于许用安全系数[S]，即

$$S \geq [S]$$

表面接触强度的判定准则为：在反复的接触应力作用下，零件在接触处的接触应力 σ_H 应该小于或等于许用接触应力[σ_H]，即

$$\sigma_H \leq [\sigma_H]$$

对于受挤压的表面，挤压应力不能过大，否则会发生表面塑性变形、表面压溃等。挤压强度的判定准则为：挤压应力 σ_P① 应小于或等于许用挤压应力[σ_P]，即

$$\sigma_P \leq [\sigma_P]$$

2. 刚度准则

刚度是指零件受载后抵抗弹性变形的能力，其设计计算准则为：零件在载荷作用下产生的弹性变形量应小于或等于机器工作性能允许的极限值。各种变形量计算公式可参考材料力学课程，本书不再赘述。

3. 耐磨性准则

设计时应使零件的磨损量在预定限度内不超过允许量。由于磨损机理比较复杂，通常采用条件性的计算准则，即零件的压强 p 不大于零件的许用压强[p]，即

$$p \leq [p]$$

4. 散热性准则

零件工作时如果温度过高将导致润滑剂失去作用，材料的强度极限下降，引起热变形及附加热应力等，从而使零件不能正常工作。散热性准则为：根据热平衡条件，工作温度 t 不应超过许用工作温度[t]，即

$$t \leq [t]$$

5. 可靠性准则

可靠性用可靠度表示，对那些大量生产而又无法逐件试验或检测的产品，更应计算其可靠度。零件的可靠度用零件在规定的使用条件下、在规定的时间内能正常工作的概率来表示，即用在规定的寿命时间内能连续工作的件数占总件数的百分比表示。如有 N_T 个零件，在预期寿命内只有 N_S 个零件能连续正常工作，则其系统的可靠度为

$$R = N_S / N_T$$

思考题1.1 有哪些常用的设计计算准则？它们是针对什么失效形式而建立的？

1.4　机械零件设计的标准化、系列化及通用化

有不少通用零件，如螺纹连接件、滚动轴承等，由于应用范围广、用量大，已经高度标准化而成为标准件。设计时只需根据设计手册或产品目录选定型号和尺寸，向专业商店或工厂订购。此外，有很多零件虽使用范围极为广泛，但在具体设计时随着工作条件的不同，在

---

① 说明：在工程力学中，挤压应力用 σ_{bs} 表示，而在机械设计基础教材中采用了 σ_P 符号，二者不统一，特此说明。

第1章 机械设计概述

材料、尺寸、结构等方面的选择也各不相同,这种情况则可对其某些基本参数规定标准的系列化数列,如齿轮的模数等。

按规定标准生产的零件称为标准件。标准化给机械制造带来的好处是:1)由专门化工厂大量生产标准件,能保证质量、节约材料、降低成本;2)选用标准件可以简化设计工作、缩短产品的生产周期;3)选用参数标准化的零件,在机械制造过程中可以减少刀具和量具的规格;4)具有互换性,从而简化机器的安装和维修。设计中选用标准件时,由于要受到标准的限制而使选用不够灵活,若选用系列化产品则从一定程度上解决了这一问题。例如,对于同类型、同内径的滚动轴承,按照滚动体直径的不同使其形成各种外径、宽度的滚动轴承系列,从而使轴承的选用更为方便、灵活。

通用化是指在不同规格的同类或不同类产品中采用同一结构和尺寸的零部件,以减少零部件的种类,简化生产管理过程,降低成本和缩短生产周期。

由于标准化、系列化、通用化具有明显的优越性,所以在机械设计中应大力推广"三化",贯彻采用各种标准。

我国现行标准分为国家标准(GB)、行业标准和专业标准等,国际上则推行国际标准化组织(ISO)的标准,我国也正在逐步向 ISO 标准靠近。

复习题

1.1 机械设计过程通常分为哪几个阶段?各阶段的主要内容是什么?
1.2 常见的失效形式有哪几种?
1.3 什么叫工作能力?计算准则是如何得出的?
1.4 标准化的重要意义是什么?

第 2 章

摩擦、磨损及润滑概述

随着现代科学技术的发展,对摩擦、磨损的研究已经形成一门新的学科领域——摩擦学(tribology)。为了节约能源、提高效率及延长机械零件的寿命,润滑是必不可少的。本章对摩擦、磨损作简要的介绍,重点介绍润滑方式、润滑装置和密封装置。了解并掌握这方面的知识有利于正确地设计、使用和维护机器。

2.1 摩擦与磨损

各类机器在工作时,零件相对运动的接触面间存在着摩擦。摩擦是机器运转过程中不可避免的物理现象。摩擦不仅消耗能量,而且使零件发生磨损,甚至导致零件失效。据统计,世界上每年使用的能源中 1/3~1/2 消耗在摩擦上,而各种机械零件因磨损失效的也占全部失效零件的一半以上。磨损是摩擦的结果,润滑则是减少摩擦和磨损的有力措施,这三者是相互联系不可分割的。

2.1.1 摩擦及其分类

在外力作用下,一物体相对于另一物体运动或有运动趋势时,两物体接触面间产生的阻碍物体运动的切向阻力称为摩擦力。这种在两物体接触区产生阻碍运动并消耗能量的现象,称为摩擦。摩擦会造成能量耗损和零件磨损,在一般情况下是有害的,因此应尽量减少摩擦。但有些情况下却要利用摩擦来工作,如带传动、摩擦制动器等。

根据摩擦副表面间的润滑状态将摩擦状态分为 4 种:干摩擦、液体摩擦、边界摩擦和混合摩擦(图 2.1)。

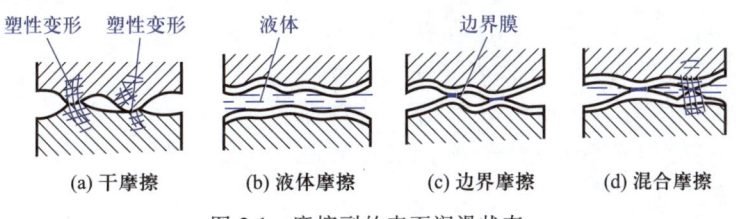

图 2.1 摩擦副的表面润滑状态

1. 干摩擦

如果两物体的滑动表面为无任何润滑剂或保护膜的纯金属,这两个物体直接接触时的摩擦称为干摩擦,如图 2.1a 所示。干摩擦状态产生较大的摩擦功耗及严重的磨损,因此应严禁出现这种摩擦。

2. 液体摩擦

两摩擦表面不直接接触,被油膜(一般油膜厚度>1.5~2 μm)隔开的摩擦称为液体摩擦,如图 2.1b 所示。

3. 边界摩擦

两摩擦表面被吸附在表面的边界膜(油膜厚度小于 1 μm)隔开,使其处于干摩擦与液体摩擦之间的状态,这种摩擦称为边界摩擦,如图 2.1c 所示。

4. 混合摩擦

实践中有很多摩擦副处于干摩擦、液体摩擦与边界摩擦的混合状态,称为混合摩擦,如图 2.1d 所示。

由于液体摩擦、边界摩擦、混合摩擦都必须在一定的润滑条件下才能实现,因此这三种摩擦又分别称为液体润滑、边界润滑和混合润滑。

2.1.2 磨损及其过程

运动副之间的摩擦将导致零件表面材料的逐渐损失,这种现象称为磨损。单位时间内材料的磨损量称为磨损率。磨损量可以用体积、质量或厚度来衡量。

机械零件严重磨损后,会降低机器的工作效率和可靠性,使机器提前报废。因此,预先考虑如何避免或减轻磨损,是设计、使用、维护机器的一项重要内容。但磨损也并非全都是有害的,也有其有利的一面,例如工程上常利用磨损的原理来减小零件表面的粗糙度值,如磨削、研磨、抛光以及跑合等。

在机械的正常运转中,磨损过程大致可分为以下三个阶段。

1. 跑合(磨合)磨损阶段

在这一阶段中,磨损速度由快变慢,而后逐渐减小到一稳定值。这是由于新加工的零件表面呈尖峰状态,使运转初期摩擦副的实际接触面积较小,单位接触面积上的压力较大,因而磨损速度较快,如图 2.2 中磨损曲线的 Oa 段。

跑合磨损到一定程度后,尖峰逐渐被磨平,磨损速度逐渐减慢。

2. 稳定磨损阶段

在这一阶段中磨损缓慢、磨损率稳定,零件以平稳而缓慢的磨损速度进入正常工作阶段,如图 2.2 中的 ab 段。这个阶段的长短即代表零件使用寿命的长短,磨损曲线的斜率即为磨损率,斜率愈小磨损率就愈低,零件的使用寿命就愈长。经此磨损阶段后零件进入剧烈磨损阶段。

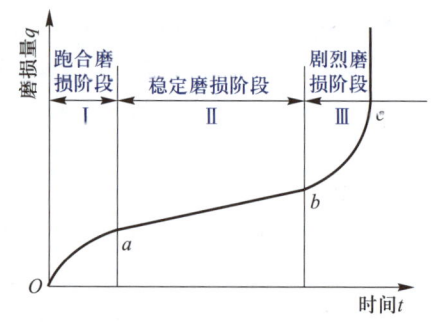

图 2.2 零件的磨损过程

3. 剧烈磨损阶段

此阶段的特征是磨损速度及磨损率都急剧增大。当工作表面的总磨损量超过机械正常运转要求的某一允许值后,摩擦副的间隙增大,零件的磨损加剧,精度下降,润滑状态恶化,温度升高,从而产生振动、冲击和噪声,导致零件迅速失效,如图 2.2 中的 bc 段。

上述磨损过程中的三个阶段,是一般机械设备运转过程中都存在的。必须指出的是,在跑合阶段结束后应清洗零件,更换润滑油,这样才能正常地进入稳定磨损阶段。

2.1.3 磨损分类

按照磨损的机理以及零件表面磨损状态的不同,一般工况下把磨损分为磨粒磨损、黏着磨损、疲劳磨损、腐蚀磨损等。

1. 磨粒磨损

由于摩擦表面上的硬质突出物或从外部进入摩擦表面的硬质颗粒,对摩擦表面起到切削或刮擦作用,从而引起表层材料脱落的现象,称为磨粒磨损。这种磨损是最常见的一种磨损形式,应设法减轻。为减轻磨粒磨损,除应注意满足润滑条件外,还应合理地选择摩擦副的材料、降低表面粗糙度值以及加装防护密封装置等。

2. 黏着磨损

当摩擦副受到较大正压力作用时,由于表面不平,其顶峰接触点受到高压力作用而产生弹、塑性变形,附在摩擦表面的吸附膜破裂,温升后使金属的顶峰塑性面牢固地黏着并熔焊在一起,形成冷焊结点。在两摩擦表面相对滑动时,材料便从一个表面转移到另一个表面,成为表面凸起,促使摩擦表面进一步磨损。这种由于黏着作用引起的磨损,称为黏着磨损。

黏着磨损按程度不同可分为 5 级:轻微磨损、涂抹、擦伤、撕脱和咬死。如气缸套与活塞环、曲轴与轴瓦、轮齿啮合表面等,皆可能出现不同黏着程度的磨损。涂抹、擦伤、撕脱又称为胶合,往往发生于高速、重载的场合。

合理地选择配对材料(如选择异种金属),采用表面处理(如表面热处理、喷镀、化学处理等),限制摩擦表面的温度,控制压强及采用含有油性极压添加剂的润滑剂等,都可减轻黏着磨损。

3. 疲劳磨损(点蚀)

两摩擦表面为点或线接触时,局部的弹性变形会形成小的接触区。这些小的接触区形成的摩擦副如果受变化接触应力的反复作用,表层将产生裂纹。随着裂纹的扩展与相互连接,表层金属脱落,形成许多月牙形的浅坑,这种现象称为疲劳磨损,也称点蚀。

合理地选择材料及其硬度(硬度高则抗疲劳磨损能力强),选择黏度高的润滑油,加入极压添加剂或 MoS_2 及减小摩擦面的粗糙度值等,均可以提高抗疲劳磨损的能力。

4. 腐蚀磨损

在摩擦过程中,摩擦面与周围介质发生化学或电化学反应而产生物质损失的现象,称为腐蚀磨损。腐蚀磨损可分为氧化磨损、特殊介质腐蚀磨损、气蚀磨损等。腐蚀也可以在没有摩擦的条件下形成,这种情况常发生于钢铁类零件,如化工管道、泵类零件、柴油机缸套等。

应该指出的是,实际上大多数磨损是以上述 4 种磨损形式的复合形式出现的。

思考题 2.1 结合具体的机械零件各举一例说明以上 4 种磨损发生的条件、磨损的形成、改善措施及设计时应考虑的问题。

2.2 润滑

在摩擦副间加入润滑剂,以降低摩擦、减轻磨损,这种措施称为润滑。润滑的主要作用是:1)减小摩擦系数,提高机械效率;2)减轻磨损,延长机械的使用寿命。此外,润滑还可起到冷却、防尘以及吸振等作用。

2.2.1 润滑剂的性能与选择

常用的润滑剂除了润滑油和润滑脂外,还有固体润滑剂(如石墨、二硫化钼等)、气体润滑剂(如空气、氢气、水蒸气等)。

1. 润滑油

润滑油是目前使用最多的润滑剂,主要有矿物油、合成油、有机油等,其中应用最广泛的为矿物油。

润滑油的主要物理性能指标为黏度、凝点、闪点、极压性、润滑性等。

(1) 黏度

润滑油最重要的一项物理性能指标为黏度,它是选择润滑油的主要依据。黏度的大小表示了液体流动时其内摩擦阻力的大小,黏度愈大,内摩擦阻力就愈大,液体的流动性就愈差。

黏度可用动力黏度、运动黏度、条件黏度(恩氏黏度)等表示。我国的石油产品常用运动黏度来标定。

1) 动力黏度 η 对于 1 m³ 的液体,如果其上下表面发生相对速度为 1 m/s 的相对运动时所需切向力为 1 N,则称该液体的黏度为 1 Pa·s(=1 N·s/m²)。

2) 运动黏度 ν 液体的动力黏度与液体在相同温度下密度 ρ 的比值称为该液体的运动黏度:

$$\nu = \frac{\eta}{\rho} \tag{2.1}$$

式中:η 为动力黏度,单位为 Pa·s;ρ 为密度,单位为 kg/m³;ν 为运动黏度,单位为 m²/s。

一般润滑油的牌号就是该润滑油在 40 ℃(或 100 ℃)时运动黏度(以 mm²/s 为单位)的平均值,如 L-AN46 全损耗系统用油在 40 ℃ 时的运动黏度为 41.4~50.6 mm²/s。

3) 条件黏度 在规定的温度下从恩氏黏度计流出 200 mL 样品所需的时间与同体积蒸馏水在 20 ℃ 时流出所需的时间之比值称为该液体的条件黏度,以 η_E 表示,单位为 °E_t。国际上有许多国家采用恩氏黏度(即为条件黏度)。

运动黏度和恩氏黏度之间可通过下式进行换算:

当 $1.35 \leq \eta_E \leq 3.2$ 时 $\qquad \nu = 8.0\eta_E - \dfrac{8.64}{\eta_E} \tag{2.2}$

当 $\eta_E > 3.2$ 时 $\qquad \nu = 7.6\eta_E - \dfrac{4.0}{\eta_E} \tag{2.3}$

润滑油的黏度并不是固定不变的,而是随着温度和压强而变化。黏度随温度的升高而降低,而且变化很大。因此,在注明某种润滑油的黏度时,必须同时标明它的测试温度,否则便毫无实际意义。黏度随压强的升高而加大,但压强小于 20 MPa 时,其影响甚小,可不予考虑。

(2) 凝点

润滑油冷却到完全失去流动性时的温度称为润滑油的凝点。它是油在低温下工作的一个重要指标。

(3) 闪点

润滑油在标准仪器内加热蒸发的油气一遇到火焰能发出闪光的最低温度称为润滑油的闪点。这是衡量油的易燃性的尺度,油的工作温度应比其闪点低,一般应低于其闪点 30~40 ℃。

(4)极压性

极压性是润滑油中加入含硫、氯、磷的有机极性化合物后,油中极性分子在金属表面生成抗磨、耐高压化学反应膜的能力。机械在高速重载条件下工作时,要选用极压性好的油来进行润滑。

(5)润滑性(油性)

润滑性是指润滑油中极性分子与金属表面吸附形成边界油膜以减少摩擦和磨损的性能。润滑性越好,油膜与金属表面的吸附能力越强。在低速、重载或润滑不充分的场合,润滑性具有特别重要的意义。

常用润滑油的性能和用途列于表 2.1 中。

表 2.1 常用润滑油的主要性质和用途

名称	代号	运动黏度/(mm²/s)		倾点/℃	闪点/℃	主要用途
		40 ℃时	100 ℃时			
L-AN 全损耗系统用油(GB/T 443—1989,原名为机械油)	L-AN5	4.14~5.06	—	-5	80	用于各种高速轻载机械轴承的润滑和冷却(循环式或油箱式),如转速在 10 000 r/min 以上的精密机械、机床及纺织纱锭的润滑和冷却
	L-AN7	6.12~7.48			110	
	L-AN10	9.00~11.0			130	
	L-AN15	13.5~16.5			150	用于小型机床齿轮箱、传动装置轴承,中小型电动机,风动工具等
	L-AN22	19.8~24.2				
	L-AN32	28.8~35.2				用于一般机床齿轮变速箱、中小型机床导轨及 100 kW 以上电动机轴承
	L-AN46	41.4~50.6			160	
	L-AN68	61.2~74.8				主要用在大型机床、大型刨床上
	L-AN100	90.0~110			180	主要用在低速重载的纺织机械及重型机床、锻压、铸工设备上
	L-AN150	135~165				
工业闭式齿轮油(GB 5903—2011)	L-CKC68	61.2~74.8	—	-12	180	用于煤炭、水泥、冶金工业部门大型封闭式齿轮传动装置的润滑
	L-CKC100	90.0~110				
	L-CKC150	135~165				
	L-CKC220	198~242		-9	200	
	L-CKC320	288~352				
	L-CKC460	414~506				
	L-CKC680	612~748		-5		
液压油(GB 11118.1—2011)	L-HL15	13.5~16.5	—	-12	140	用于机床和其他设备的低压齿轮泵,也可用于使用其他抗氧防锈型润滑油的机械设备(如轴承和齿轮等)
	L-HL22	19.8~24.2		-9	165	
	L-HL32	28.8~35.2			175	
	L-HL46	41.4~50.6			185	
	L-HL68	61.2~74.8		-6	195	
	L-HL100	90.0~110			205	

续表

名称	代号	运动黏度/(mm²/s) 40℃时	运动黏度/(mm²/s) 100℃时	倾点/℃	闪点/℃	主要用途
汽轮机油（GB 11120—2011）	L-TSA32	28.8~35.2	—	-6	186	用于电力、工业、船舶及其他工业汽轮机组、水轮机组的润滑和密封
	L-TSA46	41.4~50.6				
	L-TSA68	61.2~74.8			195	
	L-TSA100	90.0~110				
L-CKE/P 蜗轮蜗杆油（SH/T 0094—1991）（1998年确认）	220	198~242		-12		用于铜-钢配对的圆柱形、承受重负荷、传动中有振动和冲击的蜗轮蜗杆副
	320	288~352				
	460	414~506				
	680	612~748				
	1 000	900~1 100				
10号仪表油（SH/T 0138—1994）		9~11		-50	125	用于各种仪表（包括低温下操作）的润滑
轴承油（SH 0017—1990）	L-FC 2	1.98~2.24		-18	—	L-FC 轴承油属于抗氧缓蚀型。适用于60℃以下和一般负荷的轴承润滑。也用于有关离合器锭子、汽轮机、无抗磨性能要求的液压系统等设备的润滑
	L-FC 3	2.28~3.52			—	
	L-FC 22	19.8~24.2			140	
	L-FC 32	28.8~35.2		-12	160	
	L-FC 46	41.4~50.6			180	
	L-FC 68	61.2~74.8				
	L-FC 100	90~110		-6		
	L-FD 7	6.12~7.48			115	具有良好的抗氧性、缓蚀性和抗磨性。适用于精密机床主轴轴承的润滑以及其他以循环、油浴、喷雾润滑的高速轴承或精密滚动轴承
	L-FD 10	9.00~11.0		-12	140	
	L-FD 15	13.5~16.5				
	L-FD 22	19.8~24.2				

思考题2.2 冬天在液压系统中加入L-AN22润滑油是合适的,不会漏油,而在夏天加入则产生漏油现象,为什么？如何设法改变？

2. 润滑脂

润滑脂是在润滑油中加入稠化剂(如钙、钠、锂等金属皂基)而形成的脂状润滑剂,又称为黄油或干油。

润滑脂的主要物理性能指标为滴点、锥入度和耐水性等。润滑脂的流动性小,不易流失,所以密封简单,不需经常补充。润滑脂对载荷和速度变化不是很敏感,有较大的适应范围,但因其摩擦损耗较大,机械效率较低,故不宜用于高速传动的场合。润滑脂多半用于低速、受冲击或间歇运动处。

(1) 滴点 是指润滑脂受热后从标准测量杯的孔口滴下第一滴油时的温度。滴点标志着润滑脂的耐高温能力,润滑脂的工作温度应比滴点低20~30℃。润滑脂的号数越大,表明滴点越低。

（2）锥入度　即润滑脂的稠度。将重 1.5 N 的标准锥体在 25 ℃ 恒温下，由润滑脂表面自由沉下，经 5 s 后该锥体可沉入的深度值（以 0.1 mm 为单位）即为润滑脂的锥入度。锥入度表明润滑脂内阻力的大小和流动性的强弱。锥入度越小，表明润滑脂越稠，承载能力越强，密封性越好，但摩擦阻力也越小，流动性越差，因而不易填充较小的摩擦间隙。

目前使用最多的是钙基润滑脂，其耐水性强，但耐热性差，常用于在 60 ℃ 以下工作的各种轴承的润滑，尤其适用于在露天条件下工作的机械轴承的润滑。钠基润滑脂的耐热性好，可用于 115~145 ℃ 以下工作的情况，但是耐水性差。锂基润滑脂的性能优良，耐水耐热性均好，可以在 -20~150 ℃ 的范围内广泛适用。

常用润滑脂的主要性能和用途列于表 2.2。

表 2.2　常用润滑脂的主要性质和用途

名称	代号	滴点/℃ 不低于	工作锥入度 (25 ℃,150 g) /(1/10 mm)	主要用途
钙基润滑脂 （GB/T 491—2008）	L-XAAMHA1	80	310~340	有耐水性能。用于工作温度低于 55~60 ℃ 的各种工农业、交通运输机械设备的轴承润滑，特别是有水或潮湿处
	L-XAAMHA2	85	265~295	
	L-XAAMHA3	90	220~250	
	L-XAAMHA4	95	175~205	
钠基润滑脂 （GB/T 492—1989）	L-XACMGA2	160	265~295	不耐水（或潮湿）。用于工作温度在 -10~110 ℃ 的一般中负荷机械设备的轴承润滑
	L-XACMGA3		220~250	
通用锂基润滑脂 （GB/T 7324—2010）	ZL-1	170	310~340	有良好的耐水性和耐热性。适用于温度在 -20~120 ℃ 范围内各种机械的滚动轴承、滑动轴承及其他摩擦部位的润滑
	ZL-2	175	265~295	
	ZL-3	180	220~250	
钙钠基润滑脂 （SH/T 0368—1992） （2003 年确认）	ZGN-1	120	250~290	用于工作温度在 80~100 ℃、有水分或较潮湿环境中工作的机械润滑，多用于铁路机车、列车、小电动机、发电机滚动轴承（温度较高者）的润滑。不适于低温工作
	ZGN-2	135	200~240	
石墨钙基润滑脂 （SH/T 0369—1992）	—	80	—	人字齿轮、起重机、挖掘机的底盘齿轮，矿山机械、绞盘钢丝绳等高负荷、高压力、低速度的粗糙机械润滑及一般开式齿轮润滑。能耐潮湿
滚珠轴承润滑脂 （SH/T 0386—1992）	ZGN69-2	120	250~290 (-40 ℃ 时为 30)	用于机车、汽车、电动机及其他机械的滚动轴承润滑
7407 号齿轮润滑脂 （SH/T 0469—1994）	—	160	75~90	用于各种低速、中、重载荷齿轮、链和联轴器等的润滑，使用温度 ≤120 ℃，可承受冲击载荷

续表

名称	代号	滴点 /℃ 不低于	工作锥入度 (25 ℃,150 g) /(1/10 mm)	主要用途
4号高温润滑脂 (50号高温润滑脂) (SH/T 0376—1992) (2003年确认)	—	200	170~225	用于高温下各种滚动轴承的润滑,也可用于一般滑动轴承和齿轮的润滑。使用温度为-40~200 ℃
工业凡士林 (SH 0039—1990)		54	—	用于金属零件、机器的防锈,在机械的温度不高和负荷不大时,可用作减摩润滑脂

3. 固体润滑剂

摩擦面间的固体润滑剂呈粉末或薄膜状态,隔离摩擦表面以达到降低摩擦、减少磨损的目的。常用的固体润滑剂有石墨、二硫化钼、聚四氟乙烯、尼龙、软金属(铅、铟、镉)及复合材料。

粉末状润滑剂是将石墨和二硫化钼利用气流输送到摩擦表面上,充填不平表面的波谷,增大了接触面积,减小了压强,层间抗剪强度低,易于滑动。

摩擦面间的润滑剂薄膜是将固体润滑剂粉末用黏结剂(如环氧树脂、酚醛树脂等)经喷镀、烧结或化学反应使它在摩擦表面上形成一层薄膜,膜的牢固性不好。振动涂膜和物理溅射法可形成牢固薄膜。

复合材料是将固体润滑剂粉末和其他固体粉末,如塑料粉、金属粉混合、压制、烧结制成自润滑复合材料,具有低摩擦、少磨损的特性。

固体润滑剂还可用作添加剂以改善润滑油、润滑脂的性能。

4. 气体润滑剂

空气、氢气、氦气、水蒸气及液态金属蒸气等都可作为气体润滑剂。常用的为空气,它价廉、无污染,适用于高速、高温、低温场合。

5. 润滑油和润滑脂中的添加剂

为了改善润滑油和润滑脂的性能或适应某些特殊的需要,常在普通润滑油和润滑脂中加入一定的添加剂。加入抗氧化添加剂(如二烷基二硫代磷酸盐等)可抑制润滑油氧化变质;加入抗凝添加剂(如烷基萘等)可降低油的凝点;加入清净分散添加剂(如烷基酚盐、丁二酰亚胺等)能使油中胶状物分散和悬浮,以防止堵塞油路和减少因沉积而造成的剧烈磨损;加入油性添加剂(如硬脂酸铝、磷酸三乙酯等)可提高油性;加入极压添加剂(又称EP添加剂,如二苯化二硫、二锌二硫化磷酸锌等)可以在金属表面上形成一层保护膜,以减轻磨损。

6. 润滑剂的选择

据统计,机械设备事故中由于润滑不当而造成的事故占很大比重,润滑不良使机械精度降低也较严重,其中润滑剂选择不当是主要因素。应该根据摩擦副的工作情况来选择适宜的润滑剂。

润滑剂选用的基本原则是:在低速、重载、高温和间隙大的情况下,应选用黏度较大的润滑油;高速、轻载、低温和间隙小的情况下应选黏度较小的润滑油。润滑脂主要用于速度低、载荷大,不需经常加油、使用要求不高或灰尘较多的场合。气体、固体润滑剂主要用于高温、高压、防止污染等一般润滑剂不能适用的场合。润滑剂的具体选用可参阅有关手册。

思考题 2.3 夏天发现液压系统中的油变稀了,将油中加入润滑脂,调匀后使油变稠。这样做行吗?

例题 2.1 一般机械手表在夏天、冬天时走时不准,为什么?

解 机械手表中必须加入润滑油,一般润滑油的黏度随温度的升高而显著地下降。如夏天时,气温上升,黏度下降,影响了走时的正确性。同时润滑油的黏度在约 5 MPa 以下变化不大,如压力超过约 5 MPa,其黏度随压力的升高而增大。对于我们所处的地理条件而言,气压对黏度的影响可略去不计。而润滑油黏度的变化则直接影响摩擦副的运动阻力,即影响走时的正确性。因此,对机械手表而言,必须采用专用的润滑油。其质量影响到走时的正确度。

2.2.2 润滑方法和润滑装置

机械设备的润滑,主要集中在传动件和支承件上,各零部件(齿轮、蜗轮、链、轴承等)的润滑将在相关章节中介绍,这里仅就常见的润滑方法和润滑装置做简要介绍。

机器的润滑方法为分散润滑和集中润滑两大类。分散润滑是各个润滑点各自单独润滑,这种润滑可以是间断的或连续的,压力润滑或无压力润滑。集中润滑是一台机器的许多润滑点由一个润滑系统同时润滑。

1. 油润滑装置

油润滑方法的优点是油的流动性较好、冷却效果好,易于过滤去杂质,可用于所有速度范围的润滑,使用寿命较长,容易更换,油可以循环使用,其缺点是密封比较困难。

现将油润滑方法的常用装置分述如下:

(1) 手工给油润滑装置 这种润滑装置是最简单的,只要在需要润滑的部位上开个加油孔即可用油壶、油枪进行加油。这种方法一般只能用于低速、轻负荷的简易小型机械,如各种小型电动机和缝纫机等。

(2) 滴油润滑装置 滴油润滑装置主要是滴油式油杯,图 2.3 所示为依靠油的自重向润滑部位滴油。这种润滑装置构造简单,使用方便,其缺点是给油量不易控制,机械的振动、温度的变化和液面的高低都会改变滴油量。

(3) 油浴润滑装置 油浴润滑是将需要润滑的部件设置在密封的箱体中,使需要润滑零件的一部分浸在油池中。采用油浴润滑的零件有齿轮、滚动轴承和止推滑动轴承、链轮、凸轮、钢丝绳等。

油浴润滑的优点是自动可靠,给油充足。缺点是油的内摩擦损失较大,且引起发热,油池中可能积聚冷凝水。

(4) 飞溅润滑装置 当回转件的圆周速度较大(5 m/s<v<12 m/s)时,润滑油飞溅雾化成小油滴飞起,直接散落到需要润滑的零件上,或先溅到集油器中,然后经油沟流入润滑部位,这种润滑方式称为飞溅润滑。齿轮减速器中的轴承常采用这种润滑方法。这种润滑装置简单,工作可靠。

图 2.3 滴油式油杯

(5) 油绳、油垫润滑装置 这种润滑装置是用油绳、毡垫或泡沫塑料等浸在油中,利用毛细管的虹吸作用进行供油。图 2.4 所示为油绳式油杯,图 2.5 所示为采用油绳润滑的推力轴承,图 2.6 所示为采用毡垫润滑的滑动轴承,毡垫靠弹簧压力或自身弹性紧靠所润滑的表面。

油绳和油垫本身可起到过滤作用,因此能使油保持清洁,而且是连续均匀的。其缺点是油量不易调节。另外,当油中的水分超过 0.5% 时,油绳就会停止供油。

油绳不能与运动表面接触,以免被卷入摩擦面间。为了使给油量比较均匀,油杯中的油位应保持在油绳全高的 3/4,最低也要在 1/3 位置。

这种装置多用在低、中速的机械上。

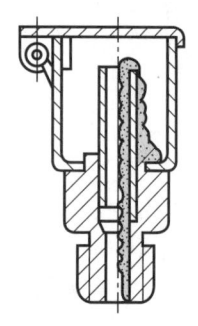
图 2.4 油绳式油杯

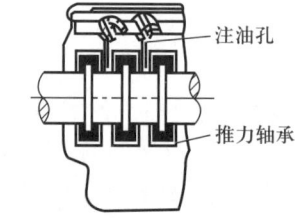
图 2.5 用油绳润滑的推力轴承

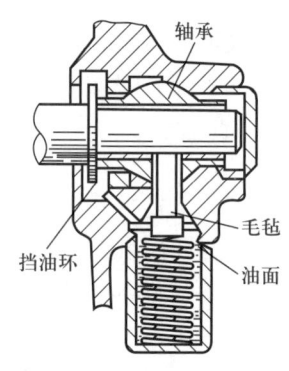
图 2.6 用毡垫润滑的滑动轴承

(6) 油环、油链润滑装置 油环或油链润滑是依靠套在轴上的环或链把油从油池中带到轴上再流向润滑部位。如果能在油池中保持一定的油位,这种方法是非常简单和可靠的。其示意图如图 2.7 和图 2.8 所示。

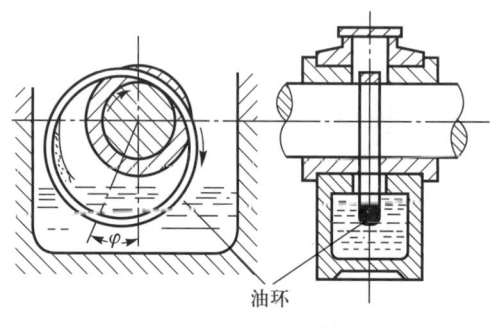
图 2.7 油环润滑

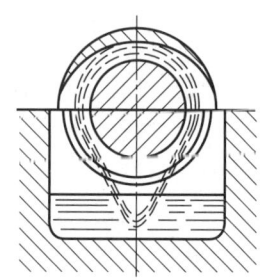
图 2.8 油链润滑

油环最好做成整体,为了便于装配也可做成拼装式的,但接头处一定要平滑以免妨碍转动。油环的直径一般比轴大 1.5~2 倍,通常采用矩形断面,如果想增大给油量可以在内表面车几个圆槽,需油量较少的情况下也可以采用圆形断面。

油环润滑适合于转速为 50~3 000 r/min 的水平轴,如转速过高,环将在轴上激烈地跳动,而转速过低时,油环所带的油量将不足,甚至油环将不能随轴转动。

由于链子与轴、油的接触面积都较大,所以在低速时也能随轴转动和带起较多的油,因此油链润滑最适于低速机械。但在高速运转时油被激烈地搅拌,内摩擦增大,且链易脱节,所以不适于高速机械。

(7) 喷油润滑装置 当回转件的圆周速度超过 12 m/s 时,采用喷油润滑装置。它是用喷嘴将压力油喷到摩擦副上,靠油泵以一定的压力供油。

(8) 油雾润滑装置　油雾润滑是利用压缩空气将油雾化,再经喷嘴(缩喉管)喷射到所润滑表面。由于压缩空气和油雾一起被送到润滑部位,因此有较好的冷却效果。而且由于压缩空气具有一定的压力,可以防止摩擦表面被灰尘所污染。其缺点是排出的空气中含有油雾粒子,造成污染。油雾润滑主要用于高速(速度因素 $dn>60\ 000$)滚动轴承及封闭的齿轮、链条等。

2. 脂润滑装置

润滑脂是非牛顿型流体,与润滑油相比较,润滑脂的流动性、冷却效果都较差,杂质也不易除去,因此脂润滑多用于低、中速机械。但如果密封装置或罩的设计比较合理并采用高速型润滑脂,也可以用于高速部位的润滑。

(1) 手工润滑装置　手工润滑主要是利用脂枪把脂从注油孔注入或者直接用手工填入润滑部位。这种润滑方法也属于压力润滑方法,可用于高速运转而又不需要经常补充润滑脂的部位。

(2) 滴下润滑装置　滴下润滑是将脂装在脂杯里向润滑部位滴下润滑脂进行润滑。脂杯可分为两种形式:受热式和压力式。

(3) 集中润滑装置　集中润滑是由脂泵将脂罐里的脂输送到各管道,再经过分配阀将脂定时定量地分送到各润滑点去。这种润滑方法主要用于润滑点很多的车间或工厂。

3. 固体润滑装置

通常固体润滑剂有4种类型:整体润滑,覆盖膜润滑,组合、复合材料润滑,粉末润滑。

如果固体润滑剂以粉末形式混在油或脂中,则其所采用的润滑装置可选用相应的油、脂润滑装置。如果采用覆盖膜、组合材料、复合材料或整体零部件润滑剂,则不需要借助任何润滑装置来实现其润滑作用。

4. 气体润滑装置

气体润滑一般是一种强制供气润滑系统,例如气体轴承系统,其整个润滑系统是由空气压缩机、减压阀、空气过滤器和管道等组成。

供气系统必须保证空气中所有会影响轴承性能的任何固体、液体和气体杂质去除干净,因此常常要装设油水分离器和排泄液体杂质的阀门以及冷却器等。此外,还要设置防止供气故障的安全设备,因为一旦中断供气或气压过低,都会引起轴承的损坏。

在润滑工作中对润滑方法及其装置的选择必须从机械设备的实际情况出发,即设备的结构、摩擦副的运动形式、速度、载荷、精密程度和工作环境等条件来综合考虑。

思考题 2.4　自行车中哪些部位要进行润滑?应采用哪一类润滑剂?为什么?

2.3　密封方法及装置

在机械设备中,为了防止润滑剂泄漏及防止灰尘、水分进入润滑部位,必须采用相应的密封装置,以保证持续、清洁的润滑,使机器正常工作,并减少对环境的污染,提高机器工作效率,降低生产成本。目前,机器密封性能的优劣已成为衡量设备质量的重要指标之一。

密封装置是一种能保证密封性的零件组合。它一般包括被密封表面(例如轴的圆柱表面)、密封件(例如O形密封圈、毡圈等)和辅助件(例如副密封件、受力件、加固件等)。

2.3.1 密封装置的分类

根据密封处的零件之间是否有相对运动,密封可分为两大类:静密封和动密封。密封后密封件之间固定不动的称为静密封,如管道与管道连接处接合面间的密封;密封后两密封件之间有相对运动的称为动密封,如旋转轴与轴承盖之间的密封。动密封又可分为接触式动密封和非接触式动密封。其中应用较广的是接触式密封,它主要是利用各种密封圈或毡圈密封。

密封件的分类见表2.3。

表 2.3 密封件的分类

密封件			
静密封	非金属垫圈		
	金属垫圈		
	半金属垫圈		
	磁流体静密封		
	密封胶(液状密封)		
	密封带		
动密封	非接触密封	迷宫式密封	
		间隙密封	
		螺旋密封	
		磁流体密封	
		离心式密封	
	接触密封	自封密封	唇形密封
			J 形密封圈
			L 形密封圈
			U 形密封圈
			V 形密封圈
			Y 形密封圈
			其他
			挤压密封
			O 形密封圈
			D 形密封圈
			T 形密封圈
			X 形密封圈
			方形密封圈
			三角形密封圈
		油封	
		填料密封	
		机械密封	
		活塞环密封	
		其他	

各种密封件都已标准化,可查阅有关手册选取适当的形式。

2.3.2 常用密封装置

1. 回转运动密封装置

回转轴与固定件之间的密封,既要保证密封效果,又要减少相对运动元件间的摩擦、磨损,其密封件有接触式和非接触式两类。

(1) 密封圈密封装置

密封圈用耐油橡胶、皮革或塑料制成。它是靠材料本身的弹力或弹簧的作用以一定的压力紧压在轴上起密封作用的。密封圈已标准化、系列化,有不同的剖面形状,常用的有以下几种。

1) O形密封圈(图2.9、图2.10) 它靠材料本身的弹力起密封作用,一般用于转速不高的旋转运动($v<2\sim4$ m/s)中。

2) J形、U形密封圈 J形、U形密封圈具有唇形开口,并带有弹簧箍以增大密封压力,使用时将开口面向密封介质。有的圈带有金属骨架,可与机座较精确地配装,可单独使用,如成对使用,则密封效果更好,如图2.11及图2.12所示,可用于较高转速时的密封。

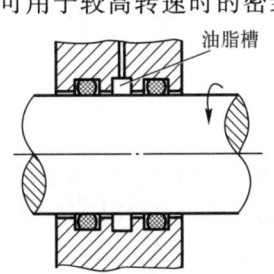

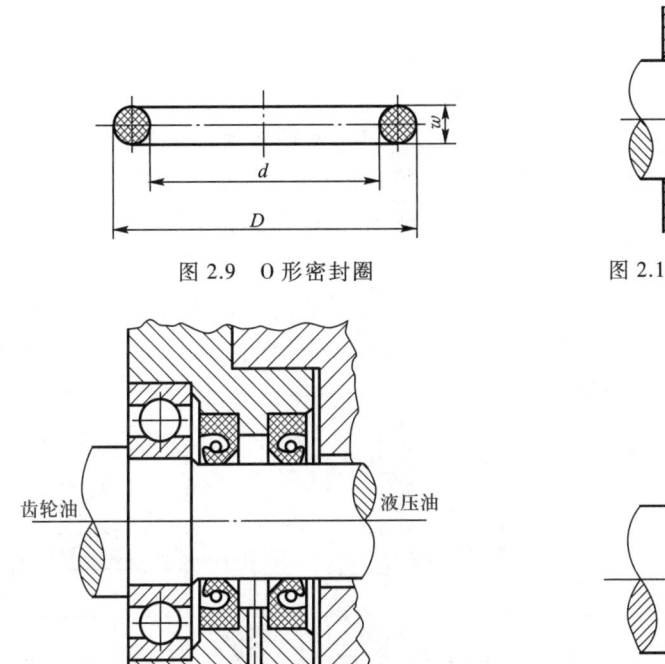

图2.9 O形密封圈　　　　图2.10 O形密封圈的润滑

图2.11 J形密封圈　　　　图2.12 U形密封圈

密封圈与其相配的轴颈应有较低的表面粗糙度值(Ra 为 0.32~1.25 μm),表面应硬化(表面硬度 40 HRC 以上)或镀铬。

3) 毡圈密封圈 毡圈密封属填料密封的一种,毡圈的断面为矩形,使用时在端盖上开梯形槽。应按标准尺寸开槽,使其填满槽并产生径向压紧力。毡圈密封圈密封效果较差,主要起防尘作用,一般只用在低速脂润滑处,如图2.13所示。

(2) 端面密封(机械密封)装置

它常用在高速、高压、高温、低温或腐蚀介质工作条件下的回转轴,以及要求密封性能可靠、对轴无损伤、寿命长、功率损耗小的机器设备之中。

端面密封的形式很多,最简单的端面密封如图2.14所示,它由塑料、强化石墨等摩擦系

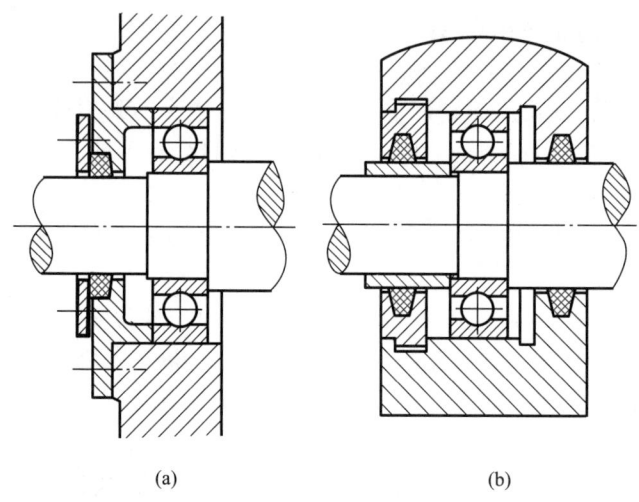

图 2.13 毡圈密封

数小的材料制成的密封环 1、2 及弹簧 3 等组成。1 是动环,随轴转动;2 是静环,固定于机座端盖。弹簧使动环和静环压紧,起到很好的密封作用,故称端面密封。其特点是对轴无损伤,密封性能可靠,使用寿命长。机械密封组件已标准化,需较高的加工精度。

(3) 曲路密封(迷宫式密封)装置

曲路密封为非接触式密封,它由旋转的和固定的密封件之间拼合成的曲折隙缝所形成,隙缝中可填入润滑脂。曲路布置可以是径向的(图 2.15a)或轴向的(图 2.15b)。这种装置密封效果好,适用于环境差、转速高的轴。

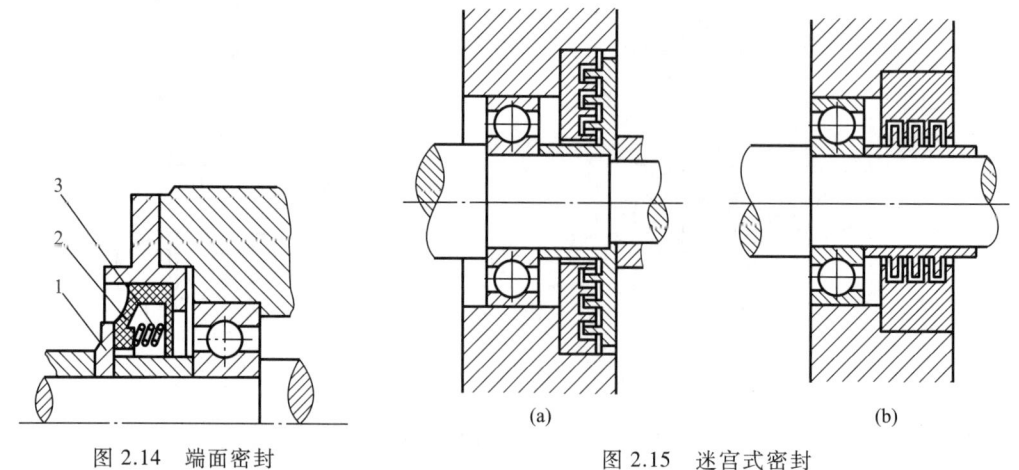

图 2.14 端面密封　　　　图 2.15 迷宫式密封

(4) 隙缝密封

在轴和轴承盖之间留 0.1~0.3 mm 的隙缝,或在轴承盖上车出环槽(图 2.16),在槽中充填润滑脂,可提高密封效果。

2. 移动运动密封装置

机器中相对移动的零件间的密封称为移动密封。移动密封多采用密封圈密封。

(1) O 形密封圈(图 2.17,图 2.18)

如用于气动、水压机等处的 O 形密封圈。在 O 形密封圈的两侧开油脂槽可提高密封效果,如图 2.18 所示。

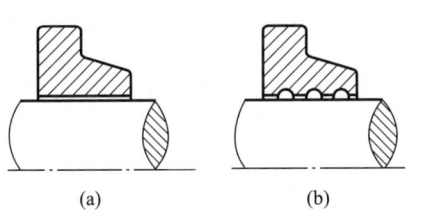

图 2.16 隙缝密封

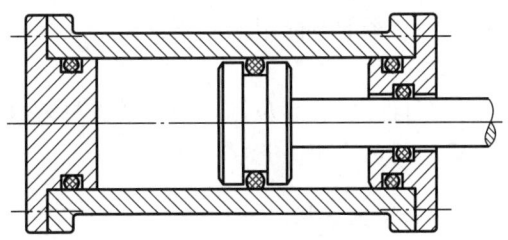

图 2.17 O 形密封圈的应用

（2）V 形密封圈

V 形密封圈由支承环、密封圈及压环三部分组成,如图 2.19 所示。根据压力不同可重叠使用多个,如图 2.20 所示。其中图 a 用于单向作用的油缸中,图 b 用于双向作用的油缸中。

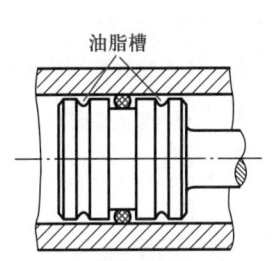

图 2.18 O 形密封圈的润滑

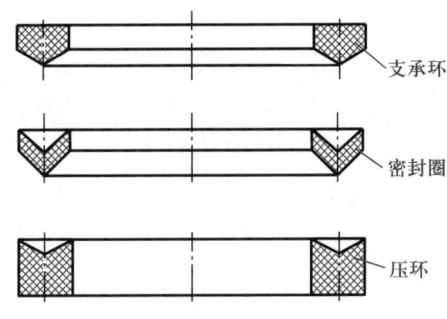

图 2.19 V 形密封圈的组成

（3）Y 形和 U 形密封圈

这种密封圈的密封性能较好,摩擦阻力小,可用于高、低压的液压、水压和气动机械的移动密封,也可用于内、外径密封,如图 2.21 及图 2.22 所示。

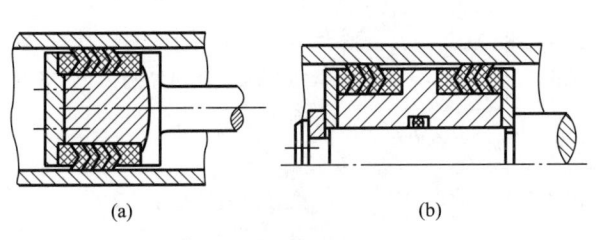

图 2.20 V 形密封圈的应用

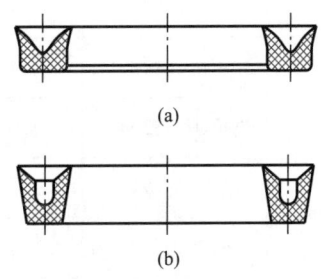

图 2.21 U 形及 Y 形密封圈

（4）L 形密封圈（图 2.23）

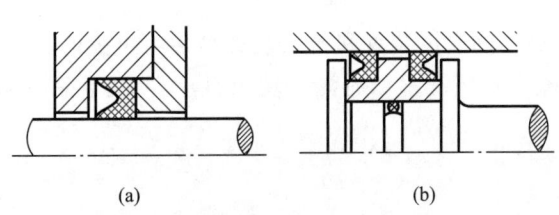

图 2.22 Y 形及 U 形密封圈的应用

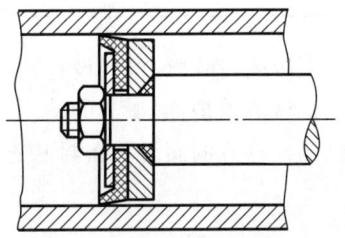

图 2.23 L 形密封圈的应用

安装在活塞前端以防泄漏的 L 形密封圈,可用于往复、旋转运动密封。小直径的可用于高压密封,大直径的只能用于低压密封。

3. 静密封装置

当两密封件之间无相对运动时,箱盖与箱体间可涂密封胶,轴承盖与箱体间可用金属垫片,放油螺塞处可选用 O 形密封圈。

2.3.3 密封装置的选择

前已述及各种密封件的使用条件,可参考表 2.4 选择适用的密封装置。静密封较简单,可根据压力、温度选择不同材料的垫片、密封胶。回转运动密封装置应根据工作速度、压力、温度选择适当的密封形式和装置,使用较普遍的是 O 形、L 形密封圈,低速时毡圈应用较多。毡圈和密封圈使用前应浸油或涂脂,以便工作时起润滑作用。移动运动密封装置可选用适当的密封圈。

表 2.4 各种密封装置的性能

密封形式		工作速度 $v/(\text{m/s})$	压力 /MPa	温度 /℃	备注
动密封（回转轴）	O 形橡胶密封圈	≤2~3	35	-60~200	
	J 形橡胶密封圈	≤4~12	1	-40~100	
	毡圈	≤5	低压	≤90	常用于低速脂润滑,主要起防尘作用
	迷宫式密封	不限	低压	600	加工安装要求较高
	机械密封	≤18~30	3~8	-196~400	
静密封	垫片 橡胶	—	1.6	-70~200	不同工作条件用不同材料,如腐蚀介质用聚四氟乙烯,高温用石棉
	垫片 塑料	—	0.6	-180~250	
	垫片 金属	—	20	600	
	液态密封胶	—	1.2~1.5	140~220	接合面间隙小于 0.2 mm
	厌氧密封胶	—	5~30	100~150	同时能起连接接合面作用
	O 形橡胶密封圈	—	100	-60~200	接合面上要开密封圈槽

综上所述,在进行机械设计时,选择适当的润滑装置和密封装置是必不可少的。使用中应注意机械的维护,润滑油的清洁、温升、密封情况。如有漏油现象,应及时更换密封件,以确保机器在良好的润滑和密封状态下工作。

复习题

2.1 按摩擦副表面间的润滑状态,摩擦可分为哪几类？各有何特点？
2.2 磨损过程分几个阶段？各阶段的特点是什么？
2.3 按磨损机理的不同,磨损有哪几种类型？
2.4 哪种磨损对传动件来说是有益的？为什么？
2.5 如何选择适当的润滑剂？
2.6 油润滑的润滑方法有哪些？
2.7 接触式密封中常用的密封件有哪些？
2.8 非接触式密封是如何实现密封的？

第 3 章

平面机构的结构分析

机构是机器的主要组成部分。机构的组成以及机构在什么条件下才具有确定的运动都将在本章中讨论。另外,为了分析旧机械以及设计新机械,都需要将具体的机械抽象成简单的运动学模型,绘制出机构运动简图,本章也将就这一内容进行介绍。

3.1 机构的组成

3.1.1 运动副

使两个构件直接接触并能产生一定相对运动的连接,称为运动副。在图 3.1 中,轴承中的滚动体与内、外圈的滚道(图 3.1a)、啮合中的一对齿廓(图 3.1b)、滑块与导槽(图 3.1c),均保持直接接触,并能产生一定的相对运动,因而它们都构成了运动副。构件上参与接触的点(图 3.1a)、线(图 3.1b)、面(图 3.1c),称为运动副元素。

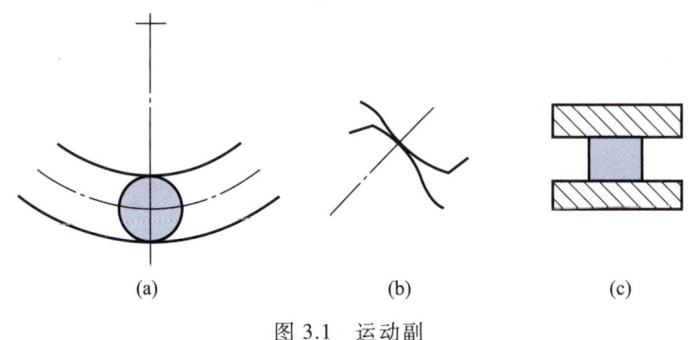

图 3.1 运动副

根据运动副各构件之间的相对运动是平面运动还是空间运动,可将运动副分成平面运动副和空间运动副。所有构件都只能在相互平行的平面上运动的机构称为平面机构。大多数的常用机构都是平面机构,本节也仅就平面运动副和有关的平面机构的组成进行讨论。

3.1.2 自由度和运动副约束

在直角坐标系中,一个处于空间自由状态的刚体(构件),具有 6 个独立运动的参数,即沿三个坐标轴的移动和绕三个坐标轴的转动。而对于一个作平面运动的构件而言,只有 3 个独立运动的参数,即沿 x 轴、y 轴的移动和绕垂直于 Oxy 平面的轴的转动,可用 3 个独立的参数 x、y、α(图 3.2)来描述。把构件相对于参考系具有的独立运动参数的数目称为构件的自由度。

两个构件通过运动副连接以后,相对运动受到限制。运动副对成副的两构件间的相对运动所加的限制称为约束。引入 1 个约束条件将减少 1 个自由度,而约束的多少及约束的特点取决于运动副的形式。

1. 转动副

图 3.3 所示的运动副限制了轴颈 2 沿 x 轴和 y 轴的移动,只允许轴颈绕轴承相对转动,这种运动副称为转动副。转动副引入了 2 个约束,保留了 1 个自由度。

2. 移动副

图 3.4 所示的运动副,构件之间只能沿 x 轴作相对移动,这种沿 1 个方向相对移动的运动副称为移动副。移动副也具有 2 个约束,保留了 1 个自由度。

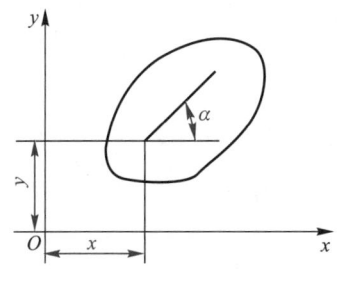
图 3.2 平面运动构件的自由度

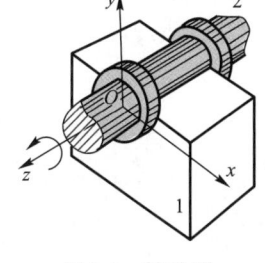
图 3.3 转动副

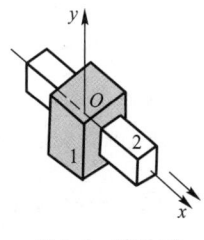
图 3.4 移动副

转动副和移动副都是面接触,统称为低副。

3. 平面高副

如图 3.5 所示,在曲线构成的运动副中,构件 2 相对于构件 1 既可沿接触点处切线 t-t 方向移动,又可绕接触点 A 转动,运动副保留了 2 个自由度,带进了 1 个约束。这种点接触或线接触的运动副称为高副。

3.1.3 运动链和机构

两个以上的构件以运动副连接而构成的系统称为运动链。未构成首末相连的封闭环的运动链称为开链(图 3.6a),否则称为闭链(图 3.6b)。在运动链中选取 1 个构件加以固定(称为机架),当另一构件(或少数几个构件)按给定的规律独立运动时,其余构件均随之作一定的运动,这种运动链就称为机构。机构中输入运动的构件称为原动件,其余的可动构件则称为从动件。由此可见,机构是由原动件、从动件和机架三部分组成的。

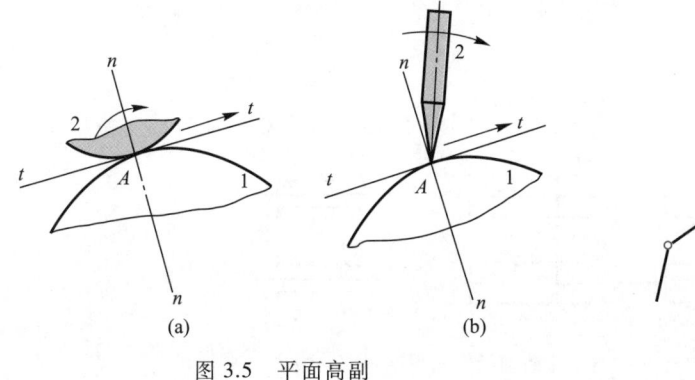

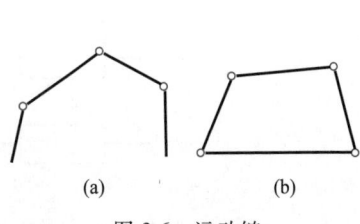

图 3.5 平面高副　　　　　图 3.6 运动链

3.2 平面机构的运动简图

由于构件的相对运动是由运动副决定的,在研究机构运动时,为了使问题简化,可以不考虑那些与运动无关的因素(如构件的外形和断面尺寸、运动副的具体构造等),仅仅用简单的线条和符号来代表构件和运动副,并按一定比例表示各运动副的相对位置。这种说明机构各构件间相对运动关系的简单图形称为机构运动简图。

简图中一般应包括下列内容:
(1) 构件数目;
(2) 运动副的数目和类型;
(3) 构件之间的连接关系;
(4) 与运动变换相关的构件尺寸参数;
(5) 原动件及运动特性。

机构运动简图可以简明地表达一部复杂机器的传动原理;还可以用图解法求机构上各点的轨迹、位移、速度和加速度等。

3.2.1 运动副及构件的表示方法

1. 构件

构件均用线段或小方块等来表示,画有斜线的表示机架。

2. 转动副

两构件组成转动副时,其表示方法如图 3.7 所示。图面垂直于回转轴线时用图 3.7a 表示;图面不垂直于回转轴线时用图 3.7b 表示。表示转动副的圆圈,其圆心必须与回转轴线重合。一个构件具有多个转动副时,则应把两条线交接处涂黑,或在其内画上斜线,如图 3.7c 所示。

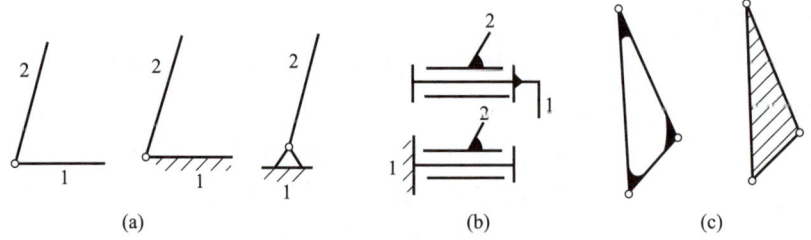

图 3.7 转动副的表示方法

3. 移动副

两构件组成移动副的表示方法如图 3.8 所示,其导路必须与相对移动方向一致。

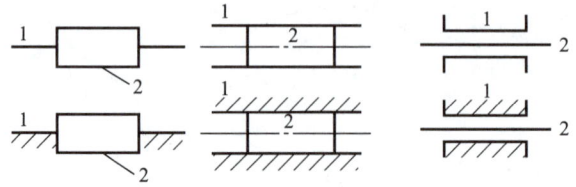

图 3.8 移动副的表示方法

4. 平面高副

两构件组成平面高副时,其运动简图中应画出两构件接触处的曲线轮廓。对于凸轮和滚子,习惯上画出其全部轮廓,如图 3.9a 所示;对于齿轮,常用点画线画出其节圆,如图 3.9b 所示。

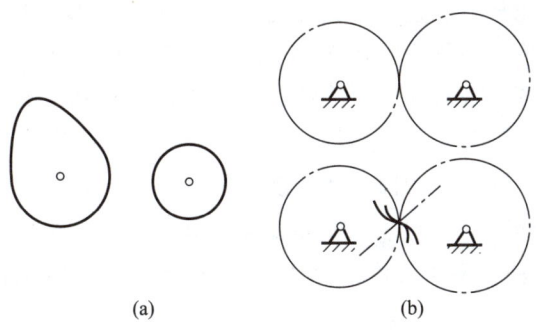

图 3.9　平面高副的表示方法

3.2.2　绘制机构运动简图的步骤

(1) 认真研究机构的结构及动作原理,分清固定件(机架),确定原动件。
(2) 循着运动传递的路线,搞清各构件间相对运动的性质,确定运动副的种类。
(3) 测量出运动副间的相对位置。
(4) 选择视图平面和比例尺,用规定的符号和线条表示其构件和运动副及相对位置,绘制机构运动简图。

根据图纸的幅面及构件的实际长度,选择适当的比例尺 μ_L:

$$\mu_L = \frac{构件的实际长度}{构件的图示长度} \quad \left(\frac{\text{m}}{\text{mm}}\right)$$

例题 3.1　试绘制图 0.1 所示内燃机的机构运动简图。

解　从图 0.1 可知,壳体及气缸体 1 是机架,缸内活塞是原动件。活塞 2 与连杆 5 相对转动构成转动副;运动通过连杆 5 传给曲轴 6,连杆 5 与曲轴 6 构成转动副;曲轴 6 将运动通过与之相连的小齿轮 10 传给大齿轮 9,大、小齿轮与机架构成转动副;大齿轮 9 与凸轮 7 同轴,凸轮 7 通过滚子将运动传给顶杆 8,大、小齿轮之间及凸轮与滚子之间都构成高副;滚子与顶杆 8 构成转动副;顶杆 8 与机架构成移动副。

选择适当的比例尺,按照规定的线条和符号,绘出该机构的运动简图,如图 3.10 所示。图中标有箭头的构件 2 是原动件。

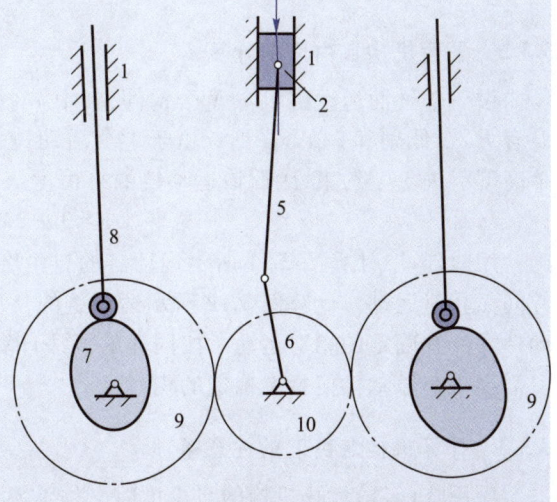

图 3.10　内燃机的机构运动简图

3.3 平面机构的自由度

3.3.1 机构具有确定运动的条件

运动链和机构都是由构件和运动副组成的系统,机构要实现预期的运动传递和变换,必须使其运动具有可能性和确定性。如图 3.11 所示,由 3 个构件通过 3 个转动副连接而成的系统就没有运动的可能性。又如图 3.12 所示的五杆系统,若取构件 1 作为原动件,当给定 φ_1 时,构件 2、3、4 既可以处在实线位置,也可以处在虚线或其他位置,因此,其从动件的运动是不确定的。如果给定构件 1、4 的位置参数 φ_1 和 φ_4,则其余构件的位置就都被确定下来。再如图 3.13 所示的曲柄滑块机构,当给定构件 1 的位置时,其他构件的位置也被相应确定。

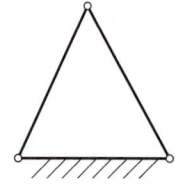

图 3.11 桁架

由此可见,无相对运动的构件组合或无规则乱动的运动链都不能实现预期的运动变换。将运动链的一个构件固定为机架,当运动链中一个或几个原动件位置确定时,其余从动件的位置也随之确定,这种运动链便成为机构。机构具有确定的相对运动。究竟取一个还是几个构件作原动件,这取决于机构的自由度。

机构的自由度就是机构具有独立运动参数的数目。因此,当机构的原动件数等于自由度数时,机构就具有确定的相对运动。

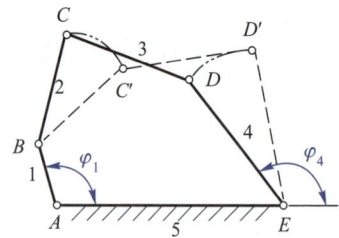

图 3.12 五杆铰链机构

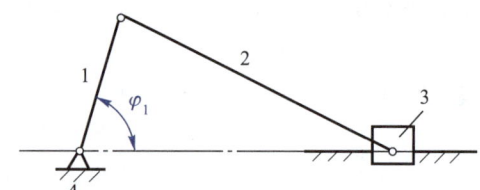

图 3.13 曲柄滑块机构

3.3.2 平面机构自由度的计算

设一个平面运动链包含 N 个构件,其中 1 个构件为机架,则有 $n=N-1$ 个活动构件,另外设有 P_L 个低副和 P_H 个高副。由于 1 个活动构件有 3 个自由度,1 个低副引进 2 个约束,1 个高副引进 1 个约束,因此该运动链的自由度 F,即机构的自由度应为

$$F = 3n - 2P_L - P_H \tag{3.1}$$

用式(3.1)计算图 3.11 所示运动链的自由度,则为 $F=3\times2-2\times3=0$,因此该运动链各构件间无相对运动。计算图 3.12 所示运动链的自由度,则 $F=3\times4-2\times5=2$,因此它需要两个原动件才具有确定的相对运动。按同样的方法计算出图 3.13 所示机构的自由度 $F=1$,因此它只需要一个原动件便具有确定的相对运动。

3.3.3 计算机构自由度的注意事项

应用式(3.1)计算机构的自由度时必须注意以下几个问题。

1. 复合铰链

两个以上的构件共用同一转动轴线所构成的转动副称为复合铰链。如图 3.14a 所示,构件 1、2、3 在同一处构成转动副,而从图 3.14b 可以看出,该机构包含 2 个转动副。显然,如有 m 个构件汇集在一处,应有 $m-1$ 个转动副。

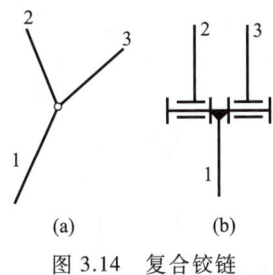

图 3.14 复合铰链

例题 3.2 计算图 3.15 所示机构的自由度。

解 此机构 B、C、D、E 四处都是由三个构件组成的复合铰链,各具有 2 个转动副,所以对于这个机构可得 $n=7$、$P_L=10$、$P_H=0$,由式(3.1)得

$$F = 3 \times 7 - 2 \times 10 - 0 = 1$$

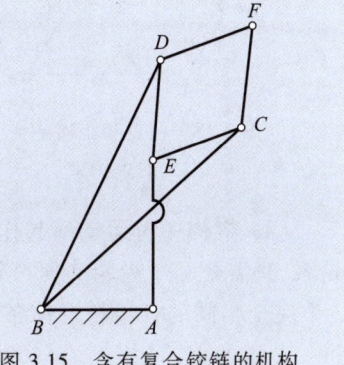

图 3.15 含有复合铰链的机构

2. 局部自由度

机构中某些构件所具有的不影响机构输出与输入运动关系的自由度称为局部自由度。如图 3.16a 所示的凸轮机构中,滚子绕本身轴线的转动不影响其他构件的运动,该转动的自由度即为局部自由度。计算时先把滚子看成与从动件连成一体,消除局部自由度(图 3.16b)后,再计算该机构的自由度。

3. 虚约束

对运动不起独立限制作用的约束称为虚约束。在计算自由度时应先去除虚约束。

虚约束常在下列情况下发生:

(1)如果两相连接构件在连接点上的运动轨迹相重合,则该运动副引入的约束为虚约束。如图 3.17b 所示,平行四边形机构中,连杆 3 作平动,如果 EF 平行并等于 AB 及 CD,则杆 5 上 E 点的轨迹与杆 3 上 E 点的轨迹重合。因此,EF 杆带进了虚约束,计算时先将其简化成图 3.17a。如果不满足上述几何条件,则 EF 杆带进的为有效约束,如图 3.17c 所示,此时该机构的自由度 F 等于 0。

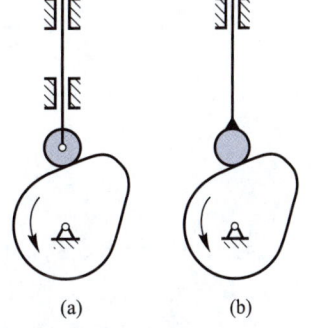

图 3.16 局部自由度

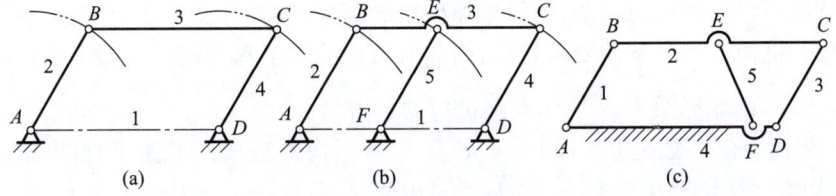

图 3.17 运动轨迹重合引入虚约束

（2）机构运动时，如果两构件上两点间的距离始终保持不变，将此两点用构件和运动副连接则会带进虚约束，如图 3.18 所示。

（3）如果两个构件组成多个移动方向一致的移动副（图 3.19），或两个构件组成多个轴线重合的转动副（图 3.20），只需考虑其中一处的约束，其余各处带进的约束均为虚约束。

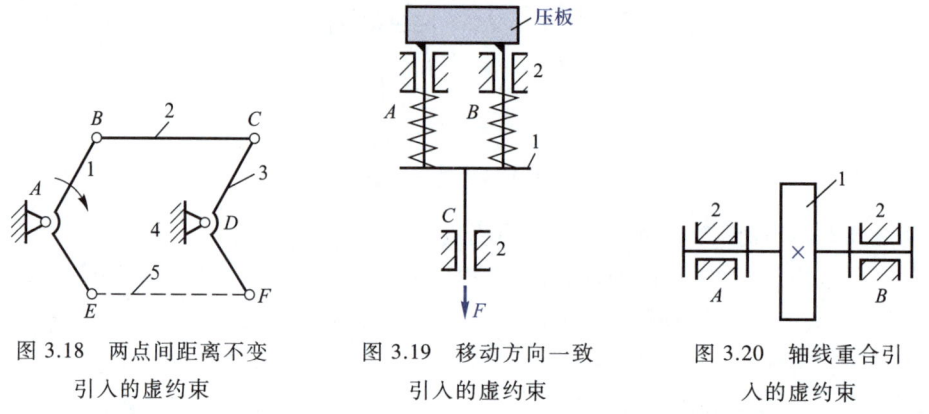

图 3.18　两点间距离不变　　图 3.19　移动方向一致　　图 3.20　轴线重合引
　　　引入的虚约束　　　　　　引入的虚约束　　　　　　入的虚约束

（4）机构中对运动不起作用的对称部分引入的约束为虚约束。如图 3.21 所示的差动齿轮系，只需要一个齿轮 2 便可传递运动。为了提高承载能力并使机构受力均匀，图中采用了 3 个完全相同的行星轮对称布置。这里每增加一个行星轮（包括两个高副和一个低副）便引进一个虚约束。

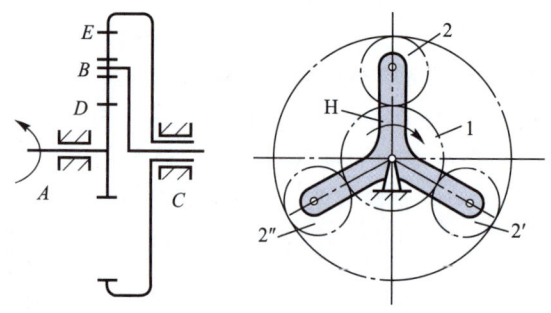

图 3.21　差动齿轮系

因此，可归纳出虚约束具有如下两个特点：

（1）与另一约束对构件运动形成的限制重复，故将其去掉后其他构件的运动状态不变。如图 3.17b 所示，EF 杆对 BEC 杆的限制与 CD 杆对 BEC 杆的限制重复，去掉 EF 杆保留 CD 杆或反之，BEC 运动状态不变；

（2）虚约束去掉前后计算出的机构自由度数不同，如图 3.17b 所示，去虚约束前机构自由度数 $F=0$，去虚约束后 $F=1$，实际上该机构自由度数应该为 1。

根据以上两个特点，可以很方便地找出虚约束。

虚约束虽不影响机构的运动，但能增加机构的刚性，改善其受力状况，因而被广泛采用。但是虚约束对机构的几何条件要求较高，因此对机构的加工和装配精度提出了较高的要求。

例题 3.3　试计算图 3.22 所示大筛机构的自由度。

解　图中滚子 F 具有局部自由度。E 和 E' 为两构件组成的导路平行的移动副，其中之一为虚约束。C 处为复合铰链。在计算自由度时，将滚子 F 与构件 3 看成是连接在一起的整体,即消除局部自由度,再去掉移动副 E、E' 中的任一个虚约束,则可得该机构的活动构件数 $n=7$,低副数 $P_L=9$,高副数 $P_H=1$,按式(3.1)得

$$F = 3n - 2P_L - P_H = 3×7 - 2×9 - 1×1 = 2$$

此机构应当有两个原动件。

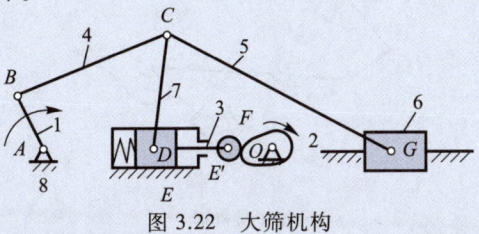

图 3.22 大筛机构

思考题 3.1 既然虚约束对机构的运动不起作用,为何机构中仍经常使用虚约束?

复习题

3.1 机构具有确定运动的条件是什么?

3.2 在计算机构的自由度时要注意哪些事项?

3.3 机构运动简图有什么作用?如何绘制机构运动简图?

3.4 计算图示各机构的自由度,并说明欲使其具有确定运动需要有几个原动件。

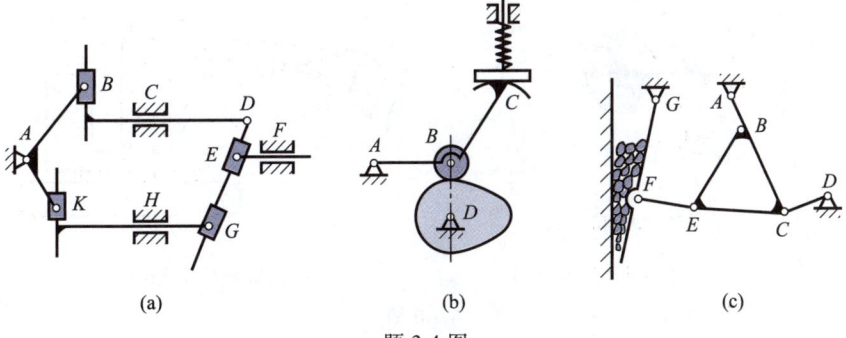

题 3.4 图

3.5 绘制图示各机构的运动简图,并计算其自由度。

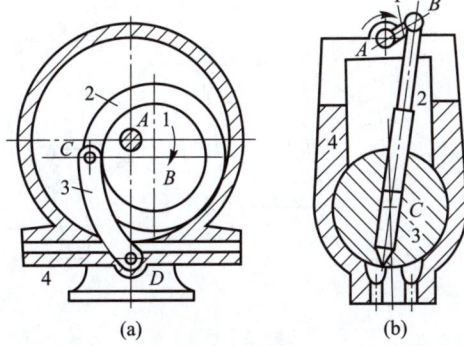

题 3.5 图

第3章 平面机构的结构分析

3.6 试计算图示机构的自由度,并判断该机构的运动是否确定(图中绘有箭头的构件为原动件)。

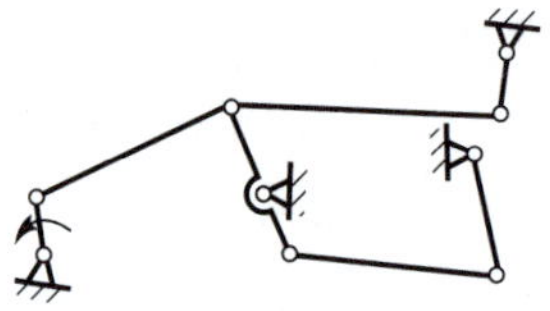

(a) 联合收割机清除机构 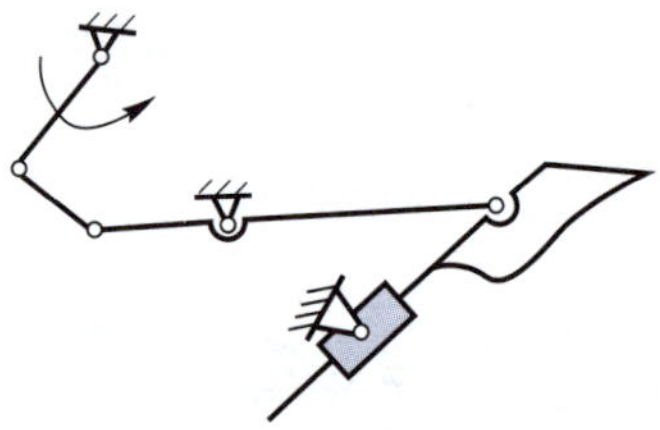　　(b) 推土机机构 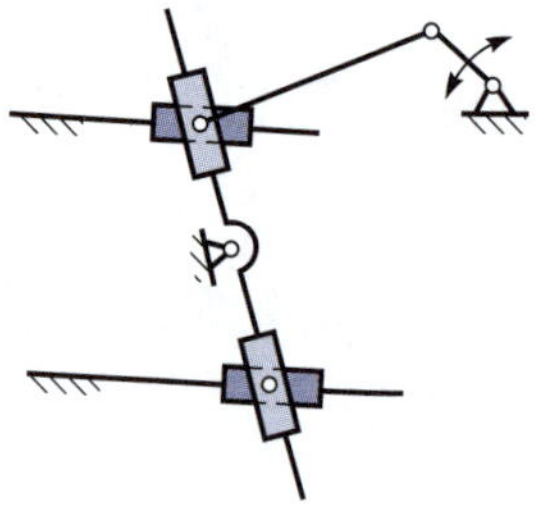　　(c) 压缩机的压气机构

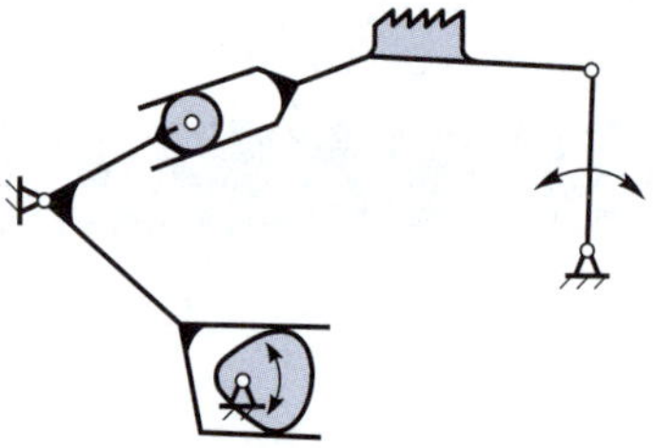

(d) 缝纫机的缝布机构 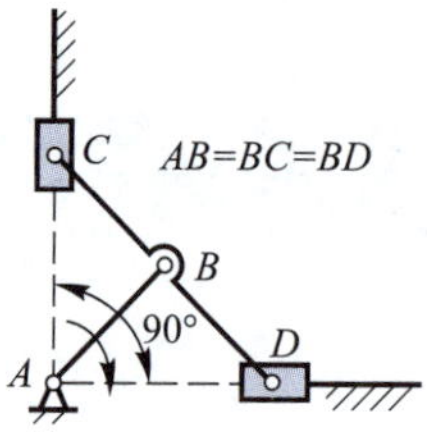　　(e) 椭圆规机构 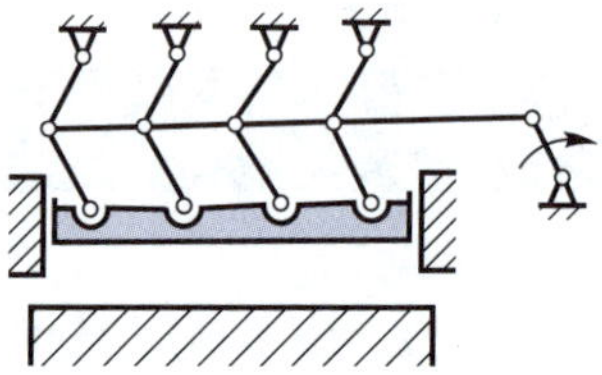　　(f) 压床机构

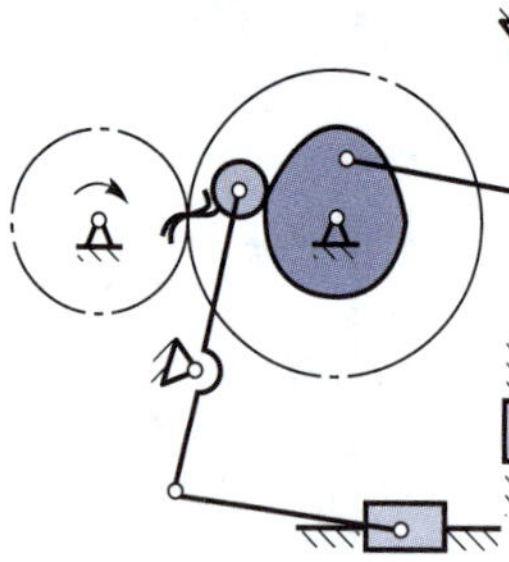

(g) 冲压机构 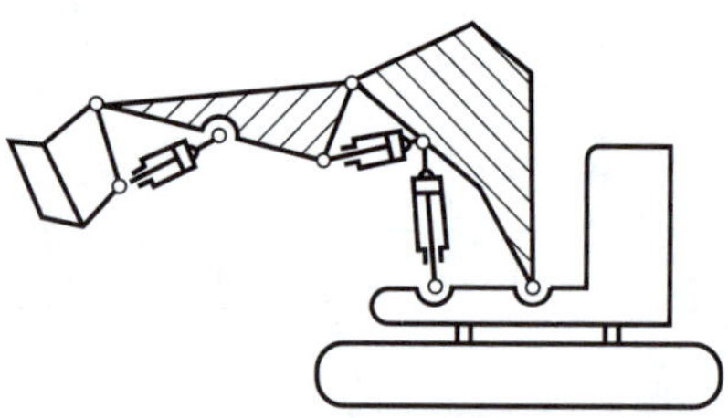　　(h) 液压挖掘机构

题 3.6 图

3.7 试问图示各机构在组成上是否合理?如不合理,请针对错误之处提出修改方案。

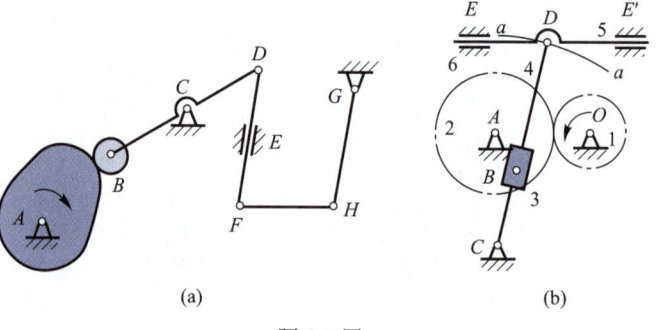

(a)　　(b)

题 3.7 图

第4章

平面连杆机构

平面连杆机构是平面机构的一种,最常见的平面连杆机构是平面四杆机构。本章主要介绍平面四杆机构的类型、特性、运动分析、力分析及运动设计等,同时简要讨论机构的效率和自锁问题。

4.1 概述

平面连杆机构是由若干个构件通过低副连接而成的机构,又称平面低副机构。由4个构件通过低副连接而成的平面连杆机构,称为平面四杆机构。它是平面连杆机构中最常见的形式,也是组成多杆机构的基础。如果所有低副均为转动副,这种平面四杆机构就称为铰链四杆机构。它是平面四杆机构最基本的形式,其他形式的四杆机构都可看作是在它的基础上演化而成的。

平面连杆机构广泛应用于各种机械和仪表中,其主要优点有:1) 平面连杆机构中的运动副都是低副,组成运动副的两构件之间为面接触,因而承受的压强小,便于润滑,磨损较轻,可以承受较大的载荷;2) 构件形状简单,加工方便,构件之间的接触是由构件本身的几何约束来保持的,所以构件工作可靠;3) 在原动件等速连续运动的条件下,当各构件的相对长度不同时,可使从动件实现多种形式的运动,满足多种运动规律的要求;4) 利用平面连杆机构中的连杆可满足多种运动轨迹的要求。平面连杆机构的主要缺点有:1) 根据从动件所需要的运动规律或轨迹来设计连杆机构比较复杂,而且精度不高;2) 连杆机构运动时产生的惯性力难以平衡,所以不适用于高速的场合。

4.2 平面机构的运动分析

已知机构中原动件的运动,求解其他各构件的运动状态,称为机构的运动分析。进行机构运动分析,对于了解现有机械的运动性能以及设计创造新机械都是十分必要的。

通过机构运动分析,可了解机构在运动过程中构件上某些点的位移、速度和加速度以及构件的角位移、角速度和角加速度等。例如,通过对机构进行位移和轨迹分析,可以了解机构中构件运动所需的空间,以及各构件在运动时会不会发生干涉等。通过对机构进行速度分析,可以了解从动件速度的大小以及变化规律,确定其是否满足工作要求,而且为进行加速度分析提供了基础。对机构进行加速度分析,可以了解从动件加速度的大小以及变化规律,从而计算惯性力以及对机构进行进一步的动力分析、强度计算等。

研究平面运动分析的方法有图解法、解析法和实验法三种。图解法比较形象直观,但作图较繁琐,精度不高。常用的方法有:速度瞬心法和相对运动图解法等,本章仅讨论图解法,下面以求解同一构件上各点的速度为例进行分析,对于加速度分析在此不作介绍。

图 4.1a 所示为铰链四杆机构,已知各构件的尺寸、位置以及构件 1 的角速度 ω_1,现在需要求出在图示位置时构件 2 上 C 点、E 点的速度 v_C、v_E 以及构件 2 和构件 3 的角速度 ω_2、ω_3。

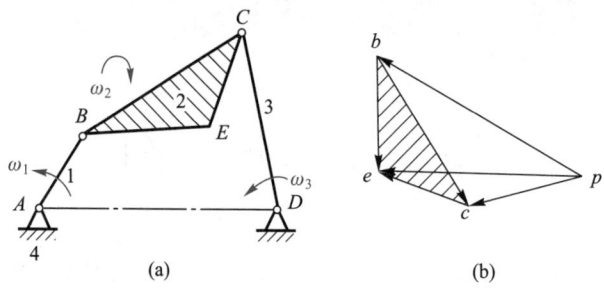

图 4.1 同一构件上点的运动分析

首先选定比例尺 μ_L 画出机构的位置图。

(1) 求 v_B　$v_B = \omega_1 l_{AB}$,方向垂直于 AB,指向与 ω_1 的转向一致。

(2) 求 v_C　B 点与 C 点同为构件 2 上的点,根据理论力学,作平面运动的刚体上某一点的速度可以看作是刚体上任选基点的绝对速度和该点绕基点的相对转动速度的合成。因此构件 2 上 C 点的速度 v_C 等于 B 点的速度 v_B 与 C 点相对于 B 点的速度 v_{CB} 的矢量和,即

$$v_C = v_B + v_{CB} \tag{4.1}$$

大小　　　　　?　　　$\omega_1 l_{AB}$　　　?

方向　　　　$\perp CD$　　$\perp AB$　　$\perp BC$

式中用"?"表示未知。构件 1 与构件 2 在 B 点组成转动副,所以 $v_{B_2} = v_{B_1}$,同理 $v_{C_3} = v_{C_2}$。因此上式中只有两个未知数,可以用矢量多边形来求解。如图 4.1b 所示,选定速度比例尺为 μ_v [(m/s)/mm],任取极点 p,作矢量 $\overrightarrow{pb} \perp AB$。$\overrightarrow{pb}$ 指向同 ω_1 的转向一致,长度 $pb = v_B/\mu_v$,这样矢量 $\overrightarrow{pb}$ 就代表 v_B。再从 b 点作 v_{CB} 的方向线 $bc \perp BC$,从 p 点作 v_C 的方向线 $pc \perp CD$,并交 bc 于 c 点。由式(4.1)可知,矢量 $\overrightarrow{pc}$ 代表 v_C、矢量 $\overrightarrow{bc}$ 就代表 v_{CB},其大小为

$$v_C = \mu_v \cdot pc, \quad v_{CB} = \mu_v \cdot bc$$

(3) 求 ω_2、ω_3　由图 4.1b 可知

$$\omega_2 = \frac{v_{CB}}{l_{BC}}$$

将矢量 $\overrightarrow{bc}$ 移到机构简图中的 C 点处,则可见 ω_2 为顺时针方向。

$$\omega_3 = \frac{v_C}{l_{CD}}$$

将矢量 $\overrightarrow{pc}$ 移到机构简图中的 C 点处,则可见 ω_3 为逆时针方向。

(4) 求 v_E　因为 B、C、E 为同一构件上的点,所以可得出下列方程:

$$v_E = v_B + v_{EB} = v_C + v_{EC} \tag{4.2}$$

大小　　?　　$\omega_1 l_{AB}$　　?　　$\mu_v \cdot pc$　　?

方向　　?　　$\perp AB$　　$\perp BE$　　$\perp CD$　　$\perp EC$

式中后一个方程只有两个未知数,可用图解法求解。如图 4.1b 所示,过 b 点作 v_{EB} 的方向线

$be \perp BE$，过 c 点作 $\boldsymbol{v}_{EC}$ 的方向线 $ce \perp CE$，两线交于 e 点，矢量 $\overline{pe}$ 代表 $\boldsymbol{v}_E$，其大小为 $v_E = \mu_v \cdot pe$。

图 4.1b 所示的 $pbce$ 是速度多边形，其中 p 点代表机构中速度为零的点。利用速度影像与机构位置图相似的原理，可以很方便地求出构件上任一点的速度。

实际上，对于复杂机构，为了考察其运动轨迹、速度、加速度及受力等是否满足设计要求，通常采用虚拟样机技术软件（如 ADAMS）来做机构的方案设计。ADAMS 软件是对机械系统进行动力学分析的专用软件。将建立的机构模型导入到 ADAMS 中进行仿真，查看其运动效果是否满足预期。如果不满足，再回到模型中修改设计。

思考题 4.1 一个机构如果改换原动件，其速度矢量多边形是否改变？

4.3 平面机构的力分析

对平面机构进行力分析的主要目的是：当已知机构的尺寸、质量分配和运动时，根据作用在平面机构上的已知外力（包括惯性力），确定各运动副中的反力，进而确定为维持机构按给定规律运动所需的平衡力或平衡力矩。力分析通常用于计算机构各零件的强度、确定机械效率以及机械工作时所需的驱动力矩等。所以，机构力分析是研究和设计机械的过程中不可缺少的重要内容之一。

4.3.1 运动副中的摩擦

1. 移动副中的摩擦力

如图 4.2 所示，滑块 1 和平面 2 组成移动副，设 F 为作用在滑块 1 上的所有作用力的合力，它与接触面法线间的夹角为 β。将力 F 分解为沿接触面的切向分力 F_t 和垂直于接触面的法向分力 F_n，那么滑块 1 将在力 F_t 的作用下向左运动或具有运动的趋势。由图可得

$$\tan \beta = \frac{F_t}{F_n} \tag{4.3}$$

平面 2 加于滑块 1 的反作用力有两部分：其一为正压力 F_N，它与分力 F_n 大小相等而方向相反；另一为摩擦力 F_f，它的方向与滑块 1 相对于平面 2 的运动方向（或相对运动趋势方向）相反，其大小为 $F_f = fF_N$，F_N 与 F_f 的合力即为平面 2 加于滑块 1 的总反作用力 F_R，它和 F_N 之间的夹角为 φ，φ 角称为摩擦角。由图可得

图 4.2 平面摩擦

$$\tan \varphi = \frac{F_f}{F_N} = f \tag{4.4}$$

式中 f 为摩擦系数。

上式表明，φ 的大小取决于摩擦系数。又由以上所述可知，总反作用力的方向恒与运动方向（或相对运动趋势方向）成一钝角 $90° + \varphi$。

由上述两式可得

$$F_t = F_n \tan \beta = F_N \tan \beta = F_f \frac{\tan \beta}{\tan \varphi} \tag{4.5}$$

由式（4.5）可知：

(1) 当 $\beta>\varphi$ 时,外力 F 的作用线在摩擦角所包围的区域之外,此时 $F_t>F_f$,滑块作加速运动。

(2) 当 $\beta=\varphi$ 时,外力 F 的作用线在摩擦角所包围区域的面上,此时 $F_t=F_f$,滑块作等速运动。若滑块原来是静止的,则保持静止不动。

(3) 当 $\beta<\varphi$ 时,外力 F 的作用线在摩擦角所包围区域的里面,此时 $F_t<F_f$,滑块作减速运动,直到静止。若滑块原来静止不动,则不论用多大的外力都无法推动滑块使其运动,这种现象称为自锁。

两个构件组成非平面移动副时的情况,如图 4.3 所示。

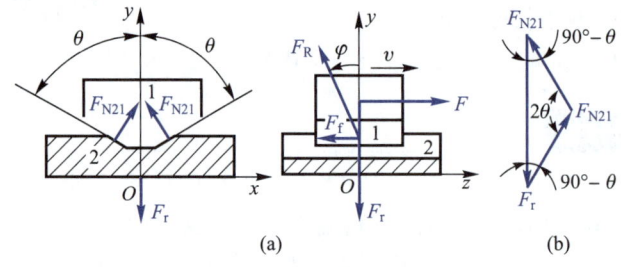

图 4.3 槽面摩擦

楔形滑块置于夹角为 2θ 的楔形槽中,F_r 为作用在其上的力,假设沿槽轴线方向加一驱动力 F,滑块在槽内作等速运动。滑块两侧同时受正压力 F_{N21} 和摩擦力 F_f 的作用,根据平衡条件得

在 z 方向 $\qquad F = 2F_f = 2fF_{N21}$

在 Oxy 平面内 $\qquad F_r = 2F_{N21}\sin\theta$

解以上二式得

$$F_f = fF_r/(2\sin\theta)$$
$$F = fF_r/\sin\theta = f_v F_r \tag{4.6}$$

式中 $f_v(f_v = f/\sin\theta)$ 称为当量摩擦系数,其值始终大于 f。引入当量摩擦系数后,槽面摩擦可简化成**平面摩擦**来处理。

2. 转动副中的摩擦力

图 4.4 所示为转动副中摩擦力的情况。轴颈 1 与轴承 2 组成转动副,F_r 为作用在轴颈上的径向载荷。轴颈在力矩 M 的作用下相对轴承以角速度 ω_{12} 转动。当轴颈作等速转动时,由平衡条件可知,轴承对轴的法向力 F_N 和摩擦力 F_f 合成后的总反力 F_{R21} 与载荷 F_r 大小相等、方向相反,且构成一个阻力矩 M_f 与外力矩 M 平衡。由图 4.4 可见,$M_f = F_{R21}\rho$,ρ 的值由轴颈半径 r 和当量摩擦系数 f_0 决定:

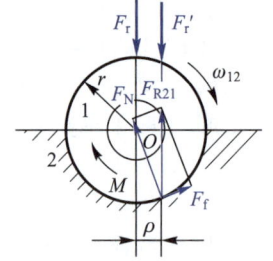

图 4.4 轴颈的摩擦和摩擦圆

$$\rho = rf_0 \tag{4.7}$$

总反力 F_{R21} 的方向随外载荷 F_r 方向的改变而改变,但无论 F_{R21} 的方向如何,它与轴心的距离始终等于 ρ。以轴心为圆心、ρ 为半径所作的圆称为摩擦圆。显然,总反力的作用线始终与摩擦圆相切。

转动副中的摩擦与移动副中的摩擦十分相似,下面将两者对应起来加以描述:

(1) 总反力 F_{R21} 与法向力 F_N 的夹角始终为摩擦角 φ,$\varphi = \arctan f$,其中 f 为摩擦系数。

(2) 总反力阻止相对移动。F_{R21} 相对于 F_N 的偏转方向取决于两构件的相对移动方向,F_{R21} 与 v_{12} 的夹角大于 $90°$,如图 4.5 所示。

(3) 当主动力作用线作用在摩擦角所包围的区域之外时,构件加速移动。

(4) 当主动力作用线在摩擦角所包围区域的面上时,构件作等速移动。

(5) 当主动力作用线作用在摩擦角所包围区域之内时,构件作减速移动,直至静止,机构自锁。

(1) 总反力 F_{R21} 与转动中心的距离始终为摩擦圆的半径 ρ,$\rho = rf_0$,其中 f_0 为当量摩擦系数。

(2) 总反力阻止相对转动。F_{R21} 与摩擦圆相切的位置取决于两构件的相对转动方向,F_{R21} 产生的摩擦力矩与 ω_{12} 的转向相反,如图 4.6 所示。

(3) 当主动力作用线作用在摩擦圆外时,构件作加速转动。

(4) 当主动力作用线与摩擦圆相切时,构件作等速转动。

(5) 当主动力作用线作用在摩擦圆内时,构件作减速转动,直至静止,机构自锁。

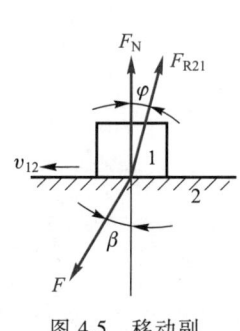

图 4.5 移动副

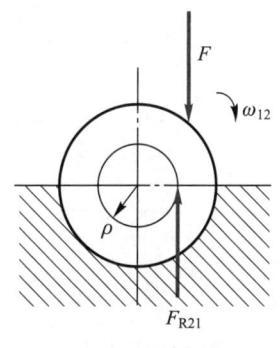

图 4.6 转动副

4.3.2 机构受力分析

1. 运动副中作用力的特点

(1) 转动副　约束反力的大小与方向未知。当不计摩擦时,力作用线通过转动中心;当计及摩擦时,约束反力逆相对转动方向与转动中心偏离一个摩擦圆半径的距离。

(2) 移动副　约束反力的大小与作用点未知。当不计摩擦时,力的方向垂直于相对移动方向;当计及摩擦时,约束反力逆相对移动方向偏转一个摩擦角。

(3) 平面高副　约束反力的大小未知。当不计摩擦时,约束反力过接触点的公法线;当计及摩擦时,约束反力过接触点,并相对于公法线逆相对滑动方向偏转一个摩擦角。

2. 计及摩擦力时的机构静力分析

考虑摩擦时的平衡问题,其解题方法、步骤与不计摩擦时基本相同。

构件力平衡的特点为:

(1) 不含力偶的二力杆,两个力等值、共线、反向。

(2) 含力偶的二力杆,两个力等值、反向、不共线,相距 $h = M/F$。

(3) 不含力偶的三力杆,三个力汇交于一点。

（4）确定摩擦总反力 F_{Rik} 的方位时，首先粗略判断 F_{Rik} 的指向，然后确定相对角速度 ω_{ki} 的转向，使 F_{Rik} 与摩擦圆相切，并对铰链中心所形成的力矩方向与 ω_{ki} 的方向相反。

对于高速、重型机械，在进行力分析时必须计及惯性力（不计摩擦力），并将计算得到的惯性力加到相应的构件上，应用达朗贝尔原理进行动态静力分析（本章不加讨论）。

例题 4.1 图 4.7 所示为按长度比例尺 μ_L 作出的曲柄滑块机构简图，滑块 3 上作用有已知驱动力 F。设摩擦系数为 f，则摩擦角 $\varphi = \arctan f$。各铰链的销钉半径为 r，当量摩擦系数为 f_0，则摩擦圆半径 $\rho = rf_0$。设各构件的重量及惯性力均略去不计，试对该机构在图示位置进行力分析，并确定构件 1 上所能克服的阻力矩 M_q。

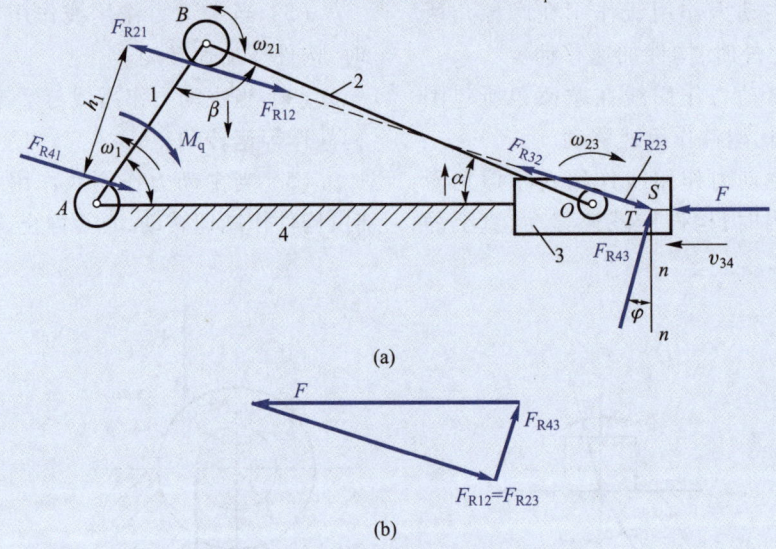

图 4.7 考虑摩擦时机构的静力分析

解 首先分析构件 2。由于 F 是驱动力，构件 2 是受压的二力杆，作用在杆上的两个力 F_{R12} 和 F_{R32} 应等值、共线、反向。考虑摩擦后，该二力不通过铰链中心，而是与摩擦圆相切。滑块 3 在力 F 作用下向左移动，连杆与导路间的夹角 α 增大。由于杆 2 相对滑块 3 的转动 ω_{23} 为顺时针，所以 F_{R32} 对轴心产生的摩擦力矩应为逆时针，因而 F_{R32} 应切于摩擦圆上方。当滑块 3 左移时，曲柄 1 逆时针转动，曲柄与连杆间的夹角 β 减小，连杆 2 相对曲柄的转动 ω_{21} 为顺时针，所以 F_{R12} 对轴心产生的摩擦力矩应为逆时针，因此 F_{R12} 应切于摩擦圆下方。由于 F_{R12} 与 F_{R32} 应共线，因此它们的作用线应是 B 点摩擦圆和 C 点摩擦圆的内公切线（图 4.7a）。这样，虽然 F_{R12} 与 F_{R32} 的大小未知，但方向已知。

接着取滑块 3 为单元体，其上作用力有 F、F_{R23}、F_{R43}。F 是已知力，$F_{R23} = -F_{R32}$，仅大小未知，且 F、F_{R23}、F_{R43} 三个力应汇交于一点。因此，根据力平衡条件，可作力多边形如图 4.7b 所示，从中解得 F_{R23} 和 F_{R43} 的值。

根据作用力与反作用力的关系，$F_{R21} = -F_{R12} = F_{R32} = -F_{R23}$。

下面分析构件 1 的受力情况：构件 1 受 F_{R21}、F_{R41}、M_q 的作用。用上述相同的方法可分析出 F_{R41} 作用线的方位。由 F_{R21} 和 F_{R41} 所构成的一对力偶使曲柄 1 转动，因此构件 1 上所能克服的阻力矩为

$$M_q = \mu_L h_1 F_{R21}$$

方向为顺时针。

4.3.3 机械效率及自锁

1. 机械效率的计算

机械在稳定运转的一个周期内,驱动力所做的功 W_d 等于工作阻力所做的功 W_r 和有害阻力所做的功 W_f 之和,即

$$W_d = W_r + W_f$$

通常用机械效率来表示机械对能量的利用程度:

$$\eta = \frac{W_r}{W_d} = \frac{W_d - W_f}{W_d} = 1 - \frac{W_f}{W_d} = 1 - \zeta \tag{4.8}$$

式中:η 称为机械效率,ζ 称为损失系数。显然,$\eta + \zeta = 1$。将上式中的功除以时间 t,就可以得到用功率表示的机械效率,即

$$\eta = \frac{P_r}{P_d} = 1 - \frac{P_f}{P_d} \tag{4.9}$$

式中,P_d、P_r、P_f 分别为输入功率、输出功率、损耗功率。

机械效率也可以用力或力矩的表达式表示。图 4.8 为一机械传动示意图。设 F_d 为驱动力,F_r 为生产阻力,v_d 和 v_r 分别为在 F_d 和 F_r 的作用点处沿其作用线方向上的速度。由式(4.9)可得

$$\eta = \frac{P_r}{P_d} = \frac{F_r v_r}{F_d v_d} \tag{4.10}$$

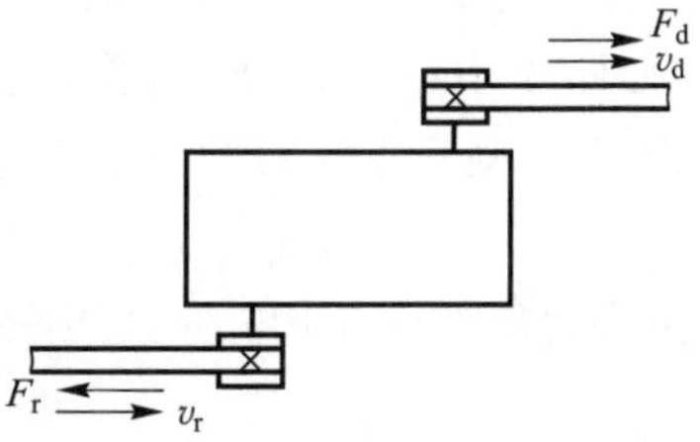

假设机械中不存在摩擦(即理想机械),并用 F_{d0} 表示理想驱动力,此时输入功率与输出功率相等,即

$$F_r v_r = F_{d0} v_d$$

图 4.8 机械传动示意图

将上式代入式(4.10)得

$$\eta = \frac{P_r}{P_d} = \frac{F_{d0} v_d}{F_d v_d} = \frac{F_{d0}}{F_d} \tag{4.11}$$

上式表明,机械效率可用克服相同生产阻力所需的理想驱动力 F_{d0} 与实际驱动力 F_d 的比值来表示。同理,机械效率也可以用实际生产阻力 F_r 与理想生产阻力 F_{r0} 的比值来表示,即 $\eta = F_r / F_{r0}$。

同样,用上述方法可以推出机械效率用力矩形式表示的公式:

$$\eta = M_{d0}/M_d = M_r/M_{r0} \tag{4.12}$$

式中:M_d、M_{d0} 分别为实际驱动力矩和理想驱动力矩;M_r、M_{r0} 分别为实际生产阻力矩和理想生产阻力矩。

2. 机械的自锁

由于机械中总存在着损失功,所以机械效率 $\eta < 1$。若机械的输入功全部消耗于摩擦,结果就没有有用功输出,则 $\eta = 0$。若机械的输入功不足以克服摩擦力消耗的功,则 $\eta < 0$。在这种情况下不管驱动力多大都不能使机械运动,机械发生自锁。因此,机械自锁的条件是

$\eta \leq 0$,其中 $\eta = 0$ 为临界自锁状态,并不可靠。

思考题 4.2 何谓自锁?从受力观点看,移动副和转动副在什么情况下自锁?

思考题 4.3 "自锁"与"不动"这两个概念是否一样?"不动"的机构是否一定"自锁"?试举出一些自锁机构的实例。

4.3.4 螺旋机构的效率

图 4.9a 所示为矩形螺纹,设其螺母上承受一轴向载荷 F_a。根据螺纹形成原理,可将其沿中径 d_2 展开成一升角为 λ 的斜面,如图 4.9b 所示。

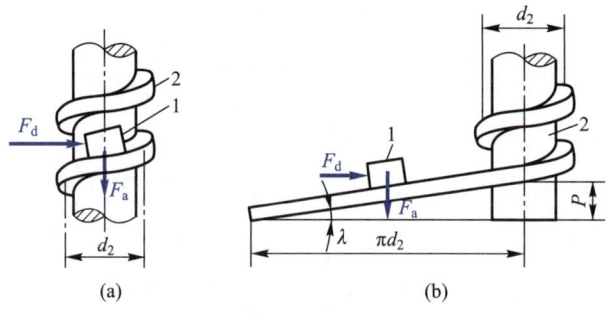

图 4.9 矩形螺纹

当以力矩 M_d 拧紧螺母时,相当于滑块在驱动力 F_d 作用下克服阻力 F_a 沿斜面等速上升,如图 4.10a 所示。F_d 为作用在螺母中径 d_2 上的圆周力,设此时斜面对滑块的总反作用力为 F_{R21},则根据滑块的力平衡方程可得

$$F_d + F_a + F_{R21} = 0$$

作力多边形如图 4.10b 所示,由图可得

$$F_d = F_a \tan(\lambda + \varphi)$$

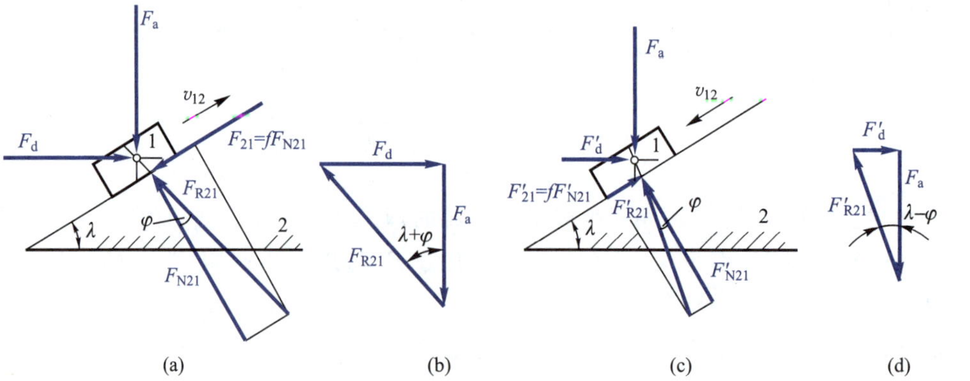

图 4.10 受力分析

则拧紧螺母的驱动力矩为

$$M_d = F_d \frac{d_2}{2} = F_a \frac{d_2}{2} \tan(\lambda + \varphi)$$

若不考虑摩擦力,即令 $\varphi = 0$,则由上式得理想驱动力矩为

$$M_{d0} = F_a \frac{d_2}{2} \tan \lambda$$

由式(4.12)得其效率为

$$\eta = M_{d0}/M_d = \tan \lambda / \tan(\lambda + \varphi) \tag{4.13}$$

当螺母沿轴向作与 F_a 方向相同的移动时,相当于滑块在力 F_a 作用下受 F'_d 的支持作等速下滑,F_a 为驱动力,F'_d 为支持力(阻力),受力情况如图4.10c所示,力的多边形如图4.10d所示。则支持力 F'_d、支持阻力矩 M'_d 为

$$F'_d = F_a \tan(\lambda - \varphi)$$

$$M'_d = F_a \frac{d_2}{2} \tan(\lambda - \varphi)$$

若不考虑摩擦,即令 $\varphi = 0$,由上式可得理想支持阻力矩为

$$M'_{d0} = F_a \frac{d_2}{2} \tan \lambda$$

此时效率为

$$\eta' = M'_d/M'_{d0} = \tan(\lambda - \varphi)/\tan \lambda \tag{4.14}$$

如果要求螺母在力 F_a 作用下不会自动松脱,即要求螺旋副自锁,必须使 $\eta' \leq 0$。故螺纹自锁的条件为

$$\lambda \leq \varphi \tag{4.15}$$

与矩形螺纹类似,三角螺纹相当于楔形滑块在楔形槽面内滑动,只需将上述的摩擦角 φ 改成当量摩擦角 φ_v 即可,即

$$\varphi_v = \arctan f_v = \arctan(f/\cos \beta)$$

式中 β 为三角形螺纹的牙型斜角,见第7.1节。由于 $\cos \beta < 1$,则 $\varphi_v > \varphi$,所以三角螺纹的摩擦力大、效率低,易发生自锁,常用作连接螺纹;矩形螺纹效率高,常用作传动螺纹。

4.4 四杆机构的基本型式及演化

4.4.1 四杆机构的基本型式

平面四杆机构的基本型式是铰链四杆机构,如图4.11所示。其他型式的四杆机构都可看成是在它的基础上通过演化而构成的。在此机构中 AD 杆是机架,与机架相对的 BC 杆称为连杆,与机架相连的 AB 杆和 CD 杆称为连架杆,其中能作整周回转运动的连架杆称为曲柄,只能在小于360°范围内摆动的连架杆称为摇杆。

根据铰链四杆机构有无曲柄,可将其分成三种基本型式。

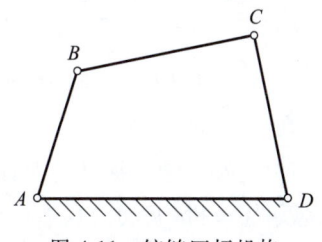

图4.11 铰链四杆机构

1. 曲柄摇杆机构

两连架杆中一个为曲柄、另一个为摇杆的四杆机构,称为曲柄摇杆机构。图4.12所示的搅拌机及图4.13所示的钢材步进输送机的驱动机构均为曲柄摇杆机构。

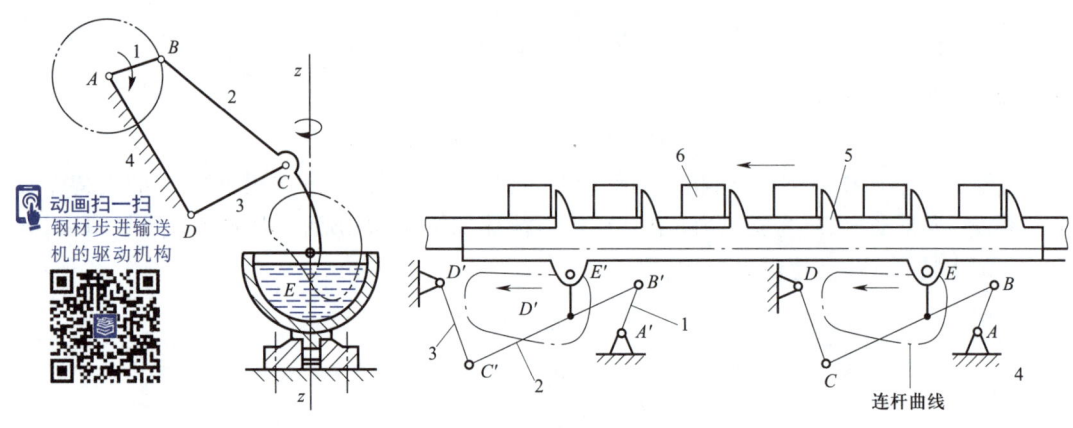

图 4.12 搅拌机　　　　　　　图 4.13 钢材步进输送机的驱动机构

2. 双曲柄机构

两连架杆均为曲柄的四杆机构称为双曲柄机构,如图 4.14 所示的惯性筛及图 4.15 所示的机车车辆机构,均为双曲柄机构。惯性筛机构中,主动曲柄 AB 等速回转一周时,曲柄 CD 变速回转一周,使筛子 EF 获得加速度,从而将被筛选的材料分离。机车车辆机构是平行四边形机构,它使各车轮与主动轮具有相同的速度,其内含有一个虚约束,以防止在曲柄与机架共线时运动不确定。如图 4.16 所示,当曲柄与机架共线时,B 点转到 B_2 点,而 C 点位置可能转到 C_2 或 C_2' 位置,这时在图 4.15 中加入一个虚约束(辅助曲柄 2),既不改变机构的自由度,可消除运动的不确定,又可增加机构的刚性,改善其受力状况。

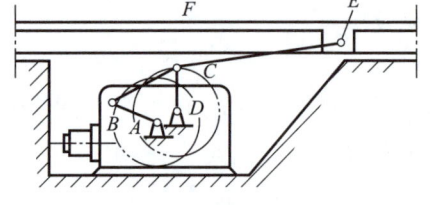

图 4.14 惯性筛机构

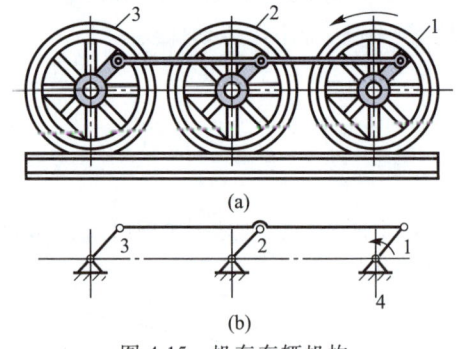

图 4.15 机车车辆机构

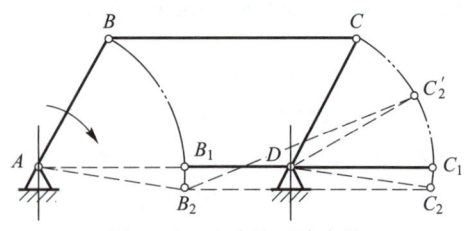

图 4.16 运动的不确定性

3. 双摇杆机构

两连架杆均为摇杆的四杆机构称为双摇杆机构,图 4.17 所示的起重机及图 4.18 所示的电风扇摇头机构,均为双摇杆机构。

图 4.17 所示的机构,当 CD 杆摆动时,连杆 CB 上悬挂重物的点 M 在近似水平直线上移动。如图 4.18 所示为用平行四边形机构作小臂驱动器的关节式机械手。该机构的特点是其第 3 关节(θ_3)的驱动源安装在躯体上,用平行四边形机构将运动传给小臂。这样安排驱动源,是为了减轻大臂的重量,增加手臂的刚度,因而提高手腕的定位精度。

4.4 四杆机构的基本型式及演化

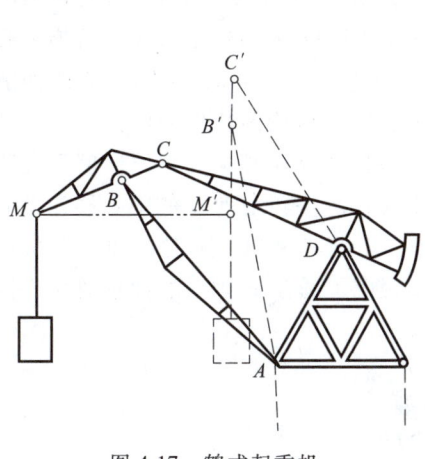

图 4.17 鹤式起重机

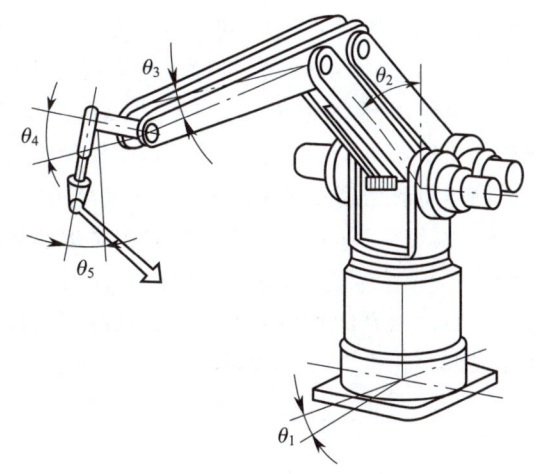

图 4.18 摇头机构

4.4.2 平面四杆机构的演化

一般生产中广泛应用着各种四杆机构,这些机构虽然具有不同的外形和构造,但都具有相同的运动特性,或一定的内在联系,并且都可看作是从铰链四杆机构演化而来的。揭示各种平面四杆机构间的内在联系,可为其分析和设计提供很大的方便。下面通过实例介绍平面四杆机构的演化方法。

1. 扩大转动副,使转动副变成移动副

图 4.19a 所示的曲柄摇杆机构中,杆 1 为曲柄,杆 3 为摇杆,现把杆 4 作成环形槽,槽的中心在 D 点,而把杆 3 作成弧形滑块,与环形槽相配合,如图 4.19b 所示。由于杆 3 仅在环形槽的一部分中运动,因此可将环形槽的多余部分除去,如图 4.19c 所示。图 4.19a、b、c 所示的机构中,尽管转动副 D 的形状发生了变化,但其相对运动性质却完全相同。如果再将环

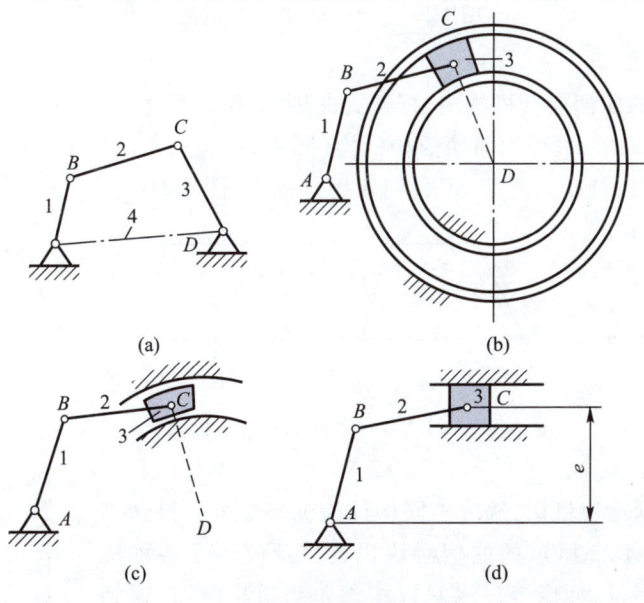

图 4.19 曲柄摇杆机构的演化

形槽的半径增加到无穷大,转动副 D 的中心移到无穷远处,则环形槽变成了直槽,而转动副变成了移动副(图 4.19d),机构演化成偏置曲柄滑块机构。图中 e 为曲柄中心 A 至直槽中心线的垂直距离,称为偏距。当 $e \neq 0$ 时,称为偏置曲柄滑块机构;当 $e = 0$ 时,称为对心曲柄滑块机构(图 4.20a)。因此可以认为,曲柄滑块机构是从曲柄摇杆机构演化而来的。

同样将转动副 C 的半径扩大,使其超过杆 2 的长度,将杆 2 改成滑块 2 在环形槽 3 内绕 C 点转动(图 4.20b),此时各构件的相对运动都没有发生变化。将转动副 C 的中心移到无穷远处,环形槽变成直槽,得到了移动导杆机构(图 4.20c)。若将图 4.20a 中对心曲柄滑块机构中的转动副 B 的半径扩大,使之超过杆 1 的长度,杆 1 变成了圆盘 1,则对心曲柄滑块机构演化成偏心轮机构(图 4.20d)。

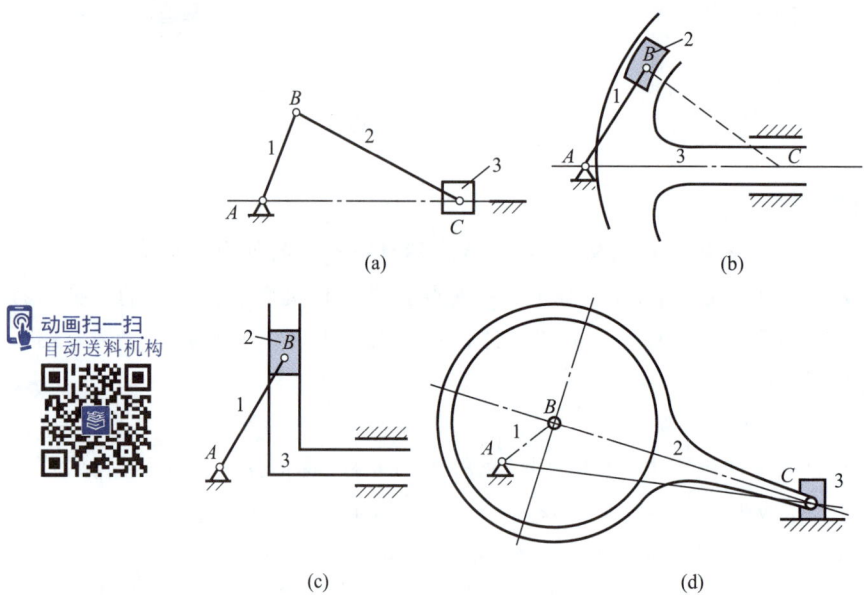

图 4.20 曲柄滑块机构的演化

2. 取不同的构件为机架

图 4.21a 所示的曲柄摇杆机构中,杆 1 为曲柄,α 和 β 可达 360°,而 θ 和 δ 均小于 360°。若以杆 4 或杆 2 为机架,可得到曲柄摇杆机构(图 4.21a、c);若以杆 1 为机架,可得到双曲柄机构(图 4.21b);若以杆 3 为机架,可得到双摇杆机构(图 4.21d)。

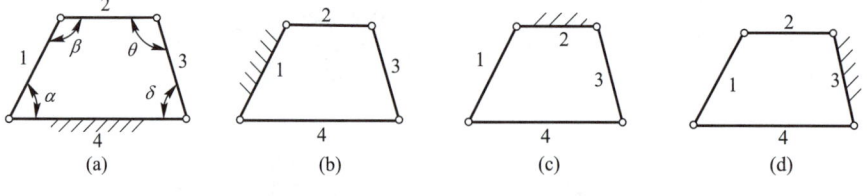

图 4.21 选取不同的构件为机架

同样,对于曲柄滑块机构,选取不同构件为机架也可以得到不同型式的机构。图 4.22 所示的曲柄滑块机构广泛应用于各种机械中,如活塞式内燃机、冲床等。当它以构件 1 为机架时,可得到导杆机构(图 4.23a);当杆 2 的长度大于机架长度时,构件 2 和构

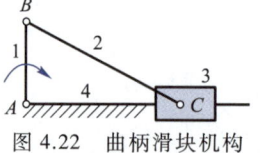

图 4.22 曲柄滑块机构

4.4 四杆机构的基本型式及演化

件 4 均能作整周转动,称为转动导杆机构,图 4.23b 所示的小型刨床是它的应用实例。当杆 2 的长度小于机架长度时,导杆 4 只能作来回摆动,称摆动导杆机构,图 4.23c 所示牛头刨床中的主运动机构是它的应用实例。

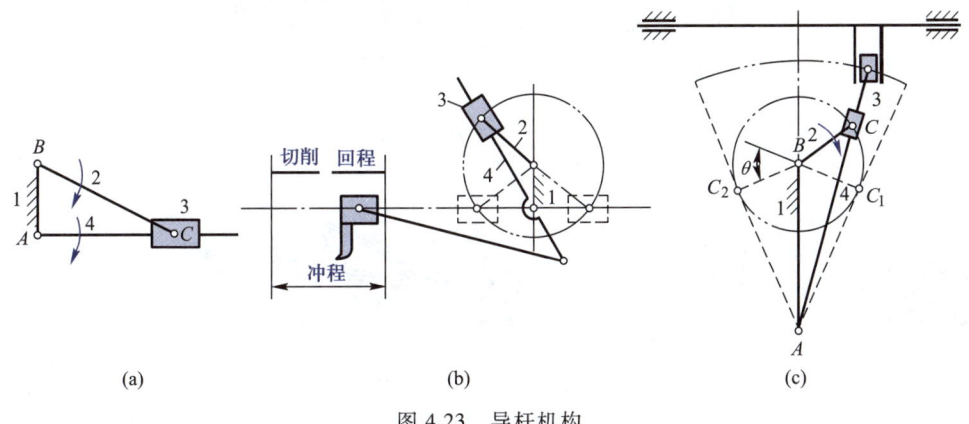

图 4.23 导杆机构

当以构件 2 为机架时,可演化成曲柄摇块机构,如图 4.24a 所示。图 4.24b 所示插齿机中的驱动机构是它的应用实例。

当以构件 3 为机架时,可演化成如图 4.25a 所示的移动导杆机构,它常应用于如图 4.25b 所示的手摇唧筒中。

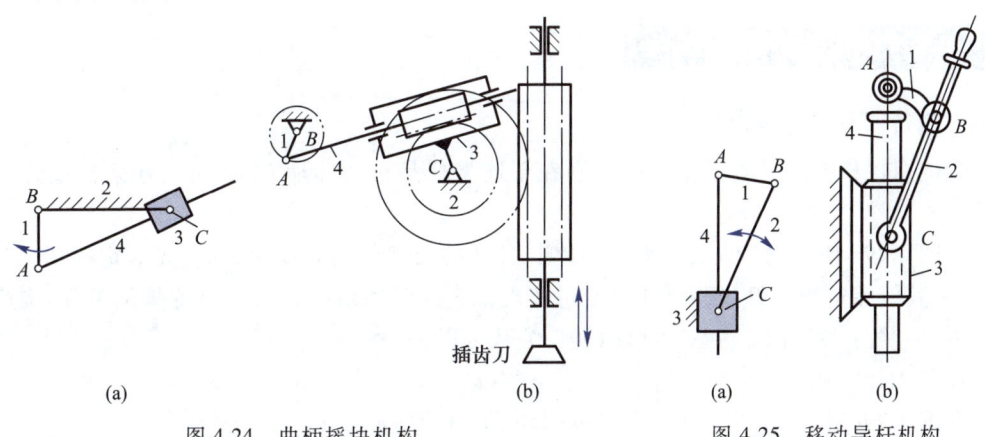

图 4.24 曲柄摇块机构　　　　图 4.25 移动导杆机构

如以两个移动副代替铰链四杆机构中的两个转动副,便可得到三种不同型式的四杆机构,如图 4.26a 所示的曲柄移动导杆机构(正弦机构)、图 4.27a 所示的双转块机构和图 4.28a 所示的双滑块机构。图 4.26a 所示的缝纫机刺布机构、图 4.27b 所示的十字沟槽联轴节以及图 4.28b 所示的椭圆仪分别是它们的应用实例。

思考题 4.4　在日常生活中你接触到了哪些平面四杆机构?它们都完成了哪些运动?是怎样传递和实

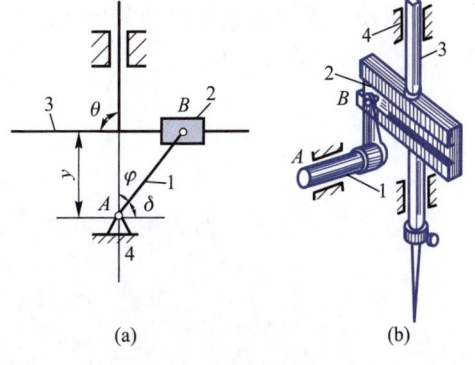

图 4.26 曲柄移动导杆机构

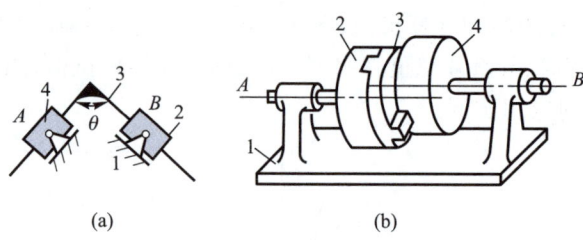

图 4.27 双转块机构

拓展阅读
水排

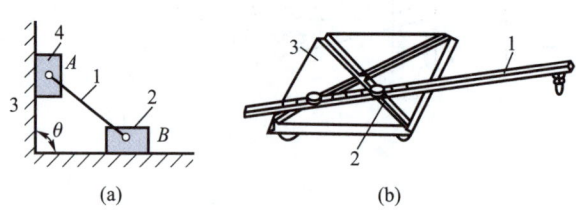

图 4.28 双滑块机构

现运动的?

思考题 4.5 观察卡车车厢自动翻转卸料机构,它属于哪种机构?

思考题 4.6 观察路灯维修车维护人员座斗的升降机构,它利用了哪种四杆机构的哪种特性?

4.5 平面四杆机构的基本特性

4.5.1 铰链四杆机构有曲柄的条件

铰链四杆机构三种基本型式的区别在于连架杆是否为曲柄,下面讨论连架杆成为曲柄的条件。

设图 4.29a 所示的铰链四杆机构 $ABCD$ 各杆的长度分别为 a、b、c、d。先假定构件 1 为曲柄,则在其回转过程中杆 1 和杆 4 一定可实现拉直共线和重叠共线两个特殊位置,即构成三角形 BCD(图 4.29b、c)。由三角形的边长关系可得

在图 4.29b 中 $\qquad a+d<b+c$

在图 4.29c 中 $\qquad d-a+b>c$ 即 $a+c<b+d$

$\qquad\qquad\qquad d-a+c>b$ 即 $a+b<c+d$

当运动过程中四构件出现如图 4.30 所示的共线情况时,上述不等式就变成了等式。因此,以上三个不等式改写为

$$a+d \leqslant b+c \qquad (4.16)$$

$$a+c \leqslant b+d \qquad (4.17)$$

$$a+b \leqslant c+d \qquad (4.18)$$

将以上三式的任意两式相加,可得

$$a \leqslant b \qquad (4.19)$$

$$a \leqslant c \qquad (4.20)$$

$$a \leqslant d \qquad (4.21)$$

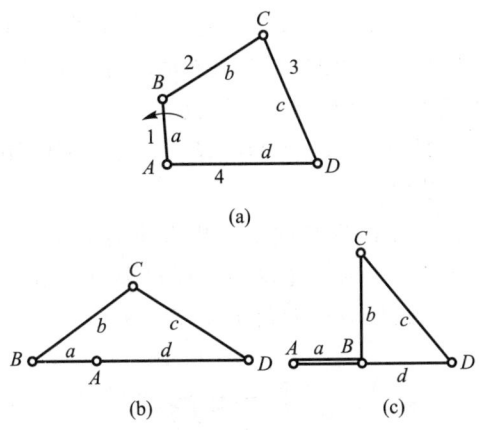
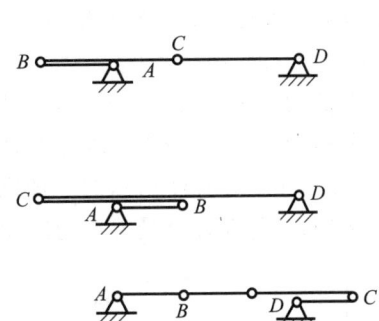

图 4.29　铰链四杆机构的运动过程

图 4.30　运动中可能出现的四构件共线情况

由式(4.19)~(4.21)可知,曲柄 AB 必为最短杆,BC、CD、AD 杆中必有一个最长杆。再结合"取不同构件为机架"的四杆机构演化原理,可推出曲柄存在的条件如下:

（1）最长杆与最短杆的长度之和小于或等于其余两杆长度之和;
（2）最短杆或其相邻杆应为机架。

根据有曲柄的条件可得推论:

（1）当最长杆与最短杆的长度之和大于其余两杆长度之和时,只能得到双摇杆机构;
（2）当最长杆与最短杆长度之和小于或等于其余两杆长度之和时:1)最短杆为机架时得到双曲柄机构;2)最短杆的相邻杆为机架时得到曲柄摇杆机构;3)最短杆的对面杆为机架时得到双摇杆机构。

4.5.2　压力角和传动角

在图 4.31 所示的曲柄摇杆机构中,如不考虑构件的重量和摩擦力,则连杆是二力杆,主动曲柄通过连杆传给从动杆的力 F 沿 BC 方向,F 可分解成两个分力 F_t 和 F_n,其中,F_n 只能使铰链 C、D 产生径向压力,而 F_t 才是推动从动件 CD 运动的有效分力。由图可得

$$\left.\begin{array}{l}F_t = F\cos\alpha = F\sin\gamma \\ F_n = F\sin\alpha = F\cos\gamma\end{array}\right\} \tag{4.22}$$

式中:α 为力 F 的作用线与其作用点(C 点)速度(v_C)方向所夹的锐角,称为压力角;它的余角 γ(即连杆与摇杆之间所夹的锐角)称为传动角。显然,α 角越小,或者 γ 角越大,使从动杆运动的有效分力就越大,对机构传动越有利。α 和 γ 是反映机构传动性能的重要指标,由于 γ 角便于观察和测量,工程上常以 γ 角来衡量连杆机构的传动性能。机构运动时其传动角是变化的,为了保证机构传动性能良好,设计时一般应使 $\gamma_{min} \geq 40°$,对于高速大功率机械应使 $\gamma_{min} \geq 50°$。因此,必须确定 $\gamma = \gamma_{min}$ 时机构的位置并检验 γ_{min} 的值是否不小于上述的许用值。

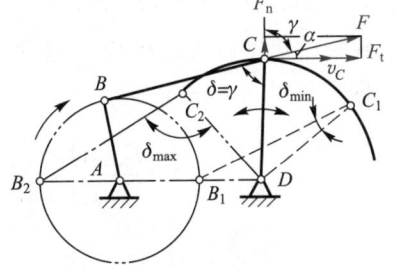

图 4.31　压力角和传动角

铰链四杆机构运转时,其最小传动角出现的位置可由下述方法求得。如图 4.31 所示,

当连杆与从动件的夹角 δ 为锐角时,则 $\gamma=\delta$;若 δ 为钝角,则 $\gamma=180°-\delta$。因此,这两种情况下分别出现 δ_{min} 及 δ_{max} 的位置即为可能出现 γ_{min} 的位置。又由图可知,在 $\triangle BCD$ 中,BC 和 CD 为定长,BD 随 δ 而变化,即:δ 变大,则 BD 变长;δ 变小,则 BD 变短。因此,当 $\delta=\delta_{max}$ 时,$BD=BD_{max}$;当 $\delta=\delta_{min}$ 时,$BD=BD_{min}$。对于图 4.31 所示的机构,$BD_{max}=AD+AB_2$,$BD_{min}=AD-AB_1$,即此机构在曲柄与机架共线的两位置处出现最小传动角。

对于曲柄滑块机构,当原动件为曲柄时,最小传动角出现在曲柄与机架垂直的位置,如图 4.32 所示。对于图 4.33 所示的导杆机构,由于在任何位置时主动曲柄通过滑块传给从动杆的力的方向,与从动杆上受力点的速度方向始终一致,所以传动角始终等于 90°。

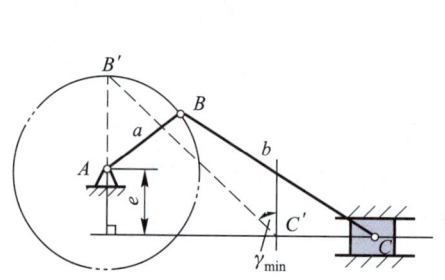

图 4.32 曲柄滑块机构的最小传动角

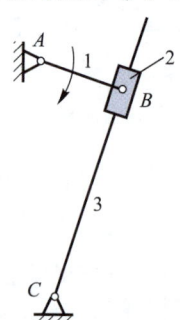

图 4.33 导杆机构

•4.5.3 急回特性

图 4.34 所示的曲柄摇杆机构中,当曲柄 AB 为原动件并作等速回转时,摇杆 CD 为从动杆并作往复变速摆动,曲柄 AB 在回转一周的过程中有两次与连杆 BC 共线。这时摇杆 CD 分别处在左右两个极限位置 C_1D、C_2D。此两极限位置时曲柄所在直线之间所夹的锐角 θ 称为极位夹角。

曲柄顺时针从 AB_1 转到 AB_2,转过角度 $\varphi_1=180°+\theta$,摇杆从 C_1D 转到 C_2D,所需时间为 t_1,C 点的平均速度 v_1。曲柄继续顺时针从 AB_2 转到 AB_1,转过角度 $\varphi_2=180°-\theta$,摇杆从 C_2D 转到 C_1D,所需时间为 t_2,C 点的平

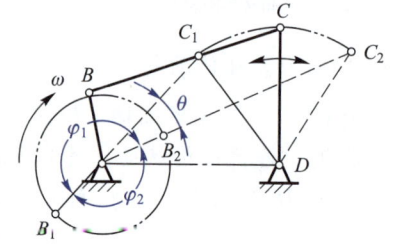

图 4.34 曲柄摇杆机构的极位夹角

均速度为 v_2。由于 $\varphi_1>\varphi_2$,所以 $t_1>t_2$,$v_2>v_1$,说明当曲柄等速转动时,摇杆来回摆动的速度不同,返回时速度较大。机构的这种性质称为急回特性,通常用行程速度变化系数 K 来表示,即

$$K=\frac{\text{从动件回程平均速度}}{\text{从动件工作平均速度}}=\frac{\widehat{C_1C_2}/t_2}{\widehat{C_1C_2}/t_1}=\frac{t_1}{t_2}=\frac{\varphi_1}{\varphi_2}=\frac{180°+\theta}{180°-\theta} \quad (4.23)$$

$$\theta=180°\frac{K-1}{K+1} \quad (4.24)$$

图 4.35a 所示为偏置曲柄滑块机构,偏距为 e。当 $e=0$ 时,$\theta=0$,则 $K=1$,无急回特性;$e\neq 0$ 时,$\theta\neq 0$,则 $K>1$,机构有急回特性。图 4.35b 所示为导杆机构,其极位夹角等于导杆摆角,也有急回特性。

4.5 平面四杆机构的基本特性

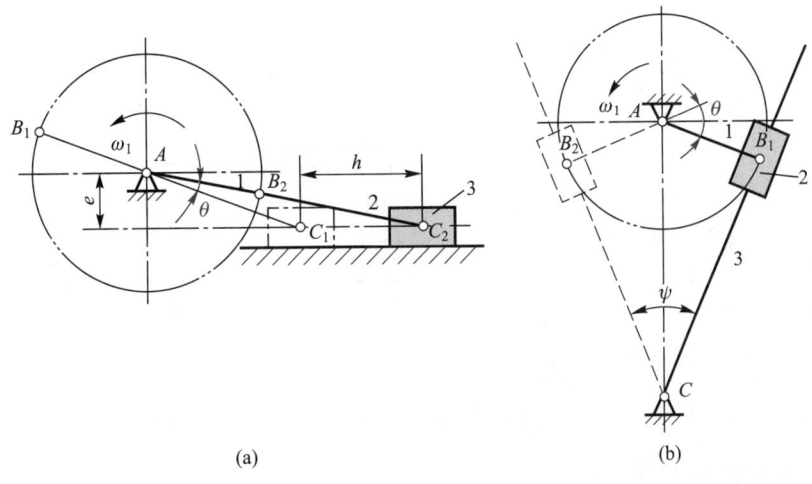

图 4.35 有急回特性的机构

四杆机构的急回特性可以节省空回时间,提高生产率,如牛头刨床中退刀速度明显高于工作速度,就是利用了摆动导杆机构的急回特性。

4.5.4 死点

图 4.36 所示的曲柄摇杆机构,当摇杆 CD 为原动件时,在曲柄与连杆共线的位置出现传动角等于 0° 的情况。这时,原动件 CD 通过连杆作用于从动件 AB 上的力恰好通过其回转中心 A,因此不论连杆 BC 对曲柄 AB 的作用力有多大,都不能使杆 AB 转动,机构的这种位置(图中虚线所示位置)称为死点。四杆机构中是否存在死点,取决于从动件是否与连杆共线。对曲柄摇杆机构而言,当曲柄为原动件时,摇杆与连杆无共线位置,不出现死点;当以摇杆为原动件时,曲柄与连杆有共线位置,出现死点。

工程上常利用飞轮使机构渡过死点,如图 4.13 所示的缝纫机,曲柄与大带轮为同一构件,利用带轮的惯性使机构渡过死点。另外,还可利用机构错位排列的方法渡过死点,如图 4.37 所示的机车车轮联动机构,当一个机构处于死点位置时,可借助另一个机构来越过死点。

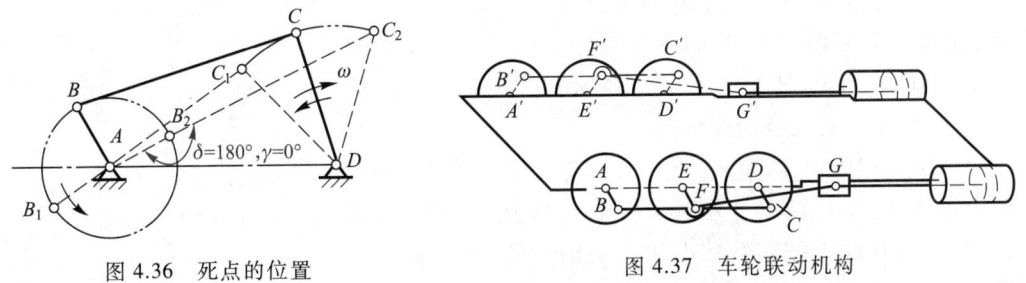

图 4.36 死点的位置　　图 4.37 车轮联动机构

工程上有时也利用死点来实现一定的工作要求。如图 4.38 所示的飞机起落架,当机轮放下时 BC 杆与 CD 杆共线,机构处在死点位置,地面对机轮的力不会使 CD 杆转动,使降落可靠。又如图 4.39 所示的夹具,工件夹紧后 BCD 成一条线,即使工件反力很大也不能使机构反转,因此使夹紧牢固可靠。

第4章 平面连杆机构

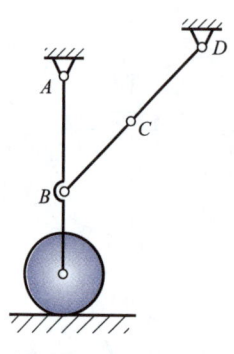

图 4.38 起落架机构

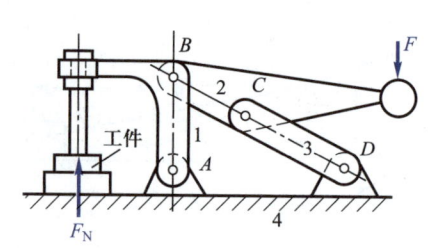

图 4.39 夹紧机构

思考题 4.7 曲柄摇杆机构是否一定具有急回特性？是否一定有死点位置？

4.6 平面四杆机构的设计

平面四杆机构的设计是指根据已知条件来确定机构各构件的尺寸，一般可归纳为两类基本问题：

（1）实现给定的运动规律，例如要求满足给定的行程速度变化系数以实现预期的急回特性、实现连杆的几组给定位置等。

（2）实现给定的运动轨迹，例如要求连杆上某点能沿着给定轨迹运动等。

平面四杆机构的设计方法有图解法、解析法和实验法三种。图解法直观、清晰，一般比较简单易行，但精确程度稍差；实验法也有类似特点，而且设计工作比较繁琐；解析法精确程度较好，但计算求解较复杂。设计时到底选用哪种方法，应根据实际条件而定。本章仅讨论下述两种情况下如何用图解法设计平面四杆机构。

4.6.1 按给定连杆位置设计四杆机构

如图 4.40 所示，已知连杆的长度 BC 以及它所处的三个位置 B_1C_1、B_2C_2、B_3C_3，要求设计该铰链四杆机构。

由于连杆上铰链点 $B(C)$ 是在以 $A(D)$ 为圆心的圆弧上运动的，已知 $B_1(C_1)$、$B_2(C_2)$、$B_3(C_3)$ 的位置，就可以求出圆心 $A(D)$。分别作 B_1、B_2 和 B_2、B_3 连线的垂直平分线 b_{12}、b_{23}，其交点就是固定铰链中心 A；同理作 C_1、C_2 和 C_2、C_3 连线的垂直平分线 c_{12}、c_{23}，其交点就是固定铰链中心 D。连接 AB_1C_1D 就是所求的铰链四杆机构。

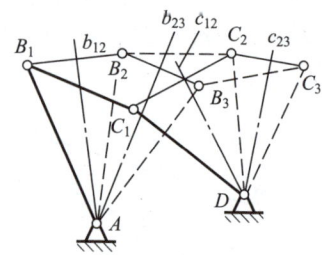

图 4.40 按给定连杆位置设计四杆机构

由求解过程可知，给定 BC 的三个位置只有一个解，如给定两个位置，则 A、D 两点可分别在 b_{12} 和 c_{12} 上任取，因此有无穷多解，在设计时可按实际情况给定辅助条件，即可得一个确定的解。

4.6.2 按给定两连架杆的对应位置设计四杆机构

设已知机架 AD 的长度及连架杆 AB、CD 的两组对应位置 α_1、φ_1 和 α_2、φ_2，试设计该铰链四杆机构。

4.6 平面四杆机构的设计

此问题的关键是求铰链 C 的位置。如图 4.41 所示,采用刚化反转法将 AB_2C_2D 刚化后绕 D 点反转 $(\varphi_1-\varphi_2)$ 角,C_2D 与 C_1D 重合,AB_2 转到 $A'B_2'$ 的位置。此时可以将此机构看成是以 CD 为机架、以 AB 为连杆的四杆机构,问题转化为按连杆的两位置设计四杆机构。

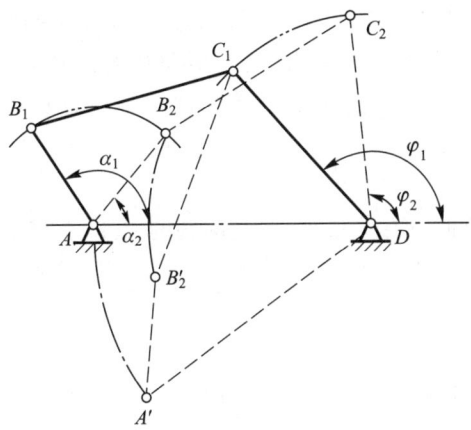

图 4.41 刚化转化法

现举例加以说明。如图 4.42a 所示,已知四杆机构一连架杆 AB 和机架 AD 的长度,连架杆 AB 和另一连架杆上标线 ED 的三组对应位置 φ_1、ψ_1,φ_2、ψ_2 及 φ_3、ψ_3,要求设计该铰链四杆机构。设计步骤如下:

(1) 选取适当比例尺 μ_L,按给定条件画出两连架杆的三组对应位置,并连接 DB_2 和 DB_3 (图 4.42b)。

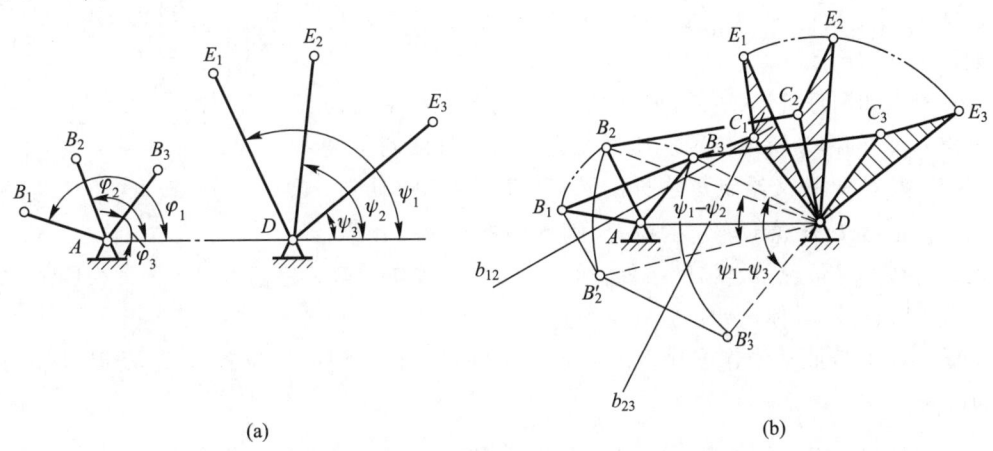

(a)   (b)

图 4.42 按给定两连架杆的对应位置设计四杆机构

(2) 用反转法将 DB_2 和 DB_3 分别绕 D 点反转 $(\psi_1-\psi_2)$、$(\psi_1-\psi_3)$,得 B_2' 和 B_3'。
(3) 作 B_1B_2' 和 $B_2'B_3'$ 的垂直平分线 b_{12} 和 b_{23} 交于 C_1 点,连接 AB_1C_1D 即为该铰链四杆机构。
(4) 杆 BC 和杆 CD 的长度 l_{BC}、l_{CD} 为
$$l_{BC}=\mu_L \cdot B_1C_1, l_{CD}=\mu_L \cdot C_1D$$

在进行四杆机构设计时,往往还需要满足一些附加的几何条件或运动条件。通常先按运动条件来设计四杆机构,然后再检验其他条件,如检验最小传动角是否满足要求,检验所

设计机构是否满足曲柄存在的条件,检验机构的运动空间尺寸是否合适等。

4.7 实例分析

本书独立设置了"实例分析"这一节,其目的为激发学生创新意识、提高培养学生的创新能力,故实例的选取是一个很重要的关键工作。教材内容应该在创新驱动发展引导和支撑下,贯彻"解题思路和方法"思想,选取解决生产实践中难题的案例。同时又要求编写者尽量做到为课题的参加者。

解题的一般步骤如下:

（1）分析题意、原始数据及有关条件,抓住问题的实质、关键及最终要求,同时着重分析解题思路与方法；

（2）拟定解题步骤；

（3）进行解题工作；

（4）进行方案评价,最后确定满意的设计方案；

（5）绘出图样。

最后要说明一点。由于实例的类别不同,如参数论证、强度计算、结构设计等,所要求的解题工作内容自然也随之不同而有所区别,难以用统一模式来安排解题步骤①。

例题 4.2 试设计一台采用四杆机构控制的加热炉炉门的启闭机构,如图 4.43 所示。

工作要求：加热时炉门能关闭严密,炉门打开后能水平位置平放,要求炉门的外边朝上,可当作一个小平面使用。炉门上两铰链的中心距 $BC(B_1C_1)$ 为 200 mm,与机架连接的固定铰链 A、D 宜安装在 yy 轴上,其相互位置尺寸如图 4.43 所示。

分析 如题意可知,所需设计的启闭机构为一个平面四杆机构,炉门的两个所处位置实质上就是给定连杆的两个位置(B_1C_1、B_2C_2),且又给定了连杆的长度($B_1C_1 = 200$ mm),如固定铰链 A、D 未规定确定的位置,则本题有无穷多组解。在设计时按实际情况给定辅助条件,即可得出一个确定的解。根据教材中第 4.6.1 节内容可完成设计任务,具体设计步骤如下所述。

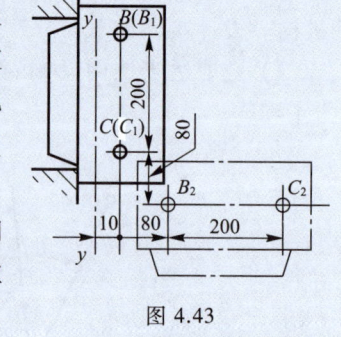

图 4.43

解 （1）按照适当作图比例及给定的炉门尺寸作炉门两个位置 B_1C_1 及 B_2C_2,如图 4.44所示；

（2）连接 B_1B_2 及 C_1C_2,分别作它们的垂直平分线 b_{12} 及 c_{12},且分别与 yy 轴线交于 A 和 D 点；

（3）连接 AB_1 及 B_2D,则 AB_1B_2D 就是所求的平面四杆机构(即为机构原理图)；

（4）各构件的结构设计(略)。

---

① 说明：此段 4.7 实例分析的内容(本书独立设置……解题步骤。)与往后有关章节中实例分析内容是相同的,故不作赘述,全书同。

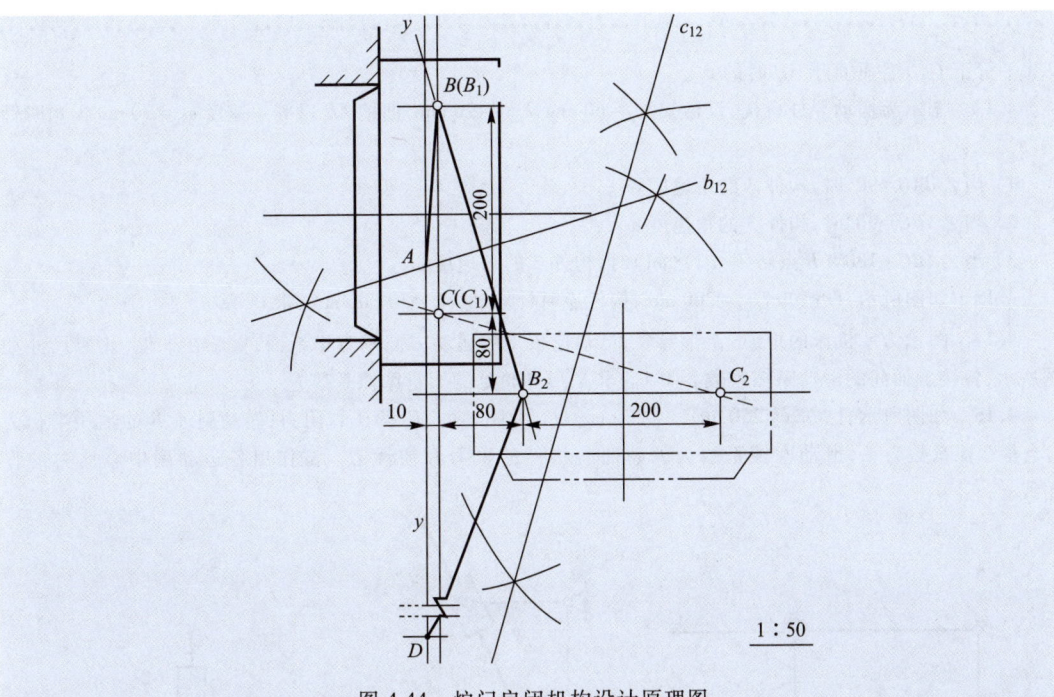

图 4.44 炉门启闭机构设计原理图

复习题

4.1 机构运动分析时速度多边形的特性是什么？

4.2 为什么要研究机械中的摩擦？机械中的摩擦是否全是有害的？

4.3 何谓摩擦角？如何确定移动副中总反力的方向？

4.4 何谓摩擦圆？如何确定转动副中总反力的作用线？

4.5 从机械效率的观点看，机械自锁的条件是什么？

4.6 平面四杆机构中急回特性的含义是什么？在什么条件下机构才具有急回特性？

4.7 铰链四杆机构中曲柄存在的条件是什么？曲柄是否一定是最短杆？

4.8 何谓连杆机构的死点？举出避免死点和利用死点的例子。

4.9 在图示中，已知机构的尺寸和相对位置，构件1以等角速度 ω_1 逆时针转动，求图示位置 C 点和 D 点的速度、构件2的角速度。

4.10 如图所示的铰链四杆机构中，已知 $l_{AB} = 30$ mm，$l_{BC} = 75$ mm，$l_{CD} = 32$ mm，$l_{AD} = 80$ mm，构件1以等角速度 $\omega_1 = 10$ rad/s 顺时针转动。试用图解法求出该瞬时的速度多边形。

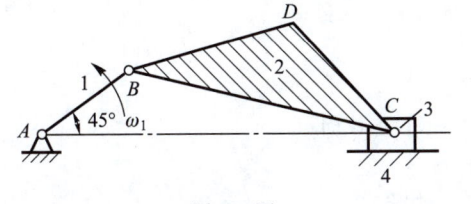
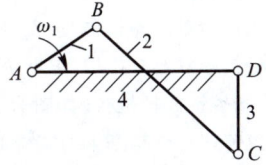

题 4.9 图   题 4.10 图

4.11 图示为一四杆机构，设已知 $l_{O_2B} = 2l_{O_1A} = 400$ mm，$l_{BC} = 650$ mm，$l_{AB} = 350$ mm，$\omega_1 = 120$ rad/min，求当

O_1A 平行于 O_2B 且垂直于 AB 时的 v_C。

4.12 图示为摆动导杆机构,设已知 $l_{AB}=60$ mm,$l_{AC}=120$ mm,曲柄 AB 以等角速度 $\omega_1=30$ rad/s 顺时针转动。求:

1) 当 $\angle BAC=90°$ 时,构件 3 的角速度 ω_3;
2) 当 $\angle ABC=90°$ 时,构件 3 的角速度 ω_3;
3) 当 $\angle ABC=180°$(B 点转于 AC 之间)时,构件 3 的角速度 ω_3。

4.13 如图所示,设已知 $l_{O_1A}=200$ mm,构件逆时针转动,$\omega_1=30$ rad/min,求 v_B 及 a_B。

4.14 图示为一机床的矩形-V 形导轨,已知拖板 1 的运动方向垂直于纸面,重心在 S 处,几何尺寸如图所示,各接触面间的滑动摩擦系数 $f=0.1$。求 V 形导轨处的当量摩擦系数 f_v。

4.15 如图所示,已知 $x=250$ mm,$y=200$ mm,F_d 为驱动力,F_r 为工作阻力,转动副 A、B 的轴颈半径为 r,当量摩擦系数为 f_0,滑动摩擦系数为 f,忽略各构件的重力和惯性力。试作出各运动副中总反力的作用线。

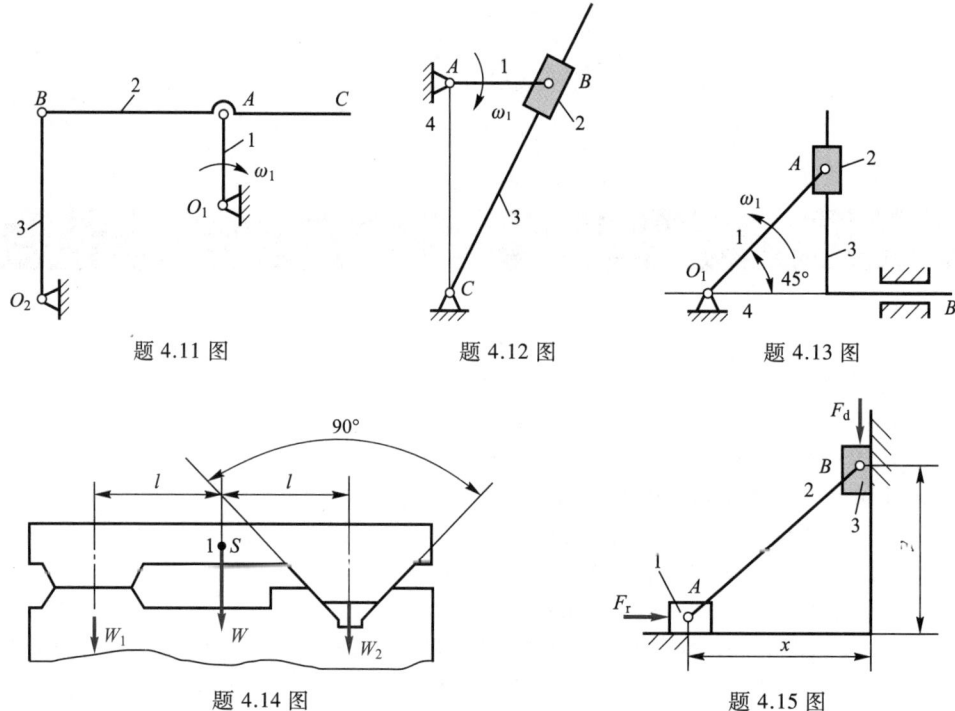

题 4.11 图 题 4.12 图 题 4.13 图

题 4.14 图 题 4.15 图

4.16 一铰链四杆机构中,已知 $l_{BC}=500$ mm,$l_{CD}=350$ mm,$l_{AD}=300$ mm,AD 为机架。试问:

1) 若此机构为曲柄摇杆机构,且 AB 为曲柄,求 l_{AB} 的最大值;
2) 若此机构为双曲柄机构,求 l_{AB} 的最小值;
3) 若此机构为双摇杆机构,求 l_{AB} 的取值范围。

4.17 已知铰链四杆机构(如图所示)各构件的长度。试问:

1) 这是铰链四杆机构基本型式中的何种机构?
2) 若以 AB 为原动件,此机构有无急回特性?为什么?
3) 当以 AB 为原动件时,此机构的最小传动角出现在机构何位置(在图上标出)?

4.18 如图所示的偏置曲柄滑块机构,已知行程速度变化系数 $K=1.5$,滑块行程 $h=50$ mm,偏距 $e=20$ mm,试用图解法求:

1) 曲柄长度 l_{AB} 和连杆长度 l_{BC}；
2) 曲柄为原动件时机构的最大压力角 α_{max} 和最大传动角 γ_{max}；
3) 滑块为原动件时机构的死点位置。

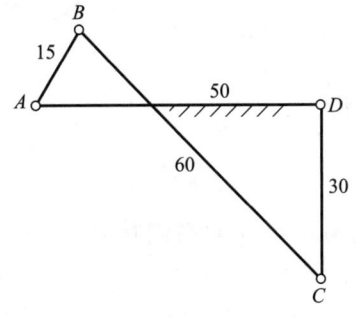

题 4.17 图

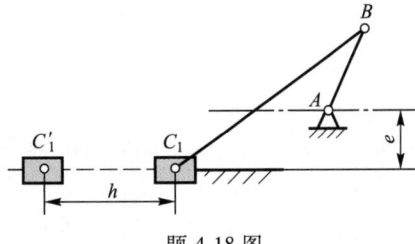

题 4.18 图

第 5 章

凸 轮 机 构

凸轮是一种具有曲线轮廓或凹槽的构件,它通过与从动件的高副接触,在运动时可以使从动件获得连续或不连续的任意预期运动。本章仅讨论凸轮与从动件作平面运动的凸轮机构(称为平面凸轮机构),重点研究尖顶、滚子从动件盘形凸轮机构的设计计算等问题。

5.1 概述

凸轮机构是由凸轮、从动件和机架三个基本构件组成的高副机构,结构相当简单,只要设计出适当的凸轮轮廓曲线,就可以使从动件实现任何预期的运动规律。但由于凸轮机构是高副机构,易于磨损,因此只适用于传递动力不大的场合。

5.1.1 凸轮机构的应用

图 5.1 所示为内燃机配气机构,盘形凸轮 1 作等速转动,通过其向径的变化可使从动杆 2 按预期规律作上、下往复移动,从而达到控制气阀开闭的目的。图 5.2 所示为靠模车削机构,工件 1 回转,凸轮 3 作为靠模被固定在床身上,刀架 2 在弹簧作用下与凸轮轮廓紧密接触。当拖板 4 纵向移动时,刀架 2 在靠模板(凸轮)曲线轮廓的推动下作横向移动,从而切削出与靠模板曲线一致的工件。图 5.3 所示为自动送料机构,带凹槽的圆柱凸轮作等速转动,槽中的滚子带动从动件 2 作往复移动,将工件推至指定的位置从而完成自动送料任务。图 5.4 所示为分度转位机构,蜗杆凸轮 1 转动时推动从动轮 2 作间歇转动,从而完成高速、高精度的分度动作。

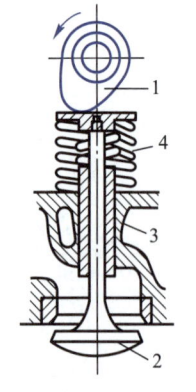

图 5.1 内燃机配气机构

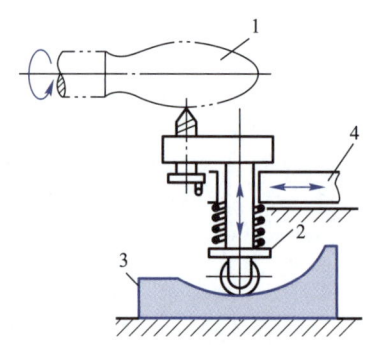

图 5.2 靠模车削机构

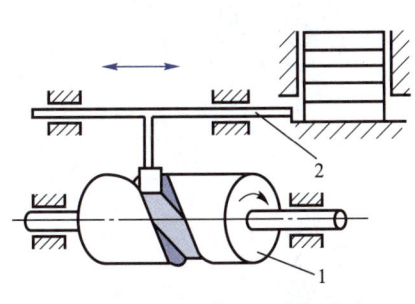

图 5.3 自动送料机构

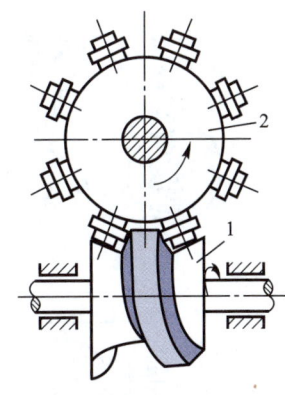

图 5.4 分度转位机构

5.1.2 凸轮机构的分类

凸轮机构的种类很多,可从以下几个不同的角度进行分类。

1. 按凸轮形状分类

(1) 盘形凸轮(图 5.1)　它是凸轮中最基本的形式。凸轮是绕固定轴转动且向径变化的盘形零件,凸轮与从动件互作平面运动,是平面凸轮机构。

(2) 移动凸轮(图 5.2)　它可看作是回转半径无限大的盘形凸轮,凸轮作往复移动,也是平面凸轮机构。

(3) 圆柱凸轮(图 5.3)　它可看作是移动凸轮绕在圆柱体上演化而成的,从动件与凸轮之间的相对运动为空间运动,是一种空间凸轮机构。

(4) 曲面凸轮(图 5.4)　当圆柱表面用圆弧面代替时,就演化成曲面凸轮,它也是一种空间凸轮机构。

2. 按从动件与凸轮保持接触(称为锁合)的方式分类

(1) 力锁合的凸轮机构　如靠重力(图 5.5a)、弹簧力(图 5.5b、c)锁合的凸轮机构。

(2) 几何锁合的凸轮机构　如沟槽凸轮(图 5.5d)、等径及等宽凸轮(图 5.5e)、共轭凸轮(图 5.5f)等,都是利用几何形状来锁合的凸轮机构。

3. 按从动件型式分类

(1) 尖顶从动件　如图 5.6a 所示,尖顶能与复杂的凸轮轮廓保持接触,从而实现任意预期的运动规律。但由于凸轮与从动件之间通过点或线接触,容易产生磨损,所以只适用于受力较小的低速凸轮机构。

(2) 滚子从动件　在从动件端部装一滚子,即成为滚子从动件,如图 5.2 所示。滚子与凸轮之间为滚动摩擦,磨损较小,并且可承受较大的载荷。其缺点是凸轮上凹陷的轮廓未必能很好地与滚子接触,从而影响预期运动规律的实现。

(3) 平底从动件　在从动件端部固定一平板,即成为平底从动件,如图 5.1 所示。平底与凸轮之间易于形成油膜,利于润滑,适用于高速运行,而且凸轮驱动从动件的力始终与平底相垂直,传动效率高。其缺点也是凸轮上凹陷的轮廓未必能很好地与平底接触。

在凸轮机构中,从动件不仅有不同的型式,而且也可有不同的运动形式。根据从动件的运动形式不同,可以把从动件分为直动(即直线运动)从动件(图 5.1)和摆动从动件(图 5.5c)两种。在直动从动件中,若导路轴线通过凸轮的回转轴,则称为对心直动从动件(图

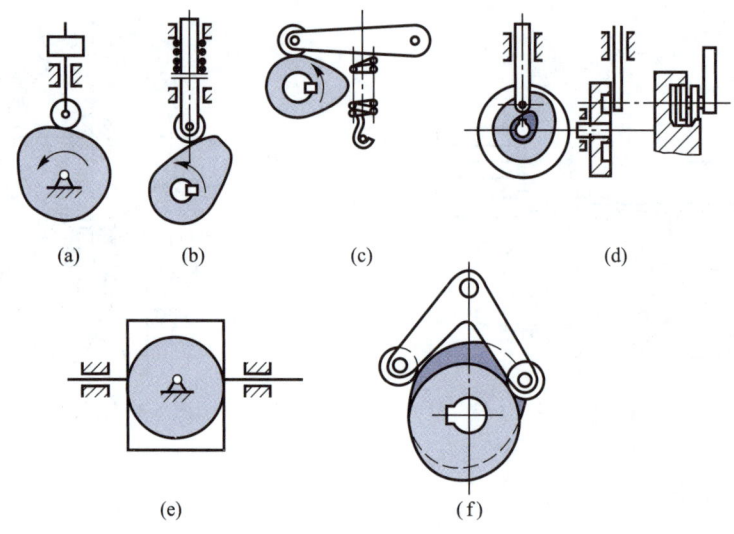

图 5.5　不同锁合方式的凸轮

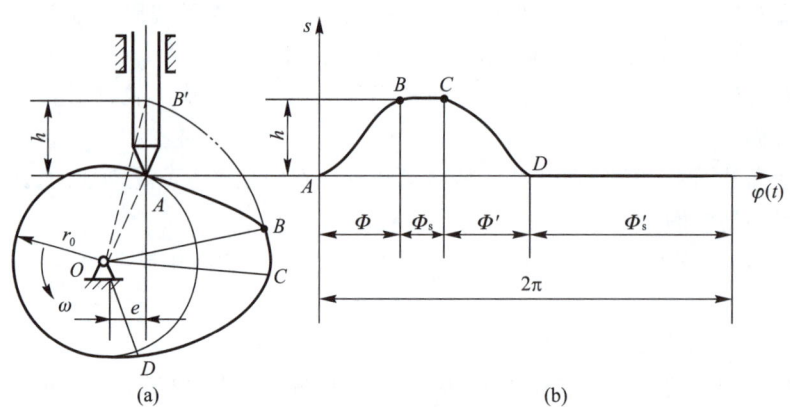

图 5.6　凸轮机构的运动过程

5.1），否则称为偏置直动从动件（图 5.6a）。将各种不同型式的从动件和凸轮组合起来，就可得到各种不同类型的凸轮机构，如图 5.1 所示的凸轮机构可命名为对心直动平底从动件盘形凸轮机构。

5.1.3　凸轮和滚子的材料

凸轮机构的主要失效形式为磨损和疲劳点蚀，这就要求凸轮和滚子的工作表面硬度高、耐磨，并且有足够的表面接触强度。对于经常受到冲击的凸轮机构还要求凸轮芯部有较强的韧性。

一般凸轮的材料常采用 40Cr 钢（经表面淬火，硬度为 40～45 HRC），也可采用 20Cr、20CrMnTi（经表面渗碳淬火，表面硬度为 56～62 HRC）。

滚子材料可采用 20Cr（经渗碳淬火，表面硬度为 56～62 HRC），也有的用滚动轴承作为滚子。

5.2 常用的从动件运动规律

5.2.1 平面凸轮机构的基本尺寸和运动参数

图 5.6 所示为一偏置直动尖顶从动件盘形凸轮机构,从动件移动导路至凸轮转动中心的偏置距离为 e。以凸轮轮廓的最小向径 r_0 为半径所作的圆称为基圆,r_0 为基圆半径,凸轮以等角速度 ω 逆时针转动。在图示位置,尖顶与 A 点接触,A 点是基圆与开始上升的轮廓曲线的交点,此时从动件的尖顶离凸轮轴心最近。凸轮转动,向径增大,从动件按一定规律被推向远处,到向径最大的 B 点与尖顶接触时,从动件被推向最远处,这一过程称为推程。与之对应的转角($\angle BOB'$)称为推程运动角 Φ,从动件移动的距离 AB' 称为行程,用 h 表示。接着圆弧 $\overset{\frown}{BC}$ 与尖顶接触,从动件在最远处停止不动,对应的转角称为远休止角 Φ_s。凸轮继续转动,尖顶与向径逐渐变小的 $\overset{\frown}{CD}$ 段轮廓接触,从动件返回,这一过程称为回程,对应的转角称为回程运动角 Φ'。当圆弧 $\overset{\frown}{DA}$ 与尖顶接触时,从动件在最近处停止不动,对应的转角称为近休止角 Φ'_s。当凸轮继续回转时,从动件重复上述的升—停—降—停的运动循环。

从动件的位移 s 与凸轮转角 φ 的关系可以用从动件的位移线图来表示,如图 5.6b 所示。由于大多数凸轮作等速转动,转角与时间成正比,因此横坐标也代表时间 t。

由上述讨论可知,从动件的运动规律取决于凸轮的轮廓形状,因此在设计凸轮的轮廓曲线时,必须先确定从动件的运动规律。

5.2.2 常用的从动件运动规律的种类

常用的从动件运动规律有等速运动规律、等加速-等减速运动规律、余弦加速度运动规律以及正弦加速度运动规律等,它们的运动线图如图 5.7a~d 所示,运动方程分别列于表 5.1 中。

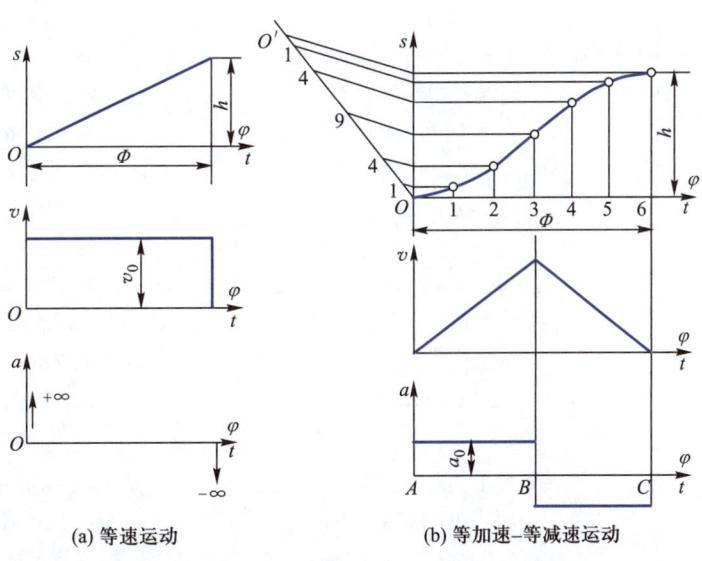

(a) 等速运动 (b) 等加速-等减速运动

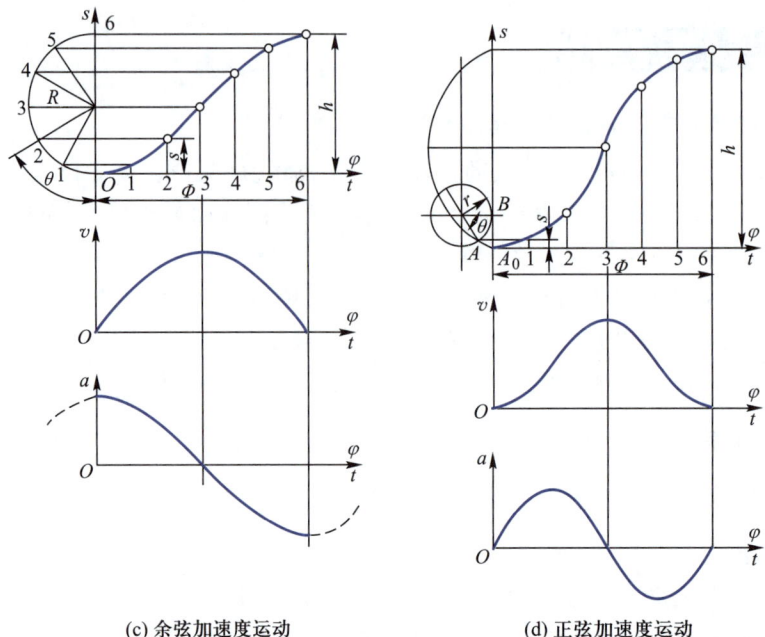

(c) 余弦加速度运动　　　　　(d) 正弦加速度运动

图 5.7　常用的从动件运动规律

表 5.1　常用的从动件运动规律

运动规律	运动方程	
	推程 $0 \leqslant \varphi \leqslant \Phi$	回程 $0 \leqslant \varphi' \leqslant \Phi'$
等速运动	$s=(h/\Phi)\varphi$ $v=h\omega/\Phi$ $a=0$	$s=h-(h/\Phi')\varphi'$ $v=-h\omega/\Phi'$ $a=0$
等加速-等减速运动	$0 \leqslant \varphi \leqslant \Phi/2$ $s=(2h/\Phi^2)\varphi^2$ $v=(4h\omega/\Phi^2)\varphi$ $a=4h\omega^2/\Phi^2$ $\Phi/2 \leqslant \varphi \leqslant \Phi$ $s=h-2h(\Phi-\varphi)^2/\Phi^2$ $v=4h\omega(\Phi-\varphi)/\Phi^2$ $a=-4h\omega^2/\Phi^2$	$0 \leqslant \varphi' \leqslant \Phi'/2$ $s=h-(2h/\Phi'^2)\varphi'^2$ $v=-(4h\omega/\Phi'^2)\varphi'$ $a=-4h\omega^2/\Phi'^2$ $\Phi'/2 < \varphi' \leqslant \Phi'$ $s=h-2h(\Phi'-\varphi')^2/\Phi'^2$ $v=-4h\omega(\Phi'-\varphi')/\Phi'^2$ $a=-4h\omega^2/\Phi'^2$
余弦加速度运动（简谐运动）	$s=h/2[1-\cos(\pi\varphi/\Phi)]$ $v=(\pi h\omega/2\Phi)\sin(\pi\varphi/\Phi)$ $a=(\pi^2 h\omega^2/2\Phi^2)\cos(\pi\varphi/\Phi)$	$s=h/2[1+\cos(\pi\varphi'/\Phi')]$ $v=-(\pi h\omega/2\Phi')\sin(\pi\varphi'/\Phi')$ $a=-(\pi^2 h\omega^2/2\Phi'^2)\cos(\pi\varphi'/\Phi')$

续表

运动规律	运动方程	
	推程 $0 \leq \varphi \leq \Phi$	回程 $0 \leq \varphi' \leq \Phi'$
正弦加速度运动 （摆线运动）	$s = h[\varphi/\Phi - (1/2\pi)\sin(2\pi\varphi/\Phi)]$ $v = (h\omega/\Phi)[1 - \cos(2\pi\varphi/\Phi)]$ $a = (2\pi h\omega^2/\Phi^2)\sin(2\pi\varphi/\Phi)$	$s = h[1 - \varphi'/\Phi' + (1/2\pi)\sin(2\pi\varphi'/\Phi')]$ $v = -(h\omega/\Phi')[1 - \cos(2\pi\varphi'/\Phi')]$ $a = -(2\pi h\omega^2/\Phi'^2)\sin(2\pi\varphi'/\Phi')$

注：1. 回程方程式中的 $\varphi' = \varphi - (\Phi + \Phi_s)$，参见图 5.6b；
  2. 对于摆动从动件，需将式中的 s、v、a 和 h 相应改为 ψ、Ω、ε 和 ψ_{max}。

  从运动线图中可以看出，从动件作等速运动时，在行程始末速度有突变，理论上加速度可以达到无穷大，产生极大的惯性力，导致机构产生强烈的刚性冲击，因此等速运动只能用于低速轻载的场合。从动件作等加速-等减速运动时，在 A、B、C 三点加速度存在有限值突变，导致机构产生柔性冲击，可用于中速轻载的场合。从动件按余弦加速度规律运动时，在行程始末加速度存在有限值突变，也将导致机构产生柔性冲击，适用于中速场合。从动件按正弦加速度规律运动时，在全行程中无速度和加速度的突变，因此不产生冲击，适用于高速场合。

5.2.3 从动件运动规律的选择

  在选择从动件的运动规律时，应根据机器工作时的运动要求来确定。如机床中控制刀架进刀的凸轮机构，要求刀架进刀时作等速运动，则从动件应选择等速运动规律，至于行程始末端，可以通过拼接其他运动规律的曲线来消除冲击。对无一定运动要求，只需要从动件有一定位移量的凸轮机构，如夹紧送料等凸轮机构，可只考虑加工方便，采用圆弧、直线等组成的凸轮轮廓。对于高速机构，应减小惯性力，改善动力性能，可选用正弦加速度运动规律或其他改进型的运动规律。

  思考题 5.1 在现场，凸轮的冲击往往取决于凸轮转速的大小，这是为什么？

5.3 盘形凸轮轮廓的设计与加工方法

  从动件的运动规律和凸轮基圆半径确定后，即可进行凸轮轮廓设计。其设计方法有作图法和解析法两种。作图法简便易行，而且直观，但作图误差大、精度较低，适用于低速或对从动件运动规律要求不高的一般精度凸轮设计。对于精度要求高的高速凸轮、靠模凸轮等，必须用解析法列出凸轮轮廓曲线的方程式，借助于计算机辅助设计，精确地设计凸轮轮廓。另外，采用的加工方法不同，则凸轮轮廓的设计方法也不同。

5.3.1 反转法原理

  设计凸轮轮廓的原理是"反转法"，其内容如下：

  图 5.8 所示为一对心尖顶直动从动件盘形凸轮机构，其中以 r_{min} 为半径的圆是凸轮的基圆。当凸轮以等角速度 ω_1 绕轴心 O 转动时，从动件按预期运动规律运动。现设想在整个凸轮机构（凸轮、从动件、导路）上加一个与凸轮角速度 ω_1 大小相等、方向相反的角速度 $-\omega_1$，于是凸轮静止不动，而从动件与导路一起以角速度 $-\omega_1$ 绕凸轮转动，且从动件仍以原来的运动规律相对导路移动（或摆动）。由于从动件尖顶与凸轮轮廓始终接触，所以加上反转角速

度后从动件尖顶的运动轨迹就是凸轮轮廓曲线。把原来转动着的凸轮看成是静止不动的，而把原来静止不动的导路及原来往复移动的从动件看成为反转运动的这一原理，称为"反转法"原理。假若从动件是滚子，则滚子中心可看作是从动件的尖顶，其运动轨迹就是凸轮的理论轮廓曲线，凸轮的实际轮廓曲线是与理论轮廓曲线相距滚子半径 r_T 的一条等距曲线。

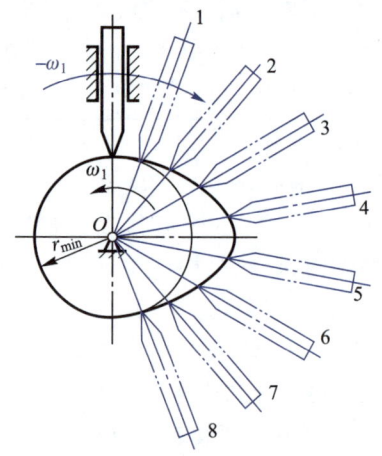

图 5.8　凸轮反转法绘图原理

5.3.2　作图法设计凸轮轮廓曲线

当从动件的运动规律已经选定并作出了位移线图之后，各种平面凸轮的轮廓曲线都可以用作图法求出。作图法的依据为"反转法"原理。

1. 偏置直动尖顶从动件盘形凸轮轮廓的设计

已知偏距为 e，基圆半径为 r_0，凸轮以角速度 ω 顺时针转动，从动件位移线图如图 5.9b 所示，设计该凸轮的轮廓曲线。

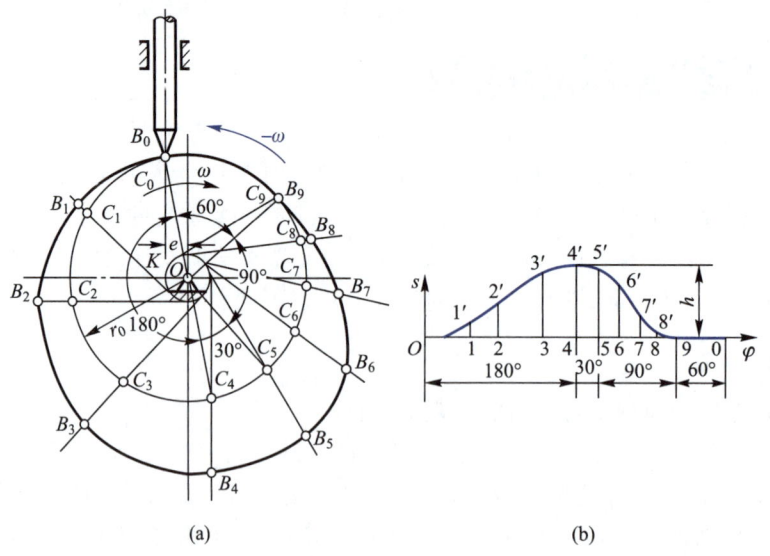

图 5.9　偏置直动尖顶从动件盘形凸轮设计

5.3 盘形凸轮轮廓的设计与加工方法

设计步骤如下：

(1) 以与位移线图相同的比例尺作出偏距圆(以 e 为半径的圆)及基圆,过偏距圆上任一点 K 作偏距圆的切线,作为从动件导路,并与基圆相交于 B_0 点,该点也就是从动件尖顶的起始位置。

(2) 从 OB_0 开始按 $-\omega$ 方向在基圆上画出推程运动角 $180°(\Phi)$,远休止角 $30°(\Phi_s)$,回程运动角 $90°(\Phi')$,近休止角 $60°(\Phi'_s)$,并在相应段与位移线图对应划分出若干等份,得分点 C_1、C_2、C_3…。

(3) 过各分点 C_1、C_2、C_3…向偏距圆作切线,作为从动件反转后的导路线。

(4) 在以上的导路线上,从基圆上的点 C_1、C_2、C_3…开始向外量取相应的位移量得点 B_1、B_2、B_3…,即 $B_1C_1 = 11'$、$B_2C_2 = 22'$、$B_3C_3 = 33'$…,得出反转后从动件尖顶的位置。

(5) 将点 B_1、B_2、B_3…连成光滑曲线就是凸轮的轮廓曲线。

当 $e = 0$ 时,偏距圆的切线就是过 O 点的径向线(即从动件反转后的导路线),按上述相同方法设计即得到对心直动尖顶从动件盘形凸轮的轮廓曲线。

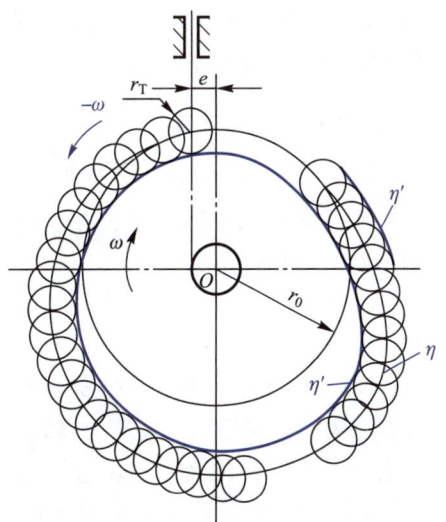

图 5.10 滚子从动件盘形凸轮设计

2. 滚子从动件盘形凸轮轮廓的设计

将滚子中心看作尖顶,按上述方法作出轮廓曲线 η(称为理论轮廓曲线),然后以 η 上各点为圆心,以滚子半径 r_T 为半径作一系列的圆,最后作出这些圆的包络线 η',则 η' 就是滚子从动件盘形凸轮的轮廓曲线(即为实际轮廓线),如图 5.10 所示。从图中可知,滚子从动件盘形凸轮的基圆半径是在理论轮廓上度量的。

思考题 5.2 上述凸轮的实际轮廓线能否通过由理论轮廓线沿导路线方向减去滚子半径求得?

5.3.3 计算机辅助设计及解析法设计凸轮轮廓曲线

解析法设计凸轮轮廓实际上是通过建立凸轮理论轮廓线、实际轮廓线的方程,来精确计算出轮廓线上各点的坐标;其得到的凸轮轮廓曲线精度较高,但推导过程复杂,且需要编制复杂的程序,限制了解析法的应用。利用计算机辅助设计软件 ADAMS 来设计凸轮轮廓曲线可以获得优良的设计方案和精确的设计数据。

5.3.4 凸轮轮廓的加工方法

凸轮轮廓的加工方法通常有两种。

1. 铣、锉削加工

对用于低速、轻载场合的凸轮,可以应用反转法原理,在未淬火凸轮轮坯上通过作图法绘制出轮廓曲线,采用铣床或用手工锉削办法加工而成。必要时可进行淬火处理,用这种方法加工出来的凸轮其误差难以得到修正。

2. 数控加工

即采用数控线切割机床对淬火凸轮进行加工,此种加工方法是目前常用的一种凸轮加工方法。加工时采用解析法,求出凸轮轮廓曲线的极坐标值(ρ,θ),应用专用编程软件切割而成。此方法加工出的凸轮精度高,适用于高速、重载的场合。

5.4 凸轮机构基本尺寸的确定

设计凸轮机构不仅要保证从动件能实现预期的运动规律,还要求整个机构传力性能良好、结构紧凑。这些要求与凸轮机构的压力角、基圆半径、滚子半径等有关。

5.4.1 凸轮机构的压力角

图 5.11 所示为凸轮机构在推程中某位置的情况,F_Q 为作用在从动件上的外载荷,如不计摩擦,则凸轮作用在从动件上的力 F 沿着接触点处的法线方向。将 F 分解成沿从动件轴向和径向的两个分力,即

$$F_1 = F\cos\alpha$$
$$F_2 = F\sin\alpha$$

式中 α 称为压力角,是从动件在接触点所受力的方向与该点速度方向的夹角(锐角)。显然,F_1 为推动从动件移动的有效分力,随着 α 的增大而减小;F_2 为引起导路中摩擦力的有害分力,随着 α 的增大而增大。当 α 增大到一定值时,由 F_2 引起的摩擦力超过有效分力 F_1,此时凸轮无法推动从动件运动,机构发生自锁。可见,从合理传力、提高传动效率来看,压力角越小越好。设计上规定最大压力角 α_{max} 要小于许用压力角 $[\alpha]$。一般情况下,推程时直动从动件凸轮机构的 $[\alpha] = 30° \sim 40°$,摆动从动件凸轮机构的 $[\alpha] = 40° \sim 50°$;回程时一般不会发生自锁,故取 $[\alpha] = 70° \sim 80°$。

从传动效率来看,压力角越小越好,但压力角减小将导致凸轮尺寸增大,因此在设计凸轮时要权衡两者的关系,使设计达到合理。

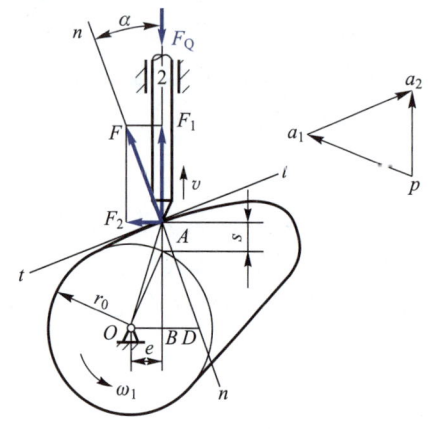

图 5.11 凸轮机构的压力角

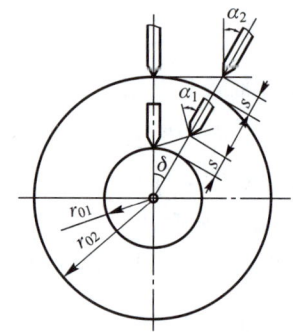

图 5.12 基圆半径对压力角的影响

5.4.2 基圆半径的确定

设计凸轮时,基圆半径取值较小时,可使凸轮机构结构紧凑,但基圆半径取得过小时凸轮机构的压力角会增大。图 5.12 所示为两个基圆半径不同的凸轮,当凸轮转过相同的角度 δ 时,从动件有相同的位移 s,基圆半径小的凸轮轮廓较陡,压力角 α_1 较大,而基圆半径大的凸轮轮廓较平缓,压力角 α_2 较小。因此,在设计凸轮机构时可通过增大基圆半径来获得较

小的压力角。凸轮基圆半径的选择需要综合地考虑。

思考题 5.3 如设计时得出 $\alpha_{max}>[\alpha]$，应采取什么办法来解决这个问题？

通常，在设计凸轮时先根据结构条件初定基圆半径 r_0。当凸轮与轴制成一体时，r_0 略大于轴的半径；当单独制造凸轮，然后装配到轴上时，$r_0=(1.6\sim2)r$（r 为轴的半径）。

5.4.3 滚子半径的确定

从接触强度观点出发，滚子半径大一些为好，但有些情况下却要求滚子半径不能任意增大。设滚子半径为 r_T，凸轮理论轮廓线曲率半径为 ρ，实际轮廓线曲率半径为 ρ'。当理论轮廓线内凹时，$\rho'=\rho+r_T$，不管 r_T 取多大都可以作出实际轮廓线（图5.13a）。当理论轮廓线外凸时，$\rho'=\rho-r_T$，若 $\rho_{min}>r_T$ 则 $\rho'_{min}>0$，实际轮廓为平滑的曲线（图5.13b）；若 $\rho_{min}=r_T$ 则 $\rho'_{min}=0$，实际轮廓线出现尖点，极易磨损，导致运动失真（图5.13c）。若 $\rho_{min}<r_T$ 则 $\rho'_{min}<0$，实际轮廓线发生交叉，交点以外部分在加工时将被切去，运动产生失真（图5.13d）。为了避免失真并减小磨损，要求滚子半径 r_T 与理论轮廓线最小曲率半径 ρ_{min} 满足 $r_T \leqslant 0.8\rho_{min}$，并使实际轮廓线的最小曲率半径 $\rho'_{min} \geqslant (3\sim5)$mm。若满足不了该要求，可增大基圆半径或修改从动件的运动规律。

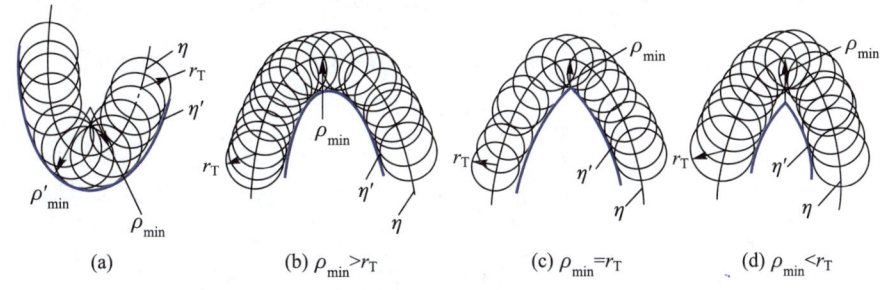

图 5.13 滚子半径的选择

理论轮廓曲线最小曲率半径的求法如图5.14所示，具体作法如下所述。

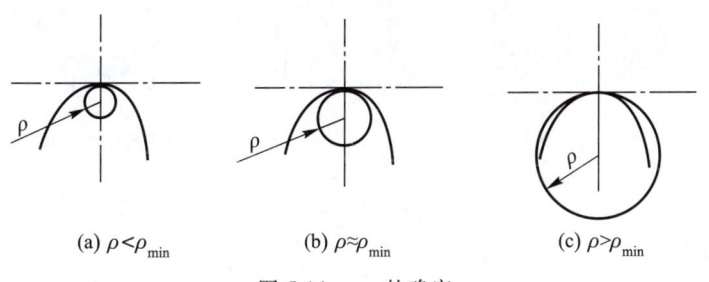

图 5.14 ρ_{min} 的确定

在理论轮廓线上向外凸出的区域找到曲率半径最小的部位，作出该点的切线与法线，用拟合法确定理论轮廓线上最小曲率半径 ρ_{min}。当拟合圆与曲线仅在一点内切且拟合圆位于曲线内侧时，拟合圆的半径小于曲线在该处的曲率半径，如图5.14a所示；当拟合圆与曲线在一段较长的范围内相切且拟合圆位于曲线内侧时，拟合圆的半径近似等于曲线在该处的曲率半径，如图5.14b所示；当拟合圆与曲线仅在一点内切且拟合圆位于曲线外侧时，拟合圆的半径大于曲线在该处的曲率半径，如图5.14c所示。

思考题 5.4 若凸轮机构的滚子损坏，能否任选另一滚子来代替？为什么？

思考题 5.5 一滚子从动件盘形凸轮机构,若凸轮实际轮廓线不变而将滚子半径增大,则从动件的运动规律是否变化?

5.5 凸轮机构的结构和精度

5.5.1 凸轮机构的结构

1. 凸轮的结构

凸轮尺寸较小,且与轴的尺寸相近时,则凸轮与轴做成一体;凸轮尺寸较大时,则凸轮与轴应分开制造而后装配在一起使用。装配时,凸轮与轴要有一定的相对位置要求,一般在凸轮上刻出起始位置线或其他标志,作为加工和装配的依据。图 5.15 所示为凸轮在轴上的几种常见固定形式。

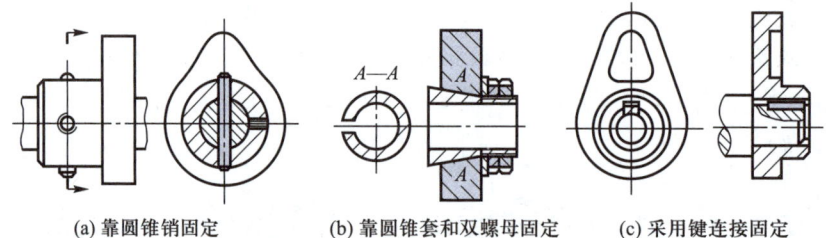

(a) 靠圆锥销固定　　(b) 靠圆锥套和双螺母固定　　(c) 采用键连接固定

图 5.15　凸轮在轴上的固定形式

2. 从动件的端部结构

从动件的端部形式很多,图 5.16 所示为常见的滚子结构,滚子相对于从动件能自由转动。

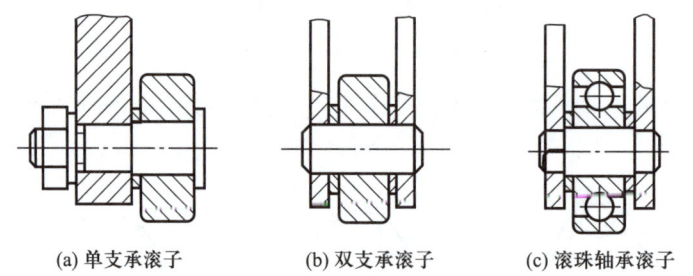

(a) 单支承滚子　　(b) 双支承滚子　　(c) 滚珠轴承滚子

图 5.16　从动件端部的滚子结构

5.5.2 凸轮的精度

凸轮的精度主要包括凸轮的公差和表面粗糙度。对于直径在 300~500 mm 以下的凸轮,其公差和表面粗糙度可按表 5.2 选择。

表 5.2　凸轮的公差和表面粗糙度

凸轮精度	公差等级或极限偏差/mm			表面粗糙度/μm	
	向径	凸轮槽宽	基准孔	盘形凸轮	凸轮槽
较高	±(0.05~0.1)	H8(H7)	H7	$0.32<Ra\leqslant 0.63$	$0.63<Ra\leqslant 1.25$
一般	±(0.1~0.2)	H8	H7(H8)	$0.63<Ra\leqslant 1.25$	$1.25<Ra\leqslant 2.5$
低	±(0.2~0.5)	H9(H10)	H8		

复习题

5.1 滚子从动件盘形凸轮的基圆半径如何度量?

5.2 平底垂直于导路的直动从动件盘形凸轮机构的压力角等于多大?设计凸轮机构时对压力角有什么要求?

5.3 凸轮机构常用的四种从动件运动规律中,哪种运动规律有刚性冲击?哪种运动规律有柔性冲击?哪种运动规律没有冲击?如何来选择从动件的运动规律?

5.4 工程上设计凸轮机构时,其基圆半径一般如何选取?

5.5 图示为尖顶直动从动件盘形凸轮机构的运动图线,但图中给出的运动线图尚不完整,试在图上补全各段的曲线,并指出哪些位置有刚性冲击,哪些位置有柔性冲击。

5.6 试用作图法设计一个对心直动从动件盘形凸轮。已知理论轮廓基圆半径 $r_0 = 50$ mm,滚子半径 $r_T = 15$ mm,凸轮顺时针匀速转动。当凸轮转过去 $120°$ 时,从动件以等速运动规律上升 30 mm;再转过 $150°$ 时,从动件以余弦加速度运动规律回到原位;凸轮转过其余 $90°$ 时,从动件静止不动。

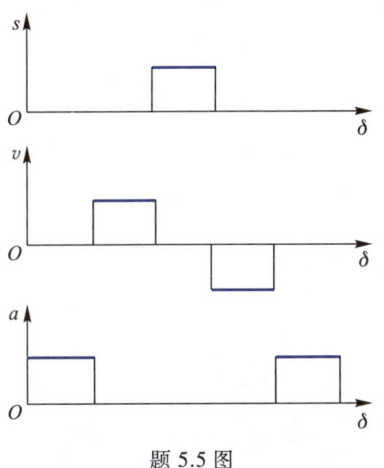

题 5.5 图

5.7 用作图法求出下列各凸轮从图示位置转到 B 点且与从动件接触时凸轮的转角 φ(在图上标出来)。

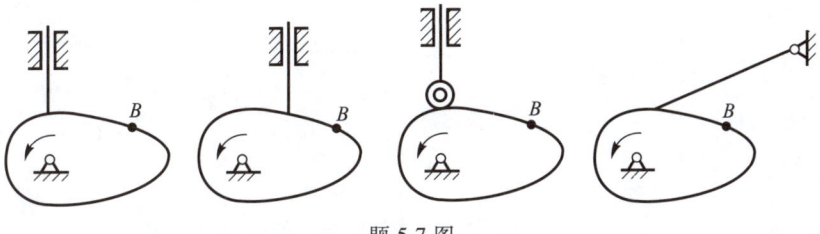

题 5.7 图

5.8 用作图法求出下列各凸轮从图示位置转过 $45°$ 后机构的压力角 α(在图上标出来)。

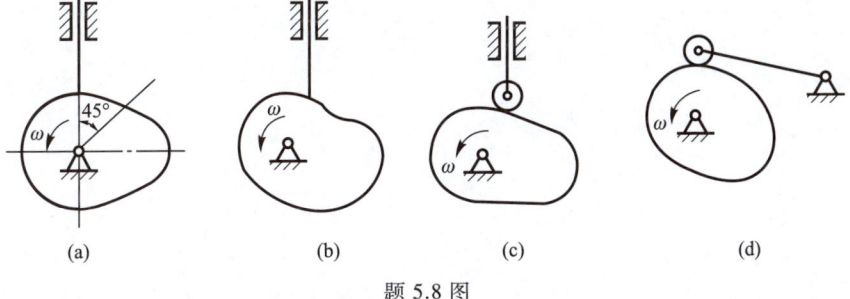

题 5.8 图

5.9 在图示偏置直动滚子从动件盘形凸轮机构中,已知圆盘半径 R,圆心与转轴中心间的距离 $OA = R/2$,偏距 $e = OA/\sqrt{2}$,滚子半径为 r_T。

1) 求在图示位置($\varphi = 45°$)时机构的压力角。

2) 如分别增大滚子半径 r_T、偏距 e、圆心与转轴中心间的距离 OA（三个数值每次只改变一个），试问从动件的上升距离和压力角有无变化？为什么？

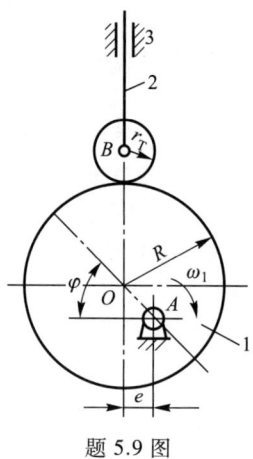

题 5.9 图

第 6 章

6

间歇运动机构

在机器工作时,当原动件作连续运动时,常需要从动件产生周期性的运动和停歇,实现这种运动的机构,称为间歇运动机构。最常见的间歇运动机构有棘轮机构、槽轮机构、不完全齿轮机构和凸轮式间歇机构等,它们广泛用于自动机床的进给机构、送料机构、刀架的转位机构、精纺机的成形机构等。本章将扼要介绍这几类间歇运动机构的组成和运动特点。

6.1 棘轮机构

6.1.1 棘轮机构的工作原理

图 6.1 所示为棘轮机构,它主要由摇杆 1、驱动棘爪 2、棘轮 3、制动爪 4 和机架 5 等组成。弹簧 6 用来使制动爪 4 和棘轮 3 保持接触,摇杆 1 和棘轮 3 的回转轴线重合。

当摇杆 1 逆时针摆动时,驱动棘爪 2 插入棘轮 3 的齿槽中,推动棘轮转过一定角度,而制动爪 4 则在棘轮的齿背上滑过。当摇杆顺时针摆动时,驱动棘爪 2 在棘轮的齿背上滑过,而制动爪 4 则阻止棘轮作顺时针转动,使棘轮静止不动。因此,当摇杆作连续的往复摆动时,棘轮将作单向间歇转动。

图 6.2 所示为双动式棘轮机构,可使棘轮在摇杆往复摆动时都能作同一方向转动。驱动棘爪可做成钩头(图 6.2a)或直头(图 6.2b)。

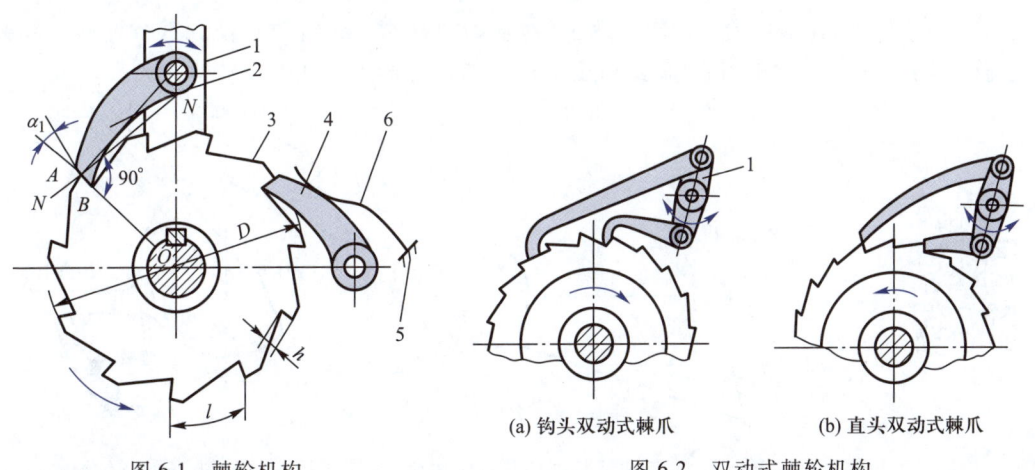

图 6.1 棘轮机构　　　　图 6.2 双动式棘轮机构

图 6.3 所示为双向棘轮机构,可使棘轮作双向间歇运动。图 6.3a 采用具有矩形齿的棘轮,当棘爪 1 处于实线位置时,棘轮 2 作逆时针间歇转动;当棘爪处于虚线位置时,棘轮则作

顺时针间歇运动。图 6.3b 采用回转棘爪，当棘爪 1 按图示位置放置时，棘轮 2 将作逆时针间歇转动。若将棘爪提起，并绕本身轴线转 180°后再插入棘轮齿槽时，棘轮将作顺时针间歇转动。若将棘爪提起并绕本身轴线转动 90°，棘爪将被架在壳体顶部的平台上，轮与爪脱开，此时棘轮将静止不动。

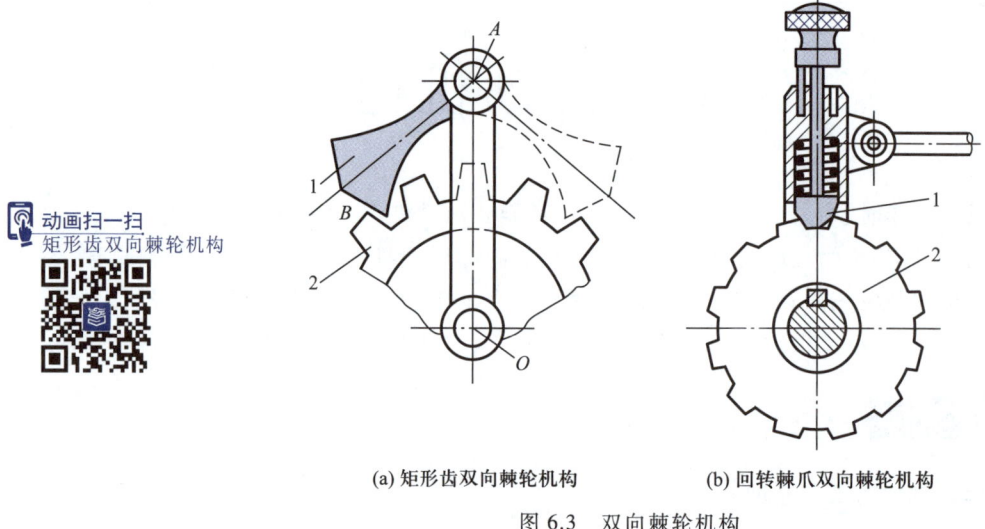

(a) 矩形齿双向棘轮机构　　(b) 回转棘爪双向棘轮机构

图 6.3　双向棘轮机构

思考题 6.1　棘轮机构除常用来实现间歇运动的功能外，还可用来实现什么功能？

6.1.2　棘轮转角的调节

1. 调节摇杆摆动角度的大小，控制棘轮的转角

图 6.4 所示的棘轮机构是利用曲柄摇杆机构带动棘轮作间歇运动的。可利用调节螺钉改变曲柄长度 r 以实现摇杆摆角大小的改变，从而控制棘轮的转角。

2. 用遮板调节棘轮转角

如图 6.5 所示，在棘轮的外面罩一遮板（遮板不随棘轮一起转动），使棘爪行程的一部分在遮板上滑过，不与棘轮的齿接触，通过变更遮板的位置即可改变棘轮转角的大小。

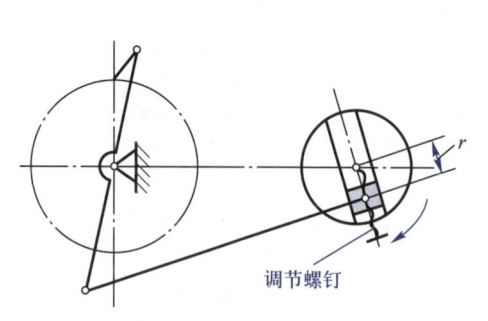　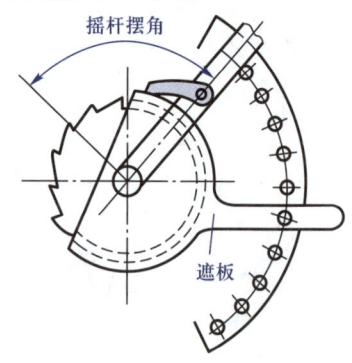

图 6.4　改变曲柄长度调节棘轮转角　　图 6.5　用遮板调节棘轮转角

6.1.3 棘轮机构的特点与应用

棘轮机构结构简单、制造容易、运动可靠,而且棘轮的转角可在很大范围内调节。但工作时有较大的冲击与噪声、运动精度不高,所以常用于低速轻载的场合。

棘轮机构还常用作防止机构逆转的停止器。这类停止器广泛用于卷扬机、提升机以及运输机中。图 6.6 所示为提升机中的棘轮停止器。

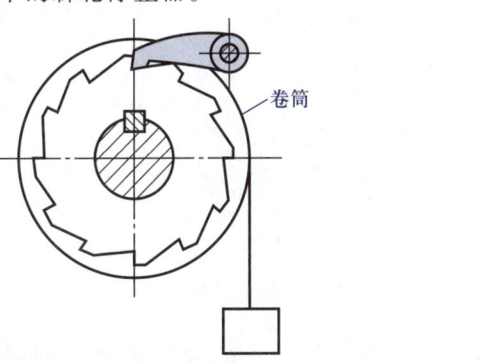

图 6.6 提升机的棘轮停止器

6.2 槽轮机构

6.2.1 槽轮机构的工作原理

图 6.7 所示为槽轮机构(又称马氏机构),它由主动拨盘 1、从动槽轮 2 及机架 3 等组成。拨盘 1 以等角速度 ω_1 作连续回转,槽轮 2 作间歇运动。当拨盘上的圆柱销 A 没有进入槽轮的径向槽时,槽轮 2 的内凹锁止弧面 β 被拨盘 1 上的外凸锁止弧面 α 卡住,槽轮 2 静止不动。当圆柱销 A 进入槽轮的径向槽时,锁止弧面被松开,则圆柱销 A 驱动槽轮 2 转动。当拨盘上的圆柱销离开径向槽时,下一个锁止弧面又被卡住,槽轮又静止不动。由此将主动件的连续转动转换为从动槽轮的间歇转动。

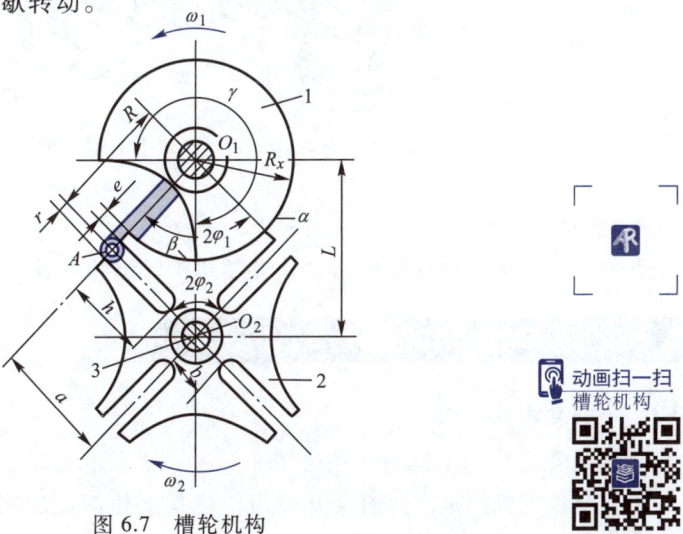

图 6.7 槽轮机构

第6章 间歇运动机构

6.2.2 槽轮机构的类型、特点及应用

槽轮机构有外啮合槽轮机构(图6.7)和内啮合槽轮机构(图6.8),前者拨盘与槽轮的转向相反,后者拨盘与槽轮的转向相同,它们均为平面槽轮机构。此外还有空间槽轮机构,如图6.9所示。对于空间槽轮机构本书不予讨论。

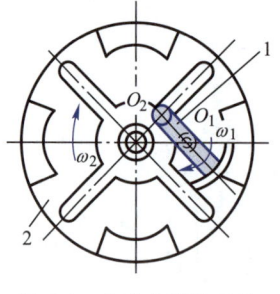

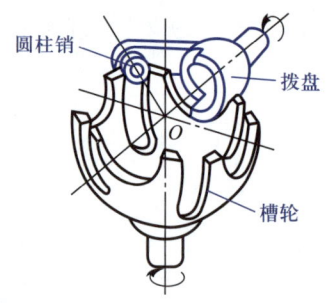

图6.8 内啮合槽轮机构　　图6.9 空间槽轮机构

槽轮机构中拨盘(杆)上的圆柱销数、槽轮上的径向槽数以及径向槽的几何尺寸等均可视运动要求的不同而定。圆柱销的分布和径向槽的分布可以不均匀,同一拨盘(杆)上若干个圆柱销离回转中心的距离也可以不同,同一槽轮上各径向槽的尺寸也可以不同。

槽轮机构的特点是结构简单、工作可靠、机械效率高,能较平稳、间歇地进行转位。但因圆柱销突然进入与脱离径向槽,传动存在柔性冲击,不适用于高速场合。此外槽轮的转角不可调节,故只能用于定转角的间歇运动机构中。转塔车床上用来间歇地转动刀架的槽轮机构(图6.10)、电影放映机中用来间歇地移动胶片的槽轮机构及化工厂管道中用来开闭阀门等的槽轮机构都是其具体应用的实例。

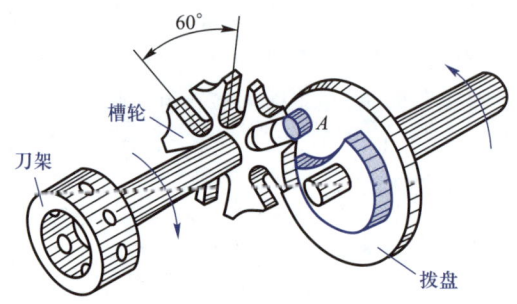

图6.10 转塔车床上的槽轮机构

思考题6.2 槽轮机构中,当主动件与从动件脱离接触后,如何保证从动件静止?

有关棘轮机构和槽轮机构的设计可参阅机械设计手册等。

6.3 不完全齿轮机构和凸轮式间歇运动机构

6.3.1 不完全齿轮机构

1. 不完全齿轮机构的工作原理和类型

不完全齿轮机构是由普通渐开线齿轮机构演化而成的间歇运动机构,其基本结构型式分为外啮合与内啮合两种,如图6.11和图6.12所示。不完全齿轮机构的主动轮1只有一个

或几个齿,从动轮 2 具有若干个与主动轮 1 相啮合的轮齿及锁止弧,可实现主动轮的连续转动和从动轮的有停歇转动。在图 6.11 所示的机构中,主动轮 1 每转 1 转,从动轮 2 转 1/4 转,从动轮每转 1 转停歇 4 次。停歇时从动轮上的锁止弧与主动轮上的锁止弧密合,保证了从动轮停歇在确定的位置上而不发生游动现象。

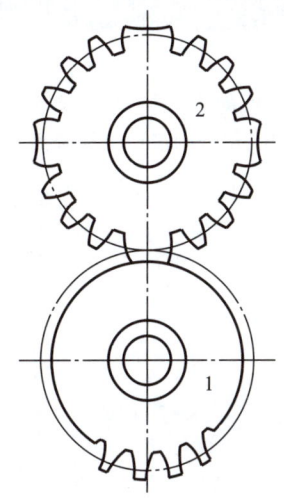

图 6.11 外啮合不完全齿轮机构

2. 不完全齿轮机构的特点及用途

不完全齿轮机构结构简单、制造方便,从动轮的运动时间和静止时间的比例不受机构结构的限制。但因为从动轮在转动开始及终止时速度有突变,冲击较大,一般仅用于低速、轻载场合,如计数机构及在自动机、半自动机中用作工作台间歇转动的转位机构等。

6.3.2 凸轮式间歇运动机构

凸轮式间歇运动机构是利用凸轮的轮廓曲线,推动转盘上的滚子,将凸轮的连续转动变换为从动转盘的间歇转动的一种间歇运动机构。它主要用于传递轴线互相垂直交错的两部件间的间歇转动。图 6.13 所示为凸轮式间歇运动机构的一种型式,第 5 章图 5.4 所示则为另一种常用型式。

图 6.13 所示为圆柱凸轮式间歇运动机构,主动件是带有螺旋槽的圆柱凸轮 1,从动件是端面上装有若干个均匀分布的滚子的圆盘 2,其轴线与圆柱凸轮的轴线垂直交错。

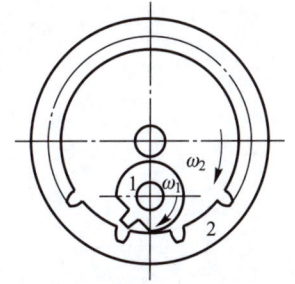 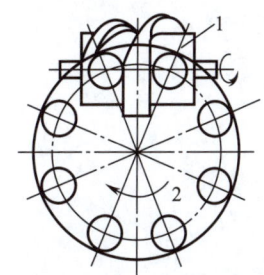

图 6.12 内啮合不完全齿轮机构　　图 6.13 凸轮式间歇运动机构

图 5.4 为蜗杆式间歇运动机构,主动件为凹形圆弧面旋转体 1(类似于一个圆弧面蜗杆),从动盘 2 的圆周上有若干呈放射状均匀分布的滚子(类似于蜗轮的轮齿)。

第6章　间歇运动机构

凸轮式间歇运动机构的优点是结构简单、运转可靠、传动平稳、无噪声，适用于高速、中载和高精度分度的场合，故在轻工机械、冲压机械和其他自动机械中得到了广泛应用；其缺点是凸轮加工比较复杂，装配与调整要求也较高，因而使它的应用受到了限制。

复习题

6.1 某牛头刨床工作台横向进给丝杠的导程为 5 mm，与丝杠联动的棘轮齿数为 40，求此牛头刨床工作台的最小横向进给量是多少。若要求此牛头刨床工作台的横向进给量为 0.5 mm，则棘轮每次转过的角度应为多少？

6.2 内啮合槽轮机构能不能采用多圆柱销拨盘？

第 7 章

螺纹连接与螺旋传动

为了便于机器的制造、安装、维修和运输,在机器和设备的各零部件间广泛采用各种连接。连接分可拆连接和不可拆连接两大类。不损坏连接中的任一零件就可将被连接件拆开的连接称为可拆连接,这类连接经多次装拆仍无损于使用性能,如螺纹连接、键连接和销连接等。不可拆连接是指至少必须毁坏连接中的某一部分才能拆开的连接,如焊接、铆钉连接和黏接等。

螺纹连接和螺旋传动都是利用具有螺纹的零件进行工作的,前者作为紧固连接件用,后者则作为传动件用。本章主要讨论螺纹连接的结构、计算和设计,重点介绍单个螺栓连接的强度计算、螺纹组的受力分析及提高螺纹连接强度的措施。

7.1 螺纹连接的基本知识

7.1.1 螺纹的类型

螺纹有外螺纹和内螺纹之分,二者共同组成螺纹副,用于连接和传动。螺纹有米制和英制两种,我国除管螺纹外都采用米制螺纹。

螺纹轴向剖面的形状称为螺纹的牙型,常用的螺纹牙型有三角形、矩形、梯形和锯齿形等,如图 7.1 所示。其中三角形螺纹主要用于连接,其余则多用于传动。

按螺旋线绕行方向的不同,螺纹可分为右旋螺纹和左旋螺纹,如图 7.2 所示。机械制造中常用右旋螺纹。

根据螺旋线的数目,还可将螺纹分为单线(单头)螺纹和多线螺纹,如图 7.3 所示。

7.1.2 螺纹的主要参数

现以图 7.4 所示的圆柱普通螺纹为例说明螺纹的主要几何参数:

(1) 大径 $d(D)$　与外螺纹牙顶或内螺纹牙底相重合的假想圆柱体的直径,是螺纹的最大直径,在有关螺纹的标准中称为公称直径。

(2) 小径 $d_1(D_1)$　与外螺纹牙底或内螺纹牙顶相重合的假想圆柱体的直径,是螺纹的最小直径,常作为强度计算直径。

(3) 中径 $d_2(D_2)$　在螺纹的轴向剖面内,牙厚和牙槽宽相等处的假想圆柱体的直径。

(4) 螺距 P　螺纹相邻两牙在中径线上对应两点间的轴向距离。

(5) 导程 S　同一条螺旋线上相邻两牙在中径线上对应两点间的轴向距离。设螺纹线数为 n,则对于单线螺纹有 $S=P$;对于多线螺纹则有 $S=nP$,如图 7.3 所示。

(6) 升角 λ　在中径 d_2 的圆柱面上,螺旋线的切线与垂直于螺纹轴线的平面间的夹角,

由图 7.4 可得

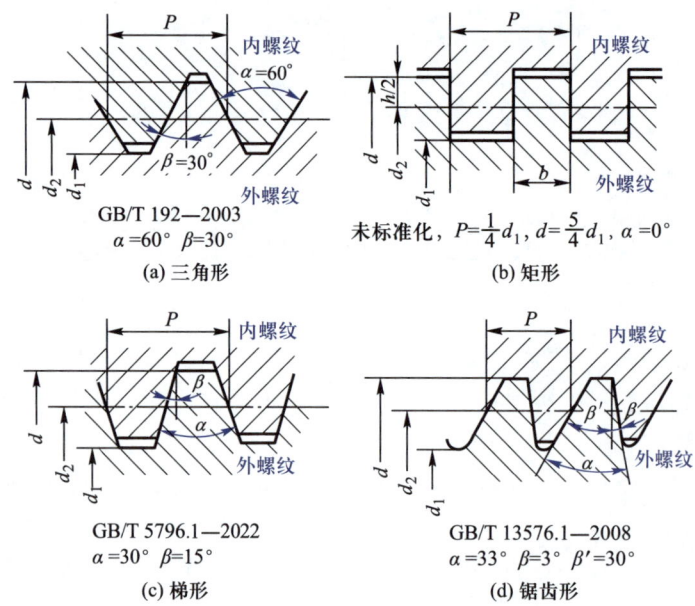

(a) 三角形　GB/T 192—2003　$\alpha=60°$　$\beta=30°$

(b) 矩形　未标准化，$P=\frac{1}{4}d_1$，$d=\frac{5}{4}d_1$，$\alpha=0°$

(c) 梯形　GB/T 5796.1—2022　$\alpha=30°$　$\beta=15°$

(d) 锯齿形　GB/T 13576.1—2008　$\alpha=33°$　$\beta=3°$　$\beta'=30°$

图 7.1　螺纹的牙型

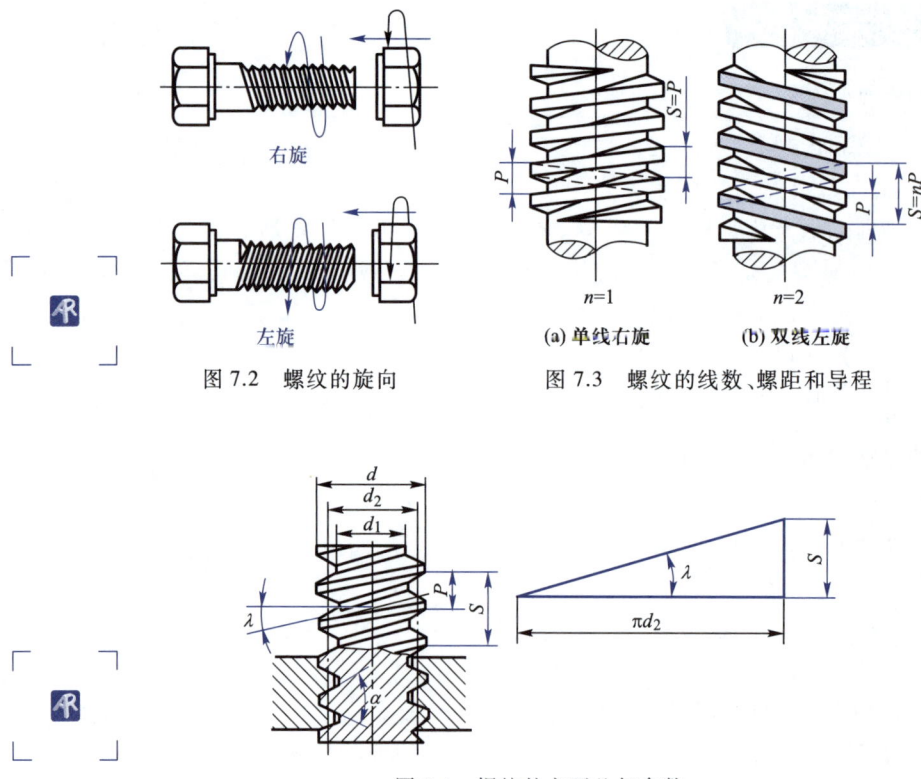

图 7.2　螺纹的旋向

(a) 单线右旋　(b) 双线左旋

图 7.3　螺纹的线数、螺距和导程

图 7.4　螺纹的主要几何参数

7.1 螺纹连接的基本知识

$$\tan \lambda = \frac{S}{\pi d_2} = \frac{nP}{\pi d_2} \tag{7.1}$$

（7）牙型角 α、牙型斜角 β　在螺纹的轴向剖面内，螺纹牙型相邻两侧边的夹角称为牙型角 α。牙型侧边与螺纹轴线的垂线间的夹角称为牙型斜角 β，对称牙型的 $\beta = \frac{\alpha}{2}$，如图 7.1 所示。

螺纹的基本尺寸可查附表 7.1~附表 7.3。

7.1.3　常用螺纹的特点及应用

1. 普通螺纹

即米制三角形螺纹，其牙型角 $\alpha = 60°$，螺纹大径为公称直径，以 mm 为单位。同一公称直径下有多种螺距，其中螺距最大的称为粗牙螺纹，其余的均称为细牙螺纹，如图 7.5 所示。

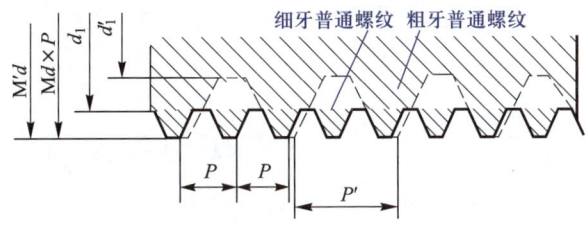

图 7.5　粗牙螺纹与细牙螺纹

普通螺纹的当量摩擦系数较大，自锁性能好，螺纹牙根的强度高，广泛应用于各种紧固连接。一般连接多用粗牙螺纹。细牙螺纹螺距小、升角小、自锁性能好，但螺牙强度低、耐磨性较差、易滑脱，常用于细小零件、薄壁零件或受冲击、振动和变载荷的连接，还可用于微调机构的调整。

2. 管螺纹

管螺纹是英制螺纹，牙型角 $\alpha = 55°$，公称直径为管子的内径。按螺纹是制作在柱面上还是锥面上，可将管螺纹分为圆柱管螺纹和圆锥管螺纹。前者适用于低压场合，后者适用于高温、高压或密封性要求较高的管连接。

3. 矩形螺纹

牙型为正方形，牙型角 $\alpha = 0°$。其传动效率最高，但精加工较困难，牙根强度低，且螺旋副磨损后的间隙难以补偿，使传动精度降低。常用于传力或传导螺旋。矩形螺纹未标准化，已逐渐被梯形螺纹所替代。

4. 梯形螺纹

牙型为等腰梯形，牙型角 $\alpha = 30°$。其传动效率略低于矩形螺纹，但工艺性好，牙根强度高，螺旋副对中性好，可以调整间隙。广泛用于传力或传导螺旋，如机床的丝杠、螺旋举重器等。

5. 锯齿形螺纹

工作面的牙型斜角为 $3°$，非工作面的牙型斜角为 $30°$。它综合了矩形螺纹效率高和梯形螺纹牙根强度高的特点，但仅能用于单向受力的传力螺旋。

7.1.4　螺纹连接的基本类型

根据被连接件的特点或连接的用途，螺纹连接可分为 4 种基本类型。

1. 螺栓连接

螺栓连接是将螺栓穿过被连接件上的光孔并用螺母锁紧。这种连接结构简单、装拆方便、应用广泛。

螺栓连接有普通螺栓连接和加强杆螺栓连接两种。图 7.6a 所示为普通螺栓连接,其结构特点是螺栓杆与被连接件孔壁之间有间隙,工作载荷只能使螺栓受拉伸。图 7.6b 所示为加强杆螺栓连接,被连接件上的孔和螺栓的光杆部分多采用基孔制过渡配合,螺栓杆受剪切和挤压。

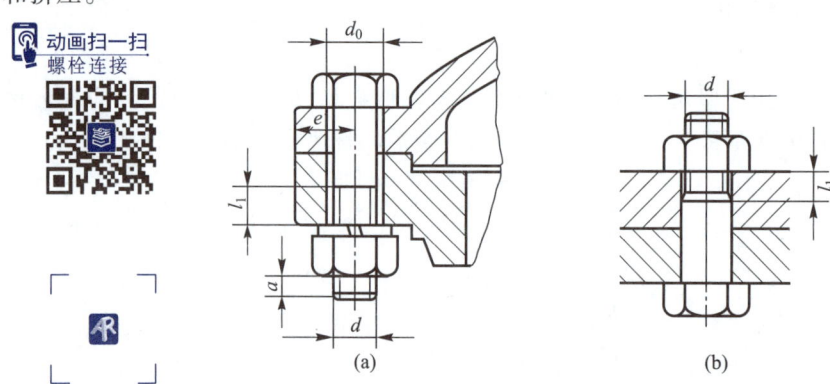

静载荷 $l_1 \geq (0.3 \sim 0.5)d$;变载荷 $l_1 \geq 0.75d$;冲击或弯曲载荷 $l_1 \geq d$;
$e = d + (3 \sim 6)$ mm;$d_0 \approx 1.1d$;$a \approx (0.2 \sim 0.3)d$;加强杆螺栓连接 $l_1 \approx d_0$

图 7.6 螺栓连接

2. 双头螺柱连接

图 7.7 所示为双头螺柱连接。这种连接的被连接件之一较厚而不宜制成通孔,而将其制成螺纹盲孔,另一薄件制通孔。拆卸时,只需拧下螺母而不必从螺孔中拧出螺柱即可将被连接件分开,可用于经常拆卸的场合。

3. 螺钉连接

图 7.8 所示为螺钉连接。这种连接不需用螺母,适用于一个被连接件较厚,不便钻成通孔,且受力不大、不需经常拆卸的场合。

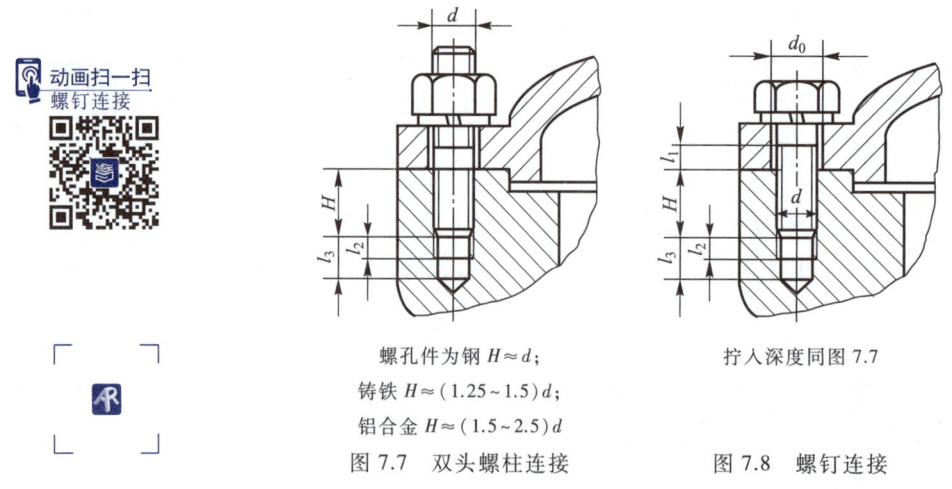

螺孔件为钢 $H \approx d$;
铸铁 $H \approx (1.25 \sim 1.5)d$;
铝合金 $H \approx (1.5 \sim 2.5)d$

图 7.7 双头螺柱连接　　拧入深度同图 7.7　　图 7.8 螺钉连接

4. 紧定螺钉连接

图7.9所示为紧定螺钉连接。将紧定螺钉旋入一零件的螺孔中,并用螺钉端部顶住或顶入另一个零件,以固定两个零件的相对位置,并可传递不大的力或转矩。紧定螺钉的端部有平端、锥端和柱端等。

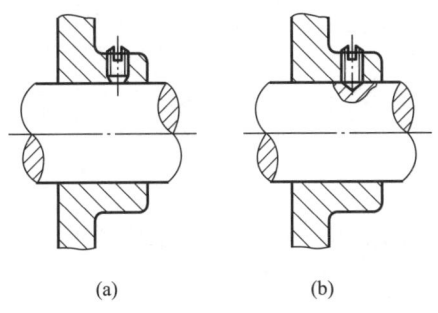

图 7.9 紧定螺钉连接

7.1.5 标准螺纹连接件

螺纹连接件的类型很多,在机械制造中常见的螺纹连接件有螺栓、双头螺柱、螺钉、螺母和垫圈等。这类零件大多已标准化,设计时可根据有关标准选用。表7.1列出了标准螺纹连接件的图例、结构特点及应用。

表 7.1 常用标准螺纹连接件

名称	图 例	结构特点及应用
六角头螺栓		螺栓产品等级可分为精密、中等、粗糙(C)三种,通常多用粗糙级。杆部可以全部是螺纹或只有一段螺纹
双头螺柱		两端均有螺纹,两端螺纹可相同或不同。有A型、B型两种结构。一端拧入厚度大、不便穿透的被连接件,另一端用螺母旋紧

续表

名称	图例	结构特点及应用
螺钉		头部形状有圆头、扁圆头、内六角头、圆柱头和沉头等。头部槽有一字槽、十字槽、内六角孔等。十字槽强度高,便于用机动工具,内六角孔用于要求结构紧凑的地方
紧定螺钉		常用的紧定螺钉末端形状有锥端、平端和圆柱端。锥端用于被紧定件硬度低,不常拆卸的场合;平端常用于紧定硬度较高的平面或用于经常拆卸的场合;圆柱端压入轴上的凹坑中,适用于紧定空心轴上的零件
六角螺母		按厚度分为标准、薄型两种。螺母的制造精度与螺栓的制造精度对应,分 A、B、C 三级,分别与同级别的螺栓配用
圆螺母		圆螺母常与止退垫圈配用,装配时垫圈内舌嵌入轴槽内,外舌嵌入螺母槽内,即可防螺母松脱。常作滚动轴承轴向固定用
垫圈		垫圈放在螺母与被连接件之间用以保护支承面。平垫圈按加工精度分 A、C 两级。用于同一螺纹直径的垫圈又分4种大小,特大的用于铁木结构。斜垫圈用于倾斜的支承面

7.2 螺纹连接的预紧与防松

7.2.1 螺纹连接的预紧

一般螺纹连接在装配时都必须拧紧,以增强连接的可靠性、紧密性和防松能力。连接件在承受工作载荷之前就预加上的作用力称为预紧力。如果预紧力过小,则会使连接不可靠;如果预紧力过大,又会导致连接过载甚至连接件被拉断的后果。

对于一般的连接,可凭经验来控制预紧力 F_0 的大小,但对重要的连接就要严格控制其预紧力。

预紧时,扳手力矩 T 是用于克服螺纹副的摩擦力矩 T_1 和螺母与被连接件支承面间的摩擦力矩 T_2,如图 7.10 所示。

经推导可得出拧紧时扳手力矩为

$$T = T_1 + T_2 = KF_0 d \quad (7.2)$$

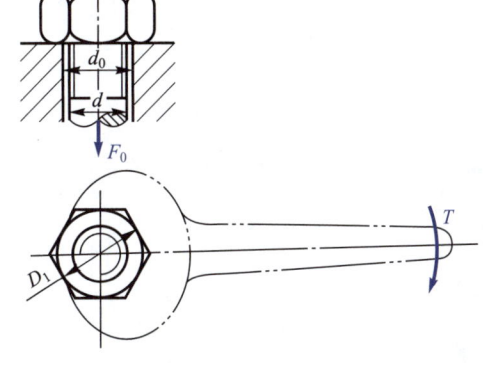

图 7.10 扳手力矩 T

式中:F_0 为预紧力,单位为 N;d 为螺纹的公称直径,单位为 mm;K 为拧紧力矩系数,见表 7.2。

由上式可知,预紧力 F_0 的大小取决于拧紧力矩 T。

表 7.2 拧紧力矩系数 K

摩擦表面状态		精加工表面	一般加工表面	表面氧化	镀锌	干燥粗加工表面
K 值	有润滑	0.10	0.13~0.15	0.20	0.18	—
	无润滑	0.12	0.18~0.21	0.24	0.22	0.26~0.30

预紧力的大小可根据螺栓的受力情况和连接的工作要求决定,一般规定拧紧后预紧力不超过螺纹连接件材料屈服极限 σ_s 的 80%。

对于比较重要的连接,可采用测力矩扳手来旋紧螺母,所控制的力矩 T 可以在刻度上读出,如图 7.11 所示。若不能严格控制预紧力的大小,而只靠安装经验来拧紧螺纹连接件时,不宜采用小于 M12 的螺栓。

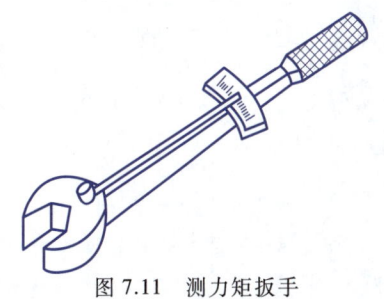

图 7.11 测力矩扳手

7.2.2 螺纹连接的防松

连接中常用的单线普通螺纹和管螺纹都能满足自锁条件,在静载荷或冲击振动不大、温度变化不大时不会自行松脱。但在冲击、振动或变载荷的作用下,或当温度变化较大时,螺纹连接会产生自动松脱现象。因此,设计螺纹连接必须考虑防松问题。

螺纹连接防松的根本问题在于要防止螺纹副的相对转动。防松的方法很多,按其工作原理可分为摩擦防松、机械防松、永久防松和化学防松 4 大类。常用的防松方法如表 7.3 所示。

表 7.3 常用的防松方法

利用附加摩擦力防松	弹簧垫圈	对顶螺母	尼龙圈锁紧螺母
	弹簧垫圈材料为弹簧钢,装配后垫圈被压平,其反弹力能使螺纹间保持压紧力和摩擦力	利用两螺母的对顶作用使螺栓始终受到拉力和附加摩擦力的作用。结构简单,可用于低速重载场合	螺母中嵌有尼龙圈,拧上后尼龙圈内孔被胀大而箍紧螺栓
采用专门防松元件防松	槽型螺母和开口销	圆螺母用带翅垫片	止动垫片
	槽型螺母拧紧后,用开口销穿过螺栓尾部小孔和螺母的槽,也可以用普通螺母拧紧后再配钻开口销	使垫片内翅嵌入螺栓(轴)的槽内,拧紧螺母后将垫片外翅之一折嵌于螺母的一个槽内	将垫片折边以固定螺母和被连接件的相对位置

续表

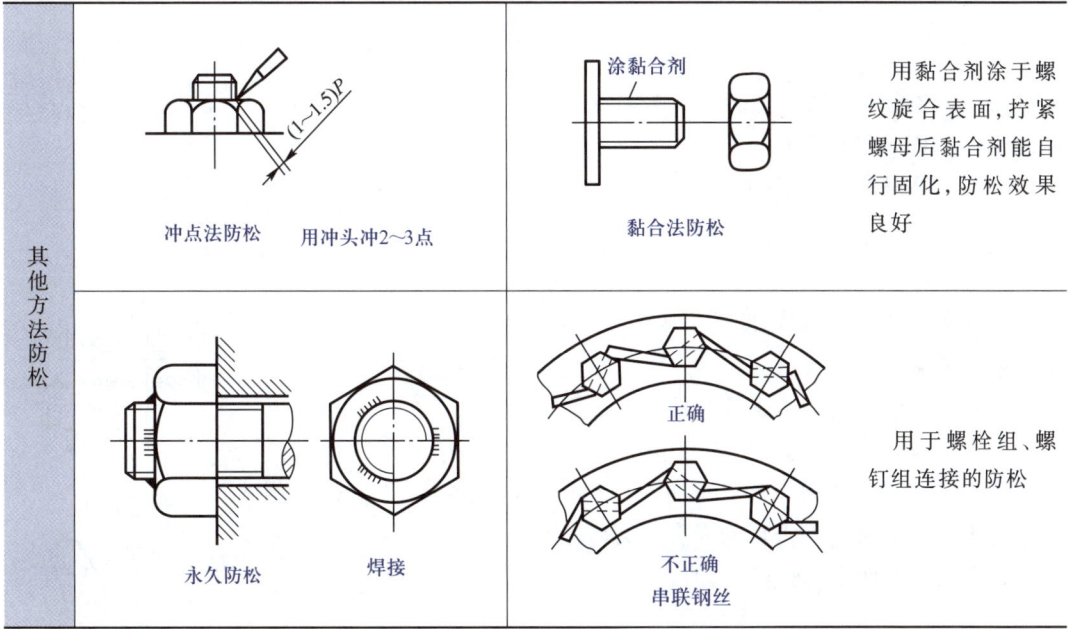

思考题 7.1 螺纹具有自锁特性,但使用一段时间后螺纹仍会自动松脱,为什么?

思考题 7.2 已知连接用的螺纹为三角形单线螺纹,螺纹升角 $\lambda = 1.5° \sim 3.5°$。试求:1)螺纹的自锁条件;2)螺纹的效率。

思考题 7.3 采用双螺母防松时,两个螺母的厚度是否一样?为什么?若应不一样,则应该哪一个厚?

7.3 单个螺栓连接的强度计算

单个螺栓连接的强度计算是螺纹连接设计的基础。根据连接的工作情况,可将螺栓按受力形式分为受拉螺栓和受剪螺栓,两者失效形式不同。设计准则是针对具体的失效形式,通过对螺栓的相应部位进行相应强度条件的设计计算(或强度校核)而提出的。螺栓的其他部位及螺母、垫圈等的尺寸,一般可从手册中查出,不必进行强度计算。

螺栓连接的计算主要是确定螺纹小径 d_1,然后按标准选定螺纹的公称直径(大径)d 及螺距 P 等。

本节关于螺栓连接的强度计算方法,对双头螺柱和螺钉连接也同样适用。

7.3.1 受拉螺栓连接

静载荷下这种连接的主要失效形式为螺纹部分的塑性变形和断裂。为了简化计算,取螺纹的小径为危险截面的直径,其强度计算方法按工作情况分述如下。

1. 松螺栓连接

这种连接在承受工作载荷以前螺栓不旋紧,即不受力,如图 7.12 所示的起重吊钩尾部的松螺栓连接。螺栓工作时受轴向力 F 作用,其强度条件为

$$\sigma = \frac{F}{A} = \frac{F}{\frac{\pi d_1^2}{4}} \leq [\sigma] \tag{7.3}$$

式中:d_1为螺栓危险截面的直径即螺纹的小径,单位为 mm;$[\sigma]$为松连接螺栓的许用拉应力,单位为 MPa,查表 7.10。

由上式可得设计公式为

$$d_1 \geq \sqrt{\frac{4F}{\pi[\sigma]}} \tag{7.4}$$

计算得出 d_1 值后再从有关设计手册中查得螺纹的公称直径 d。

2. 紧螺栓连接

(1) 只受预紧力的紧螺栓连接

螺栓拧紧后,其螺纹部分不仅受因预紧力 F_0 的作用而产生的拉应力 σ,还受因螺纹摩擦力矩 T_1 的作用而产生的扭转剪应力 τ,使螺栓螺纹部分处于拉伸与扭转的复合应力状态。

螺栓危险截面上的拉应力为

$$\sigma = \frac{F_0}{\frac{\pi d_1^2}{4}}$$

螺栓危险截面上的扭转剪应力为

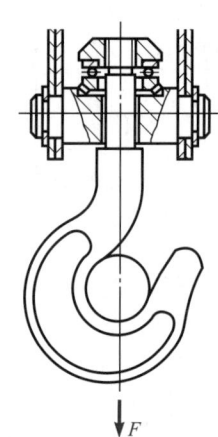

图 7.12 松螺栓连接

$$\tau = \frac{T_1}{\frac{\pi d_1^3}{16}} = \frac{F_0 \tan(\lambda + \varphi_v) \cdot \frac{d_2}{2}}{\frac{\pi d_1^3}{16}}$$

对于常用的单线、三角形螺纹的普通螺栓(一般为 M16~M68),取 $f_v = \tan\varphi_v = 0.15$,经简化处理得 $\tau = 0.5\sigma$。根据第四强度理论,可求出当量应力 σ_e 为

$$\sigma_e = \sqrt{\sigma^2 + 3\tau^2} = \sqrt{\sigma^2 + 3 \times (0.5\sigma)^2} \approx 1.3\sigma$$

因此,螺栓螺纹部分的强度条件为

$$\sigma_e = 1.3\sigma \leq [\sigma]$$

即

$$\frac{1.3 F_0}{\frac{\pi d_1^2}{4}} \leq [\sigma] \tag{7.5}$$

设计公式为

$$d_1 \geq \sqrt{\frac{4 \times 1.3 F_0}{\pi[\sigma]}} \tag{7.6}$$

式中 $[\sigma]$ 为紧螺栓连接的许用拉应力。

由此可见,紧螺栓连接的强度也可按纯拉伸计算,但考虑螺纹摩擦力矩 T_1 的影响,需将拉力增大 30%。

(2) 承受横向外载荷的紧螺栓连接

图 7.13 所示为普通螺栓连接,被连接件承受垂直于螺栓轴线的横向载荷 F_R。由于处于拧紧状态,螺栓受预紧力 F_0 的作用,被连接件受到压力,在接合面之间就产生摩擦力 $F_0 f$(f 为接合面间的摩擦系数)。若满足不滑动条件

$$F_0 f \geq F_R$$

则连接不发生滑动。若考虑连接的可靠性及接合面的数目,则上式可改成

$$F_0 f m \geq K_f F_R$$

$$F_0 \geq \frac{K_f F_R}{fm} \quad (7.7)$$

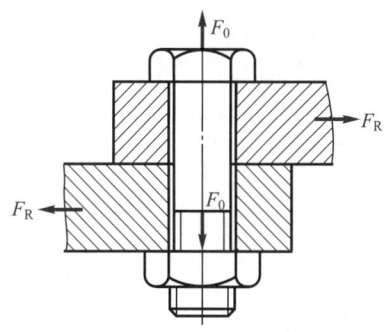

图 7.13 受横向外载荷的普通螺栓连接

式中:F_R 为横向外载荷,单位为 N;f 为接合面间的摩擦系数,可查表 7.4;m 为接合面的数目;K_f 为可靠性系数,取 $K_f = 1.1 \sim 1.3$。

当 $f = 0.15$、$K_f = 1.1$、$m = 1$ 时,代入式(7.7)可得

$$F_0 = \frac{1.1 F_R}{0.15 \times 1} \approx 7 F_R$$

由上式可见,当承受横向外载荷 F_R 时,要使连接不发生滑动,螺栓上要承受 7 倍于横向外载荷的预紧力,这样设计出的螺栓结构笨重、尺寸大、不经济,尤其在冲击、振动载荷的作用下连接更为不可靠,因此应设法避免这种结构,采用新结构。

表 7.4 连接接合面间的摩擦系数 f

被连接件	表面状态	f
钢或铸铁零件	干燥的加工表面	0.10 ~ 0.16
	有油的加工表面	0.06 ~ 0.10
钢结构	喷砂处理	0.45 ~ 0.55
	涂富锌漆	0.35 ~ 0.40
	轧制表面、用钢丝刷清理浮锈	0.30 ~ 0.35
铸铁对榆杨木(或混凝土、砖)	干燥表面	0.40 ~ 0.50

(3)承受轴向静载荷的紧螺栓连接

这种受力形式的紧螺栓连接应用最广,也是最重要的一种螺栓连接形式。图 7.14 所示为气缸端盖的螺栓组,其每个螺栓承受的平均轴向工作载荷为

$$F = \frac{p \pi D^2}{4z}$$

式中 p 为缸内气压,D 为缸径,z 为连接螺栓数。

图 7.15 所示为气缸端盖螺栓组中一个螺栓连接的受力与变形情况。假定所有零件材料都服从胡克定律,零件中的应力没有超过比例极限。图 7.15a 所示为螺栓未被拧紧,螺栓与被连接件均不受力时的情况。图 7.15b 所示为螺栓被拧紧后,螺栓受预紧力 F_0,被连接件受预紧压力 F_0 的作用而产生压缩变形 δ_1 的情况。图 7.15c 所示为螺栓受到轴向外载荷(由

气缸内压力而引起的)F作用时的情况,螺栓被拉伸,变形增量为δ_2,根据变形协调条件,δ_2即等于被连接件压缩变形的减少量。此时被连接件受到的压缩力将减小为F'_0,称为残余预紧力。显然,为了保证被连接件间密封可靠,应使$F'_0>0$,即$\delta_1>\delta_2$。此时螺栓所受的轴向总拉力F_Σ应为其所受的工作载荷F与残余预紧力F'_0之和,即

$$F_\Sigma = F + F'_0 \tag{7.8}$$

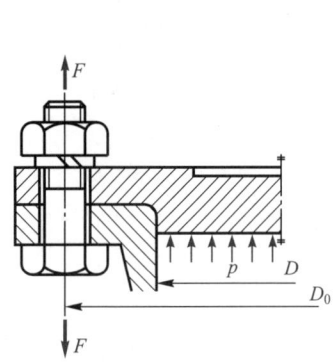

图 7.14 气缸盖螺栓连接

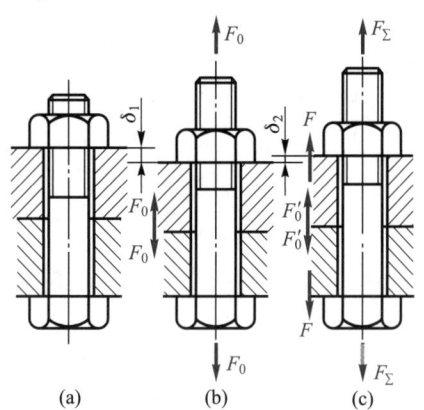

图 7.15 螺栓的受力与变形

不同的应用场合,对残余预紧力有着不同的要求,一般可参考以下经验数据来确定:对于一般的连接,若工作载荷稳定,取$F'_0=(0.2\sim0.6)F$,若工作载荷不稳定,取$F'_0=(0.6\sim1.0)\cdot F$;对于气缸、压力容器等有紧密性要求的螺栓连接,取$F'_0=(1.5\sim1.8)F$。

当选定残余预紧力F'_0后,即可按式(7.8)求出螺栓所受的总拉力F_Σ,同时考虑到可能需要补充拧紧及扭转剪应力的作用,将F_Σ增加30%,则螺栓危险截面的拉伸强度条件为

$$\sigma = \frac{1.3 F_\Sigma}{\dfrac{\pi d_1^2}{4}} \leq [\sigma] \tag{7.9}$$

设计公式为

$$d_1 \geq \sqrt{\frac{4 \times 1.3 F_\Sigma}{\pi [\sigma]}} \tag{7.10}$$

式中各符号的含义同前。

根据变形协调条件,可导出预紧力F_0和残余预紧力F'_0的关系式为

$$F_0 = F'_0 + (1 - K_c) F \tag{7.11}$$

式中:K_c称为相对刚性系数,$K_c = \dfrac{c_1}{c_1 + c_2}$;$c_1$为螺栓的刚度;$c_2$为被连接件的刚度。$K_c$值与螺栓和被连接件的材料、尺寸、结构及连接中垫片的性质等有关。当被连接件为钢铁零件时,K_c值可根据垫片材料的不同采用下列数据:金属垫片或无垫片$0.2\sim0.3$;皮革垫片0.7;铜皮石棉垫片0.8;橡胶垫片0.9。

思考题 7.4 什么条件下$F_\Sigma = F + F_0$?

思考题 7.5 在紧密压力容器的紧螺栓连接中,为使螺母拧紧时更贴紧于被连接件,是否可将金属垫片更换成橡胶垫片?为什么?

•7.3.2 受剪螺栓连接

如图 7.16 所示,这种连接在装配时螺栓杆与孔壁间采用过渡配合,无间隙,螺母不必拧得很紧,只要求螺栓杆不会沿通孔滑动即可。工作时螺栓连接承受横向载荷 F_R,螺栓在连接接合面处受剪切作用,螺栓杆与被连接件孔壁相互挤压,因此,应分别按挤压及剪切强度条件进行计算。螺栓杆与孔壁间的挤压强度条件为

$$\sigma_P = \frac{F_R}{d_s \delta} \leq [\sigma_P] \quad (7.12)$$

螺栓杆的剪切强度条件为

$$\tau = \frac{F_R}{m \frac{\pi d_s^2}{4}} \leq [\tau] \quad (7.13)$$

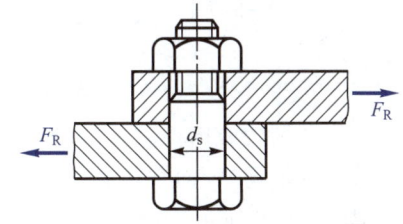

图 7.16 受横向外载荷的加强杆螺栓连接

式中:F_R 为横向载荷,单位为 N;d_s 为螺栓杆直径,单位为 mm;m 为螺栓受剪面的数目;δ 为螺栓杆与孔壁接触面的最小长度,单位为 mm;$[\tau]$ 为螺栓材料的许用剪应力;$[\sigma_P]$ 为螺栓与孔壁中较弱材料的许用挤压应力。

在一般条件下工作的螺纹连接件的常用材料为低碳钢和中碳钢,其力学性能见表 7.7。螺纹连接件材料的许用应力 $[\sigma]$、$[\tau]$、$[\sigma_P]$ 可查表 7.10 和表 7.11。

思考题 7.6 螺栓头(或螺母)与被连接件之间常加垫片,或被连接件的连接处常做成凸台或沉头座,为什么?

思考题 7.7 装配加强杆螺栓连接时,为何不必将螺母拧得很紧?

7.4 螺栓组连接的结构设计和受力分析

机器中多数螺纹连接件一般都是成组使用的,其中螺栓组连接最具有典型性。下面讨论螺栓组连接的设计问题,其基本结论也适用于双头螺柱组连接和螺钉组连接等。

设计螺栓组连接时,首先要确定螺栓组连接的结构,即设计被连接件接合面的结构、形状,选定螺栓的数目和布置形式,确定螺栓连接的结构尺寸等。在确定螺栓尺寸时,对于不重要的连接或有成熟实例的连接,可采用类比法。但对于主要的连接,则应根据连接的结构和受力情况,找出受力最大的螺栓及其所受的载荷,然后应用单个螺栓连接的强度计算方法进行螺栓的设计或校核。

•7.4.1 螺栓组连接的结构设计

(1)连接接合面的几何形状通常设计成轴对称的简单几何形状,如图 7.17 所示。这样便于对称布置螺栓,使螺栓组的对称中心和连接接合面的形心重合,保证接合面的受力比较均匀,同时也便于加工制造。

(2)螺栓的布置应使螺栓的受力合理。当螺栓组连接承受弯矩或扭矩时,应使螺栓的位置适当靠近接合面的边缘,以减小螺栓的受力,如图 7.18 所示。若承受剪切力时,不要在

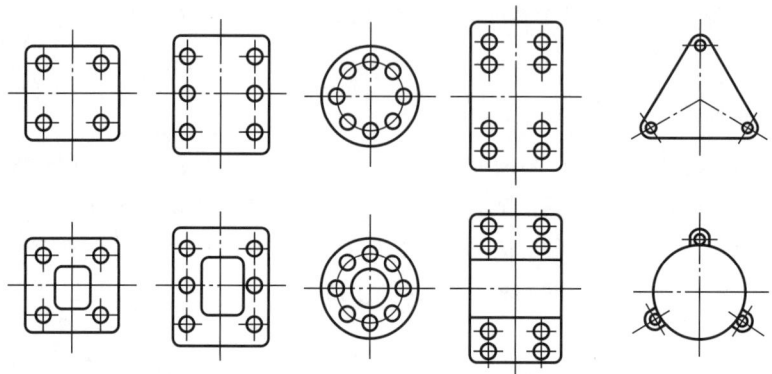

图 7.17 螺栓组连接接合面的形状

平行于工作载荷的方向上成排地布置 8 个以上的螺栓,以避免螺栓受力不均。若螺栓组同时承受较大的横向、轴向载荷,应采用销、套筒、键等零件来承受横向载荷,以减小螺栓的结构尺寸,如图 7.19 所示。

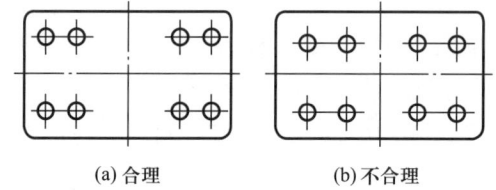

(a) 合理　　　　　　(b) 不合理

图 7.18 接合面受弯矩或扭矩时螺栓的布置

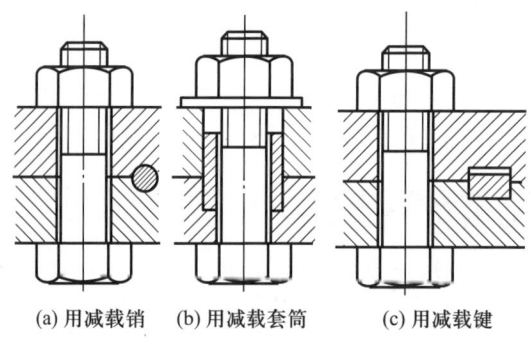

(a) 用减载销　(b) 用减载套筒　(c) 用减载键

图 7.19 承受横向载荷的减载装置

(3)螺栓的排列应有合理的间距和边距。应根据扳手空间尺寸来确定各螺栓中心的间距及螺栓轴线到机体壁面间的最小距离。图 7.20 所示的扳手空间尺寸可查阅有关标准。对于压力容器等紧密性要求较高的连接,螺栓间距 t 不得大于表 7.5 所推荐的数值。

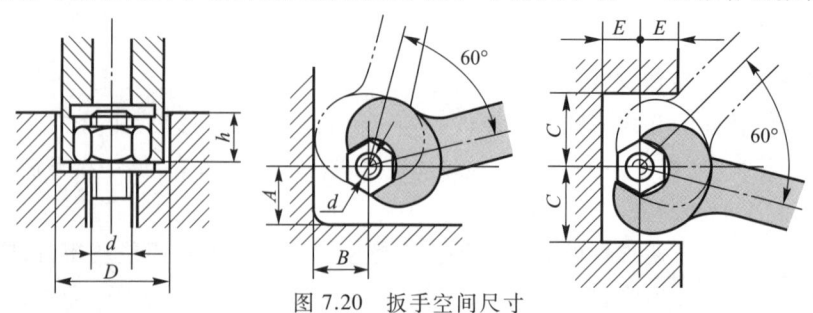

图 7.20 扳手空间尺寸

7.4 螺栓组连接的结构设计和受力分析

（4）同一螺栓组连接中各螺栓的直径和材料均应相同。分布在同一圆周上的螺栓数目应取 4、6、8 等偶数，以便于分度与画线。

表 7.5 紧密连接的螺栓间距 t

	容器工作压力 p/MPa					
	≤1.6	1.6~4	4~10	10~16	16~20	20~30
	t					
	$7d$	$4.5d$	$4.5d$	$4d$	$3.5d$	$3d$

d——螺纹公称直径

（5）要避免螺栓承受偏心载荷（图 7.21），应减小载荷相对于螺栓轴心线的偏距，保证螺母或螺栓头部支承面平整并与螺栓轴线相垂直，被连接件上应设置凸台、沉头座或采用斜面垫圈（图 7.22 和图 7.23）。

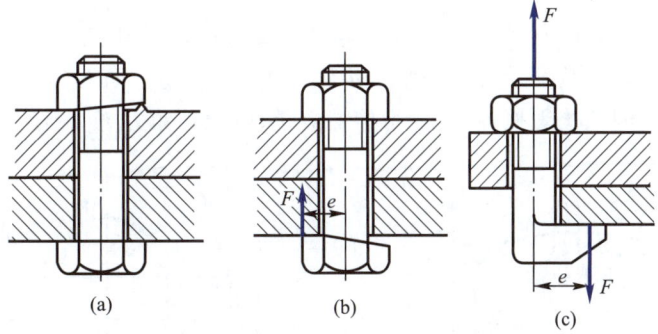

图 7.21 螺栓承受偏心载荷

进行螺栓组的结构设计时，在综合考虑上述各项的同时，还要根据螺栓连接的工作条件合理地选择防松装置，参见表 7.3。

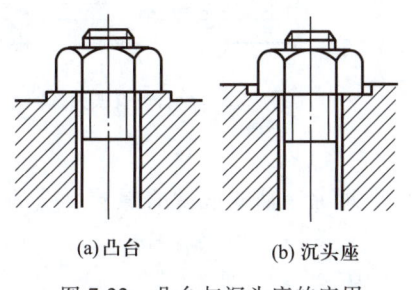

(a) 凸台　　(b) 沉头座

图 7.22 凸台与沉头座的应用

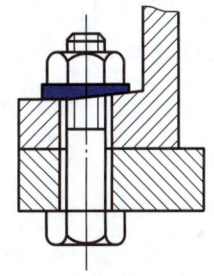

图 7.23 斜面垫圈的应用

7.4.2 螺栓组连接的受力分析

为了简化受力分析时的计算,通常做如下假设:1)螺栓组内各螺栓的材料、结构、尺寸和所受的预紧力均相同;2)螺栓组的对称中心与连接接合面的形心重合;3)受载后连接接合面仍保持为平面;4)被连接件为刚体;5)螺栓的变形在弹性范围内等。下面分析两种典型受载情况下的螺栓组连接。

1. 受轴向载荷的螺栓组连接

图 7.24 所示为气缸盖螺栓组连接,其载荷 F_Q 的作用线平行于螺栓轴线并通过螺栓组的对称中心。假定各螺栓平均受载,则每个螺栓所受的轴向工作载荷为

$$F = \frac{F_Q}{z} \tag{7.14}$$

式中 z 为连接螺栓的个数。

求出 F 后,根据式(7.8)就可确定每个螺栓所受的总拉力 F_Σ,即

$$F_\Sigma = F + F_0'$$

根据气缸盖螺栓连接的紧密性要求,取残余预紧力 $F_0' = 1.8F$。然后按单个螺栓连接的强度计算方法进行螺栓的计算。

2. 受翻转力矩的螺栓组连接

图 7.25 所示为受翻转力矩 M 的螺栓组连接。设力矩 M 作用在过 $x-x$ 轴并垂直于底板接合面的对称面内,假定底板为刚体,则在 M 作用下,有绕接合面对称轴 $O-O$ 向右翻转的趋势,使 $O-O$ 轴左侧螺栓受拉伸,右侧螺栓被放松,以至预紧力 F_0 减小。

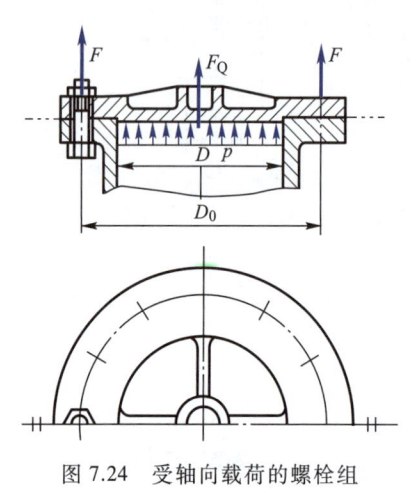
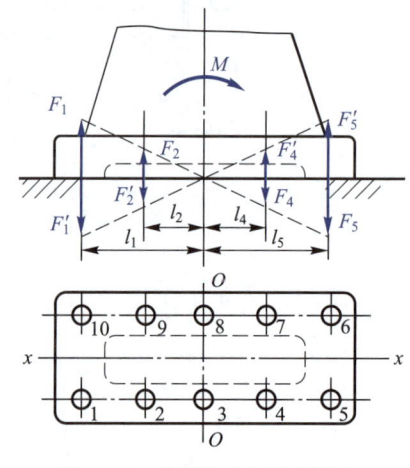

图 7.24 受轴向载荷的螺栓组   图 7.25 受翻转力矩的螺栓组

根据底板的力矩平衡条件,经计算,可得出距翻转轴线最远的螺栓所受的最大工作拉力 F_{max} 为

$$F_{max} = \frac{Ml_{max}}{l_1^2 + l_2^2 + \cdots + l_n^2} \tag{7.15}$$

求出 F_{max} 后,就可确定螺栓上受的总拉力 F_Σ,即

$$F_\Sigma = F_0 + K_c F_{max}$$

对于图 7.25 所示的受翻转力矩作用的机座类螺栓组连接,除螺栓要满足其强度条件外,还应保证左侧接合面处不出现间隙,右侧接合面处不发生压溃破坏。接合面最小受压处不出现间隙的条件为

$$\sigma_{pmin} = \frac{zF_0}{A} - \frac{M}{W} > 0 \qquad (7.16)$$

接合面最大受压处不发生压溃的条件为

$$\sigma_{pmax} = \frac{zF_0}{A} + \frac{M}{W} \leq [\sigma_p] \qquad (7.17)$$

式中:F_0 为每个螺栓的预紧力,单位为 N;A 为底座与支撑面的接触面积,单位为 mm^2;W 为底座与支撑面间接合面的抗弯截面模量,单位为 mm^3;z 为螺栓总数目;$[\sigma_p]$ 为连接接合面较弱材料的许用挤压应力,单位为 MPa,$[\sigma_p]$ 可查表 7.6。

表 7.6 连接接合面材料的许用挤压应力 $[\sigma_p]$

材料	钢	铸铁	混凝土	砖(水泥浆缝)	木材
$[\sigma_p]$	$0.8\sigma_s$	$(0.4 \sim 0.5)\sigma_b$	2.0~3.0 MPa	1.5~2.0 MPa	2.0~4.0 MPa

思考题 7.8 对螺栓组连接进行受力分析时做了五个假设,试结合现实中的例子加以说明。

7.5 螺纹连接件的材料、机械性能等级和许用应力

7.5.1 螺纹连接件的材料及机械性能等级

一般条件下工作的螺纹连接件的常用材料为低碳钢和中碳钢,如 Q215、Q235、15、35 和 45 等钢;受冲击、振动和变载荷作用的螺纹连接件可采用合金钢,如 15Cr、40Cr、30CrMnSi 和 15CrVB 等;有防腐、防磁、导电、耐高温等特殊要求时采用 1Cr13、2Cr13、CrNi2、1Cr18Ni9Ti 和黄铜 H62、H62$_{防磁}$、HPb62、HPb62$_{防磁}$ 及铝合金 2B11(原 LY8)、2A10(原 LY10)等。螺纹连接件常用材料的力学性能见表 7.7。

表 7.7 螺纹连接件常用材料的力学性能
(摘自 GB/T 700—2006、GB/T 699—2015、GB/T 3077—2015) MPa

钢 号	Q215(A2)	Q235(A3)	35	45	40Cr
强度极限 σ_b	335~450	370~500	530	600	980
屈服极限 σ_s ($d \leq 16 \sim 100$ mm)	185~215	215~235	315	355	785

注:螺栓直径 d 小时,取偏高值。

按材料的力学性能的不同,国家标准规定螺纹连接件的材料分为若干强度等级,这就是机械性能等级,可查表 7.8、表 7.9。

表 7.8 螺栓的机械性能等级(摘自 GB/T 3098.1—2010)

性能等级(标记)	4.6	4.8	5.6	5.8	6.8	8.8	9.8	10.9	12.9
抗拉强度极限 σ_{bmin}/MPa	400	420	500	520	600	800	900	1040	1220

续表

屈服极限 σ_{smin}/MPa	240	300	340	420	480	640	720	940	1100
硬度最小值/HBW	114	124	147	152	181	245	286	316	380
推荐材料	低碳钢或中碳钢					中碳钢,淬火并回火		中碳钢,低、中碳合金钢,淬火并回火,合金钢	合金钢

注:对于规定性能等级的螺栓、螺母在图纸中只标出其性能等级,不应标出其材料牌号。

表 7.9 螺母材料与螺母相配件的机械性能等级(摘自 GB/T 3098.2—2015)

性能等级(标记)	4	5	6	8	9	10	12
推荐材料	易切削钢		低碳钢或中碳钢	中碳钢		中碳、低碳合金钢,淬火并回火	
相配螺栓的性能等级	3.6,4.6,4.8 ($d \geqslant$ M16)	3.6,4.6,4.8 ($d \leqslant$ M16); 5.6,5.8 $d \leqslant$ M39	6.8 $d \leqslant$ M39	8.8 $d \leqslant$ M39	9.8($d \leqslant$ M16)	10.9 ($d \leqslant$ M39)	12.9 ($d \leqslant$ M39)

在一般情况下,只要根据类型、尺寸去外购螺纹连接件,不必提及其所用的材料和性能等级。

思考题 7.9 选择螺母的材料时,为什么选择比螺栓材料级别稍低,硬度也稍低的螺母?

7.5.2 螺栓连接的许用应力

螺栓连接的许用应力$[\sigma]$和安全系数 S 见表 7.10 和表 7.11。

表 7.10 螺栓连接的许用应力和安全系数

连接情况	受载情况	许用应力$[\sigma]$和安全系数 S
松连接	轴向静载荷	$[\sigma] = \dfrac{\sigma_s}{S}$。$S = 1.2 \sim 1.7$(未淬火钢取小值)
紧连接	轴向静载荷 横向静载荷	$[\sigma] = \dfrac{\sigma_s}{S}$。控制预紧力时 $S = 1.2 \sim 1.5$; 不控制预紧力时,S 查表 7.11
加强杆螺栓连接	横向静载荷	$[\tau] = \sigma_s/2.5$; 被连接件为钢时,$[\sigma_p] = \sigma_s/1.25$;被连接件为铸铁时,$[\sigma_p] = \sigma_b/2 \sim 2.5$
	横向变载荷	$[\tau] = \sigma_s/3.5 \sim 5$ $[\sigma_p]$按静载荷的$[\sigma_p]$值降低 20%~30%计算

7.5 螺纹连接件的材料、机械性能等级和许用应力

表 7.11 紧螺栓连接的安全系数 S（不控制预紧力时）

材料	静载荷			变载荷	
	M6~M16	M16~M30	M30~M60	M6~M16	M16~M30
碳素钢	4~3	3~2	2~1.3	10~6.5	6.5
合金钢	5~4	4~2.5	2.5	7.5~5	5

7.5.3 设计与选用时应注意的问题

确定螺纹小径 d_1 后，一定要选定标准值，即为螺纹大径 d，如为普通螺纹、粗牙，则标记为 Md。

螺栓组连接的结构设计一定要重视，决不能忽视。

现对试算法的应用具体讨论如下：

因为螺栓连接时若不知道螺栓的直径，因此无法查取安全系数 S，故需用试算法。可根据工作经验和载荷大小，先假设螺栓直径的范围，然后查取安全系数 S，确定许用应力，计算出螺栓的直径。若螺栓的直径在假设的螺栓直径范围内，则所选螺栓合适；若螺栓的直径不在假设的螺栓直径范围内，则必须重新假设螺栓直径范围，再进行选择。

例题 7.1 如图 7.14 所示气缸与气缸盖的螺栓连接，已知气缸内径 $D=200$ mm，气缸内气体的工作压力 $p=1.2$ MPa，缸盖与缸体之间采用橡胶垫圈密封。若螺栓数目 $z=10$，螺栓分布圆直径 $D_0=260$ mm，试确定螺栓直径，并检查螺栓间距 t 及扳手空间是否符合要求。

由题意可知，这是一个普通螺栓连接。由于缸体内压力的合力作用于螺栓组的对称中心上，故属于受轴向载荷的螺栓连接，可求出每个螺栓所受的轴向工作载荷，然后根据单个螺栓所受的轴向总拉力公式(7.8)求出 F_Σ，代入公式(7.10)得出 d_1 值。确定螺栓直径，再检查螺栓间距 t 及扳手空间是否符合要求。

解 （1）确定每个螺栓所受的轴向工作载荷 F

$$F = \frac{\pi D^2 p}{4z} = \frac{\pi \times 200^2 \times 1.2}{4 \times 10} \text{ N} = 3\,770 \text{ N}$$

（2）计算每个螺栓的总拉力 F_Σ

根据气缸盖螺栓连接的紧密性要求，取残余预紧力 $F_0' = 1.8F$，由式(7.8)计算螺栓的总拉力

$$F_\Sigma = F + F_0' = F + 1.8F = 2.8F = 2.8 \times 3\,770 \text{ N} = 10\,556 \text{ N}$$

（3）确定螺栓的公称直径 d

1) 螺栓材料选用 35 钢，由表 7.7 查得 $\sigma_s = 315$ MPa，若装配时不控制预紧力，则螺栓的许用应力与其直径有关，故应采用试算法。假定螺栓直径 $d=16$ mm，由表 7.11 查得安全系数 $S=3$，则许用应力

$$[\sigma] = \frac{\sigma_s}{S} = \frac{315}{3} \text{ MPa} = 105 \text{ MPa}$$

2) 由式(7.10)计算螺栓的小径 d_1

$$d_1 \geqslant \sqrt{\frac{4 \times 1.3 F_\Sigma}{\pi [\sigma]}} = \sqrt{\frac{4 \times 1.3 \times 10\,556}{\pi \times 105}} \text{ mm} = 12.90 \text{ mm}$$

根据 d_1 的计算值，查手册得螺纹外径的标准值 $d=16$ mm，与假定值相符，故能适用。其标记为：螺栓　GB/T 5782　M16×L。

（4）检查螺栓间距 t

螺栓间距　　　　$t = \dfrac{\pi D_0}{z} = \dfrac{\pi \times 260}{10}$ mm $= 81.68$ mm

查表 7.5，当 $p \leqslant 1.6$ MPa 时，压力容器螺栓间距 $t < 7d = 7 \times 16$ mm $= 112$ mm，故上述螺栓间距的计算结果能满足紧密性要求。

查有关设计手册，M16 的扳手空间 $A=48$ mm，故本题中的 $t>A$，能满足扳手空间要求。

若螺栓间距 t 或扳手空间不符合要求，则应重新选取螺栓数目 z，再按上述步骤重新计算，直到满足要求为止。

7.6　提高螺栓连接强度的措施

螺栓连接的强度主要取决于螺栓的强度。影响螺栓强度的因素很多，主要有螺纹牙间的载荷分配、应力变化幅度、应力集中和附加应力等。下面来分析这些因素，并以受拉螺栓连接为例提出改进措施。

1. 改善螺纹牙间的载荷分配

普通螺栓和螺母的刚度不同、变形不一样，因此各牙受力不均，螺母支承面上第一圈所受的力为总载荷的 1/3 以上。为改善各牙受力分布不均的情况，可采用下述方法：

（1）悬置螺母（图 7.26a）　螺母与螺栓均受拉，减小二者的刚度差，使其变形趋于协调。

（2）内斜螺母（图 7.26b）　螺母内斜 10°~15° 的内斜角，可减小原受力大的螺纹牙的刚度，从而把力分流到原受力小的螺纹牙上，使其螺纹牙间的载荷分配趋于均匀。

（3）环槽螺母（图 7.26c）与悬置螺母类似。

以上特殊构造的螺母制造工艺复杂，成本较高，仅限于重要连接时使用。

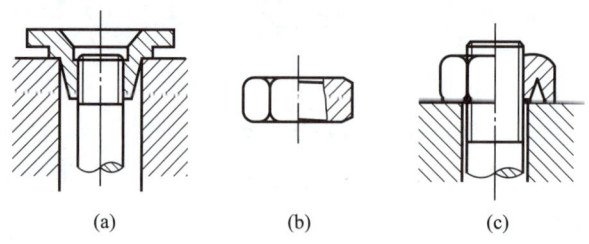

图 7.26　改善螺纹牙间载荷分布

2. 减小螺栓的应力变化幅度

对于受轴向变载荷的紧螺栓连接，应力变化幅度是影响其疲劳强度的重要因素，应力变化幅度越小，疲劳强度越高。减小螺栓的刚度 c_1 或增大被连接件的刚度 c_2，均能使应力变化幅度减小。

减小螺栓刚度的办法有：适当增大螺栓长度、减小螺栓光杆直径，如图 7.27 所示；也可以在螺母下装弹性元件以降低螺栓刚度，如图 7.28 所示。

要增大被连接件的刚度，除了可以从被连接件的结构和尺寸考虑外，还可以采用刚度较大的金属垫片或不设垫片。对于有紧密性要求的气缸螺栓连接，如仅从密封角度考虑采用软垫片密封(图 7.29a)并不合适,采用密封环密封较好(图 7.29b)。

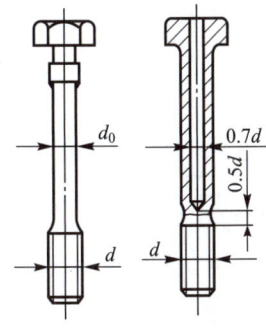

图 7.27　柔性螺栓

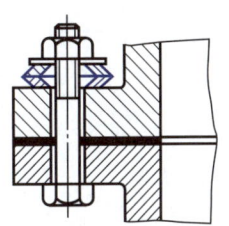

图 7.28　螺母下装弹性元件

如同时采用上述两种方法则减小应力变化幅度的效果会更好。

3. 减少应力集中

螺纹的牙根、收尾、螺栓头部与螺栓杆的交接处都有应力集中。适当加大牙根圆角半径、在螺纹收尾处加工出退刀槽等,都能减少应力集中,提高螺栓的疲劳强度。

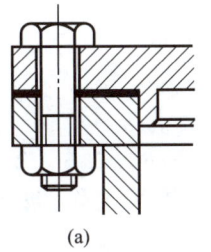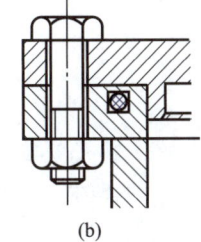

图 7.29　软垫片和密封环密封

4. 避免附加应力

由于各种原因使螺母与支承面的接触点偏离螺栓轴线(图 7.21),使螺栓承受偏心载荷,从而使螺栓杆中产生很大的附加弯曲应力。这种情况应尽量设法避免,具体措施详见 7.4.1 节。

7.7　滑动螺旋传动简介

螺旋传动是利用螺杆和螺母组成的螺旋副来实现传动要求的。它主要用于将回转运动转变为直线运动,同时传递运动和动力的场合。

7.7.1　螺旋传动的类型

根据螺杆和螺母的相对运动关系,将常用螺旋传动的运动形式分为两种:图 7.30a 所示的螺旋传动为螺杆转动、螺母移动,多用于机床的进给机构中;图 7.30b 所示的螺旋传动为螺母固定、螺杆转动并移动,多用于螺旋起重器或螺旋压力机中。

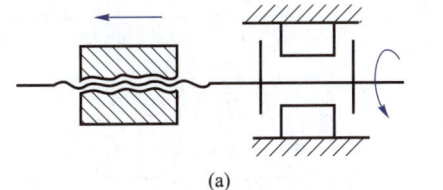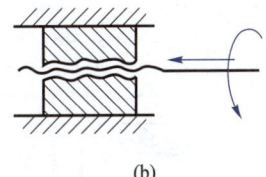

图 7.30　螺旋传动的运动形式

螺旋传动按其用途可分为三种类型:

(1) 传力螺旋　以传递动力为主,要求以较小的转矩产生较大的轴向力。这种螺旋传动一般为间歇性工作,工作速度不高,通常要求有较高的强度和自锁性,广泛应用于各种起重或加压装置中,如图 7.31a 所示的螺旋千斤顶。

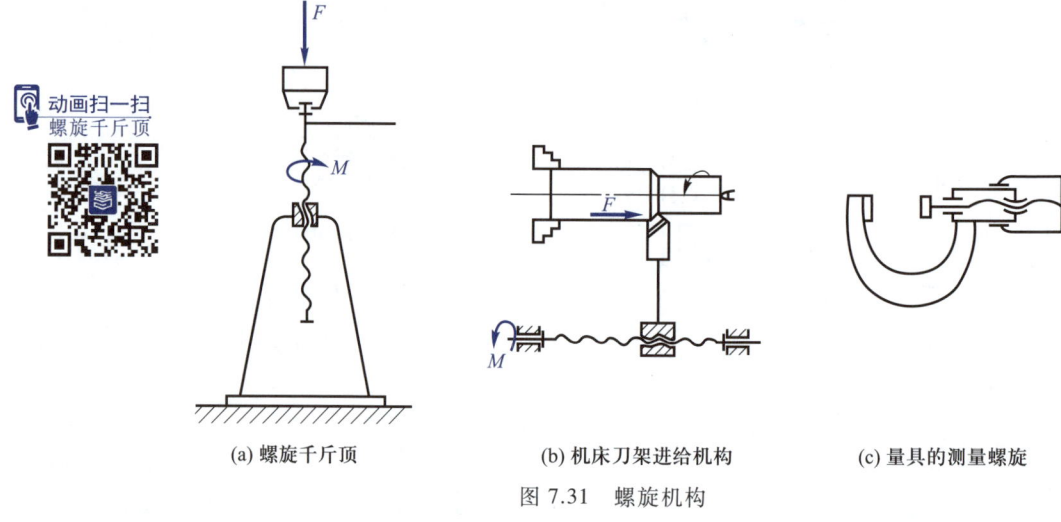

(a) 螺旋千斤顶　　　(b) 机床刀架进给机构　　　(c) 量具的测量螺旋

图 7.31　螺旋机构

（2）传动螺旋　以传递动力为主,要求具有较高的传动精度,有时也承受较大的轴向力。一般需在较长时间内连续工作,且工作速度较高,如机床刀架进给机构中的螺旋（图 7.31b）等。

（3）调整螺旋　用于调整并固定零件或部件之间的相对位置。调整螺旋不经常转动,一般在空载下进行调整,如机床、仪器或测试装置中微调机构的螺旋（如图 7.31c 所示量具的测量螺旋）。

螺旋传动按其螺旋副的摩擦性质不同可分为滑动螺旋、滚动螺旋和静压螺旋。滑动螺旋结构简单、便于制造、易于自锁,但其摩擦力大、传动效率低、磨损大、传动精度低。滚动螺旋和静压螺旋的摩擦力小、传动效率高,但结构复杂,在高精度、高效率的重要传动中采用。

7.7.2　螺旋传动的结构及材料

1. 螺母结构

（1）整体螺母　如图 7.32 所示,不能调整间隙,只能用在轻载且精度要求较低的场合。

（2）组合螺母　如图 7.33 所示,通过拧紧螺钉 2 驱使楔块 3 将其两侧螺母拧紧,以便减少间隙,提高传动精度。

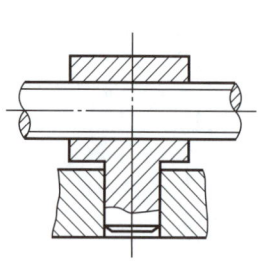

图 7.32　整体螺母

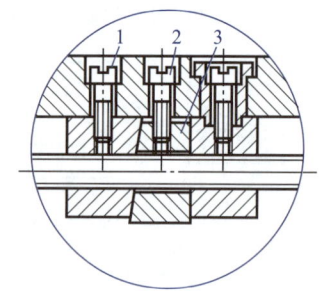

1—固定螺钉;2—调整螺钉;3—调整楔块

图 7.33　组合螺母

(3) 对开螺母　如图 7.34 所示，这种螺母便于操作，一般用于车床溜板箱的螺旋传动中。

2. 螺杆结构

传动螺旋通常采用牙型为矩形、梯形或锯齿形的右旋螺纹。特殊情况下也采用左旋螺纹，如为了符合操作习惯，车床横向进给丝杠螺纹即采用左旋螺纹。

3. 材料

由于滑动螺旋传动中的摩擦较严重，故要求螺旋传动材料的耐磨性能、抗弯性能都要好。一般螺杆材料的

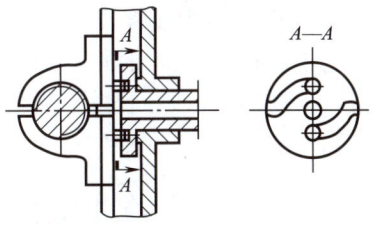

图 7.34　对开螺母

选用原则如下：1) 高精度传动时多选碳素工具钢。2) 需要较高硬度，如 50~56 HRC 时，可采用铬锰合金钢；当需要硬度为 35~45 HRC 时可采用 65 Mn 钢。3) 一般情况（如普通机床丝杠）可用 45、50 钢。

螺母材料可用铸造锡青铜，重载低速的场合可选用强度高的铸造铝铁青铜，而轻载低速时也可选用耐磨铸铁。

7.8　滚动螺旋传动简介

在螺杆和螺母之间设有封闭循环的滚道，在滚道间填充钢珠，使螺旋副的滑动摩擦变为滚动摩擦，从而减少摩擦，提高传动效率，这种螺旋传动称为滚动螺旋传动，又称滚珠丝杠副。

7.8.1　滚珠丝杠的分类、特点和应用

1. 滚珠丝杠的分类

（1）按用途分类

1) 定位滚珠丝杠　通过旋转角度和导程控制轴向位移量，称为 P 类滚珠丝杠。
2) 传动滚珠丝杠　用于传递动力的滚珠丝杠，称为 T 类滚珠丝杠。

（2）按滚珠的循环方式分类

滚珠的循环方式分为内循环和外循环两类。

1) 内循环滚珠丝杠　如图 7.35 所示，滚珠在循环回路中始终和螺杆接触，螺母上开有侧孔，孔内装有反向器将相邻两螺纹滚道连通，滚珠越过螺纹顶部进入相邻滚道，形成一个循环回路。一个螺母通常装配 2~4 个反向器。当螺母上有两个封闭循环滚道时，两个反向器在圆周上相隔 180°；当螺母上有三个封闭循环滚道时，三个反向器在圆周上两两相隔 120°。内循环的每一封闭循环滚道只有一圈滚珠，滚珠的数量较少，因此流动性好、摩擦损失少、传动效率高、径向尺寸小。但反向器及螺母上定位孔的加工要求较高。

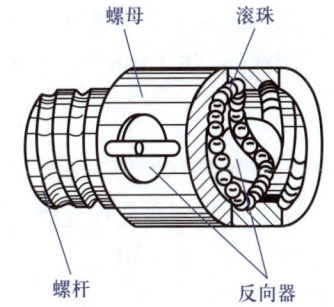

图 7.35　内循环式滚动螺旋传动

2) 外循环滚珠丝杠　滚珠在循环回路中脱离螺杆的滚道，在螺旋滚道外进行循环。常见的外循环形式有螺旋槽式和插管式两种。

图 7.36 所示为螺旋槽式外循环滚动螺旋。它是在螺母的外表面上铣出一个供滚珠返回的螺旋槽，其两端钻有圆孔，与螺母上内滚道相通。在螺母的滚道上装有挡珠器，引导滚

珠从螺母外表面上的螺旋槽返回滚道,循环到工作滚道的另一端。这种结构的加工工艺性比内循环滚珠丝杠好,故应用较广,但缺点是挡珠器的形状复杂且容易磨损。

图 7.37 所示为插管式外循环滚动螺旋。它是用导管作为返回滚道,导管的端部插入螺母的孔中,与工作滚道的始末相通。当滚珠沿工作滚道运行到一定位置时,遇到挡珠器迫使其进入返回滚道(即导管内),循环到工作滚道的另一端。这种结构的工艺性较好,但返回滚道凸出于螺母外侧,不便在设备内部安装。

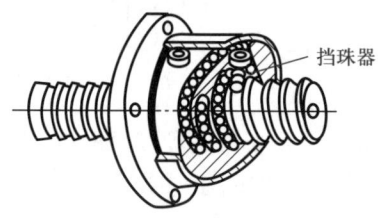
图 7.36 螺旋槽式外循环滚动螺旋

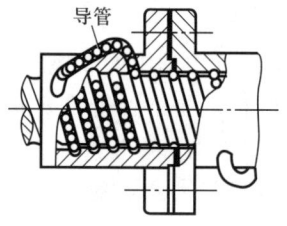
图 7.37 插管式外循环滚动螺旋

2. 滚珠丝杠的特点和应用

滚珠丝杠的主要优点:1) 滚动摩擦系数小,$f = 0.002 \sim 0.005$,传动效率高,可达 90% 以上;2) 摩擦系数与速度的关系不大,故启动扭矩接近运转扭矩,传动灵敏、平稳;3) 磨损小且寿命长,可用调整装置调整间隙,传动精度与刚度均得到提高;4) 不具有自锁性,可将直线运动变为回转运动。

滚珠丝杠的缺点:1) 结构复杂,制造困难;2) 在需要防止逆转的机构中,要加自锁机构;3) 承载能力不如滑动螺旋传动大。

滚珠丝杠多用在车辆转向机构及对传动精度要求较高的场合,如飞机机翼和起落架的控制驱动、大型水闸闸门的升降驱动及数控机床的进给机构等。目前已有专业工厂进行系列生产。

3. 滚珠丝杠的主要技术参数

滚珠丝杠主要规格有导程 P_h、公称直径 d_0、钢球直径 D_W 等三个主要参数。

滚珠丝杠副的精度共有七个精度等级,即 1、2、3、4、5、7、10 级,一般的数控机床常用 5 级。

●7.8.2 滚珠丝杠副的特征代号及标注

滚珠丝杠副特征代号的表示方法列于表 7.12~表 7.18 中,特征代号的各项含义如下:

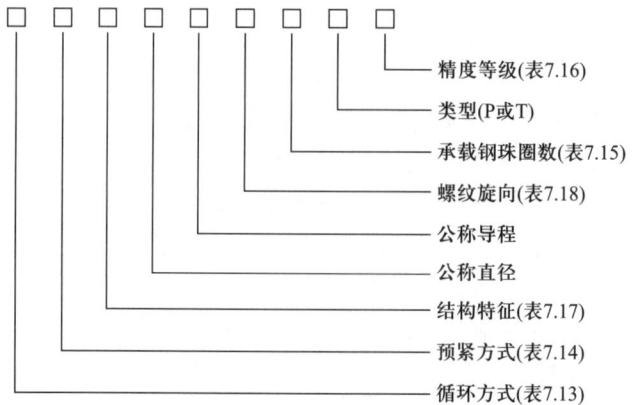

例如:CDM 5010-3-P3 表示外循环插管式,双螺母垫片预紧,导管埋入式的滚珠丝杠副,公称直径为 50 mm,公称导程为 10 mm,螺纹旋向为右旋,承载钢珠圈数为 3 圈,定位滚珠丝杠副,精度等级为 3 级。

表 7.12 滚珠丝杠副的参数代号

参数名称	代号	单位	参数名称	代号	单位
公称直径	d_0	mm	节圆直径	D_{PW}	mm
滚珠丝杠螺纹外径	d_1	mm	钢球直径	D_W	mm
滚珠丝杠螺纹底径	d_2	mm	螺纹全长	l_1	mm
轴颈直径	d_3	mm	导程	P_h	mm
滚珠螺母外径	D_1	mm	接触角	α	(°)
滚珠螺母螺纹底径	D_2	mm	螺旋角	λ	(°)
滚珠螺母螺纹内径	D_3	mm			

滚珠丝杠副的标注方法如图 7.38 所示。

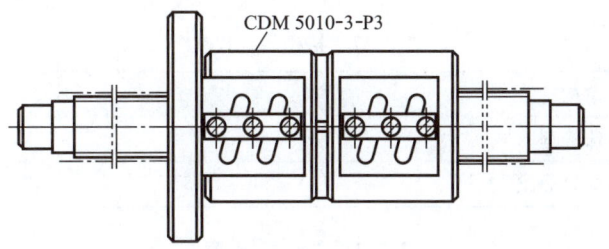

图 7.38 滚珠丝杠副标注示例

表 7.13 滚珠丝杠副中钢球的循环方式代号

循 环 方 式		代号
内循环	浮动式	F
	固定式	G
外循环	插管式	C

第 7 章 螺纹连接与螺旋传动

表 7.14 滚珠丝杠副的预紧方式代号

预紧方式	代号	预紧方式	代号
变位导程预紧(单螺母)	B	齿差预紧(双螺母)	C
增大钢球直径预紧(单螺母)	Z	螺纹预紧(双螺母)	L
垫片预紧(双螺母)	D	单螺母无预紧	W

表 7.15 滚珠丝杠副中承载钢珠圈数的代号

承载钢珠圈数	代号	承载钢珠圈数	代号
1.5 圈	1.5	3.5 圈	3.5
2 圈	2	4 圈	4
2.5 圈	2.5	4.5 圈	4.5
3 圈	3		

表 7.16 滚珠丝杠副精度等级代号

精度等级	代号	精度等级	代号
1 级精度	1	5 级精度	5
2 级精度	2	7 级精度	7
3 级精度	3	10 级精度	10
4 级精度	4		

表 7.17 结构特征代号

结构特征	代号
导珠管埋入式	M
导珠管凸出式	T

表 7.18 螺纹代号

螺纹		代号
滚珠螺纹		GQ
螺纹旋向	左	LH
	右	不标

7.8.3 滚动螺旋传动设计计算的说明

由于滚动螺旋传动的精度要求高,且制造比较复杂,所以一般均由专业厂家生产,使用者在设计时通常以选择性计算或校验为主。

一般情况下,滚珠丝杠副的承载能力取决于其抗疲劳能力,故首先应按寿命条件及额定动载荷选择或校核其基本参数,同时校验其载荷是否超过额定静载荷。当转速很低时,可仅按额定静载荷确定和校核其尺寸;当转速较高时,还应考虑丝杠的临界转速。但不论转速高低,一般均应对丝杠进行强度、刚度和稳定性校验。

关于滚动螺旋传动设计计算的方法、步骤及其有关参数,可查阅相关手册和资料。

7.9 实例分析

例题 7.2 试分析 Spiralock 螺纹的防松性能。

分析 由题意可知,Spiralock 螺纹为一种新型的具有良好防松性能的螺纹。在深水作业的机械、航空工业等部门对防松性能要求是很严密的,要求防松零件少、可靠性好、装拆方便、重量轻。经查询有关资料,国外已有几种新型的防松螺纹,供使用单位使用。现从螺纹的结构、防松原理、应用等方面简捷地介绍 Spiralock 螺纹。

解 (1) 螺纹结构

它是标准三角螺纹的变态。除齿形截面与标准三角螺纹有所差异外,其他参数均与标准的齿形截面相同,如图 7.39a 所示。在内螺纹的牙底处有一个 30°的楔形斜面 C,这个平面向着螺纹的底部,称之为 Ceiling,它是螺纹副的啮合平面。当螺栓与螺母相互拧紧时,螺栓的牙尖就紧紧地顶在 Spiralock 螺纹的楔形斜面上,从而产生了很大的锁紧力,起着连接的锁紧、防松作用。

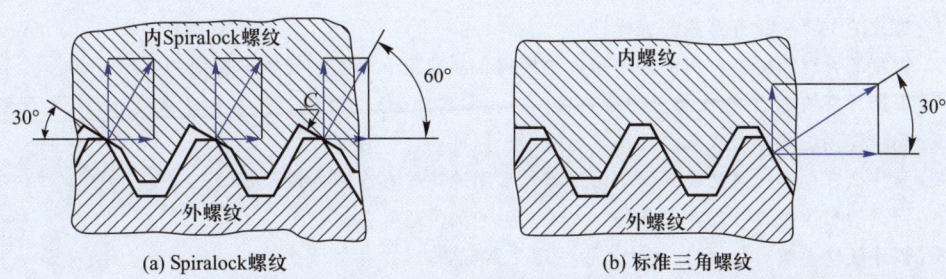

图 7.39 螺纹的结构及受力图

(2) 受力分析

如图 7.39 所示,三角螺纹的牙型斜角为 30°、Spiralock 的为 60°、方形螺纹的摩擦系数 $f_\square = 1$、Spiralock 的当量摩擦系数为 f_s,实际当量摩擦系数为 f。

$$f_\triangle = \frac{f_\square}{\cos\beta} = \frac{f}{\cos 30°} = 1.15 f$$

$$f_s = \frac{f}{\cos 60°} = 2f$$

由此可得出,Spiralock 螺纹的 f_s 为三角螺纹摩擦系数的 1.74 倍,螺纹副中所产生的摩擦力抗冲击和抗振能力也强,这样它的防松性能远远超过标准三角螺纹。

另外,由于螺纹副的啮合面为小平面 C,它会产生局部的塑性变形,使载荷均匀地分布在接触的螺旋线全长上,提高了螺纹副的抗振能力,这样它的防松性能远远地超过了标准三角螺纹,如表 7.19 所示为 Spiralock 螺纹与三角螺纹性能比较表。

第7章 螺纹连接与螺旋传动

表7.19 Spiralock螺纹与三角螺纹性能比较表

螺纹种类	螺纹副中摩擦力 F	装拆强度	锁紧性	防振性
三角螺纹	F	能多次装拆	有一定锁紧能力	抗振能力小应有防松装置
Spiralock螺纹	$1.74F$	能多次装拆连接强度反而有所增加	为三角螺纹的1.74倍	抗振能力强,在一定振动载荷下不需专用防松装置

3. 应用

由于Spiralock螺纹防振能力强,又不需要专用防松件,因此不会增加机器的重量和体积,在国外已应用。加工螺母的丝攻要用专门工厂按标准生产。但要指出一点,由于Spiralock螺纹的出现,增加了一套螺纹标准,给生产准备、维护等带来了麻烦,另外,该螺纹的密封性较差。

复习题

7.1 常用螺纹的种类有哪些?各用于什么场合?

7.2 螺纹的主要参数有哪些?怎样计算?

7.3 螺纹的导程和螺距有何区别?螺纹的导程 S 和螺距 P 与螺纹线数 n 有何关系?

7.4 根据牙型的不同,螺纹可分为几种?各有哪些特点?常用的连接和传动螺纹都有哪些牙型?

7.5 螺纹连接的基本形式有哪几种?各适用于何种场合?有何特点?

7.6 为什么螺纹连接通常要采用防松措施?常用的防松方法和装置有哪些?

7.7 常见的螺栓失效形式有哪几种?失效发生的部位通常在何处?

7.8 被连接件受横向载荷时,螺栓是否一定受到剪切力?

7.9 松螺栓连接与紧螺栓连接的区别何在?它们的强度计算有何区别?

7.10 加强杆螺栓连接有何特点?用于承受何种载荷?

7.11 在进行紧螺栓连接的强度计算时,为什么要将螺栓拉力增加30%?

7.12 判断下列说法的对错:

1)对于受轴向工作载荷的紧螺栓连接有: $F_\Sigma = F + F_0$。

2)紧螺栓连接的强度条件是按拉应力建立的,因此没有考虑剪切应力的影响。

3)受拉螺栓连接只能承受轴向载荷。

7.13 螺栓连接的结构设计要求螺栓组对称布置于连接接合面的形心,理由是什么?

7.14 进行螺栓组连接的受力分析时,有哪五项假说?

7.15 起重滑轮松螺栓连接如图所示。已知作用在螺栓上的工作载荷 $F_Q = 50$ kN,螺栓材料为Q235,试确定螺栓的直径。

7.16 图示普通螺栓连接,采用2个M10的螺栓,螺栓的许用应力 $[\sigma] = 160$ MPa,被连接件接合面间的摩擦系数 $f = 0.2$,若取可靠性系数 $K_f = 1.2$,试计算该连接允许传递的最大静载荷 F_R。

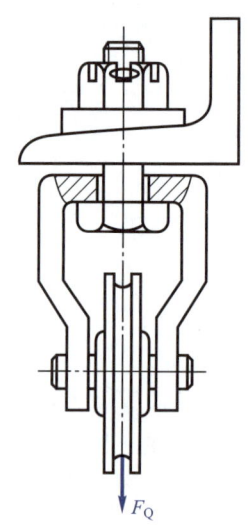

题7.15图 松螺栓连接

7.17 某气缸的蒸汽压强 $p = 1.5$ MPa，气缸内径 $D = 200$ mm。气缸与气缸盖采用螺栓连接（图7.24），螺栓分布圆直径 $D_0 = 300$ mm。为保证紧密性要求，螺栓间距不得大于 80 mm，试设计此气缸盖的螺栓组连接。

7.18 如图所示，机座用4个螺栓固定在混凝土壁面上，已知拉力 $F = 4$ kN，作用在宽度为 140 mm 的中间平面上，$\alpha = 45°$，混凝土的许用挤压应力 $[\sigma_p] = 2$ MPa，接合面间摩擦系数 $f = 0.3$，试设计此连接。

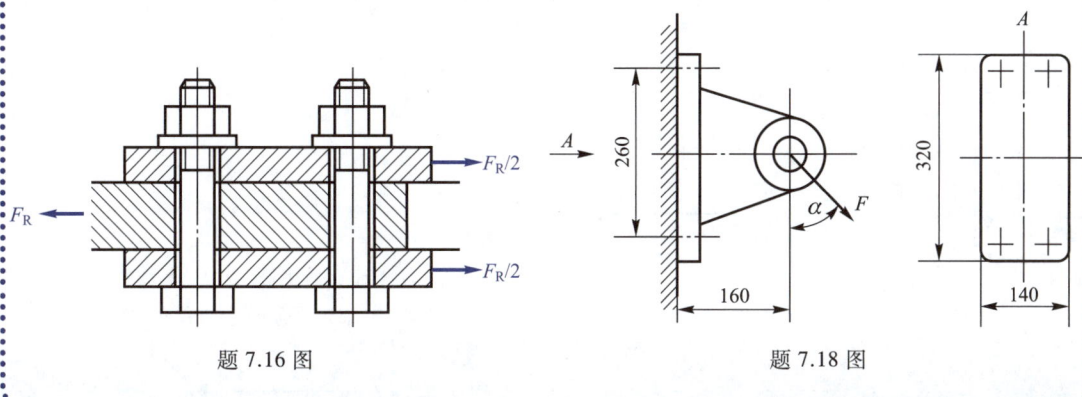

题 7.16 图　　　　　　题 7.18 图

课堂讨论题

支座底板螺栓组连接如图所示。外力 F_R 作用在包含 x 轴且垂直于底板接合面的平面内，试分析底板螺栓组连接的受力情况，并判断哪个螺栓受力最大？保证连接安全工作的必要条件有哪些？

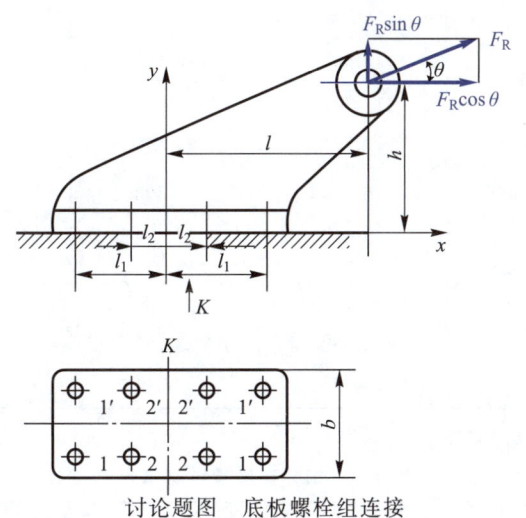

讨论题图　底板螺栓组连接

附表

附表 7.1 直径与螺距、粗牙普通螺纹基本尺寸   mm

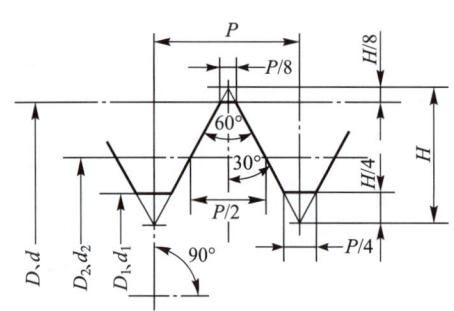

$H = 0.866P$

$d_2 = d - 0.649\,5P$

$d_1 = d - 1.082\,5P$

D、d——内、外螺纹大径

D_2、d_2——内、外螺纹中径

D_1、d_1——内、外螺纹小径

P——螺距

标记示例：M24（粗牙普通螺纹，直径 24，螺距 3）；
M24×1.5（细牙普通螺纹，直径 24，螺距 1.5）

公称直径(大径) D、d	粗牙 螺距 P	粗牙 中径 D_2、d_2	粗牙 小径 D_1、d_1	细牙 螺距 P
3	0.5	2.675	2.459	0.35
4	0.7	3.545	3.242	0.5
5	0.8	4.480	4.134	0.5
6	1	5.350	4.918	0.75
8	1.25	7.188	6.647	1.0
10	1.5	9.026	8.376	1.25, 1, 0.75
12	1.75	10.863	10.106	1.5, 1.25, 1, 0.5
(14)	2	12.701	11.835	1.5, 1
16	2	14.701	13.835	1.5, 1
(18)	2.5	16.376	15.294	2, 1.5, 1
20	2.5	18.376	17.294	2, 1.5, 1
(22)	2.5	20.376	19.294	2, 1.5, 1
24	3	22.052	20.752	2, 1.5, 1
(27)	3	25.052	23.752	2, 1.5, 1
30	3.5	27.727	26.211	2, 1.5, 1

注：括号内的公称直径为第二系列。

附表 7.2 细牙普通螺纹基本尺寸   mm

螺距 P	中径 D_2、d_2	小径 D_1、d_1	螺距 P	中径 D_2、d_2	小径 D_1、d_1	螺距 P	中径 D_2、d_2	小径 D_1、d_1
0.35	$d-1+0.773$	$d-1+0.621$	1	$d-1+0.350$	$d-2+0.918$	2	$d-2+0.701$	$d-3+0.835$
0.5	$d-1+0.675$	$d-1+0.459$	1.25	$d-1+0.188$	$d-2+0.647$	3	$d-2+0.052$	$d-4+0.752$
0.75	$d-1+0.513$	$d-1+0.188$	1.5	$d-1+0.026$	$d-2+0.376$			

附表 7.3 梯形螺纹的基本尺寸　　　　　　　　　　　　　　　mm

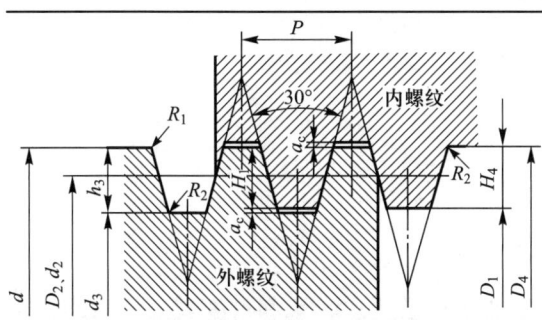

标记示例：
Tr48×8（梯形螺纹，直径 48，螺距 8）

螺距 P	螺纹牙高 $h_3=H_4$	牙顶间隙 a_c	公称直径 d 第 1 系列	公称直径 d 第 2 系列	中径 D_2、d_2	内螺纹小径 D_1
4	2.25	0.25	16、20	18	$d-2$	$d-4$
5	2.75	0.25	24、28	22、26	$d-2.5$	$d-5$
6	3.5	0.5	32、36	30、34	$d-3$	$d-6$
8	4.5	0.5	48、52	46、50	$d-4$	$d-8$
10	5.5	0.5	40、70、80	38、42、65	$d-5$	$d-10$
12	6.5	0.5	90、100	85、95	$d-6$	$d-12$

第8章

带 传 动

带传动是一种常用的机械传动形式,它的主要作用是传递转矩和改变转速。大部分带传动是依靠挠性传动带与带轮间的摩擦力来传递运动和动力的。本章将对带传动的工作情况进行分析,并给出带传动的设计准则和计算方法。着重讨论普通V带传动的设计计算,同时对同步带传动作简要介绍。

8.1 概述

如图 8.1 所示,带传动一般是由主动轮 1、从动轮 2、紧套在两轮上的传动带 3 及机架 4 组成。当原动机驱动带轮 1(即主动轮)转动时,带与带轮间的摩擦力使从动轮 2 一起转动,从而实现运动和动力的传递。

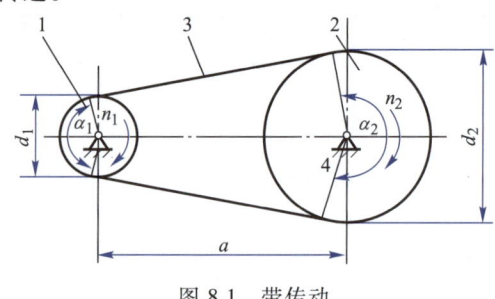

图 8.1 带传动

8.1.1 带传动的类型

1. 按传动原理分

(1) 摩擦带传动 靠传动带与带轮间的摩擦力实现传动,如 V 带传动、平带传动等;

(2) 啮合带传动 靠带内侧凸齿与带轮外缘上的齿槽相啮合实现传动,如同步带传动。

2. 按用途分

(1) 传动带 传递运动和动力用;

(2) 输送带 输送物品用。

本章仅讨论传动带。

3. 按传动带的截面形状分

(1) 平带 如图 8.2a 所示,平带的截面形状为矩形,内表面为工作面。常用的平带有胶带、编织带和强力锦纶带等。

(2) V 带 如图 8.2b 所示,V 带的截面形状为梯形,两侧面为工作表面。传动时,V 带与轮槽两侧面接触,在同样压紧力 F_Q 的作用下,V 带的摩擦力比平带大,传递功率也较大,且结构紧凑。

（3）多楔带　如图 8.3 所示,它是在平带基体上由多根 V 带组成的传动带。多楔带结构紧凑,可传递很大的功率。

（4）圆形带　如图 8.4 所示,横截面为圆形,只适用于小功率传动。

（5）同步带　带的截面为齿形,如图 8.5 所示。同步带传动是靠传动带与带轮上的齿互相啮合来传递运动和动力的,除保持了摩擦带传动的优点外,还具有传递功率大、传动比准确等优点,多用于要求传动平稳、传动精度较高的场合。

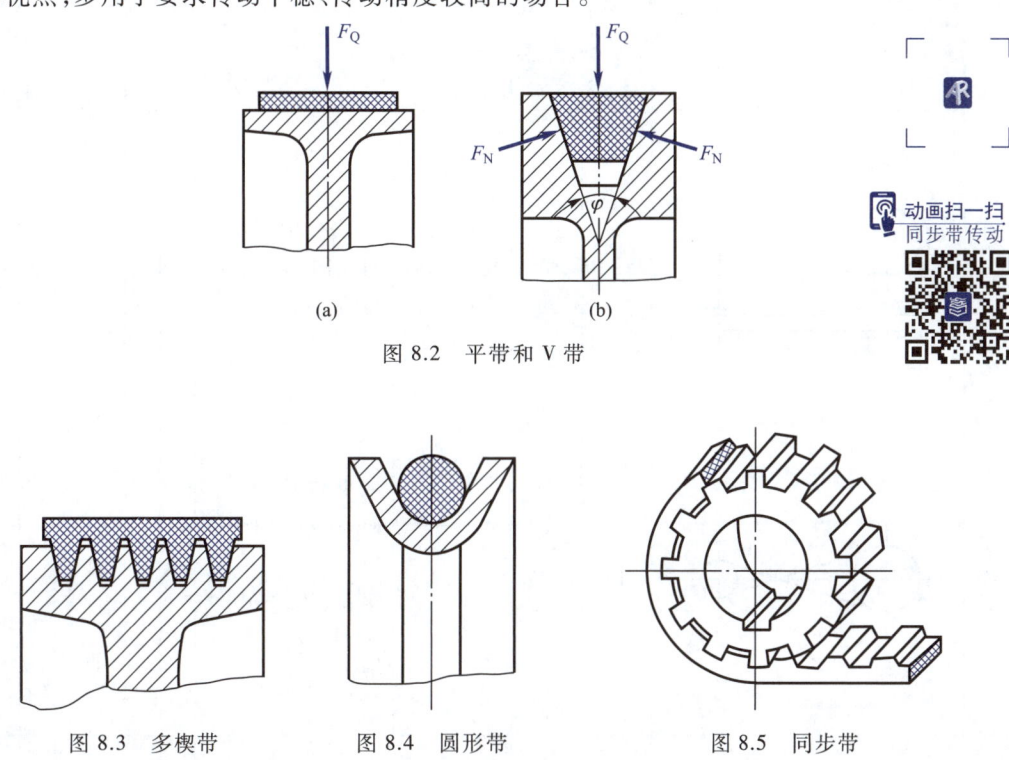

图 8.2　平带和 V 带

图 8.3　多楔带　　　图 8.4　圆形带　　　图 8.5　同步带

8.1.2　带传动的特点和应用

带传动属于挠性传动,传动平稳,噪声小,可缓冲吸振。过载时,带会在带轮上打滑,从而起到保护其他传动件免受损坏的作用。带传动允许较大的中心距,结构简单,制造、安装和维护较方便,且成本低廉。但由于带与带轮之间存在滑动,传动比不能严格保持不变。带传动的传动效率较低,带的寿命一般较短,不宜在易燃易爆场合下工作。

一般情况下,带传动传递的功率 $P \leqslant 100$ kW,带速 $v = 5 \sim 25$ m/s,平均传动比 $i \leqslant 5$,传动效率为 94%～97%。高速带传动的带速可达 60～100 m/s,传动比 $i \leqslant 7$。同步齿形带的带速为 40～50 m/s,传动比 $i \leqslant 10$,传递功率可达 200 kW,传动效率高达 98%～99%。

8.1.3　带传动的形式

带传动的主要形式及各种形式对各带型的适用性如表 8.1 所列。应该注意 V 带传动一般均采用开口传动形式。

表 8.1 带传动的主要形式及对各带型的适用性

传动形式	简图	允许带速 v/(m/s)	传动比 i	安装条件	工作特点	普通V带	窄V带	胶帆布平带	锦纶片复合平带	高速环形平带	多楔带	圆形带	同步带
						V带		平带			特殊带		
开口传动		25~50	≤5	两轮轮宽对称面应重合	平行轴、双向、同旋向传动	√	√	√	√	√	√	√	√
交叉传动		15	≤6		平行轴、双向、反旋向传动,交叉处有摩擦,中心距大于20倍带宽	×	×	√	○	×	×	√	×
半交叉传动		15	≤3	一轮宽对称面通过另一轮带的绕出点	交错轴、单向传动	○	○	√	√	×	×	√	×

8.1 概述

续表

传动形式	简图	允许带速 v/(m/s)	传动比 i	安装条件	工作特点	V带 普通V带	V带 窄V带	平带 胶帆布平带	平带 锦纶片复合平带	平带 高速环形带	特殊带 多楔带	特殊带 圆形带	特殊带 同步带
有张紧轮的平行轴传动	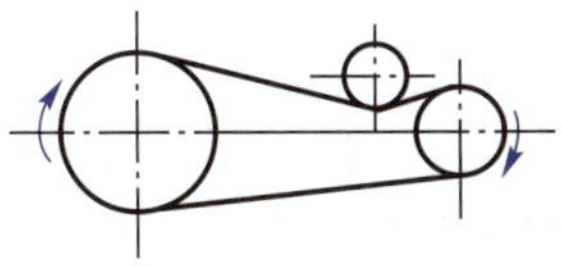	25~50	≤10	同开口传动,张紧轮在松边接近小带轮处,接头要求高	平行轴、单向、同旋向传动,用于i大、a小的场合	√	√	√	√	√	√	√	√
有导轮的相交轴传动	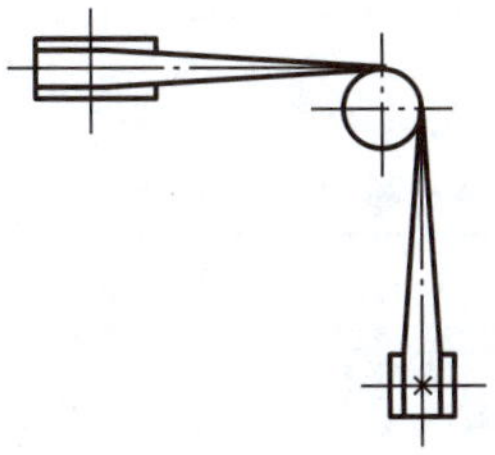	15	≤4	两轮轮宽对称面应与导轮圆柱面相切	交错轴、双向传动	×	×	√	○	×	×	√	×
多从动轮传动	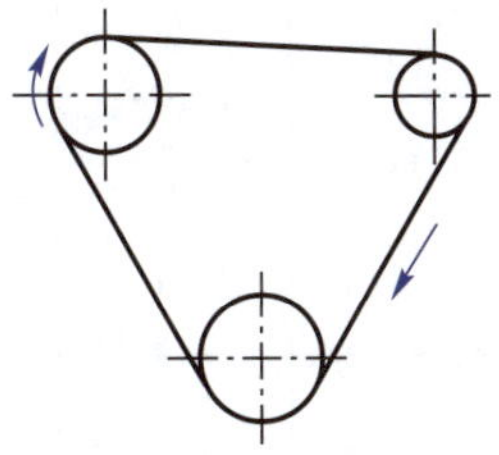	25	≤6	各轮宽对称面重合	带的曲绕次数多、寿命短	√	√	√	○	√	√	√	

注:√为适用,○为可用,×为不可用。

8.2 V带和带轮的结构

V带有普通V带、窄V带、宽V带、汽车V带、大楔角V带等。普通V带和窄V带应用较广,本章主要讨论普通V带传动。

8.2.1 普通V带的结构和尺寸标准

标准V带都制成无接头的环形带,其横截面结构如图8.6所示。V带由包布层、强力层、伸张层、压缩层组成。强力层的结构形式有如图8.6a所示的帘布结构和图8.6b所示的线绳结构两种。

帘布结构抗拉强度高,但柔韧性及抗弯强度不如线绳结构好。线绳结构V带适用于转速高、带轮直径较小的场合。

V带和V带轮有两种尺寸制,即基准宽度制和有效宽度制,本书采用基准宽度制。

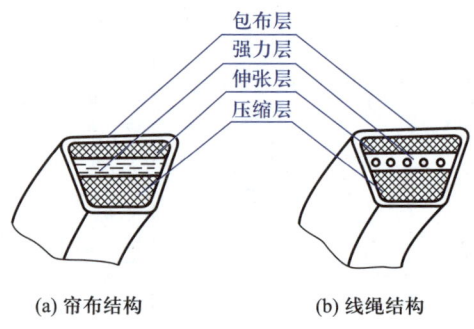

(a) 帘布结构　　　　(b) 线绳结构

图 8.6　V带的结构

表 8.2　V带(基准宽度制)的截面尺寸(GB/T 11544—2012)　　　mm

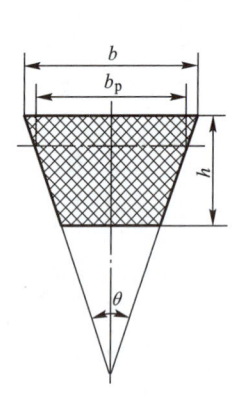

带型	节宽 b_p	基本尺寸		
普通V带		顶宽 b	带高 h	楔角 θ
Y	5.3	6	4	
Z（旧国标O形）	8.5	10	6 8	
A	11.0	13	8 10	40°
B	14.0	17	11 14	
C	19.0	22	14 18	
D	27.0	32	19	
E	32.0	38	23	

8.2 V带和带轮的结构

普通 V 带的尺寸已标准化,按截面尺寸由小至大的顺序分为 Y、Z、A、B、C、D、E 7 种型号(表 8.2)。在同样条件下,截面尺寸大则传递的功率就大。

V 带绕在带轮上产生弯曲,外层受拉伸变长,内层受压缩变短,两层之间存在一个长度不变的中性层,称为节面。节面的宽度称为节宽 b_p(表 8.2 中插图)。普通 V 带的截面高度 h 与其节宽 b_p 的比值已标准化。V 带装在带轮上,和节宽 b_p 相对应的带轮直径称为基准直径,用 d_d 表示,基准直径系列见表 8.3。V 带在规定的张紧力下,位于带轮基准直径上的周线长度称为基准长度 L_d,它用于带传动的几何计算。V 带的基准长度 L_d 已标准化,如表 8.4 所示。

表 8.3　V 带轮的基准直径系列　　　　　　　　　　　　mm

基准直径 d_d	带型						
	Y	Z	A	B	C	D	E
	外径 d_a						
20	23.2						
22.4	25.6						
25	28.2						
28	31.2						
31.5	34.7						
35.5	38.7						
40	43.2						
45	48.2						
50	53.2	+54					
56	59.2	+60					
63	66.2	67					
71	74.2	75					
75		79	+80.5				
80	83.2	84	+85.5				
85			+90.5				
90	93.2	94	95.5				
95			100.5				
100	103.2	104	105.5				
106			111.5				
112	115.2	116	117.5				

续表

基准直径 d_d	带型						
	Y	Z	A	B	C	D	E
	外径 d_a						
118			123.5				
125	128.2	129	130.5	132			
132		136	137.5	139			
140		144	145.5	147			
150		154	155.5	157			
160		164	165.5	167			
170				177			
180		184	185.5	187			
200		204	205.5	207	209.6		
212				219	221.6		
224				231	233.6		
236		228	229.5	243	245.6		
250		254	255.5	257	259.6		
265					274.6		
280		284	285.5	287	289.6		
315		319	320.5	322	324.6		
355		359	360.5	362	364.6	371.2	
375						391.2	
400		404	405.5	407	409.6	416.2	
425						441.2	
450			455.5	457	459.6	466.2	
475						491.2	
500		504	505.5	507	509.6	516.2	519.2
530							549.2
560			565.5	567	569.6	576.2	579.2
630		634	635.5	637	639.6	646.2	649.2
710			715.5	717	719.6	726.2	729.2
800			805.5	807	809.6	816.2	819.2

续表

基准直径 d_d	带型						
	Y	Z	A	B	C	D	E
	外径 d_a						
900				907	909.6	916.2	919.2
1 000				1 007	1 009.6	1 016.2	1 019.2
1 120				1 127	1 129.6	1 136.2	1 139.2
1 250					1 259.6	1 266.2	1 269.2
1 600						1 616.2	1 619.2
2 000						2 016.2	2 019.2
2 500							2 519.2

注:1. 有"+"号的外径只用于普通 V 带;
  2. 直径的极限偏差:基准直径按 c 11,外径按 h 12;
  3. 没有外径值的基准直径不推荐采用。

表 8.4 V 带(基准宽度制)的基准长度系列及长度修正系数

基准长度 L_d/mm	带型						
	Y	Z	A	B	C	D	E
	K_L						
200	0.81						
224	0.82						
250	0.84						
280	0.87						
315	0.89						
355	0.92						
400	0.96	0.87					
450	1.00	0.89					
500	1.02	0.91					
560		0.94					
630		0.96	0.81				
710		0.99	0.82				
800		1.00	0.85				
900		1.03	0.87	0.81			
1 000		1.06	0.89	0.84			

续表

基准长度 L_d/mm	带型 Y	Z	A	B	C	D	E
			K_L				
1 120		1.08	0.91	0.86			
1 250		1.11	0.93	0.88			
1 400		1.14	0.96	0.90			
1 600		1.16	0.99	0.92	0.83		
1 800		1.18	1.01	0.95	0.86		
2 000			1.03	0.98	0.88		
2 240			1.06	1.00	0.91		
2 500			1.09	1.03	0.93		
2 800			1.11	1.05	0.95	0.83	
3 150			1.13	1.07	0.97	0.86	
3 550			1.17	1.09	0.99	0.89	
4 000			1.19	1.13	1.02	0.91	
4 500				1.15	1.04	0.93	0.90
5 000				1.18	1.07	0.96	0.92
5 600					1.09	0.98	0.95
6 300					1.12	1.00	0.97
7 100					1.15	1.03	1.00
8 000					1.18	1.06	1.02
9 000					1.21	1.08	1.05
10 000					1.23	1.11	1.07

  窄 V 带的截面高度与其节宽之比为 0.9，强力层采用高强度绳芯制成。按国家标准，窄 V 带截面尺寸分为 SPZ、SPA、SPB、SPC 四个型号。窄 V 带具有普通 V 带的特点，并且能承受较大的张紧力。当窄 V 带的带高与普通 V 带相同时，其带宽较普通 V 带约小 1/3，而承载能力可提高 1.5～2.5 倍，因此适用于传递大功率且传动装置要求紧凑的场合。窄 V 带传动设计可查阅有关资料，本教材不加论述。

  普通 V 带和窄 V 带的标记由带型、基准长度和标准号组成。例如，A 型普通 V 带，基准长度为 1 400 mm，其标记为

$$\text{A 1 400 GB/T 11544}$$

又如，SPA 型窄 V 带，基准长度为 1 250 mm，其标记为

$$\text{SPA 1250 GB/T 12730}$$

带的标记通常压印在带的外表面上，以便选用识别。

8.2.2 普通 V 带轮的结构

1. V 带轮的设计要求

带轮应具有足够的强度和刚度,无过大的铸造内应力;质量小且分布均匀,结构工艺性好,便于制造;带轮工作表面应光滑,以减少带的磨损。当 5 m/s<v<25 m/s 时,带轮要进行静平衡,v>25 m/s 时带轮则应进行动平衡。

2. 带轮的材料

带轮材料常采用铸铁、钢、铝合金或工程塑料等,灰铸铁应用最广。当带速 v≤25 m/s 时采用 HT150;当 v=25~30 m/s 时采用 HT200;当 v≥25~45 m/s 时则应采用球墨铸铁、铸钢或锻钢,也可以采用钢板冲压后焊接带轮。小功率传动时带轮可采用铸铝或塑料等材料。

3. 带轮的结构

带轮由轮缘、腹板(轮辐)和轮毂三部分组成。轮槽尺寸见表 8.5。

表 8.5　基准宽度制 V 带轮的轮槽尺寸(摘自 GB/T 13575.1—2022)　　　　　　mm

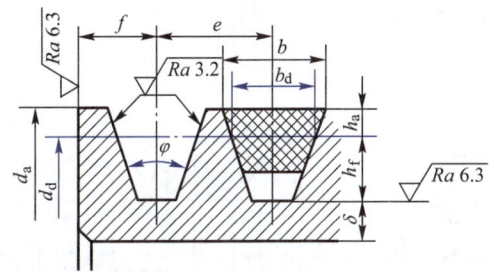

项目	符号	槽型						
		Y	Z	A	B	C	D	E
基准宽度	b_d	5.3	8.5	11.0	14.0	19.0	27.0	32.0
基准线上槽深	h_{amin}	1.6	2.0	2.75	3.5	4.8	8.1	9.6
基准线下槽深	h_{fmin}	4.7	7.0 9.0	8.7 11.0	10.8 14.0	14.3 19.0	19.9	23.4
槽间距	e	8±0.3	12±0.3	15±0.3	19±0.4	25.5±0.5	37±0.6	44.5±0.7
槽边距	f_{min}	6	7	9	11.5	16	23	28
最小轮缘厚	δ_{min}	5	5.5	6	7.5	10	12	15
圆角半径	r_1	0.2~0.5						
带轮宽	B	$B=(z-1)e+2f$　　z——轮槽数						
外径	d_a	$d_a=d_d+2h_a$						

续表

项目		符号	槽型						
			Y	Z	A	B	C	D	E
轮槽角 φ	32°	相应的基准直径 d_d	≤60	—	—	—	—	—	—
	34°		—	≤80	≤118	≤190	≤315	—	—
	36°		>60	—	—	—	—	≤475	≤600
	38°		—	>80	>118	>190	>315	>475	>600
极限偏差			±30′						

注：槽间距 e 的极限偏差适用于任何两个轮槽对称中心面的距离，不论相邻还是不相邻。

V带轮按腹板（轮辐）结构的不同分为以下几种型式：1) S 型——实心带轮，如图 8.7a 所示；2) P 型——腹板带轮，如图 8.7b 所示；3) H 型——孔板带轮，如图 8.7c 所示；4) E 型——椭圆轮辐带轮，如图 8.7d 所示。每种型式还根据轮毂相对于腹板（轮辐）位置的不同分为 Ⅰ、Ⅱ、Ⅲ、Ⅳ 等几种，如图 8.7 所示。

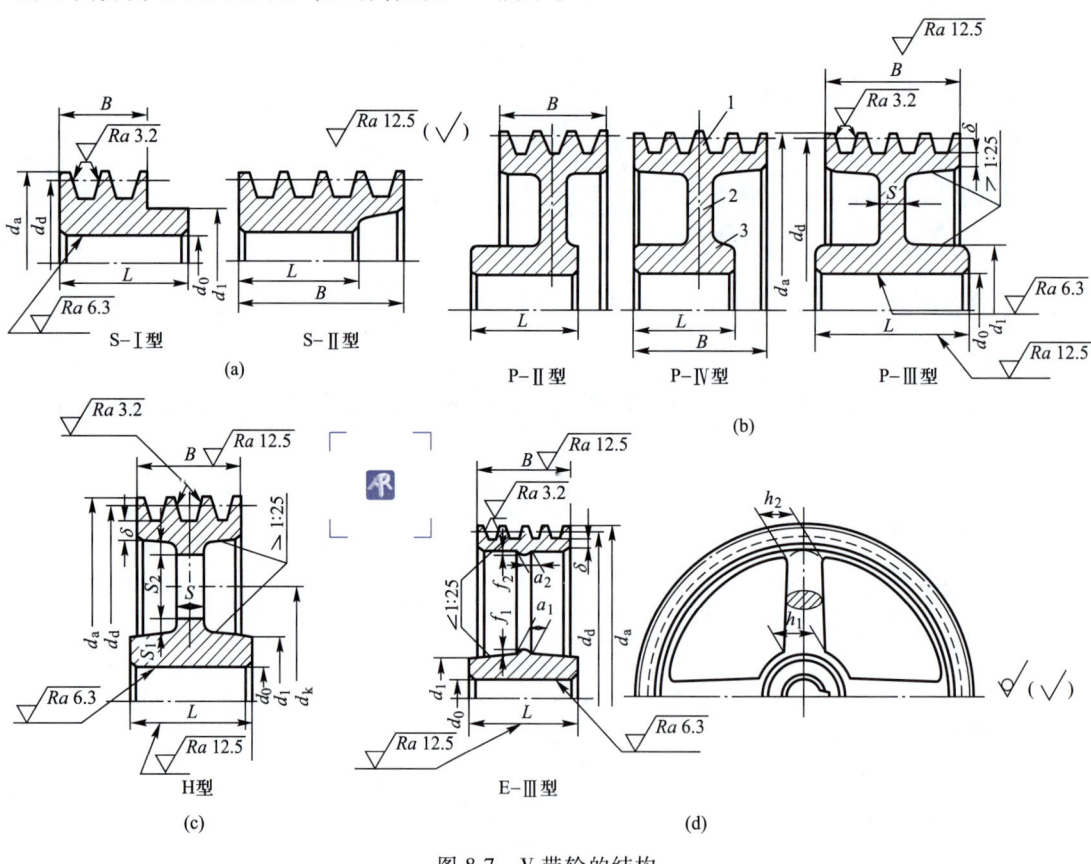

图 8.7 V 带轮的结构

V带轮的结构形式及腹板（轮辐）厚度的确定可参阅有关设计手册。

思考题 8.1 V带截面角 $\theta=40°$，为什么V带轮槽角 φ 却有 32°、34°、36°、38° 等 4 个值？若带轮直径减

小,轮槽角是增大还是减小?为什么?

思考题 8.2 平带传动中,带轮的轮面常制成凸弧面,这是为什么?

8.3 带传动的工作能力分析

8.3.1 带传动的受力分析

为保证带传动正常工作,传动带必须以一定的张紧力紧套在带轮上。当传动带静止时,带两边承受相等的拉力,称为初拉力 F_0,如图 8.8a 所示。当传动带传动时,由于带和带轮接触面间摩擦力的作用,带两边的拉力不再相等,如图 8.8b 所示。绕入主动轮的一边被拉紧,拉力由 F_0 增大到 F_1,称为紧边;绕入从动轮的一边被放松,拉力由 F_0 减少为 F_2,称为松边。设环形带的总长度不变,则紧边拉力的增加量 F_1-F_0 应等于松边拉力的减少量 F_0-F_2,即

$$F_0 = \frac{1}{2}(F_1+F_2) \tag{8.1}$$

带两边的拉力之差 F 称为带传动的有效拉力。实际上 F 是带与带轮之间摩擦力的总和,在最大静摩擦力范围内,带传动的有效拉力 F 与总摩擦力相等,F 同时也是带传动所传递的圆周力,即

$$F = F_1 - F_2 \tag{8.2}$$

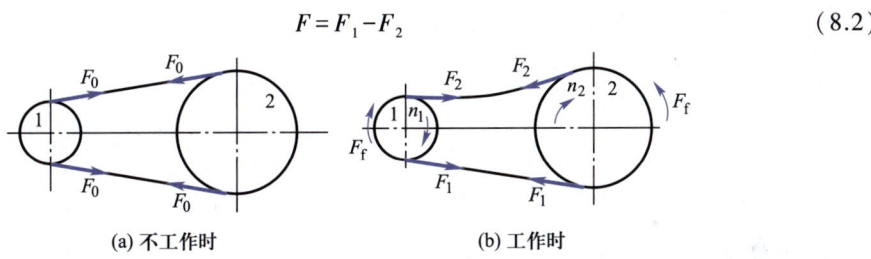

图 8.8 带传动的工作原理图

带传动所传递的功率为

$$P = \frac{Fv}{1\,000} \tag{8.3}$$

式中:P 为传递的功率,单位为 kW;F 为有效圆周力,单位为 N;v 为带的速度,单位为 m/s。

在一定的初拉力 F_0 作用下,带与带轮接触面间摩擦力的总和有一极限值。当带所传递的圆周力超过这一极限值时,带与带轮将发生明显的相对滑动,这种现象称为打滑。带打滑时从动轮转速急剧下降,使传动失效,同时也加剧了带的磨损,因此应避免出现带打滑现象。

当传动带和带轮间有全面滑动趋势时,摩擦力达到最大值,即有效圆周力达到最大值。此时,忽略离心力的影响,紧边拉力 F_1 和松边拉力 F_2 之间的关系可用欧拉公式表示,即

$$\frac{F_1}{F_2} = e^{f\alpha} \tag{8.4}$$

式中:F_1、F_2 分别为带的紧边拉力和松边拉力,单位为 N;e 为自然对数的底,$e \approx 2.718$;f 为带与带轮接触面间的摩擦系数 $\left(\text{V 带用当量摩擦系数 } f_v \text{ 代替 } f, f_v = \frac{f}{\sin \varphi/2}\right)$;$\alpha$ 为包角,即带与小带轮接触弧所对的中心角,单位为 rad。

由式(8.1)、式(8.2)和式(8.4)可得

第8章 带传动

$$F = 2F_0 \frac{e^{f\alpha} - 1}{e^{f\alpha} + 1} \tag{8.5}$$

上式表明,带所传递的圆周力 F 与下列因素有关：

（1）初拉力 F_0　F 与 F_0 成正比,增大初拉力 F_0,带与带轮间正压力增大,则传动时产生的摩擦力就越大,故 F 越大。但 F_0 过大会加剧带的磨损,致使带过快松弛,缩短其工作寿命。

（2）摩擦系数 f　f 越大,摩擦力也越大,F 就越大。f 与带和带轮的材料、表面状况、工作环境、条件等有关。

（3）包角 α　F 随 α 的增大而增大。因为增加 α 会使整个接触弧上摩擦力的总和增加,从而提高传动能力。因此水平装置的带传动,通常将松边放置在上边,以增大包角。由于大带轮的包角 α_2 大于小带轮的包角 α_1,打滑首先在小带轮上发生,所以只需考虑小带轮的包角 α_1。

联立式(8.2)和式(8.4),可得带传动在不打滑条件下所能传递的最大圆周力为

$$F_{max} = F_1 \left(1 - \frac{1}{e^{f\alpha_1}}\right) \tag{8.6}$$

思考题 8.3　为了提高传动能力,不是将带轮工作面加工粗糙,增加摩擦系数,而是降低加工表面的粗糙度,为什么？

8.3.2　带传动的应力分析

带传动工作时,带中的应力由以下三部分组成：

1. 由拉力产生的拉应力

紧边拉应力　　　　　　　　$\sigma_1 = \dfrac{F_1}{A}$

松边拉应力　　　　　　　　$\sigma_2 = \dfrac{F_2}{A}$

式中,A 为带的横截面面积。

2. 由离心力产生的离心拉应力 σ_c

工作时,绕在带轮上的传动带随带轮作圆周运动,产生离心拉力 F_c,F_c 的计算公式为

$$F_c = qv^2$$

式中:q 为传动带单位长度的质量,单位为 kg/m,各种型号 V 带的 q 值见表8.6;v 为传动带的速度,单位为 m/s。F_c 作用于带的全长上,产生的离心拉应力为

$$\sigma_c = \frac{F_c}{A} = \frac{qv^2}{A}$$

表 8.6　基准宽度制 V 带每米长的质量 q 及带轮最小基准直径 d_{dmin}

带型	Y	Z	A	B	C	D	E
$q/(\text{kg/m})$	0.02	0.06	0.10	0.17	0.30	0.62	0.90
d_{dmin}/mm	20	50	75	125	200	355	500

思考题 8.4　带速越高,带的离心力越大,不利于传动。但在多级传动中,常将带传动放在高速级,这是为什么？

3. 弯曲应力 σ_b

传动带绕过带轮时发生弯曲,从而产生弯曲应力。由材料力学可得出带的弯曲应力为

$$\sigma_b \approx E\frac{h}{d}$$

式中：E 为带的弹性模量，单位为 MPa；h 为带的高度，单位为 mm；d 为带轮直径，单位为 mm，对于 V 带轮，则为其基准直径。

弯曲应力 σ_b 只发生在带上包角所对的圆弧部分。h 越大，d 越小，则带的弯曲应力就越大，故一般 $\sigma_{b1} > \sigma_{b2}$（$\sigma_{b1}$ 为带在小带轮上的部分的弯曲应力，σ_{b2} 为带在大带轮上的部分的弯曲应力）。因此为避免弯曲应力过大，小带轮的直径不能过小。

带在工作时的应力分布情况如图 8.9 所示。由此可知带是在变应力情况下工作的，故易产生疲劳破坏。带的最大应力发生在带的紧边与小带轮的接触处，其值为

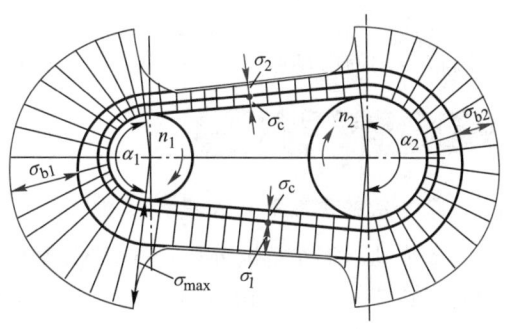

图 8.9　带的应力分布

$$\sigma_{max} = \sigma_1 + \sigma_c + \sigma_{b1}$$

为保证带具有足够的疲劳寿命，应满足

$$\sigma_{max} = \sigma_1 + \sigma_c + \sigma_{b1} \leq [\sigma] \tag{8.7}$$

式中，$[\sigma]$ 为带的许用应力。$[\sigma]$ 是在 $\alpha_1 = \alpha_2 = 180°$、规定的带长和应力循环次数、载荷平稳等条件下通过试验确定的。

8.3.3　带传动的弹性滑动和传动比

传动带是弹性体，受到拉力后会产生弹性伸长，伸长量随拉力大小的变化而改变。带由紧边绕过主动轮进入松边时，带内拉力由 F_1 减小为 F_2，其弹性伸长量也由 δ_1 减小为 δ_2。这说明带在绕经带轮的过程中，相对于轮面向后收缩了 $\Delta\delta$（$\Delta\delta = \delta_1 - \delta_2$），带与带轮轮面间出现局部相对滑动，导致带的速度逐渐小于主动轮的圆周速度，如图 8.10 所示。同样，当带由松边绕过从动轮进入紧边时，拉力增加，带逐渐被拉长，沿轮面产生向前的弹性滑动，使带的速度

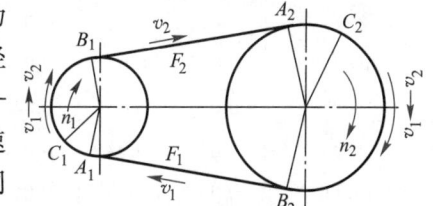

图 8.10　带传动的弹性滑动

逐渐大于从动轮的圆周速度。这种由于带的弹性变形而产生的带与带轮间的滑动称为弹性滑动。

弹性滑动和打滑是两个截然不同的概念。打滑是指由过载引起的全面滑动，是可以避免的。而弹性滑动是由拉力差引起的，只要传递圆周力，就必然会发生弹性滑动，所以，弹性滑动是不可避免的。

带的弹性滑动使从动轮的圆周速度 v_2 低于主动轮的圆周速度 v_1，其速度的降低率用滑动率 ε 表示，即

$$\varepsilon = \frac{v_1 - v_2}{v_1} = \frac{\pi d_1 n_1 - \pi d_2 n_2}{\pi d_1 n_1} \times 100\%$$

式中：n_1、n_2 分别为主动轮、从动轮的转速，单位为 r/min；d_1、d_2 分别为主动轮、从动轮的直径，单位为 mm，对 V 带传动则为带轮的基准直径。由上式得带传动的传动比为

第8章 带传动

$$i = \frac{n_1}{n_2} = \frac{d_2}{d_1(1-\varepsilon)} \tag{8.8}$$

从动轮的转速为

$$n_2 = \frac{n_1 d_1 (1-\varepsilon)}{d_2} \tag{8.9}$$

因带传动的滑动率 $\varepsilon = 0.01 \sim 0.02$,其值很小,所以在一般传动计算中可不予考虑。

8.4 普通 V 带传动的设计

8.4.1 带传动的失效形式和设计准则

由带传动的工作情况分析可知,带传动的主要失效形式有带与带轮之间的磨损、打滑和带的疲劳破坏(如脱层、撕裂、或拉断)等。因此,带传动的设计准则是:在传递规定功率时不打滑,同时具有足够的疲劳强度和一定的使用寿命,即满足式(8.6)和式(8.7)。

8.4.2 单根 V 带传递的功率

在包角 $\alpha = 180°$、特定带长、工作平稳的条件下,单根普通 V 带的基本额定功率 P_0 见表 8.7~表 8.13,摘自 GB/T 13575.1—2022。

表 8.7　Y 型单根 V 带的基本额定功率 P_0　　　　　　　　　kW

小带轮转速 n_1/(r/min)	小带轮基准直径 d_{d1}/mm								带速 v/(m/s)
	20	25	28[①]	31.5[①]	35.5[①]	40[①]	45	50	
400	—	—	—	—	—	—	0.04	0.05	5
700[②]	—	—	—	0.03	0.04	0.04	0.05	0.06	
800	—	0.03	0.03	0.04	0.05	0.05	0.06	0.07	
950[②]	0.02	0.03	0.04	0.04	0.05	0.06	0.07	0.08	
1 200	0.02	0.03	0.04	0.05	0.06	0.07	0.08	0.09	
1 450[②]	0.02	0.04	0.05	0.06	0.06	0.08	0.09	0.11	
1 600	0.03	0.05	0.05	0.06	0.07	0.09	0.11	0.12	
2 000	0.03	0.05	0.06	0.07	0.08	0.11	0.12	0.14	
2 400	0.04	0.06	0.07	0.09	0.09	0.12	0.14	0.16	
2 800[②]	0.04	0.07	0.08	0.10	0.11	0.14	0.16	0.18	
3 200	0.05	0.08	0.09	0.11	0.12	0.15	0.17	0.20	10
3 600	0.06	0.08	0.10	0.12	0.13	0.16	0.19	0.22	
4 000	0.06	0.09	0.11	0.13	0.14	0.18	0.20	0.23	
4 500	0.07	0.10	0.12	0.14	0.16	0.19	0.21	0.24	
5 000	0.08	0.11	0.13	0.15	0.18	0.20	0.23	0.25	
5 500	0.09	0.12	0.14	0.16	0.19	0.22	0.24	0.26	

注:① 为优先采用的基准直径;
　　② 为常用转速。

8.4 普通V带传动的设计

表 8.8　Z型单根V带的基本额定功率 P_0 kW

小带轮转速 n_1/(r/min)	小带轮基准直径 d_{d1}/mm						带速 v/(m/s)
	50	56	63①	71①	80①	90	
400	0.06	0.06	0.08	0.09	0.14	0.14	
700②	0.09	0.11	0.13	0.17	0.20	0.22	
800	0.10	0.12	0.15	0.20	0.22	0.24	
950②	0.12	0.14	0.18	0.23	0.26	0.28	5
1 200	0.14	0.17	0.22	0.27	0.30	0.33	
1 450②	0.16	0.19	0.25	0.31	0.36	0.37	
1 600	0.17	0.20	0.27	0.33	0.39	0.40	10
2 000	0.20	0.25	0.32	0.39	0.44	0.48	
2 400	0.22	0.30	0.37	0.46	0.50	0.54	
2 800②	0.26	0.33	0.41	0.50	0.56	0.60	15
3 200	0.28	0.35	0.45	0.54	0.61	0.64	
3 600	0.30	0.37	0.47	0.58	0.64	0.68	
4 000	0.32	0.39	0.49	0.61	0.67	0.72	20
4 500	0.33	0.40	0.50	0.62	0.67	0.73	
5 000	0.34	0.41	0.50	0.62	0.66	0.73	
5 500	0.33	0.41	0.49	0.61	0.64	0.65	
6 000	0.31	0.40	0.48	0.56	0.61	0.56	

注：① 为优先采用的基准直径；
② 为常用转速。

表 8.9　A型单根V带的基本额定功率 P_0 kW

小带轮转速 n_1/(r/min)	小带轮基准直径 d_{d1}/mm							带速 v/(m/s)
	75	90①	100①	112①	125①	140	160	180	
200	0.22	0.30	0.36	0.42	0.49	0.57	0.68	0.78	
400	0.38	0.53	0.64	0.76	0.89	1.04	1.23	1.42	5
700②	0.58	0.84	1.01	1.21	1.42	1.66	1.98	2.29	
800	0.64	0.93	1.12	1.34	1.58	1.86	2.21	2.56	
950②	0.73	1.06	1.28	1.54	1.82	2.14	2.55	2.95	10
1 200	0.86	1.27	1.54	1.86	2.20	2.58	3.08	3.56	
1 450②	0.98	1.47	1.78	2.15	2.55	2.99	3.57	4.13	15
1 600	1.05	1.58	1.92	2.32	2.75	3.23	3.85	4.45	
2 000	1.21	1.85	2.26	2.74	3.25	3.81	4.54	5.23	20
2 400	1.35	2.09	2.56	3.11	3.69	4.33	5.14	5.89	25
2 800②	1.47	2.30	2.83	3.44	4.08	4.77	5.64	6.42	30
3 200	1.57	2.48	3.06	3.73	4.41	5.14	6.04	6.82	
3 600	1.65	2.64	3.26	3.97	4.68	5.44	6.32	7.06	35
4 000	1.72	2.77	3.42	4.16	4.89	5.65	6.49	7.14	40
4 500	1.77	2.89	3.57	4.33	5.06	5.78	6.52	6.99	
5 000	1.79	2.96	3.66	4.41	5.12	5.77	6.33	6.53	
5 500	1.77	2.98	3.68	4.41	5.05	5.59	5.91	—	
6 000	1.72	2.94	3.63	4.31	4.86	5.23	—	—	

注：① 为优先采用的基准直径；
② 为常用转速。

第 8 章　带传动

表 8.10　B 型单根 V 带的基本额定功率 P_0　　　　kW

小带轮转速 n_1/(r/min)	小带轮基准直径 d_{d1}/mm								带速 v/(m/s)
	125	140[①]	160[①]	180[①]	200	224	250	280	
200	0.65	0.79	0.97	1.16	1.34	1.55	1.79	2.05	5
400	1.13	1.40	1.74	2.08	2.42	2.81	3.24	3.72	
700[②]	1.75	2.18	2.74	3.29	3.84	4.48	5.16	5.92	10
800	1.93	2.41	3.04	3.66	4.27	4.99	5.74	6.59	
950[②]	2.19	2.75	3.48	4.19	4.89	5.71	6.57	7.54	15
1 200	2.59	3.27	4.15	5.01	5.84	6.82	7.84	8.96	
1 450[②]	2.94	3.73	4.75	5.74	6.70	7.80	8.94	10.17	20
1 600	3.13	3.99	5.09	6.14	7.16	8.33	9.52	10.79	
1 800	3.37	4.30	5.49	6.63	7.72	8.95	10.19	11.49	25
2 000	3.58	4.58	5.86	7.07	8.21	9.49	10.75	12.02	
2 200	3.76	4.83	6.18	7.45	8.63	9.93	11.17	12.38	30
2 400	3.92	5.05	6.46	7.77	8.97	10.26	11.46	12.56	35
2 800[②]	4.17	5.38	6.88	8.23	9.41	10.61	11.59	12.29	40
3 200	4.30	5.58	7.10	8.42	9.50	10.47	11.07	11.13	
3 600	4.32	5.62	7.11	8.31	9.19	9.79	9.81	—	
4 000	4.23	5.50	6.89	7.89	8.46	8.52	—	—	
4 500	3.92	5.11	6.26	6.87	6.88	—	—	—	

注：① 为优先采用的基准直径；
　　② 为常用转速。

表 8.11　C 型单根 V 带的基本额定功率 P_0　　　　kW

小带轮转速 n_1/(r/min)	小带轮基准直径 d_{d1}/mm								带速 v/(m/s)
	200[①]	224[①]	250[①]	280[①]	315[①]	355	400[①]	450	
200	1.94	2.35	2.78	3.27	3.84	4.48	5.19	5.97	5
300	2.70	3.28	3.90	4.60	5.41	6.32	7.33	8.43	
400	3.39	4.14	4.93	5.84	6.87	8.04	9.32	10.72	10
500	4.03	4.94	5.90	6.99	8.25	9.65	11.19	12.85	
600	4.63	5.69	6.81	8.09	9.54	11.16	12.93	14.83	15
700[②]	5.19	6.40	7.67	9.12	10.76	12.57	14.55	16.66	
800	5.72	7.07	8.49	10.09	11.90	13.89	16.05	18.32	20
950[②]	6.46	7.99	9.62	11.43	13.47	15.70	18.06	20.51	
1 200	7.53	9.36	11.26	13.37	15.70	18.19	20.74	23.24	25
1 450[②]	8.41	10.48	12.61	14.93	17.42	19.98	22.46	24.68	30
1 600	8.85	11.03	13.27	15.66	18.18	20.69	22.99	24.84	35
1 800	9.32	11.63	13.95	16.38	18.85	21.16	23.04	24.15	40
2 000	9.67	12.06	14.41	16.80	19.10	21.05	22.28	22.33	
2 200	9.87	12.30	14.62	16.89	18.90	20.31	20.64	19.27	
2 400	9.93	12.35	14.58	16.62	18.21	18.89	18.03	—	
2 600	9.85	12.19	14.26	15.98	17.00	16.73	—	—	
2 800[②]	9.60	11.82	13.65	14.94	15.23	—	—	—	

注：① 为优先采用的基准直径；
　　② 为常用转速。

表 8.12　D 型单根 V 带的基本额定功率 P_0　　　　　　　　　　　　　　　　　　kW

小带轮转速 n_1/(r/min)	小带轮基准直径 d_{d1}/mm								带速 v/(m/s)
	355①	400①	450①	500①	560①	630	710	800	
100	4.02	4.85	5.75	6.65	7.72	8.94	10.33	11.86	5
150	5.62	6.81	8.11	9.40	10.92	12.68	14.65	16.83	
200	7.10	8.64	10.32	11.97	13.93	16.17	18.69	21.47	10
250	8.50	10.36	12.40	14.40	16.77	19.48	22.51	25.83	
300	9.81	11.99	14.38	16.71	19.47	22.60	26.10	29.92	15
400	12.25	15.03	18.05	21.00	24.45	28.35	32.66	37.28	
500	14.45	17.78	21.37	24.86	28.91	33.43	38.34	43.50	20
600	16.43	20.25	24.35	28.30	32.82	37.80	43.08	48.45	25
700②	18.21	22.46	26.99	31.30	36.16	41.41	46.78	51.99	
800	19.77	24.39	29.26	33.83	38.89	44.19	49.36	53.96	30
950②	21.70	26.75	31.96	36.70	41.73	46.64	50.84	53.61	35
1 100	23.11	28.42	33.72	38.34	42.91	46.79	49.12	48.78	40
1 200	23.74	29.11	34.33	38.68	42.67	45.48	45.99	42.77	
1 300	24.12	29.46	34.45	38.38	41.55	42.94	41.13	34.31	
1 450②	24.18	29.27	33.67	36.63	38.09	36.62	30.31	—	
1 600	23.58	28.18	31.64	33.20	32.30	27.04	—	—	

注：① 为优先采用的基准直径；
② 为常用转速。

表 8.13　E 型单根 V 带的基本额定功率 P_0　　　　　　　　　　　　　　　　　　kW

小带轮转速 n_1/(r/min)	小带轮基准直径 d_{d1}/mm								带速 v/(m/s)
	500①	560①	630①	710①	800	900	1 000	1 120	
100	6.21	7.32	8.75	10.31	12.05	13.96	15.64	18.07	5
150	8.60	10.33	12.32	14.56	17.05	19.76	22.14	25.58	
200	10.86	13.09	15.65	18.52	21.07	25.15	28.52	32.47	10
250	12.97	15.67	18.77	22.23	26.03	30.14	34.11	38.71	15
300	14.96	18.10	21.69	25.69	30.05	34.71	39.17	44.26	
350	16.81	20.38	24.42	28.89	33.73	38.84	43.66	49.04	20
400	18.55	22.49	26.95	31.83	37.05	42.49	47.52	52.98	
500	21.65	26.25	31.36	36.85	42.53	48.20	53.12	57.94	25
600	24.21	29.30	34.83	40.58	46.26	51.48	55.45	58.42	30
700②	26.21	31.59	37.64	42.87	47.96	51.95	54.00	53.62	35
800	27.57	33.03	38.52	43.52	47.38	49.21	48.19	42.77	40
950②	28.32	33.40	37.92	41.02	41.59	38.19	30.08	—	
1 100	27.30	31.35	33.94	33.74	29.06	17.65	—	—	

注：① 为优先采用的基准直径；
② 为常用转速。

当实际工作条件与确定 P_0 值的特定条件不同时,应对查得的单根 V 带的基本额定功率 P_0 值加以修正。修正后即得实际工作条件下单根 V 带所能传递的功率 $[P_0]$,$[P_0]$ 的计算公式为

$$[P_0] = (P_0 + \Delta P_0) K_\alpha K_L \quad (8.10)$$

$$\Delta P_0 = K_b n_1 \left(1 - \frac{1}{K_i}\right) \quad (8.11)$$

式中:ΔP_0 为功率增量,考虑传动比 $i \neq 1$ 时,带在大轮上的弯曲应力较小,故在寿命相同的条件下,可传递的功率应比基本额定功率 P_0 大;K_α 为包角系数,考虑 $\alpha \neq 180°$ 时,α 对传递功率的影响,查图 8.11;K_L 为带长修正系数,考虑带为非特定长度时带长对传递功率的影响,查表 8.4;K_b 为弯曲影响系数,考

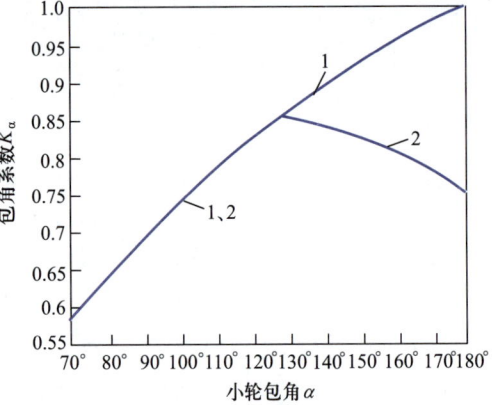

1—V 带传动;2—V-平带传动

图 8.11 小带轮包角系数

虑 $i \neq 1$ 时不同带型弯曲应力差异的影响,查表 8.14;n_1 为小带轮转速,单位为 r/min;K_i 为传动比系数,考虑 $i \neq 1$ 时带绕经两轮的弯曲应力差异对 ΔP_0 的影响,查表 8.15。

表 8.14 弯曲影响系数 K_b

带型		K_b
普通 V 带	Y	$0.020\ 4 \times 10^{-3}$
	Z	$0.173\ 4 \times 10^{-3}$
	A	$1.027\ 5 \times 10^{-3}$
	B	$2.649\ 4 \times 10^{-3}$
	C	$7.501\ 9 \times 10^{-3}$
	D	$2.657\ 2 \times 10^{-3}$
	E	$4.983\ 3 \times 10^{-3}$

表 8.15 普通 V 带传动比系数 K_i

i	K_i
$1.00 \sim 1.01$	$1.000\ 0$
$1.02 \sim 1.04$	$1.013\ 6$
$1.05 \sim 1.08$	$1.027\ 6$
$1.09 \sim 1.12$	$1.041\ 9$
$1.13 \sim 1.18$	$1.056\ 7$
$1.19 \sim 1.24$	$1.071\ 9$
$1.25 \sim 1.34$	$1.087\ 5$
$1.35 \sim 1.51$	$1.103\ 6$
$1.52 \sim 1.99$	$1.120\ 2$
≥ 2.00	$1.137\ 3$

8.4.3 V 带传动的设计步骤和方法

设计 V 带传动时,一般已知条件是:传动的工作情况,传递的功率 P,两轮转速 n_1、n_2(或传动比 i)以及空间尺寸要求等。具体的设计内容有:确定 V 带的型号、长度和根数,传动中心距及带轮直径,画出带轮零件图等。

1. 确定计算功率

计算功率 P_c 是根据传递的额定功率(如电动机的额定功率)P,并考虑载荷性质以及每天运转时间的长短等因素的影响而确定的,即

$$P_c = K_A P \quad (8.12)$$

式中 K_A 为工作情况系数,查表 8.16 可得。

8.4 普通 V 带传动的设计

表 8.16　工作情况系数 K_A（摘自 13575.1—2022）

工　况		K_A					
		空、轻载启动			重载启动		
		每天工作小时数/h					
		<10	10~16	>16	<10	10~16	>16
载荷变动微小	液体搅拌机、通风机和鼓风机（≤7.5 kW）、离心式水泵和压缩机、轻型输送机	1.0	1.1	1.2	1.1	1.2	1.3
载荷变动小	带式输送机（不均匀载荷）、通风机（>7.5 kW）、旋转式水泵和压缩机（非离心式）、发电机、金属切削机床、印刷机、旋转筛、锯木机和木工机械	1.1	1.2	1.3	1.2	1.3	1.4
载荷变动较大	制砖机、斗式提升机、往复式水泵和压缩机、起重机、磨粉机、冲剪机床、橡胶机械、振动筛、纺织机械、重载输送机	1.2	1.3	1.4	1.4	1.5	1.6
载荷变动很大	破碎机（旋转式、颚式等）、磨碎机（球磨、棒磨、管磨）	1.3	1.4	1.5	1.5	1.6	1.8

注：1. 空、轻载启动：电动机（交流启动、△启动、直流并励），4 缸以上的内燃机，装有离心式离合器、液力联轴器的动力机；重载启动：电动机（联机交流启动、直流复励或串励），4 缸以下的内燃机；
2. 反复启动、正反转频繁、工作条件恶劣等场合，K_A 应乘 1.2；
3. 增速传动时 K_A 应乘下列系数：

增速比	1.25~1.74	1.75~2.49	2.5~3.49	≥3.5
系数	1.05	1.11	1.18	1.28

2. 选择 V 带的型号

根据计算功率 P_c 和主动轮转速 n_1，由图 8.12 选择 V 带型号。当所选的坐标点在图中两种型号分界线附近时，可先选择两种型号分别进行计算，然后择优选用。

3. 确定带轮基准直径 d_{d1}、d_{d2}

带轮直径小可使传动结构紧凑，但弯曲应力大，使带的寿命降低。设计时应取小带轮的基准直径 $d_{d1} \geq d_{dmin}$，d_{dmin} 的值查表 8.6。忽略弹性滑动的影响，$d_{d2} = d_{d1} \cdot n_1/n_2$，$d_{d1}$、$d_{d2}$ 应取标准值（查表 8.3）。

4. 验算带速 v

$$v = \frac{\pi d_{d1} n_1}{60 \times 1\,000} \tag{8.13}$$

带速太高会使离心力增大，使带与带轮间的摩擦力减小，传动中容易打滑。另外单位时

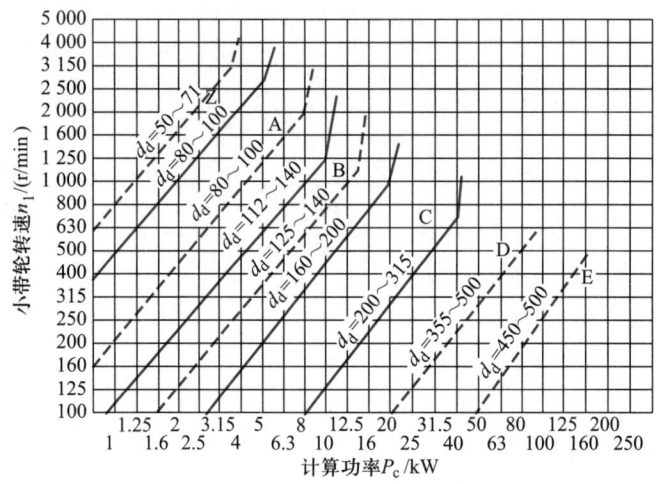

图 8.12 普通 V 带选型图

间内带绕过带轮的次数也增多,降低传动带的工作寿命。若带速太低,则当传递功率一定时,使传递的圆周力增大,带的根数增多。一般应使 $v>5$ m/s,对于普通 V 带应使 $v_{max} = 25 \sim 30$ m/s,对于窄 V 带应使 $v_{max} = 35 \sim 40$ m/s。如带速超过上述范围,应重选小带轮直径 d_{d1}。

5. 初定中心距 a 和基准带长 L_d

传动中心距小则结构紧凑,但传动带较短,包角减小,且带的绕转次数增多,会降低带的寿命,致使传动能力降低。如果中心距过大则结构尺寸增大,当带速较高时带会产生颤动。设计时应根据具体的结构要求或按下式初步确定中心距 a_0

$$0.7(d_{d1}+d_{d2}) \leqslant a_0 \leqslant 2(d_{d1}+d_{d2}) \tag{8.14}$$

由带传动的几何关系可得带的基准长度计算公式

$$L_0 = 2a_0 + \frac{\pi}{2}(d_{d1}+d_{d2}) + \frac{(d_{d2}-d_{d1})^2}{4a_0} \tag{8.15}$$

L_0 为带的基准长度计算值,查表 8.4 即可选定带的基准长度 L_d,而实际中心距 a 可由下式近似确定

$$a \approx a_0 + \frac{L_d - L_0}{2} \tag{8.16}$$

考虑到安装调整和补偿初拉力的需要,应将中心距设计成可调式,有一定的调整范围,一般取

$$a_{min} = a - 0.015L_d$$
$$a_{max} = a + 0.03L_d$$

6. 校验小带轮包角 α_1

$$\alpha_1 = 180° - \frac{d_{d2}-d_{d1}}{a} \times 57.3° \tag{8.17}$$

一般应使 $\alpha_1 \geqslant 120°$(特殊情况下允许 $\geqslant 90°$),若不满足此条件,可适当增大中心距或减小两带轮的直径差,也可以在带的外侧加压带轮,但这样做会降低带的使用寿命。

7. 确定 V 带根数 z

$$z \geqslant \frac{P_c}{[P_0]} = \frac{P_c}{(P_0 + \Delta P_0)K_\alpha K_L} \tag{8.18}$$

带的根数应取整数。为使各带受力均匀,带的根数不宜过多,一般应满足 z<10。如计算结果超出范围,应改选 V 带型号或加大带轮直径后重新设计。

8. 单根 V 带的初拉力 F_0

单根 V 带所需的初拉力 F_0 为

$$F_0 = \frac{500P_c}{zv}\left(\frac{2.5}{K_\alpha}-1\right)+qv^2 \quad (8.19)$$

由于新带易松弛,对不能调整中心距的普通 V 带传动,安装新带时的初拉力应为计算值的 1.5 倍。

9. 带传动作用在带轮轴上的压力 F_Q

V 带的张紧对轴、轴承产生的压力 F_Q 会影响轴、轴承的强度和寿命。为简化其运算,一般按静止状态下带轮两边均作用初拉力 F_0 进行计算(图 8.13),得

$$F_Q = 2F_0 z\sin\frac{\alpha_1}{2} \quad (8.20)$$

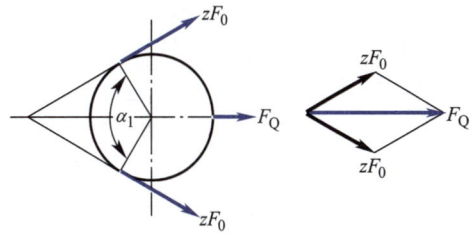

图 8.13 带传动作用在轴上的压力

10. 带轮结构设计

参见本章第 8.2.2 节。设计出带轮结构后还要绘制带轮零件工作图。

11. 设计结果

列出带型号、带的基准长度 L_d、带的根数 z、带轮直径 d_{d1}、d_{d2}、中心距 a,轴上压力 F_Q 等。

思考题 8.5 试分析参数 d_{d1}、α_1、v、i、a 对 V 带传动有何影响?如何选取?

思考题 8.6 若普通 V 带传动的结构尺寸(a、d_{d1}、d_{d2})、型号及带根数 z 一定时,其所能传递的功率是否完全确定?为什么?

思考题 8.7 技术革新中采用一现有 V 带传动,在试运转中发现从动轮丢转太多,有时甚至处于时转时停的不稳定状态,试分析其原因,提出解决办法。

思考题 8.8 某普通 V 带传动装置有两种工作转速,若传递功率不变,则应按高速级转速设计还是按低速级转速设计?

思考题 8.9 为什么普通车床第一级传动采用带传动,而主轴与丝杠之间的传动链中不能采用带传动?

8.5 带传动的张紧、安装与维护

8.5.1 带传动的张紧

带传动工作一段时间后就会由于塑性变形而松弛,使初拉力减小,传动能力下降,这时必须重新张紧。常用的张紧方式可分为调整中心距方式与张紧轮方式两类。

1. 调整中心距方式

(1) 定期张紧 定期调整中心距以恢复张紧力。常见的有滑道式(图 8.14a)和摆架式(图 8.14b)两种,一般通过调节螺钉来调节中心距。滑道式适用于水平传动或倾斜不大的传动场合。

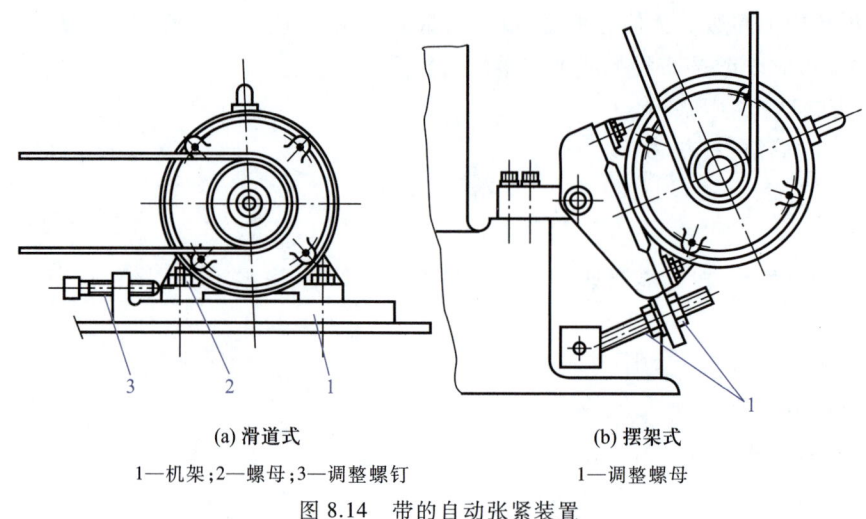

(a) 滑道式　　　　　　　　　　　　(b) 摆架式

1—机架；2—螺母；3—调整螺钉　　　　1—调整螺母

图 8.14　带的自动张紧装置

（2）自动张紧　自动张紧将装有带轮的电动机装在浮动的摆架上，利用电动机的自重张紧传动带，通过载荷的大小自动调节张紧力，如图 8.15 所示。

2. 张紧轮方式

当带传动的轴间距不可调整时，可采用张紧轮装置。

（1）调位式内张紧轮装置（图 8.16a）

（2）摆锤式内张紧轮装置（图 8.16b）

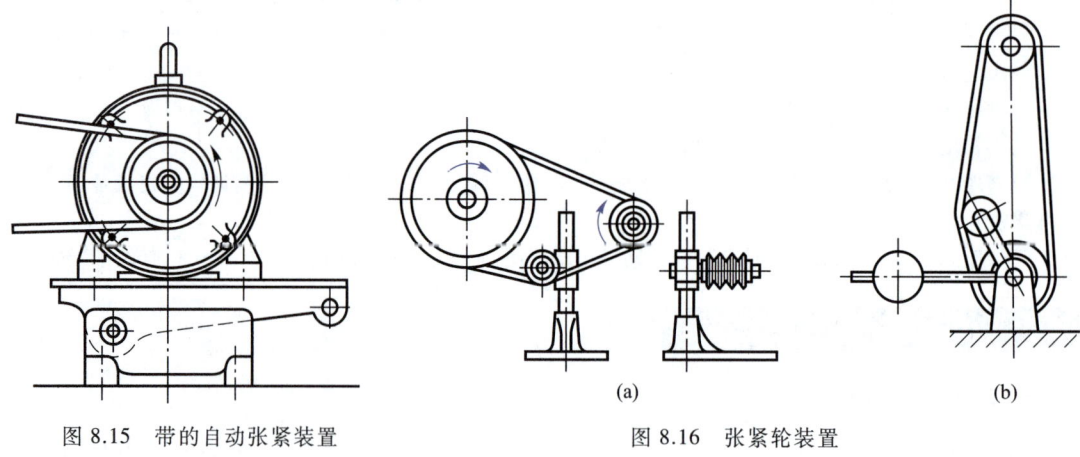

图 8.15　带的自动张紧装置　　　　图 8.16　张紧轮装置

张紧轮一般设置在松边的内侧且靠近大轮处。若设置在外侧时，则应使其靠近小轮，这样可以增加小带轮的包角，提高带的疲劳强度。

8.5.2　带传动的安装与维护

1. 带传动的安装

（1）带轮的安装

平行轴传动时，首先必须使两带轮的轴线保持平行，否则带侧面磨损严重，一般其偏差角不得超过±20′,如图8.17所示。各轮宽的中心线、V带轮和多楔带轮的对应轮槽中心线及平带轮面凸弧的中心线均应共面且与轴线垂直,否则会加速带的磨损,降低带的寿命,如图8.18所示。

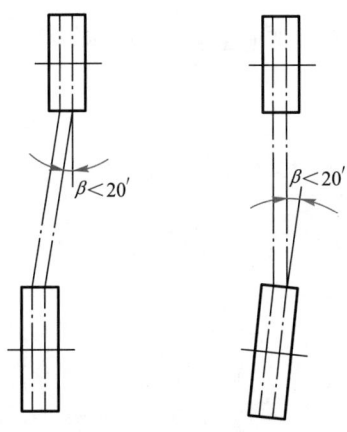

图8.17 带轮的安装要求

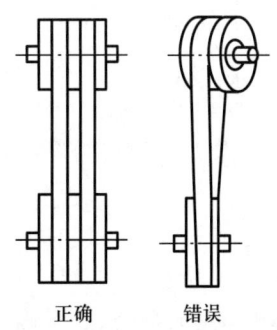

图8.18 两带轮的相对位置

(2) 传动带的安装

1) 通常应通过调整各轮中心距的方法来安装带和张紧。切忌硬将传动带从带轮上拔下或扳上,严禁用撬棍等工具将带强行撬入或撬出带轮。

2) 在带轮轴间距不可调而又无张紧的场合下,安装聚酰胺片基平带时,应在带轮边缘垫布以防刮破传动带,并应边转动带轮边套带。安装同步带时,要在多处同时缓慢地将带移动,以保持带能平齐移动。

3) 同组使用的V带应型号相同、长度相等。不同厂家生产的V带、新与旧V带不能同组使用。

4) 安装V带时,应按规定的初拉力张紧。对于中等中心距的带传动,也可凭经验张紧,带的张紧程度以大拇指能将带按下15 mm为宜,如图8.19所示。新带使用前,最好预先拉紧一段时间后再使用。

2. 带传动的维护

(1) 带传动装置外面应加防护罩,以保证安全,防止带与酸、碱或油接触而腐蚀传动带。

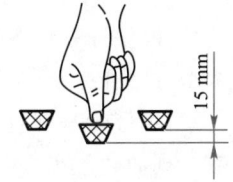

图8.19 V带的张紧程度

(2) 带传动不需润滑,禁止往带上加润滑油或润滑脂,应及时清理带轮槽内及传动带上的油污。

(3) 应定期检查胶带,如有一根松弛或损坏则应全部更换新带。

(4) 带传动的工作温度不应超过60 ℃。

(5) 如果带传动装置需闲置一段时间后再用,应将传动带放松。

8.6 实例分析

例题 8.1 校核某煤矿空气压缩机的带传动装置中 V 带根数为什么为 12 根？

分析 由题意可知，该带传动装置的工作条件（空间尺寸，两轮转速 n_1、n_2，传动比，传递功率等）均为已知的。所需论证的数据为确定普通 V 带的根数是否符合理论设计时所规定的数值 $z<10$。此种计算为一种论证性计算。

解 （1）校核带传动设计

测量带传动的几何尺寸，经计算得出 V 带根数为 8~9 根，符合理论设计要求（$z<10$）。

（2）取 $z=12$ 的理由

1）由于空气压缩机为煤矿中关键设备，直接影响到工人的生产安全，必须给予一定裕度；

2）在运行过程中发现有 1~2 根带工作情况不正常，带速不均、忽转、忽不转，实际上只有 8~9 根 V 带在正常工作，这种现象属正常现象。当工作中若断了一根带，设备还是能保持着正常运转状态，还可确保工人安全。

（3）维护

必须严格按维护法规进行维护。如发现有一根发生失效，甚至断裂，则一定要将所有带全部换成新带，确保空气压缩机正常运行。

例题 8.2 设计某鼓风机，用普通 V 带传动。已知电动机额定功率 $P=10$ kW，转速 $n_1=1\ 450$ r/min，从动轴转速 $n_2=400$ r/min，中心距约为 1 500 mm，每天工作 24 h。

分析 由题意可知，已知条件为原动机、工作机及有关条件，要求设计适用的 V 带传动装置。设计内容为确定带的型号、长度、根数、传动中心距、带轮直径及结构尺寸、传紧装置等。

在设计时要注意如下几点：

1）根据计算功率和主动轮转速，确定带的型号。当难以作出决定时，可取相邻型号，按两个方案作平行计算，最后进行对比分析、确定出满意的设计方案。

2）对带轮基准直径应进行适当的圆整、对带长度应选取标准长度、对带的根数应取整数。现简化起见，本例只以一个方案进行 V 带传动设计计算，其设计步骤可按第 8.4.3 节进行。

解 （1）确定计算功率 P_c

由表 8.16 查得 $K_A=1.3$，由式（8.12）得

$$P_c = K_A P = 1.3 \times 10 \text{ kW} = 13 \text{ kW}$$

（2）选取普通 V 带型号

根据 $P_c=13$ kW、$n_1=1\ 450$ r/min，由图 8.12 选用 B 型普通 V 带。

（3）确定带轮基准直径 d_{d1}、d_{d2}

根据表 8.6 和图 8.12 选取 $d_{d1}=140$ mm，且 $d_{d1}=140$ mm$>d_{d\min}=125$ mm。

大带轮基准直径为

$$d_{d2} = \frac{n_1}{n_2} d_{d1} = \frac{1\,450}{400} \times 140 \text{ mm} = 507.5 \text{ mm}$$

按表 8.3 选取标准值 $d_{d2} = 500$ mm，则实际传动比 i、从动轮的实际转速分别为

$$i = \frac{d_{d2}}{d_{d1}} = \frac{500}{140} = 3.57$$

$$n_2 = n_1/i = 1\,450/3.57 \text{ r/min} = 406 \text{ r/min}$$

从动轮的转速误差率为

$$\frac{406 - 400}{400} \times 100\% = 1.5\%$$

在 ±5% 以内为允许值。

（4）验算带速 v

$$v = \frac{\pi d_{d1} n_1}{60 \times 1\,000} = \frac{\pi \times 140 \times 1\,450}{60 \times 1\,000} \text{ m/s} = 10.63 \text{ m/s}$$

带速在 5~25 m/s 范围内。

（5）确定带的基准长度 L_d 和实际中心距 a

按结构设计要求初定中心距 $a_0 = 1\,500$ mm。

由式（8.15）得

$$L_0 = 2a_0 + \frac{\pi}{2}(d_{d1} + d_{d2}) + \frac{(d_{d2} - d_{d1})^2}{4a_0}$$

$$= \left[2 \times 1\,500 + \frac{\pi}{2}(140 + 500) + \frac{(500 - 140)^2}{4 \times 1\,500} \right] \text{ mm}$$

$$= 4\,026.9 \text{ mm}$$

由表 8.4 选取基准长度 $L_d = 4\,000$ mm。

由式（8.16）得实际中心距 a 为

$$a \approx a_0 + \frac{L_d - L_0}{2}$$

$$= \left(1\,500 + \frac{4\,000 - 4\,026.9}{2} \right) \text{ mm} = 1\,487 \text{ mm}$$

中心距 a 的变化范围为

$$a_{\min} = a - 0.015 L_d$$

$$= (1\,487 - 0.015 \times 4\,000) \text{ mm} = 1\,427 \text{ mm}$$

$$a_{\max} = a + 0.03 L_d$$

$$= (1\,487 + 0.03 \times 4\,000) \text{ mm} = 1\,607 \text{ mm}$$

（6）校验小带轮包角 α_1

由式（8.17）得

$$\alpha_1 = 180° - \frac{d_{d2} - d_{d1}}{a} \times 57.3°$$

$$= 180° - \frac{500 - 140}{1\,487} \times 57.3°$$

$$= 166.13° > 120°$$

（7）确定 V 带根数 z

由式(8.18)得

$$z \geqslant \frac{P_c}{[P_0]} = \frac{P_c}{(P_0+\Delta P_0)K_\alpha K_L}$$

根据 $d_{d1} = 140$ mm、$n_1 = 1\,450$ r/min，查表 8.10，根据内插法可得

$$P_0 = \left[2.47 + \frac{2.83-2.47}{1\,460-1\,200}(1\,450-1\,200)\right] \text{kW}$$
$$= 2.816 \text{ kW}$$

取 $P_0 = 2.82$ kW。

由式(8.11)得功率增量 ΔP_0 为

$$\Delta P_0 = K_b n_1 \left(1 - \frac{1}{K_i}\right)$$

由表 8.14 查得 $K_b = 2.649\,4 \times 10^{-3}$。

根据传动比 $i = 3.57$，查表 8.15 得 $K_i = 1.137\,3$，则

$$\Delta P_0 = \left[2.649\,4 \times 10^{-3} \times 1\,450 \times \left(1 - \frac{1}{1.137\,3}\right)\right] \text{kW} = 0.46 \text{ kW}$$

由表 8.4 查得带长度修正系数 $K_L = 1.13$，由图 8.11 查得包角系数 $K_\alpha = 0.97$，得普通 V 带根数

$$z = \frac{13}{(2.82+0.46) \times 0.97 \times 1.13} = 3.62$$

圆整得 $z = 4$。

（8）求初拉力 F_0 及带轮轴上的压力 F_Q

由表 8.6 查得 B 型普通 V 带的每米长的质量 $q = 0.17$ kg/m，根据式(8.19)得单根 V 带的初拉力为

$$F_0 = \frac{500P_c}{zv}\left(\frac{2.5}{K_\alpha} - 1\right) + qv^2$$
$$= \left[\frac{500 \times 13}{4 \times 10.63}\left(\frac{2.5}{0.97} - 1\right) + 0.17 \times (10.63)^2\right] \text{N} = 260.33 \text{ N}$$

由式(8.20)可得作用在轴上的压力 F_Q 为

$$F_Q = 2F_0 z \sin\frac{\alpha_1}{2}$$
$$= 2 \times 260.33 \times 4 \sin\frac{166.13°}{2} \text{ N} = 2\,067.4 \text{ N}$$

（9）带轮的结构设计

按本章 8.2.2 小节进行设计（设计过程及带轮零件图略）。

（10）设计结果

选用 4 根 B4000 GB/T 11544 的 V 带，中心距 $a = 1\,487$ mm，带轮直径 $d_{d1} = 140$ mm，$d_{d2} = 500$ mm，轴上压力 $F_Q = 2\,067.4$ N。

8.7 同步带传动

8.7.1 同步带传动的特点和应用

同步带传动综合了带传动和链传动的特点。同步带的强力层为多股绕制的钢丝绳或玻璃纤维绳,基体为氯丁橡胶或聚氨酯橡胶,带内环表面成齿形,如图 8.20 所示。工作时,带内环表面上的凸齿与带轮外缘上的齿槽相啮合而进行传动。带的强力层承载后变形小,其周节保持不变,故带与带轮间没有相对滑动,保证了同步传动,如图 8.21 所示。

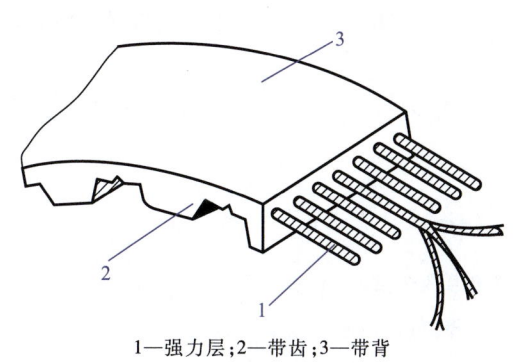

1—强力层;2—带齿;3—带背
图 8.20 同步齿形带的结构

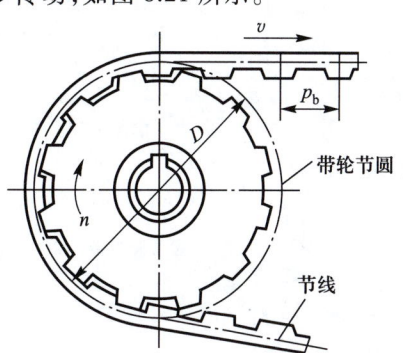

图 8.21 同步齿形带传动

同步带传动的优点是:1) 无相对滑动,带长不变,传动比稳定;2) 带薄而轻,强力层强度高,适用于高速传动,速度可达 40 m/s;3) 带的柔性好,可用直径较小的带轮,传动结构紧凑,能获得较大的传动比;4) 传动效率高,可达 0.98~0.99,因而应用日益广泛;5) 初拉力较小,故轴和轴承上所受的载荷小。主要缺点是制造、安装精度要求高、成本高。

同步带主要用于要求传动比准确的中、小功率传动中,如计算机、录音机、磨床和纺织机械等。

8.7.2 同步带的参数、型式、尺寸和标记

1. 同步带的参数

(1) 节距 P_b

同步带工作时保持原长度不变的周线称为节线,节线长 L_p 为公称长度。在规定的张紧力下,同步带纵截面上相邻两齿对称中心线间沿节线测量的距离称为同步带的节距(图 8.21),它是同步带的最基本参数。

(2) 模数 m

$$m = \frac{p_b}{\pi}$$

2. 同步带的型式、尺寸和标记

同步带的工作齿面分为梯形齿和弧齿两大类。从结构上划分,同步带又有单面齿和双面齿两种,分别称为单面带和双面带。双面带的带齿排列分为 DA 型和 DB 型两种型式,DA 型双面同步带两面的齿呈对称排列,DB 型双面同步带两面的齿呈交错排列,如图 8.22 所示。此外还有用于特殊用途的特殊结构同步带,如图 8.23 所示。本节仅讨论单面、梯形齿

同步带。

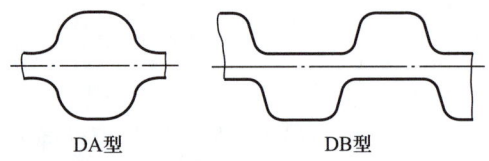

图 8.22 双面同步带

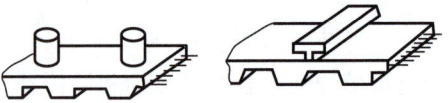

图 8.23 特殊结构同步带

梯形齿同步带有周节制和模数制两种，我国采用周节制。周节制梯形齿同步带已标准化，因此称其为标准同步带。周节制梯形齿同步带的标记由长度代号、型号、带宽代号组成。标准同步带有 7 种型号。

对 XXL 型同步带，带宽代号用带宽尺寸表示；对双面同步带，还应在最前面注出型式代号 DA 或 DB。

标记示例：

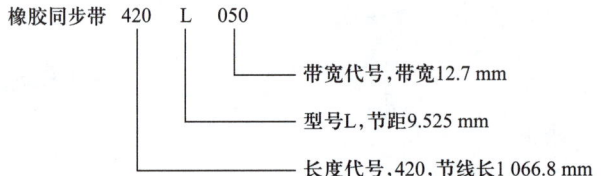

表示节线长 1 066.8 mm、节距 9.525 mm、带宽 12.7 mm 的橡胶同步带。

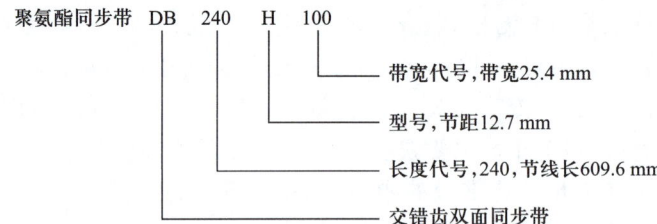

表示节线长 609.6 mm、节距 12.7 mm、带宽 25.4 mm 的聚氨酯同步带。

复习题

8.1 带传动的主要类型有哪些？各有何特点？试分析摩擦带传动的工作原理。

8.2 什么是有效拉力？什么是初拉力？它们之间有何关系？

8.3 小带轮包角对带传动有何影响？为什么只给出小带轮包角 α_1 的公式？

8.4 带传动工作时，带截面上产生哪些应力？应力沿带全长是如何分布的？最大应力在何处？

8.5 带传动的弹性滑动和打滑是怎样产生的？它们对传动有何影响？是否可以避免？

8.6 一般来说，带传动的打滑多发生在大带轮上还是小带轮上？为什么？

8.7 带传动的设计准则是什么？

8.8 在 V 带传动设计过程中，为什么要校验带速 $5 \text{ m/s} \leq v \leq 25 \text{ m/s}$ 和包角 $\alpha \geq 120°$？

8.9 带传动张紧的目的是什么？张紧轮应安放在松边还是紧边上？内张紧轮应靠近大带轮还是小带轮？外张紧轮又该怎样？并分析说明两种张紧方式的利弊。

8.10 窄 V 带强度比普通 V 带高,这是为什么?窄 V 带与普通 V 带高度相同时,哪种传动能力大?为什么?

8.11 试分析同步带传动的工作原理。

8.12 观察 3~5 种机器上的普通 V 带传动,测量出带顶宽 b、带轮外径 d_a 和中心距 a,确定带型、带轮基准直径 d_{d1}、d_{d2},并计算出带长 L_d。

8.13 带传动功率 $P = 5$ kW,已知 $n_1 = 400$ r/min,$d_1 = 450$ mm,$d_2 = 650$ mm,中心距 $a = 1.5$ m,$f_v = 0.2$,求带速 v、包角 α_1 和有效拉力 F。

8.14 已知某普通 V 带传动由电动机驱动,电动机转速 $n_1 = 1\,450$ r/min,小带轮基准直径 $d_{d1} = 100$ mm,大带轮基准直径 $d_{d2} = 280$ mm,中心距 $a \approx 350$ mm,用 2 根 A 型 V 带传动,载荷平稳,两班制工作,试求此传动所能传递的最大功率。

8.15 设计搅拌机的普通 V 带传动。已知电动机的额定功率为 4 kW,转速 $n_1 = 1\,440$ r/min,要求从动轮转速 $n_2 = 575$ r/min,工作情况系数 $K_A = 1.1$。

8.16 图示为磨碎机的传动系统图。已知电机功率 $P = 30$ kW,转速 $n_1 = 1\,470$ r/min,带传动比 $i \approx 1.15$,试设计 V 带传动参数。

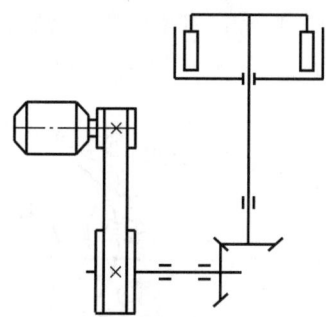

题 8.16 图 饲料磨碎机传动系统

8.17 试设计某车床上电动机和床头箱间的普通 V 带传动。已知电动机的功率 $P = 4$ kW,转速 $n_1 = 1\,440$ r/min,从动轴的转速 $n_2 = 680$ r/min,两班制工作,根据机床结构,要求两带轮的中心距在 950 mm 左右。

第 9 章

链 传 动

链传动是一种常见的机械传动形式,兼有带传动和齿轮传动的一些特点。本章主要以滚子链传动为对象,重点分析讨论滚子链传动的设计方法及使用与维护。

9.1 概述

链传动是一种具有中间挠性件(链条)的啮合传动,它同时具有刚、柔特点,是一种应用十分广泛的机械传动形式。如图 9.1 所示,链传动由主动链轮 1、从动链轮 2 和中间挠性件(链条)3 组成,通过链条的链节与链轮上的轮齿相啮合传递运动和动力。

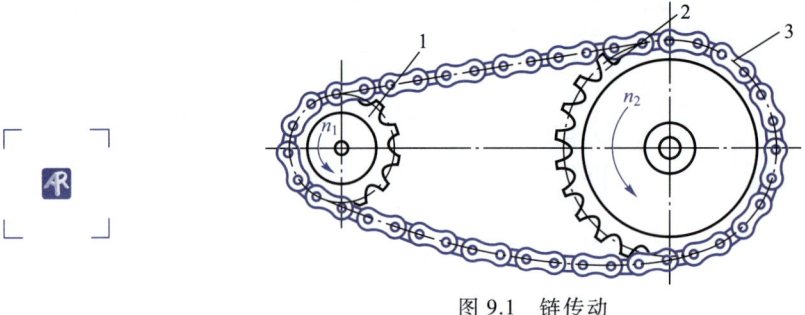

图 9.1 链传动

与带传动相比,链传动无弹性滑动和打滑现象,因而能保持平均传动比准确;链传动不需很大的初拉力,故对轴的压力小;它可以像带传动那样实现中心距较大的传动,而比齿轮传动轻便得多,但不能保持恒定的瞬时传动比;传动中有一定的动载荷和冲击,传动平稳性差;工作时有噪声,适用于低速传动。

链传动主要用于要求工作可靠,两轴相距较远,不宜采用齿轮传动,要求平均传动比准确但不要求瞬时传动比准确的场合。它可以用于环境条件较恶劣的场合,广泛用于农业、矿山、冶金、运输机械以及机床和轻工机械中。

链传动适用的一般范围为:传递功率 $P \leq 100$ kW,中心距 $a \leq 5 \sim 6$ m,传动比 $i \leq 8$,链速 $v \leq 15$ m/s,传动效率为 $0.95 \sim 0.98$。

按用途的不同链条可分为传动链、起重链和曳引链。用于传递动力的传动链又有齿形链(图 9.2)和滚子链(图 9.3)两种。齿形链运转较平稳,噪声小,又称为无声链。它适

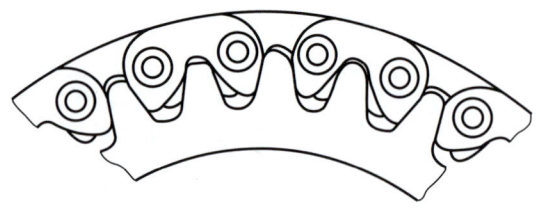

图 9.2 齿形链

用于高速(40 m/s)、运动精度较高的传动中,但缺点是制造成本高、重量大。本章主要讨论滚子链传动。

9.2 滚子链和链轮

9.2.1 滚子链的结构

如图 9.3 所示,滚子链由内链板 1、外链板 2、套筒 3、销轴 4 和滚子 5 组成。内链板与套筒、外链板与销轴间均为过盈配合;套筒与销轴、滚子与套筒间均为间隙配合。内、外链板交错连接而构成铰链。相邻两滚子轴线间的距离称为链节距,用 p 表示,链节距 p 是传动链的重要参数。

当传递功率较大时,可采用双排链(图 9.4)或多排链。当多排链的排数较多时,各排受载不易均匀,因此实际运用中排数一般不超过 4。

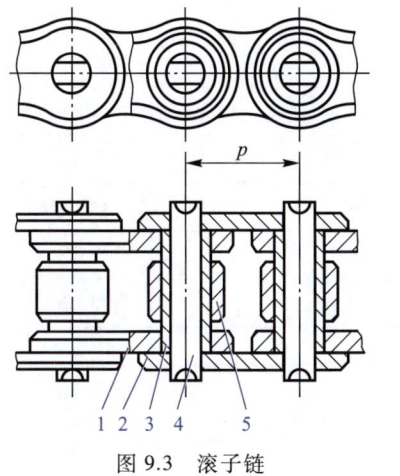

图 9.3 滚子链

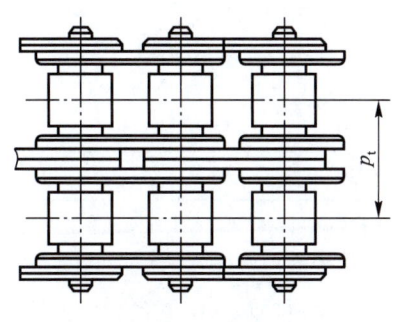

图 9.4 双排滚子链

链条在使用时封闭为环形,当链节数为偶数时,正好是外链板与内链板相接,可用开口销或弹簧卡固定销轴,如图 9.5a、b 所示;若链节数为奇数,则需采用过渡链节,如图 9.5c 所示。由于过渡链节的链板要受附加的弯矩作用,一般应避免使用,最好采用偶数链节。

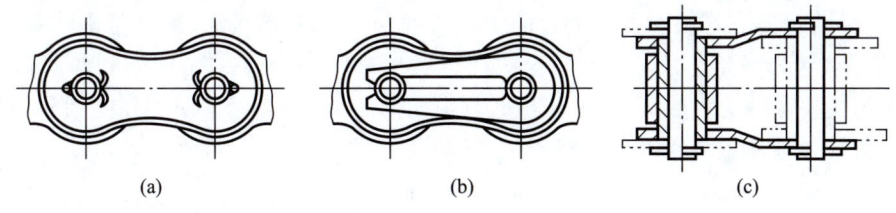

图 9.5 滚子链接头型式

9.2.2 滚子链的标准

我国目前使用的滚子链的标准为 GB/T 1243—2006,分为 A、B 两个系列,常用的是 A 系列,其主要参数见表 9.1。国际上链节距均采用英制单位,我国标准中规定链节距采用米制单位(按转换关系从英制折算成米制)。对应于链节距有不同的链号,用链号乘以

25.4/16 mm 所得的数值即为链节距 p(mm)。

滚子链的标记方法为：链号-排数×链节数　国家标准代号。例如：A 系列滚子链，节距为 19.05 mm，双排，链节数为 100，其标记方法为

$$12A-2\times100 \quad GB/T\ 1243—2006$$

表 9.1　A 系列滚子链的基本参数和尺寸（摘自 GB/T 1243—2006）

链号	节距 p/mm	排距 p_t/mm	滚子外径 d'_r/mm	内链节内宽 b_1/mm	销轴直径 d_2/mm	内链板高度 h_2/mm	极限拉伸载荷（单排）F_Q/N	每米质量（单排）q/(kg/m)
08A	12.70	14.38	7.95	7.85	3.96	12.07	13 800	0.60
10A	15.875	18.11	10.16	9.40	5.08	15.09	21 800	1.00
12A	19.05	22.78	11.91	12.57	5.94	18.08	31 100	1.50
16A	25.40	29.29	15.88	15.75	7.92	24.13	55 600	2.60
20A	31.75	35.76	19.05	18.90	9.53	30.18	86 700	3.80
24A	38.10	45.44	22.23	25.22	11.10	36.20	124 600	5.60
28A	44.45	48.87	25.40	25.22	12.70	42.24	169 000	7.50
32A	50.80	58.55	28.58	31.55	14.27	48.26	222 400	10.10
40A	63.50	71.55	39.68	37.85	19.84	60.33	347 000	16.10
48A	76.20	87.83	47.63	47.35	23.80	72.39	500 400	22.60

注：1. 多排链极限拉伸载荷按表列 q 值乘以排数计算；
　　2. 使用过渡链节时，其极限拉伸载荷按表列数值的 80% 计算。

我国滚子链标准（GB/T 1243—2006）与国际标准 ISO 606：2004 等效。

9.2.3　链轮

链轮轮齿的齿形应便于链条顺利地进入和退出啮合，使其不易脱链，且应该形状简单，便于加工。国家标准 GB/T 1243—2006 规定了滚子链链轮端面齿形，有两种形式：二圆弧齿形（图 9.6b）、三圆弧-直线齿形（图 9.6c）。常用的为三圆弧-直线齿形，它由 $\widehat{aa}$、$\widehat{ab}$、$\widehat{cd}$ 和直线 bc 组成，$abcd$ 为齿廓工作段。各种链轮的实际端面齿形只要在最大、最小范围内都可用，如图 9.6a 所示。齿槽各部分尺寸的计算公式列于表 9.2 中。

链轮的主要参数为齿数 z、节距 p（与链节距相同）和分度圆直径 d。分度圆是指链轮上销轴中心所处的被链条节距等分的圆，其直径为

$$d=\frac{p}{\sin\dfrac{180°}{z}}$$

链轮的齿形用标准刀具加工，在其工作图上一般不绘制端面齿形，只需注明按 GB/T 1243—2006 齿形制造和检验即可。但为了车削毛坯，需将轴向齿形画出，轴向齿形的具体尺寸参见机械设计手册。

9.2 滚子链和链轮

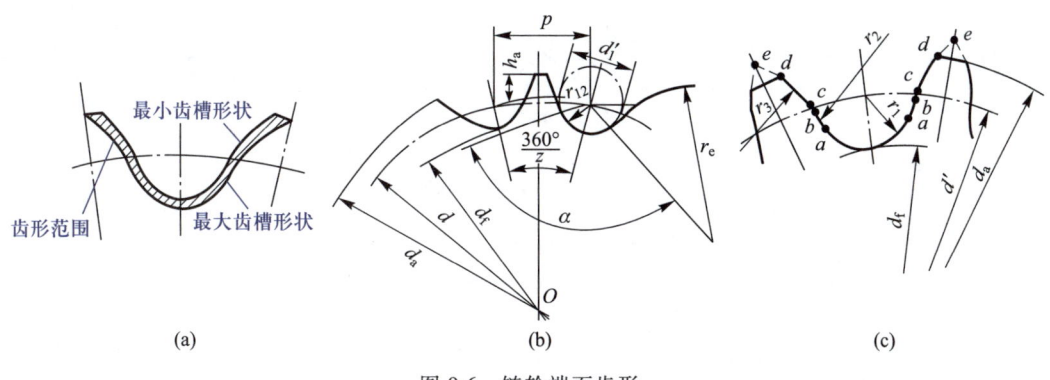

图 9.6 链轮端面齿形

滚子链链轮的主要尺寸列于表 9.3 中。

表 9.2 滚子链链轮的齿槽尺寸计算公式

名称	代号	计算公式	
		最大齿槽形状	最小齿槽形状
齿面圆弧半径/mm	r_e	$r_{e\min} = 0.008 d'_r (z^2 + 180)$	$r_{e\max} = 0.12 d'_r (z+2)$
齿沟圆弧半径/mm	r_i	$r_{i\max} = 0.505 d'_r + 0.069 \sqrt[3]{d'_r}$	$r_{i\min} = 0.505 d'_r$
齿沟角/(°)	α	$\alpha_{\min} = 120° - \dfrac{90°}{z}$	$\alpha_{\max} = 140° - \dfrac{90°}{z}$

表 9.3 滚子链链轮的主要尺寸   mm

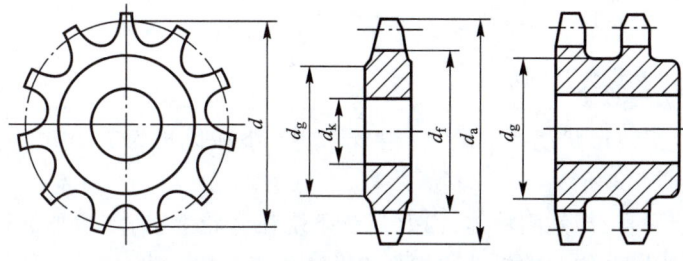

名称	代号	计算公式	备注
分度圆直径	d	$d = p / \sin \dfrac{180°}{z}$	
齿顶圆直径	d_a	$d_{a\max} = d + 1.25 p - d'_r$ $d_{a\min} = d + \left(1 - \dfrac{1.6}{z}\right) p - d'_r$	可在 $d_{a\max}$、$d_{a\min}$ 范围内任意选取,但选用 $d_{a\max}$ 时,应考虑采用展成法加工时有发生顶切的可能性
分度圆弦齿高	h_a	$h_{a\max} = \left(0.625 + \dfrac{0.8}{z}\right) p - 0.5 d'_r$ $h_{a\min} = 0.5 (p - d'_r)$	h_a 是为简化放大齿形图的绘制而引入的辅助尺寸(图 9.6) $h_{a\max}$ 相应于 $d_{a\max}$ $h_{a\min}$ 相应于 $d_{a\min}$

续表

名称	代号	计算公式	备注
齿根圆直径	d_f	$d_f = d - d_r'$	
齿侧凸缘 (或排间槽) 直径	d_g	$d_g \leq p\cot\dfrac{180°}{z} - 1.04h_2 - 0.76$ h_2——内链板高度	

注:d_a、d_g 值取整数,其他尺寸精确到 0.01 mm。

链轮的结构见图 9.7。链轮的直径小时通常制成实心式(图 9.7a),直径较大时制成孔板式(图 9.7b),直径很大时(≥200 mm)制成组合式,可将齿圈焊接到轮毂上(图 9.7d),或采用螺栓连接(图 9.7c)。

链轮轮齿应有足够的接触强度和耐磨性,常用材料为中碳钢(35、45 钢),不重要场合则用 Q235A、Q275A 钢,高速重载时采用合金钢,低速时大链轮可采用铸铁。由于小链轮的啮合次数多,小链轮的材料应优于大链轮,并应进行热处理。

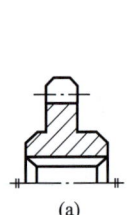
(a)
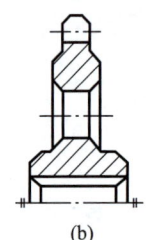
(b)
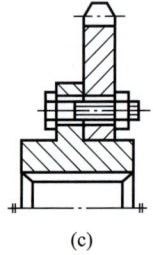
(c)

(d)

图 9.7 链轮结构

9.3 链传动的运动特性

由于链条是以折线形状绕在链轮上,相当于链条绕在边长为节距 p、边数为链轮齿数 z 的多边形轮上,如图 9.8 所示。

对于单个链节而言,却是刚性体,因此当链条绕在链轮上时,多边形的边长上各点的运动速度并不相等,所以链传动的传动比指平均链速的传动比。

设两轮的转速分别为 n_1、n_2(r/min),则链的平均速度为

$$v = \frac{z_1 p n_1}{60 \times 1\,000} = \frac{z_2 p n_2}{60 \times 1\,000} \qquad (9.1)$$

式中:z_1、z_2 分别为主、从动链轮的齿数;p 为链节距。

由上式可得链传动的传动比为

$$i_{12} = \frac{n_1}{n_2} = \frac{z_2}{z_1} = 常数 \qquad (9.2)$$

由式(9.1)求得的链速是平均值,因此由式

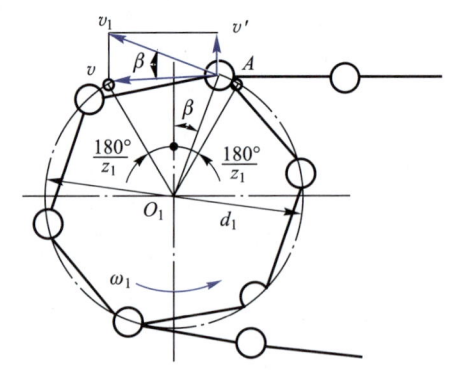

图 9.8 链传动的速度分析

(9.2)求得的链传动比也是平均值。实际上链速和链传动比在每一瞬时都是变化的,而且是按每一链节的啮合过程作周期性变化。

由上述分析可知,链传动工作时不可避免地会产生振动、冲击,引起附加的动载荷,因此链传动不适用于高速传动。

只有当 $z_1 = z_2$ 且链传动的中心距恰为节距的整数倍时,传动比才能恒定不变。

9.4 滚子链传动的设计计算

链条是标准件,设计链传动的主要内容包括:根据工作要求选择链条的类型、型号及排数,合理选择传动参数,确定润滑方式,设计链轮等。

9.4.1 链传动的失效形式

由于链条强度不如链轮高,所以一般链传动的失效主要是链条的失效。常见的失效形式有以下几种:

1. 链板的疲劳断裂

由于链条松边和紧边的拉力不等,在其反复作用下经过一定的循环次数,链板发生疲劳断裂。在正常的润滑条件下,一般是链板首先发生疲劳断裂,其疲劳强度成为限定链传动承载能力的主要因素。

2. 滚子和套筒的冲击疲劳破坏

链传动在反复启动、制动或反转时产生巨大的惯性冲击,会使滚子和套筒发生冲击疲劳破坏。

3. 链条铰链的磨损

链的各元件在工作过程中都会有不同程度的磨损,但主要磨损发生在铰链的销轴与套筒的承压面上。磨损使链条的节距增加,容易产生跳齿和脱链。一般开式传动时极易产生磨损,降低链条寿命。

4. 链条铰链的胶合

当链轮转速达到一定值时,链节啮入时受到的冲击能量增大,工作表面的温度过高,销轴和套筒间的润滑油膜将会被破坏而产生胶合。胶合限制了链传动的极限转速。

5. 静力拉断

在低速($v<0.6$ m/s)、重载或严重过载的场合,当载荷超过链条的静力强度时,会导致链条被拉断。

9.4.2 额定功率曲线

为使链传动的设计有可靠的依据,对各种规格的链条进行试验,可得出链传动不失效时所能传递的功率。如图 9.9 所示为 A 系列滚子链的额定功率曲线,它是在特定条件下经试验和分析得出的不同规格链条所能传递的额定功率 P_0。其特定条件为:1)两链轮轴水平安装,两链轮共面;2)小链轮齿数 $z_1 = 19$;3)传动比 $i = 3$;4)中心距 $a = 40p$;5)载荷平稳;6)单排链;7)工作寿命为 15 000 h;8)按推荐的润滑方式润滑。设计时,如与上述条件不符,应对其所传递的功率进行修正。

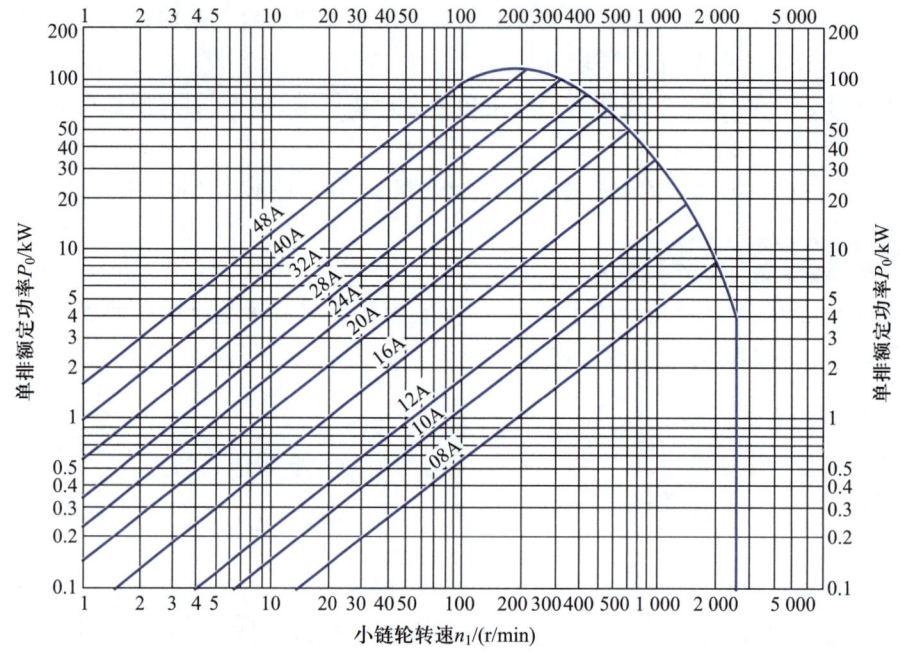

图 9.9 额定功率曲线图

9.4.3 设计计算准则

1. 中、低速链传动($v > 0.6$ m/s)

对于一般链速 $v > 0.6$ m/s 的链传动,其主要失效形式为疲劳破坏,故设计计算通常以疲劳强度为主并综合考虑其他失效形式的影响。计算准则为:传递的功率值(计算功率值)小于许用功率值,即

$$P_c \leq [P]$$

由图 9.9 查得的 P_0 值是在规定的试验条件下得到的,与实际工作条件往往不一致,所以 P_0 值不能作为 $[P]$,而必须对 P_0 值进行修正,即

$$P_c = K_A P \leq K_z \cdot K_i \cdot K_a \cdot K_{pt} \cdot P_0$$

$$P_0 \geq P \frac{K_A}{K_z \cdot K_i \cdot K_a \cdot K_{pt}} \tag{9.3}$$

式中:P 为名义功率,单位为 kW;K_A 为工作情况系数(表 9.4);K_z 为小链轮齿数系数(表 9.5);K_i 为传动比系数(表 9.6);K_a 为中心距系数(表 9.7);K_{pt} 为多排链系数(表 9.8)。

表 9.4 工作情况系数 K_A

载荷种类	原动机	
	电动机或汽轮机	内燃机
载荷平稳	1.0	1.2
中等冲击	1.3	1.4
较大冲击	1.5	1.7

表 9.5 小链轮齿数系数 K_z

z_1	9	11	13	15	17	19	21	23	25	27	29	31	33	35	37
K_z	0.446	0.555	0.667	0.775	0.893	1.00	1.12	1.23	1.35	1.46	1.58	1.70	1.81	1.94	2.12

表 9.6 传动比系数 K_i

i	1	2	3	5	≥7
K_i	0.82	0.925	1.00	1.09	1.15

表 9.7 中心距系数 K_a

a	$20p$	$40p$	$80p$	$160p$
K_a	0.87	1.00	1.18	1.45

表 9.8 多排链系数 K_{pt}

排数	1	2	3	4	5	6
K_{pt}	1.0	1.7	2.5	3.3	4.1	5.0

2. 低速链传动($v \leq 0.6$ m/s)

当链速 $v \leq 0.6$ m/s 时,链传动的主要失效形式为链条的过载拉断,因此应进行静强度计算,校核其静强度安全系数 S,即

$$S = \frac{F_Q m}{K_A F} \geq 4 \sim 8 \tag{9.4}$$

式中:F_Q 为单排链的极限拉伸载荷(表9.1);m 为链条排数;F 为链的工作拉力,单位为 N,$F = \frac{1\,000P}{v}$(其中 P 为名义功率,单位为 kW;v 为链速,单位为 m/s)。

链条作用在链轮轴上的压力 F' 可近似取为

$$F' = (1.2 \sim 1.3)F \tag{9.5}$$

当有冲击、振动时,式中的系数取大值。

9.4.4 链传动主要参数的选择

1. 链的节距和排数

链节距越大,则链的零件尺寸越大,承载能力越强,但传动时的不平稳性、动载荷和噪声也越大。链的排数越多,则其承载能力增强,传动的轴向尺寸也越大。因此,选择链条时应在满足承载能力要求的前提下,尽量选用较小节距的单排链,当在高速大功率时,可选用小节距的多排链。

思考题 9.1 当传递功率较大时,可用单排大节距链条,也可用多排小节距链条,这两者各有何特点?各适用于什么场合?

思考题 9.2 链传动中,节距 p 增大则传动能力也增大,所以在设计中应尽量取较大的 p 值,这种说法对吗?为什么?

2. 链轮齿数和传动比

为保证传动平稳,减少冲击和动载荷,小链轮齿数 z_1 不宜过小(一般应大于17),通常可按表9.9选取。大链轮齿数 $z_2 = iz_1$,z_2 不宜过多,齿数过多除了会增大传动的尺寸和重量外,还会出现跳齿和脱链等现象,通常 $z_2 < 120$。

表 9.9　小链轮齿数

链速 $v/(\text{m/s})$	$0.6\sim3$	$3\sim8$	>8
z_1	≥17	≥21	≥35

由于链节数常取为偶数,为使链条与链轮的轮齿磨损均匀,链轮齿数一般应取与链节数互为质数的奇数。

滚子链的传动比 $i(i=z_2/z_1)$ 不宜大于 7,一般推荐 $i=2\sim3.5$,只有在低速时 i 才可取大些。i 过大,链条在小链轮上的包角减小,啮合的轮齿数减少,从而加速轮齿的磨损。

3. 中心距和链节数

如果中心距过小,则链条在小链轮上的包角较小,啮合的齿数少,会导致磨损加剧,且易产生跳齿、脱链等现象。同时链条的绕转次数增多,加剧了疲劳磨损,从而影响链条的寿命。若中心距过大,则链传动的结构大,且由于链条松边的垂度大而产生抖动。一般中心距取 $a<80p$,大多情况下取 $a=(30\sim50)p$。

链条的长度以链节数 L_p 表示,L_p 可按下式计算:

$$L_p = \frac{L}{p} = 2\frac{a}{p} + \frac{z_1+z_2}{2} + \left(\frac{z_2-z_1}{2\pi}\right)^2 \cdot \frac{p}{a} \tag{9.6}$$

由上式计算得到的链节数应圆整为偶数。

由上式可推导出实际中心距的计算公式

$$a = \frac{p}{4}\left[\left(L_p - \frac{z_1+z_2}{2}\right) + \sqrt{\left(L_p - \frac{z_1+z_2}{2}\right)^2 - 8\left(\frac{z_2-z_1}{2\pi}\right)^2}\right] \tag{9.7}$$

一般情况下中心距设计成可调节的,若中心距不可调节,则实际安装中心距应比计算值小 $2\sim5$ mm。

9.4.5　链传动的设计计算

一般设计链传动时的已知条件为:传动的用途和工作情况,原动机的类型,需要传递的功率,主动轮的转速,传动比以及外廓安装尺寸等。

链传动的设计计算一般包括:确定滚子链的型号、链节距、链节数,选择链轮的齿数、材料、结构,绘制链轮工作图并确定传动的中心距。

链传动的具体设计计算方法和步骤见本章例题 9.1。

9.5　链传动的布置、张紧及润滑

9.5.1　链传动的布置

链传动的布置对传动的工作状况和使用寿命有较大的影响。通常情况下链传动的两轴线应平行布置,两链轮的回转平面应在同一平面内,否则易引起脱链和不正常磨损。链条应使主动边(紧边)在上,从动边(松边)在下,以免松边垂度过大时链与轮齿相干涉或紧、松边相碰。如果两链轮中心的连线不能布置在水平面上,其与水平面的夹角应小于 45°。应尽量避免中心线垂直布置,以防止下链轮啮合不良。

思考题 9.3　水平安装的链传动中,紧边宜放在上面还是下面?为什么?
思考题 9.4　两链轮布置在同一垂直平面内时,应采取哪些措施才能保证链传动正常工作?
思考题 9.5　图 9.10 中,为什么图示的小链轮旋转方向较合理?
思考题 9.6　为什么自行车通常采用链传动而不采用其他形式的传动?

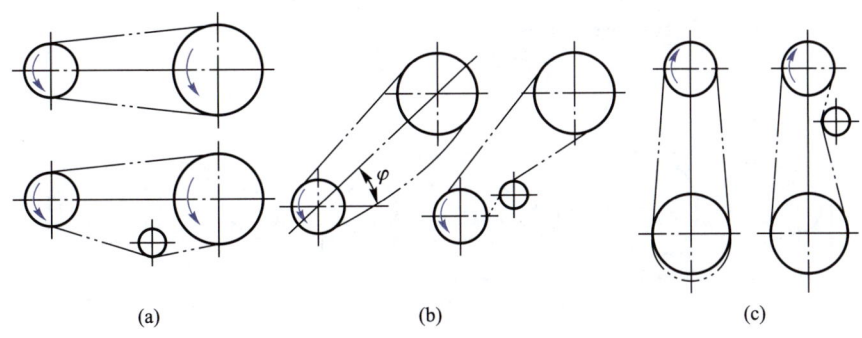

图 9.10　链传动的张紧

*9.5.2　链传动的张紧

链传动需适当张紧,以免垂度过大而引起啮合不良。一般情况下链传动设计成中心距可调整的形式,通过调整中心距来张紧链轮。也可采用张紧轮(图 9.10)张紧,张紧轮应设在松边,靠近小链轮处。

思考题 9.7　为什么张紧轮应设置在松边?
思考题 9.8　旧自行车的后轮(小链轮)比前轮(大链轮)容易脱链,这句话对吗?为什么?

*9.5.3　链传动的润滑

链传动的润滑是影响传动工作能力和寿命的重要因素之一,润滑良好可减少铰链磨损。润滑方式可根据链速和链节距的大小由图 9.11 选择。具体的润滑装置见图 9.12。润滑油应加于松边,以便润滑油渗入各运动接触面。润滑油一般可采用 L - AN32、L - AN46、L - AN68 油。

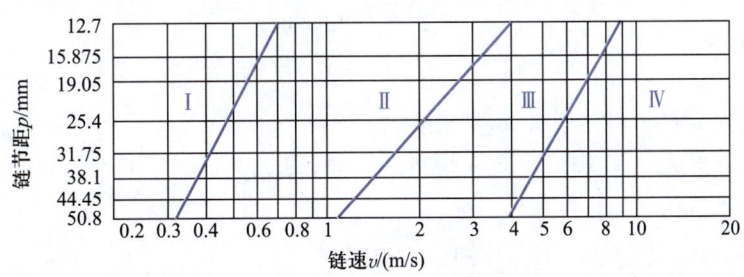

Ⅰ—人工定期润滑;Ⅱ—滴油润滑;Ⅲ—油浴或飞溅润滑;Ⅳ—压力喷油润滑
图 9.11　推荐的润滑方式

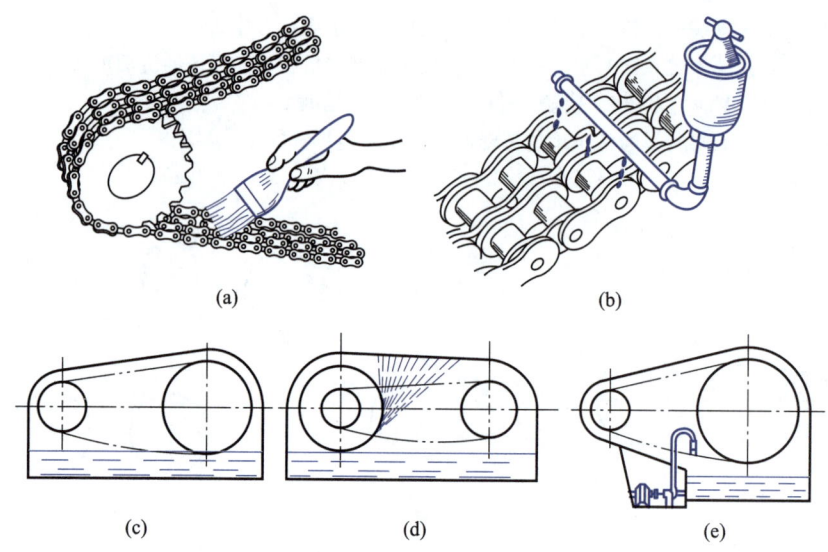

图9.12 链传动的润滑装置

例题 9.1 试设计一链式输送机的滚子链传动。已知传递功率 $P = 10$ kW，$n_1 = 950$ r/min，$n_2 = 250$ r/min，电动机驱动，载荷平稳，单班工作。

解 （1）选择链轮齿数 z_1、z_2

$$传动比\ i = \frac{n_1}{n_2} = \frac{950}{250} = 3.8$$

估计链速 $v = 3 \sim 8$ m/s，根据表 9.9 选取小链轮齿数 $z_1 = 25$，则大链轮齿数 $z_2 = iz_1 = 3.8 \times 25 = 95$。

（2）确定链节数

初定中心距 $a_0 = 40p$，由式（9.6）得链节数 L_p 为

$$L_p = \frac{2a_0}{p} + \frac{z_1 + z_2}{2} + \frac{p(z_2 - z_1)^2}{39.5 \times a_0}$$

$$= \frac{2 \times 40p}{p} + \frac{25 + 95}{2} + \frac{p(95-25)^2}{39.5 \times 40p} = 143.1$$

取 $L_p = 144$。

（3）根据额定功率曲线确定链型号

由表 9.4 查得 $K_A = 1$；由表 9.5 查得 $K_z = 1.35$；由表 9.6 查得 $K_i = 1.04$；由表 9.7 查得 $K_a = 1$；采用单排链由表 9.8 查得 $K_{pt} = 1$。

由式（9.3）计算特定条件下链传递的功率

$$P_0 \geq \frac{K_A P}{K_z \cdot K_i \cdot K_a \cdot K_{pt}} = \frac{1 \times 10}{1.35 \times 1.04 \times 1 \times 1}\ \text{kW} = 7.12\ \text{kW}$$

由图 9.9 选取链号为 10A，节距 $p = 15.875$ mm。

润滑方式为油浴润滑或飞溅润滑。

（4）验算链速

$$v = \frac{z_1 p n_1}{60 \times 1\,000} = \frac{25 \times 15.875 \times 950}{60 \times 1\,000} \text{ m/s} = 6.28 \text{ m/s}$$

v 值在 3~8 m/s 范围内，与估计相符。

（5）计算实际中心距

由式（9.7）得

$$a = \frac{p}{4}\left[\left(L_p - \frac{z_1+z_2}{2}\right) + \sqrt{\left(L_p - \frac{z_1+z_2}{2}\right)^2 - 8\left(\frac{z_2-z_1}{2\pi}\right)^2}\right]$$

$$= \frac{15.875}{4}\left[\left(144 - \frac{25+95}{2}\right) + \sqrt{\left(144 - \frac{25+95}{2}\right)^2 - 8\left(\frac{95-25}{2\pi}\right)^2}\right] \text{mm}$$

$$= 643 \text{ mm}$$

若设计成可调整中心距的形式，则不必精确计算中心距，可取 $a \approx a_0 = 40p = 40 \times 15.875$ mm = 635 mm。

（6）确定润滑方式

查图 9.11 知应选用油浴润滑。

（7）计算对链轮轴的压力 F'

由式（9.5）得

$$F' = 1.25F = 1.25 \times \frac{1\,000P}{v} = 1.25 \times \frac{1\,000 \times 10}{6.28} \text{ N} = 1\,990 \text{ N}$$

（8）链轮设计（略）。

（9）设计张紧、润滑等装置（略）。

复习题

9.1 链传动和带传动相比有哪些优缺点？

9.2 影响链传动速度不均匀性的主要参数是什么？为什么？

9.3 链节距 p 的大小对链传动的动载荷有何影响？

9.4 链传动的主要失效形式有哪几种？

9.5 链传动的设计准则是什么？

9.6 设计链传动时，为减少速度不均匀性应从哪几方面考虑？如何合理选择参数？

9.7 链传动的功率曲线是在什么条件下得到的？在实际使用中要进行哪些项目的修正？

9.8 链传动的合理布置有哪些要求？

9.9 链传动为何要适当张紧？常用的张紧方法有哪些？

9.10 如何确定链传动的润滑方式？常用的润滑装置和润滑油有哪些？

9.11 试设计一链式输送机中的链传动。已知传递功率 $P = 20$ kW，主动轮的转速 $n_1 = 230$ r/min，传动比为 $i = 2.5$，电动机驱动，三班制，有中等冲击，按推荐方式润滑。

第 9 章　链传动

9.12　已知一型号为 16A 的滚子链，主动轮齿数 $z_1 = 23$，转速 $n_1 = 960$ r/min，传动比 $i = 2.8$，中心距 $a = 800$ mm，油浴润滑，中等冲击，电动机为原动机，试求该链传动所能传递的功率。

9.13　在链传动、齿轮传动和带传动组成的多级传动中，链传动宜布置在哪一级？为什么？

9.14　链轮的极限转速为什么比带传动小？

9.15　链传动与带传动的张紧目的有何区别？

第 10 章

10

齿 轮 传 动

本章将介绍渐开线圆柱直齿、斜齿轮以及直齿锥齿轮传动的设计计算,内容包括齿轮原理和齿轮强度两个方面,其中将着重讨论圆柱直齿轮的设计计算方法。

齿轮原理部分将介绍渐开线特性、啮合特性、啮合传动等,关于变位齿轮仅介绍类型、传动计算的内容。

齿轮强度部分将介绍齿轮材料的选择、失效形式、设计准则等,从而得出具体的设计计算方法。

10.1 齿轮传动的特点和基本类型

齿轮传动用来传递任意两轴之间的运动和动力,其圆周速度可达到 300 m/s,传递功率可达 10^5 kW,齿轮直径可从 1 mm 到 150 m 以上,是现代机械中应用最广泛的一种机械传动。齿轮传动与摩擦轮和带轮传动相比主要有以下优点:1) 传递动力大、效率高;2) 寿命长,工作平稳,可靠性高;3) 能保证恒定的传动比,能传递成任意夹角的两轴间的运动。它的主要缺点有:1) 制造、安装精度要求较高,因而成本也较高。2) 不宜作轴间距离过大的传动。

按照一对齿轮传动的角速比是否恒定,可将齿轮传动分为非圆齿轮传动(角速比变化)及圆形齿轮传动(角速比恒定)两大类。本章只研究圆形齿轮传动。齿轮的具体分类方法见表 10.1 和图 10.1。

表 10.1 齿轮传动的分类

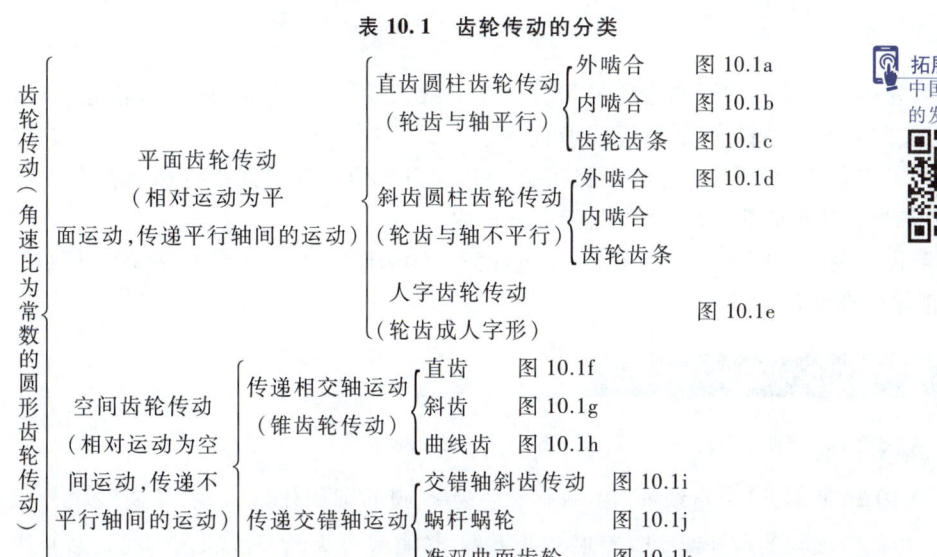

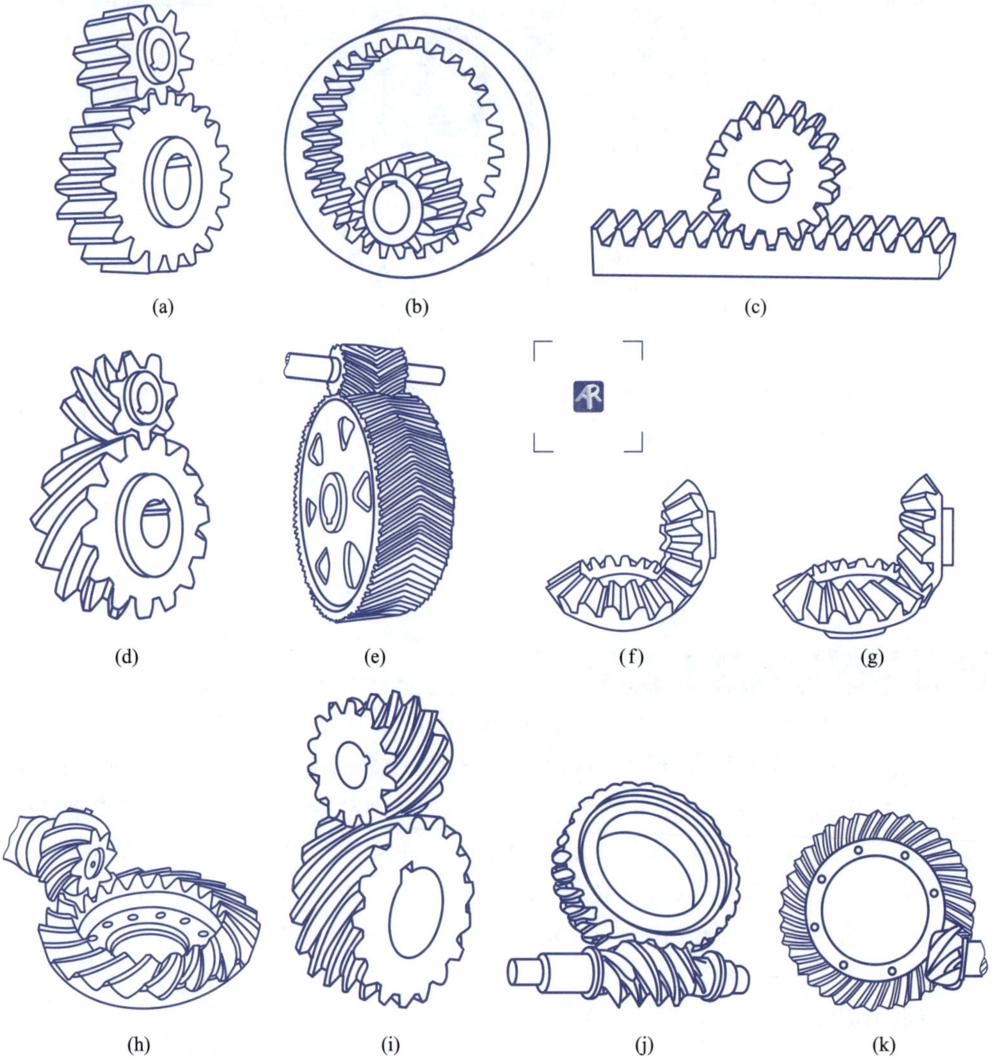

第 10 章　齿轮传动

图 10.1　齿轮传动的分类

按照轮齿齿廓曲线的不同齿轮又可分为渐开线齿轮、圆弧齿轮、摆线齿轮等，本章仅讨论制造、安装方便，应用最广的渐开线齿轮。

按照工作条件的不同，齿轮传动又可分为开式齿轮传动和闭式齿轮传动两种。前者轮齿外露，灰尘易落于齿面，后者轮齿封闭在箱体内。

按照齿廓表面的硬度可分为软齿面（硬度≤350 HBW）齿轮传动和硬齿面（硬度>350 HBW）齿轮传动两种。

10.2　渐开线齿轮的齿廓及传动比

10.2.1　渐开线的形成

如图 10.2a 所示，一条直线 nn 沿一个半径为 r_b 圆的圆周作纯滚动，该直线上任一点 K 的轨迹 AK 称为该圆的渐开线。这个圆称为基圆，该直线称为渐开线的发生线。渐开线上任

一点 K 的向径 OK 与起始点 A 的向径 OA 间的夹角 $\angle AOK$（$\angle AOK = \theta_K$）称为渐开线（AK 段）的展角。

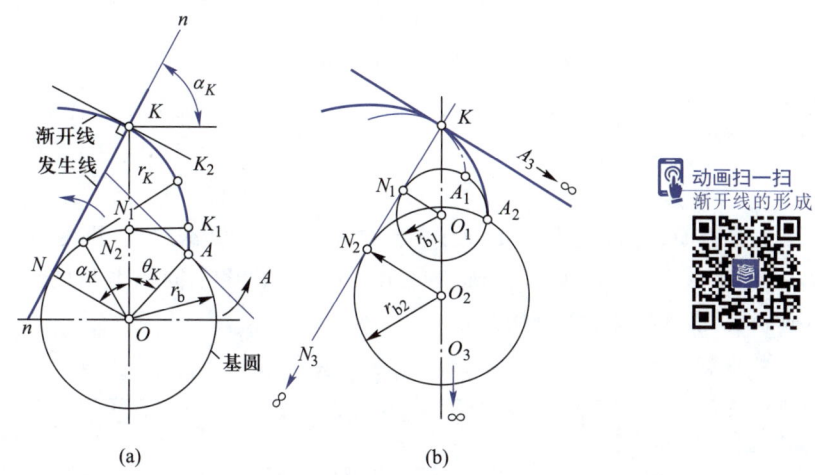

图 10.2　渐开线的形成

10.2.2　渐开线的性质

根据渐开线的形成，可知渐开线具有如下性质：

（1）发生线在基圆上滚过的长度等于基圆上被滚过的弧长，即 $NK = \widehat{NA}$；

（2）因为发生线在基圆上作纯滚动，所以它与基圆的切点 N 就是渐开线上 K 点的瞬时速度中心，发生线 NK 就是渐开线在 K 点的法线，同时它也是基圆在 N 点的切线；

（3）切点 N 是渐开线上 K 点的曲率中心，NK 是渐开线上 K 点的曲率半径。离基圆越近，曲率半径越小，如图 10.2a 所示，$N_1K_1 < N_2K_2$；

（4）渐开线的形状取决于基圆的大小。如图 10.2b 所示，基圆越大，渐开线越平直，当基圆半径无穷大时，渐开线为直线；

（5）基圆内无渐开线。

10.2.3　渐开线方程

在研究渐开线齿轮的啮合原理及几何尺寸的计算时，常常需要用到渐开线的方程式。渐开线可以用直角坐标方程式或极坐标方程来表示，但对于齿轮机构，应用极坐标方程比较方便。所以根据渐开线的形成原理来导出它的极坐标方程。

如图 10.2a 所示，渐开线上任一点 K 的位置可用向径 r_K 和展角 θ_K 来表示。若以此渐开线作为齿轮的齿廓，当两齿轮在 K 点啮合时，其正压力方向沿着 K 点的法线（NK）方向，而齿廓上 K 点的速度垂直于 OK 线。K 点的受力方向与速度方向之间所夹的锐角称为压力角 α_K，由图可知 $\angle NOK = \alpha_K$。由此可见，渐开线齿廓上各点的压力角值不同。在 $\triangle NOK$ 中可得出

$$\cos \alpha_K = \frac{ON}{OK} = \frac{r_b}{r_K}$$

向径 r_K 越大，压力角 α_K 也越大。

又在 △NOK 中可得出

$$\tan \alpha_K = \frac{NK}{ON} = \frac{\widehat{NA}}{ON} = \frac{r_b(\alpha_K + \theta_K)}{r_b} = \alpha_K + \theta_K$$

即

$$\theta_K = \tan \alpha_K - \alpha_K$$

渐开线的极坐标方程为

$$\left.\begin{array}{l} r_K = r_b / \cos \alpha_K \\ \theta_K = \tan \alpha_K - \alpha_K \end{array}\right\} \tag{10.1}$$

上式表明，θ_K 随压力角 α_K 而改变，称 θ_K 为压力角 α_K 的渐开线函数，记作 inv α_K，即 θ_K = inv α_K = $\tan \alpha_K - \alpha_K$，θ_K 以弧度（rad）度量。工程上已将不同压力角的渐开线函数 inv α_K 的值列成表格（表 10.2）以备查用。

表 10.2 渐开线函数 inv α_K = $\tan \alpha_K - \alpha_K$

α_K/(°)		0′	5′	10′	15′	20′	25′	30′	35′	40′	45′	50′	55′
10	0.00	1 794 1	1 839 7	1 886 0	1 933 2	1 981 2	2 029 9	2 079 5	2 129 9	2 181 0	2 233 0	2 285 9	2 339 6
11	0.00	2 394 1	2 449 5	2 505 7	2 562 8	2 620 8	2 679 7	2 739 4	2 800 1	2 861 6	2 924 1	2 987 5	3 051 8
12	0.00	3 117 1	3 183 2	3 250 4	3 318 5	3 387 5	3 457 5	3 528 5	3 600 5	3 673 5	3 747 4	3 822 4	3 898 4
13	0.00	3 975 4	4 053 4	4 132 5	4 212 6	4 293 8	4 376 0	4 459 3	4 543 7	4 629 1	4 715 7	4 803 3	4 892 1
14	0.00	4 981 9	5 072 9	5 165 0	5 258 2	5 352 6	5 448 2	5 544 8	5 642 7	5 741 7	5 842 0	5 943 4	6 046 0
15	0.00	6 149 8	6 254 8	6 361 1	6 468 6	6 577 3	6 687 3	6 798 5	6 911 0	7 024 8	7 139 8	7 256 1	7 373 8
16	0.0	07 493	07 613	07 735	07 857	07 982	08 107	08 234	08 362	08 492	08 623	08 756	08 889
17	0.0	09 025	09 161	09 299	09 439	09 580	09 722	09 866	10 012	10 158	10 307	10 456	10 608
18	0.0	10 760	10 915	11 071	11 228	11 387	11 547	11 709	11 873	12 038	12 205	12 373	12 543
19	0.0	12 715	12 888	13 063	13 240	13 418	13 598	13 779	13 963	14 148	14 334	14 523	14 713
20	0.0	14 904	15 098	15 293	15 490	15 689	15 890	16 092	16 296	16 502	16 710	16 920	17 132
21	0.0	17 345	17 560	17 777	17 996	18 217	18 440	18 665	18 891	19 120	19 350	19 583	19 817
22	0.0	20 054	20 292	20 533	20 775	21 019	21 266	21 514	21 765	22 018	22 272	22 529	22 788
23	0.0	23 049	23 312	23 577	23 845	24 114	24 386	24 660	24 936	25 214	25 495	25 778	26 062
24	0.0	26 350	26 639	26 931	27 225	27 521	27 820	28 121	28 424	28 729	29 037	29 348	29 660
25	0.0	29 975	30 293	30 613	30 935	31 260	31 587	31 917	32 249	32 583	32 920	33 260	33 602
26	0.0	33 947	34 294	34 644	34 997	35 352	35 709	36 069	36 432	36 798	37 166	37 537	37 910
27	0.0	38 287	38 666	39 047	39 432	39 819	40 209	40 602	40 997	41 395	41 797	42 201	42 607
28	0.0	43 017	43 430	43 845	44 264	44 685	45 110	45 537	45 967	46 400	46 837	47 276	47 718
29	0.0	48 164	48 612	49 064	49 518	49 976	50 437	50 901	51 368	51 838	52 312	52 788	53 268
30	0.0	53 751	54 238	54 728	55 221	55 717	56 217	56 720	57 226	57 736	58 249	58 765	59 285
31	0.0	59 809	60 336	60 866	61 400	61 937	62 478	63 022	63 570	64 122	64 677	65 236	65 799

10.2 渐开线齿轮的齿廓及传动比

续表

$\alpha_K/(°)$		0′	5′	10′	15′	20′	25′	30′	35′	40′	45′	50′	55′
32	0.0	66 364	66 934	67 507	68 084	68 665	69 250	69 838	70 430	71 026	71 626	72 230	72 838
33	0.0	73 449	74 064	74 684	75 307	75 934	76 565	77 200	77 839	78 483	79 130	79 781	80 437
34	0.0	81 097	81 760	82 428	83 100	83 777	84 457	85 142	85 832	86 525	87 223	87 925	88 631
35	0.0	39 342	90 058	90 777	91 502	92 230	92 963	93 701	94 443	95 190	95 942	96 698	97 459
36	0.0	098 22	098 99	099 77	100 55	101 33	102 12	102 92	103 71	104 52	105 33	106 14	106 96
37	0.0	107 78	108 61	109 44	110 28	111 13	111 97	112 83	113 69	114 55	115 42	116 30	117 18
38	0.0	118 06	118 95	119 85	120 75	121 65	122 57	123 48	124 41	125 34	126 27	12 721	12 815
39	0.0	129 11	130 06	131 02	131 99	132 97	133 95	134 93	135 92	136 92	137 92	138 93	139 95
40	0.0	140 97	142 00	143 03	144 07	145 11	146 16	147 22	148 29	149 36	150 43	151 52	152 61
41	0.0	153 70	154 80	155 91	157 03	158 15	159 28	160 41	161 56	162 70	163 86	165 02	166 19
42	0.0	167 37	168 55	169 74	170 93	172 14	173 36	174 57	175 79	177 02	178 26	179 51	180 76
43	0.0	182 02	183 29	184 57	185 85	187 14	188 44	189 75	191 06	192 38	193 71	195 05	196 39
44	0.0	197 74	199 10	200 47	201 85	203 23	204 63	206 03	207 43	208 85	210 28	211 71	213 15
45	0.0	214 60	216 06	217 53	219 00	220 49	221 98	223 48	224 99	226 51	228 04	229 58	231 12
46	0.0	232 68	234 24	235 82	237 40	238 99	240 59	242 20	243 82	245 45	247 09	248 74	250 40
47	0.0	252 06	253 74	255 43	257 13	258 83	260 55	262 28	264 01	265 75	267 52	269 29	271 07
48	0.0	272 85	274 65	276 46	278 28	280 12	281 96	283 81	285 67	287 55	289 43	291 33	293 24
49	0.0	295 16	297 09	299 03	300 98	302 95	304 92	306 91	308 91	310 92	312 95	314 98	317 03
50	0.0	319 09	321 16	323 24	325 34	327 45	329 57	331 71	333 85	336 01	338 18	340 37	342 57
51	0.0	344 78	347 00	349 24	351 49	353 76	356 04	358 33	360 63	362 95	365 29	367 63	369 99
52	0.0	372 37	374 76	377 16	379 58	382 02	384 46	386 93	389 41	391 90	394 41	396 93	399 47
53	0.0	402 02	404 59	407 17	409 77	412 39	415 02	417 67	420 34	423 02	425 71	428 43	431 16
54	0.0	433 90	436 67	439 45	442 25	445 06	447 89	45 074	453 61	456 50	459 40	462 32	465 26
55	0.0	468 22	471 19	474 19	477 20	480 23	483 28	486 35	489 44	492 55	495 68	498 82	501 99
56	0.0	505 18	508 38	511 61	514 86	518 13	521 41	524 72	523 05	531 41	534 78	538 17	541 59
57	0.0	545 03	548 49	551 97	555 47	559 00	562 55	566 12	569 72	573 33	576 98	580 64	584 33
58	0.0	588 04	591 78	595 54	599 33	603 14	606 97	610 83	614 72	618 63	622 57	626 53	630 52
59	0.0	634 54	638 58	642 65	646 74	650 86	655 01	659 19	663 40	667 63	671 89	676 18	680 50

例题 10.1 已知基圆半径 $r_b = 50$ mm，渐开线 AK 段的展角 $\theta_K = 0.854°$（图 10.2a）。试求渐开线上 K 点的压力角 α_K 及向径 r_K。

解 （1）α_K

先把以度为单位的渐开线展角换算成以弧度为单位的

$$\theta_K = \frac{0.854° \times \pi}{180°} \text{ rad} = 0.014\ 904 \text{ rad}$$

$\theta_K = \text{inv } \alpha_K$，就可查表 10.2 得出 $\alpha_K = 20°$。

（2）向径 r_K

由式（10.1）求出

$$r_K = \frac{r_b}{\cos \alpha_K} = \frac{50}{\cos 20°} \text{ mm} = 53.2 \text{ mm}$$

例题 10.2 已知渐开线上某点的压力角 $\alpha_K = 22°18'25''$，试求其渐开线函数值。

解 由表 10.2 可知，α_K 值为 $22°18'25''$ 时，无法从表中直接查出 inv α_K 值，只能用线性插值法近似地求出。

由表 10.2 可查出

$$\text{inv } 22°15' = 0.020\ 775 \text{ rad}$$
$$\text{inv } 22°20' = 0.021\ 019 \text{ rad}$$

从以上结果可以看出相差 $5'$，inv α 值就相差 $(0.021\ 019 - 0.020\ 775)$ rad = $0.000\ 244$ rad，而角度 $22°18'25''$ 比 $22°15'$ 大（$22°18'25'' - 22°15' = 3'25'' = 205''$）。

$$\frac{0.000\ 244}{5'} \times 205'' \text{ rad} = \frac{0.000\ 244}{300''} \times 205'' \text{ rad} = 0.000\ 167 \text{ rad}$$

由此可得出

$$\text{inv } \alpha_K = \text{inv } 22°18'25'' = \text{inv } 22°15' + \text{inv } 205''$$
$$= 0.020\ 775 \text{ rad} + 0.000\ 167 \text{ rad} = 0.020\ 942 \text{ rad}$$

10.2.4 渐开线齿廓的啮合特点

一对齿轮传动是靠主动轮齿廓依次推动从动轮齿廓来实现的。两轮的瞬时角速度之比称为传动比。在工程中要求传动比为定值。

$$i_{12} = \frac{\omega_1}{\omega_2}$$

通常主动轮用"1"表示，从动轮用"2"表示。ω_1 为主动轮的角速度，ω_2 为从动轮的角速度。在一般情况下为降速的，故 $i>1$。上式中 i_{12} 只表示其大小，而不考虑两轮的转动方向。

啮合特性如下所述：

1. 四线合一

如图 10.3 所示，一对渐开线齿廓在任意点 K 啮合，过 K 点作两齿廓的公法线 N_1N_2，根据渐开线性质，该公法线就是两基圆的内公切线。当两齿廓转到 K' 点啮合时，过 K' 点所作公法线也是两基圆的公切线。由于齿轮基圆的大小和位置均固定，公法线 nn 是唯一的，因此不管齿轮在哪一点啮合，啮合点总在这条公法线上，该公法线又可称为啮合线。由于两个齿轮啮合传动时其正压力是沿着公法线方向的，因此对渐开线齿廓的齿轮传动来说，啮合线、过啮合点的公法线、基圆的内公切线和正压力作用线四线合一。该线与连心线 O_1O_2 的交点

P 是一固定点，P 点称为节点。

2. 中心距可分性

如图 10.3 所示，分别以轮心 O_1 与 O_2 为圆心，以 $r'_1 = O_1P$ 与 $r'_2 = O_2P$ 为半径所作的圆，称为节圆。一对渐开线齿轮的啮合传动可以看作两个节圆的纯滚动，且 $v_{P1} = v_{P2}$。设齿轮1、齿轮2的角速度分别为 ω_1 和 ω_2，则

$$v_{P1} = \omega_1 \cdot O_1P = v_{P2} = \omega_2 \cdot O_2P$$

从图 10.3 中可知，$\triangle O_1PN_1 \backsim \triangle O_2PN_2$，所以两轮的传动比为

$$i_{12} = \frac{\omega_1}{\omega_2} = \frac{O_2P}{O_1P} = \frac{r'_2}{r'_1} = \frac{r_{b2}}{r_{b1}}$$

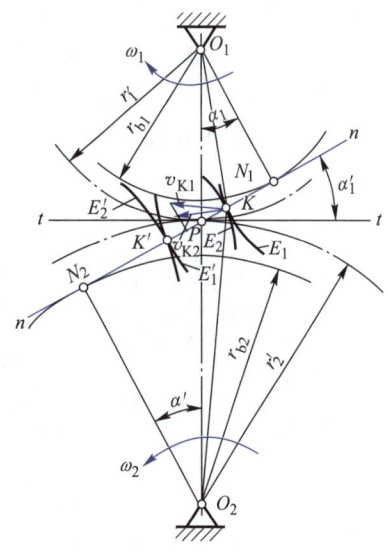

图 10.3 渐开线齿轮的啮合

由上式可知渐开线齿轮的传动比是常数。齿轮一经加工完毕，基圆大小就确定了，因此在安装时若中心距略有变化也不会改变传动比的大小，此特性称为中心距可分性。该特性使渐开线齿轮对加工、安装的误差及轴承的磨损均不敏感，这一点对齿轮传动的应用十分重要。

3. 啮合角不变

啮合线与两节圆公切线所夹的锐角称为啮合角，用 α' 表示，它就是渐开线在节圆上的压力角。显然齿轮传动时啮合角不变，力作用线方向不变。若传递的扭矩不变，其压力大小也保持不变，因而传动较平稳。

4. 齿面的滑动

如图 10.3 所示在节点啮合时，两个节圆作纯滚动，齿面上无滑动存在。在任意点 K 啮合时，由于两轮在 K 点的线速度（v_{K1}、v_{K2}）不重合，必会产生沿着齿面方向的相对滑动，造成齿面的磨损等。

10.3 渐开线标准直齿圆柱齿轮的主要参数及几何尺寸计算

10.3.1 齿轮各部分的名称和符号

图 10.4 所示为直齿圆柱齿轮的一部分，图 10.4a 为外齿轮，图 10.4b 为内齿轮，图 10.4c 为齿条。由图可知，轮齿两侧齿廓是形状相同、方向相反的渐开线曲面。

如图 10.4a 所示，圆周上均匀分布的轮齿总数称为齿数，用 z 表示。相邻两齿间的空间称为齿槽，过所有齿槽底部的圆称为齿根圆，半径用 r_f 表示。过所有轮齿顶部的圆称为齿顶圆，半径用 r_a 表示。从图 10.4a、b 可见，外齿轮的齿顶圆大于齿根圆，而内齿轮则相反。在任意半径 r_K 的圆周上，同一轮齿两侧齿廓间的弧长称为该圆上的齿厚，用 s_K 表示，而相邻两齿齿间的弧长称为该圆上的齿槽宽，用 e_K 表示。相邻两齿同侧齿廓间的弧长称为该圆上的齿距，用 p_K 表示，$p_K = s_K + e_K$。由齿距定义可知，$p_K z = d_K \pi$，则 $d_K = z p_K / \pi = z m_K$，式中 $m_K = \dfrac{p_K}{\pi}$，

称为该圆上的模数。为使设计制造方便，人为取定一个圆，使该圆上的模数为标准值（一般是一些简单的有理数），并使该圆上的压力角也为标准值，这个圆叫分度圆。分度圆上的所有参数不带下标，如分度圆上的模数为 m，直径为 d，压力角为 α 等。我国规定的标准压力角为 $20°$，标准模数如表10.3所列。有些国家常用的压力角除 $20°$ 外，还有 $15°$、$14.5°$ 等。

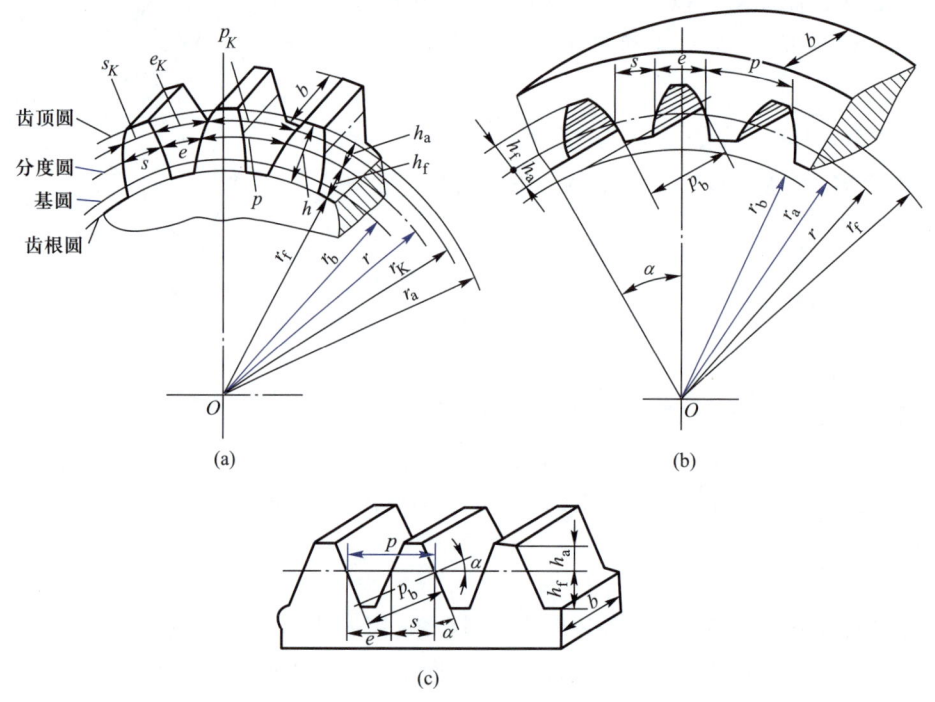

图 10.4　齿轮各部分的名称和符号

表 10.3　渐开线齿轮的模数（GB/T 1357—2008）　　　　　　　　　mm

第一系列	1	1.25	1.5	2	2.5	3	4	5	6	8	10	12	16	20	25	32	40	50
第二系列	1.75	2.25	2.75	(3.25)	3.5	(3.75)	4.5	5.5	(6.5)	7	9	(11)	14	18	22	28	(30)	36	45

注：1. 选取时优先采用第一系列，括号内的模数尽可能不用；
　　2. 对斜齿轮，该表所示为法面模数。

分度圆与齿顶圆之间的径向距离称为齿顶高，用 h_a 表示，分度圆与齿根圆之间的径向距离称为齿根高，用 h_f 表示，齿顶高与齿根高之和称为全齿高，用 h 表示。

当基圆半径趋向无穷大时，渐开线齿廓变成直线齿廓，齿轮变成齿条，齿轮上的各圆都变成齿条上相应的线。如图 10.4c 所示，齿条上同侧齿廓互相平行，所以齿廓上任意点的齿距都相等，但只有在分度线上齿厚与齿槽宽才相等，即 $s=e=\pi m/2$。齿条齿廓上各点的压力角都相等，均为标准值。齿廓的倾斜角称为齿形角，其大小与压力角相等。

10.3.2　标准直齿圆柱齿轮的基本参数及几何尺寸计算

标准直齿圆柱齿轮的基本参数有 5 个：z、m、α、h_a^*、c^*，其中 h_a^* 称为齿顶高系数，c^* 称为顶隙系数。我国规定的标准值为 $h_a^*=1$，$c^*=0.25$。标准直齿圆柱齿轮的所有尺寸均可用上述 5 个参数来表示，几何尺寸的计算公式列于表 10.4 中。

如果一个齿轮的 m、α、h_a^*、c^* 均为标准值,并且分度圆上 $s=e$,则该齿轮称为标准齿轮。

任意圆上的齿厚 s_K 为

$$s_K = sr_K/r - 2r_K(\text{inv }\alpha_K - \text{inv }\alpha) \tag{10.2}$$

式中 r_K 为任意圆的半径,α_K 为任意圆上的压力角,r 为分度圆的半径,α 为分度圆上的压力角,s 为分度圆上的齿厚。

表10.4 标准直齿圆柱齿轮几何尺寸的计算公式

序号	名称	符号	计算公式
1	齿顶高	h_a	$h_a = h_a^* m = m$
2	齿根高	h_f	$h_f = (h_a^* + c^*)m = 1.25m$
3	齿全高	h	$h = h_a + h_f = (2h_a^* + c^*)m = 2.25m$
4	顶隙	c	$c = c^* m = 0.25m$
5	分度圆直径	d	$d = mz$
6	基圆直径	d_b	$d_b = d\cos\alpha$
7	齿顶圆直径	d_a	$d_a = d \pm 2h_a = m(z \pm 2h_a^*)$
8	齿根圆直径	d_f	$d_f = d \mp 2h_f = m(z \mp 2h_a^* \mp 2c^*)$
9	齿距	p	$p = \pi m$
10	齿厚	s	$s = \dfrac{p}{2} = \dfrac{\pi m}{2}$
11	齿槽宽	e	$e = \dfrac{p}{2} = \dfrac{\pi m}{2}$
12	标准中心距	a	$a = \dfrac{1}{2}(d_2 \pm d_1) = \dfrac{1}{2}m(z_2 \pm z_1)$

注:表中正负号处,上面符号用于外齿轮,下面符号用于内齿轮。

根据式(10.2)可得基圆上的齿厚为

$$s_b = sr_b/r - 2r_b(\text{inv }\alpha_b - \text{inv }\alpha) = m\cos\alpha(\pi/2 + z\text{ inv }\alpha)$$

齿轮上跨过一定齿数 k 所量得的渐开线间的法线距离称为公法线长度(图10.5),用 W_k 表示,W_k 的计算公式为

$$W_k = (k-1)p_b + s_b$$

式中,k 为跨测齿数,p_b 为基圆齿距,$p_b = \pi m\cos\alpha$,s_b 为基圆齿厚,将 p_b 和 s_b 代入上式得

$$W_k = m\cos\alpha[(k-0.5)\pi + z\text{ inv }\alpha] \tag{10.3}$$

当 $\alpha = 20°$ 时,$k = 0.111z + 0.5$(取整数)。

国际上有少数国家不采用模数制,而采用径节制,径节(DP)和模数成倒数关系。径节 DP 的单位为 $1/\text{in}$,可由下式将径节换算成模数

$$m = \frac{25.4}{DP}$$

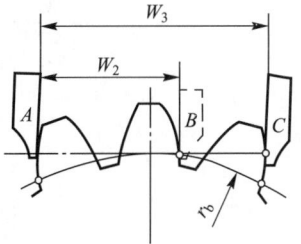

图10.5 测量公法线

思考题 10.1 齿轮齿廓上哪一点的压力角为标准值?哪一点的压力角最大?哪一点压力角最小?

思考题 10.2 为什么一般渐开线齿轮分度圆上的压力角取 20°左右?若取 45°有什么问题?

思考题 10.3 现有一不知具体几何尺寸的齿轮,试问如何确定它的几何尺寸?

思考题 10.4 分度圆与节圆、压力角和啮合角各有什么不同？在什么条件下分度圆与节圆重合,压力角与啮合角相等？

10.4 渐开线直齿圆柱齿轮的啮合传动

10.4.1 渐开线直齿圆柱齿轮的正确啮合条件

如图 10.6 所示,设相邻两齿同侧齿廓与啮合线 N_1N_2（同时为啮合点的法线）的交点分别为 K_1 和 K_2,线段 K_1K_2 的长度称为齿轮的法向齿距。显然,要使两轮正确啮合,它们的法向齿距必须相等。由渐开线的性质可知,法向齿距等于两轮基圆上的齿距,因此要使两轮正确啮合,必须满足 $p_{b1}=p_{b2}$,而 $p_b=\pi m\cos\alpha$,故可得

$$\pi m_1 \cos\alpha_1 = \pi m_2 \cos\alpha_2$$

由于渐开线齿轮的模数 m 和压力角 α 均标准值,所以两轮的正确啮合条件为

$$\left. \begin{array}{r} m_1 = m_2 = m \\ \alpha_1 = \alpha_2 = \alpha \end{array} \right\} \tag{10.4}$$

即两轮的模数和压力角分别相等。

于是,一对渐开线直齿圆柱齿轮的传动比又可表达为

$$i_{12} = \frac{\omega_1}{\omega_2} = \frac{r_2'}{r_1'} = \frac{r_{b2}}{r_{b1}} = \frac{r_2 \cos\alpha}{r_1 \cos\alpha} = \frac{r_2}{r_1} = \frac{z_2}{z_1} \tag{10.5}$$

即其传动比不仅与两轮的基圆、节圆、分度圆直径成反比,而且与两轮的齿数成反比。

思考题 10.5 在技术改造中拟使用两个现成的标准直齿圆柱齿轮。已测得齿数 $z_1=22, z_2=98$,小齿轮齿顶圆直径 $d_{a1}=240$ mm,大齿轮的齿全高 $h=22.5$ mm,试判断这两个齿轮能否正确啮合。

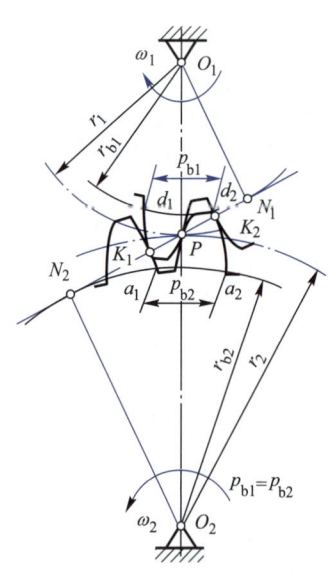

图 10.6 正确啮合的条件

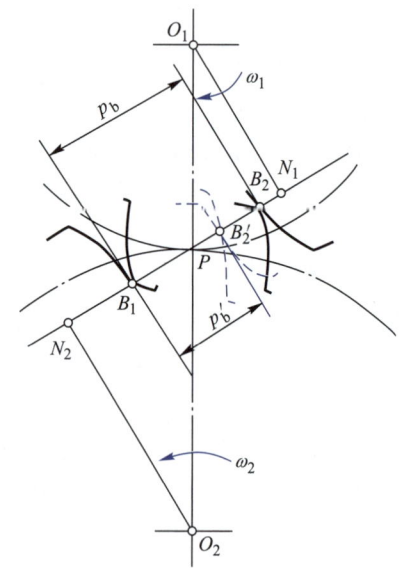

图 10.7 齿轮传动的重合度

10.4.2 渐开线齿轮传动的重合度

齿轮传动是依靠两轮的轮齿依次啮合而实现的。如图 10.7 所示,齿轮 1 为主动轮,齿轮

2 为从动轮,齿轮的啮合是从主动轮的齿根推动从动轮的齿顶开始的,因此初始啮合点是从动轮齿顶与啮合线的交点 B_2 点,一直啮合到主动轮的齿顶与啮合线的交点 B_1 点为止,由此可见 B_1B_2 是实际啮合线长度。显然,随着齿顶圆的增大,B_1B_2 线可以加长,但不会超过 N_1、N_2 点,N_1、N_2 点称为啮合极限点,N_1N_2 是理论啮合线长度。当 B_1B_2 恰好等于 p_b 时,即前一对齿在 B_1 点即将脱离,后一对齿刚好在 B_2 点接触,齿轮能保证连续传动。但若齿轮 2 的齿顶圆直径稍小,它与啮合线的交点在 B_2',则 $B_1B_2'<p_b$。此时前一对齿即将分离,后一对齿尚未进入啮合,齿轮传动中断。若如图中虚线所示,前一对齿到达 B_1 点时,后一对齿已经啮合多时,此时 $B_1B_2>p_b$。由此可见,齿轮连续传动的条件为

$$\varepsilon = \frac{B_1B_2}{p_b} \geq 1 \qquad (10.6)$$

式中,ε 称为重合度,它表明同时参与啮合轮齿的对数。ε 大表明同时参与啮合轮齿的对数多,每对齿的负荷小,负荷变动量也小,传动平稳。因此 ε 是衡量齿轮传动质量的指标之一。对于 $\alpha=20°$,$h_a^*=1$ 的标准直齿圆柱齿轮,其重合度恒大于 1,经计算得出 $\varepsilon_{max}=1.981$。

表 10.5 所列为许用重合度 $[\varepsilon]$ 的推荐值,设计时应满足 $\varepsilon>[\varepsilon]$。

表 10.5 $[\varepsilon]$ 的推荐值

使用场合	一般机械制造业	汽车、拖拉机	金属切削机床
$[\varepsilon]$	1.4	1.1~1.2	1.3

思考题 10.6 两对标准直齿圆柱齿轮,已知 $m_1=m_2=5$ mm,$z_1=20$,$z_2=30$,$m_3=m_4=2.5$ mm,$z_3=40$,$z_4=60$。当安装中心距一样时,试问这两对齿轮传动的重合度是否一致?

10.4.3 渐开线齿轮的无侧隙啮合

1. 外啮合传动

为了避免冲击、振动、噪声等,理论上齿轮传动应为无侧隙啮合。如图 10.8 所示,齿轮啮合时相当于一对节圆作纯滚动,齿轮的侧隙 Δ 可表示为 $\Delta=e_1'-s_2'=0$。由 10.3.2 节可知,标准齿轮分度圆上的齿厚等于齿槽宽,即 $s=e=\pi m/2$,而两轮要正确啮合必须保证 $m_1=m_2$,所以若要保证无侧隙啮合,就要求分度圆与节圆重合。这样的安装称为标准安装,此时的中心距称为标准中心距

$$a = r_1' + r_2' = r_1 + r_2 = m(z_1+z_2)/2 \qquad (10.7)$$

此时两齿轮在径向方向留有间隙 c,其值为一齿轮的齿根高减去另一齿轮的齿顶高,即 $c=(h_a^*+c^*)m-h_a^*m=c^*m$,$c$ 称为标准顶隙。

当安装中心距不等于标准中心距(即非标准安装)时,节圆半径要发生变化,但分度圆半径是不变的,这时分度圆与节圆不重合。啮合线位置变化,啮合角也不再等于分度圆上的压力角。此时的中心距为

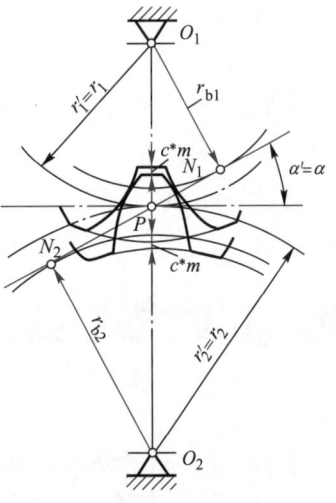

图 10.8 外啮合传动

$$a' = r'_1 + r'_2 = \frac{r_{b1}}{\cos\alpha'_1} + \frac{r_{b2}}{\cos\alpha'_2} = (r_1 + r_2)\frac{\cos\alpha}{\cos\alpha'} = a\frac{\cos\alpha}{\cos\alpha'} \qquad (10.8)$$

但无论是标准安装还是非标准安装,其传动比 i_{12} 均为式(10.5),其值为一恒值。

2. 齿轮齿条啮合

当齿轮齿条啮合时,相当于齿轮的节圆与齿条的节线作纯滚动,如图 10.9 所示。当采用标准安装时,齿条的节线与齿轮的分度圆相切,此时 $\alpha' = \alpha$。当齿条远离或靠近齿轮时(相当于齿轮中心距改变),由于齿条的齿廓是直线,所以啮合线位置不变,啮合角不变,节点位置不变,所以不管是否为标准安装,齿轮与齿条啮合时齿轮的分度圆永远与节圆重合,啮合角恒等于压力角。但只有在标准安装时,齿条的分度线才与节线重合。

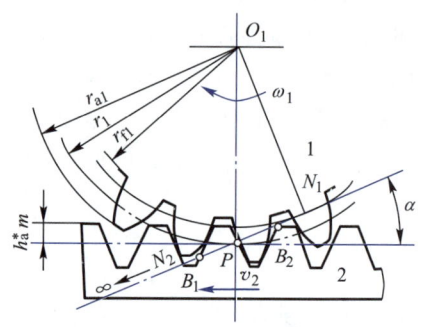

图 10.9 齿轮齿条啮合

必须指出,为了保证齿面润滑,避免轮齿因摩擦发生热膨胀而产生卡死现象,以及为了补偿加工误差等,齿轮传动应留有很小的侧隙。此侧隙一般在制造齿轮时由齿厚负偏差来保证,而在设计计算齿轮尺寸时仍按无侧隙计算。

例题 10.3 已知一对标准安装时外啮合标准直齿圆柱齿轮的参数为:$z_1 = 30$,$i = 3.8$,$\alpha = 20°$,$m = 2.5$ mm,$h_a^* = 1$。

试求:(1)大齿轮的分度圆直径、齿顶圆直径和齿根圆直径;

(2)标准安装时的中心距;

(3)若两轮中心距比标准值大 1 mm,则其重合度如何变化?

解 (1)大齿轮的分度圆直径、齿顶圆直径和齿根圆直径:

大齿轮的齿数　　$z_2 = z_1 i = 30 \times 3.8$ mm $= 114$

分度圆直径　　$d_2 = mz_2 = 2.5 \times 114$ mm $= 285$ mm

齿顶圆直径　　$d_{a2} = d + 2h_a = m(z_2 + 2h_a^*) = 2.5 \times (114 + 2)$ mm $= 290$ mm

齿根圆直径　　$d_{f2} = d - 2h_f = m(z_2 - 2h_a^* - 2c^*) = 2.5 \times (114 - 2.5)$ mm $= 278.75$ mm

(2)标准安装时的中心距 $a = r_1 + r_2 = 180$ mm。

(3)若两轮中心距加大时,两齿轮的实际啮合线段将短于标准安装时的实际啮合线段,由公式(10.6)可知,重合度减少。

由此可知,若中心距略有增大,则重合度将明显降低。

10.5　渐开线齿轮的加工方法

加工渐开线齿轮的方法分为仿形法和展成法两类。

1. 仿形法

仿形法是在普通铣床上用轴向剖面形状与被切齿轮齿槽形状完全相同的铣刀切制齿轮的方法,如图 10.10 所示。铣完一个齿槽后,分度头将齿坯转过 $360°/z$,再铣下一个齿槽,直到铣出所有的齿槽。

仿形法加工方便易行,但精度难以保证。由于渐开线齿廓形状取决于基圆的大小,而基圆半径 $r_b = (mz\cos\alpha)/2$,故齿廓形状与 m、z、α 有关。欲加工精确齿廓,对模数和压力角相同、齿数不同的齿轮,应采用不同的刀具,而这在实际生产中是不可能的。生产中通常用同一号铣刀切制同模数、不同齿数的齿轮,故所得齿形通常是近似的。表 10.6 列出了 1~8 号圆盘铣刀加工齿轮的齿数范围。

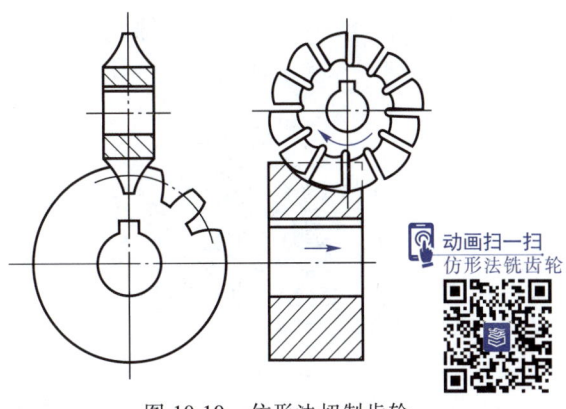

图 10.10 仿形法切制齿轮

表 10.6 圆盘铣刀加工齿数的范围

刀号	1	2	3	4	5	6	7	8
加工齿数范围	12~13	14~16	17~20	21~25	26~34	35~54	55~134	135 及以上

2. 展成法

展成法是利用一对齿轮无侧隙啮合时两轮的齿廓互为包络线的原理加工齿轮的。加工时刀具与齿坯的运动就像一对互相啮合的齿轮,最后刀具将齿坯切出渐开线齿廓。展成法切制齿轮常用的刀具有三种:

(1) 齿轮插刀 是齿廓为刀刃的外齿轮,如图 10.11a 所示;
(2) 齿条插刀 是齿廓为刀刃的齿条,如图 10.11b 所示。

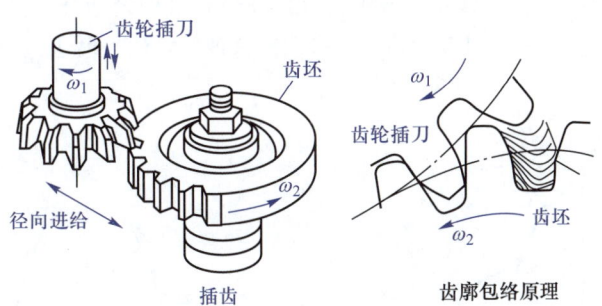

(a) 齿轮插刀切制齿轮

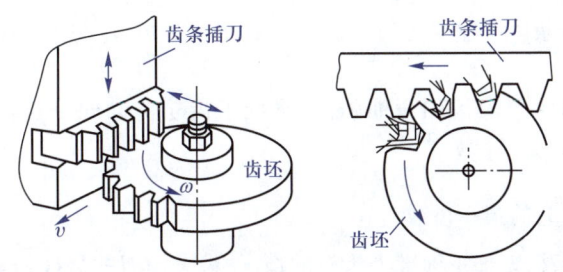

(b) 齿条插刀切制齿轮

图 10.11 齿轮插刀、齿条插刀切制齿轮

（3）齿轮滚刀　像梯形螺纹的螺杆,轴向剖面齿廓为精确的直线齿廓,滚刀转动时相当于齿条在移动。可以实现连续加工,生产率较高,如图 10.12 所示。

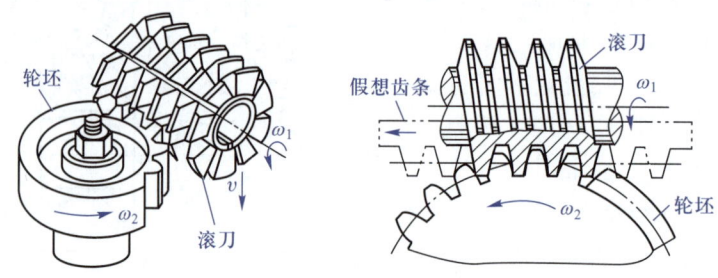

图 10.12　齿轮滚刀切制齿轮

用展成法加工齿轮时,只要刀具与被加工齿轮的模数和压力角相同,不管被加工齿轮的齿数是多少,都可以用同一把刀具来加工,这给生产带来了很大的方便,因此展成法得到了广泛的应用。

思考题 10.7　现有 4 个标准齿轮：$m_1 = 4$ mm, $z_1 = 25$; $m_2 = 4$ mm, $z_2 = 50$; $m_3 = 3$ mm, $z_3 = 60$; $m_4 = 2.5$ mm, $z_4 = 40$。试问：1）哪两个齿轮的渐开线形状相同？2）哪两个齿轮能正确啮合？3）哪两个齿轮能用同一把滚刀制造？这两个齿轮能否改成用同一把铣刀加工？

10.6　渐开线齿廓的根切现象与标准外啮合直齿轮的最少齿数

10.6.1　根切现象

用展成法加工齿轮时,若刀具的齿顶线（或齿顶圆）超过理论啮合线极限点 N 时（图 10.13）,被加工齿轮齿根附近的渐开线齿廓将被切去一部分,这种现象称为根切,如图 10.14 所示。

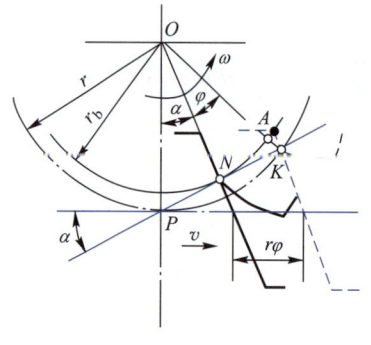

图 10.13　根切的产生

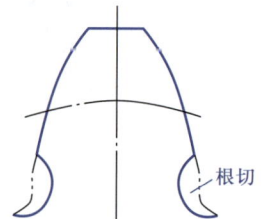

图 10.14　轮齿的根切现象

轮齿的根切大大削弱了轮齿的弯曲强度,降低了齿轮传动的平稳性和重合度,因此应力求避免。

10.6.2　标准外啮合直齿轮的最少齿数

图 10.15 所示为齿条插刀加工标准外齿轮的情况,齿条插刀的分度线与齿轮的分度圆相切。要使被切齿轮不产生根切,刀具的齿顶线不得超过 N 点,即

$$h_a^* m \leq NM$$

10.7 变位齿轮传动

而 $NM = PN \cdot \sin\alpha = r\sin^2\alpha = \dfrac{mz}{2}\sin^2\alpha$

整理后得出

$$z \geqslant \dfrac{2h_a^*}{\sin^2\alpha}$$

即

$$z_{\min} = \dfrac{2h_a^*}{\sin^2\alpha} \quad (10.9)$$

当 $\alpha = 20°$、$h_a^* = 1$ 时,$z_{\min} = 17$。

思考题 10.8 用滚刀和圆盘铣刀加工出两个齿数为 13 的标准直齿轮,这两个齿轮齿廓有什么不同?若将它们分别与标准齿条相啮合,会有什么不同状况?

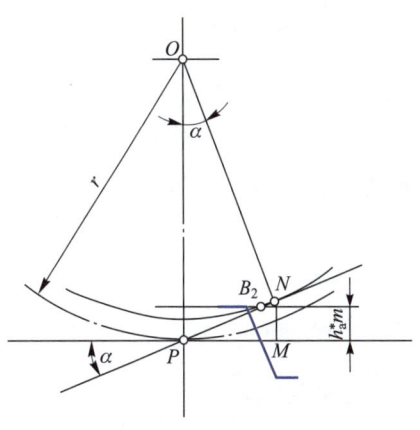

图 10.15 避免根切的条件

10.7 变位齿轮传动

10.7.1 变位齿轮

前面讨论的都是渐开线标准齿轮,它们设计计算简单,互换性好。但标准齿轮传动仍存在着一些局限性:1) 受根切限制,齿数不得少于 $z_{\min}$,使传动结构不够紧凑;2) 不适用于安装中心距 a' 不等于标准中心距 a 的场合。当 $a' < a$ 时无法安装,当 $a' > a$ 时,虽然可以安装,但会产生过大的侧隙而引起冲击振动,影响传动的平稳性;3) 一对标准齿轮传动时,小齿轮的齿根厚度小而啮合次数又较多,故小齿轮的强度较低,齿根部分磨损也较严重,因此小齿轮容易损坏,同时也限制了大齿轮的承载能力。

为了改善齿轮传动的性能,出现了变位齿轮。如图 10.16 所示,当齿条插刀按虚线位置安装时,齿顶线超过极限点 N_1,切出来的齿轮产生根切。若将齿条插刀远离轮心 O_1 一段距离(xm)至实线位置,齿顶线不再超过极限点,则切出来的齿轮不会发生根切,但此时齿条的分度线与齿轮的分度圆不再相切。这种改变刀具与齿坯相对位置后切制出来的齿轮称为变位齿轮,刀具移动的距离 xm 称为变位量,x 称为变位系数。刀具远离轮心的变位称为正变位,此时 $x > 0$;刀具移向轮心的变位称为负变位,此时 $xm < 0$。标准齿轮就是变位系数 $x = 0$ 的齿轮。由图 10.16 可知,加工变位齿轮时,齿轮的模数、压力角、齿数以及分度圆、基圆均与标准齿轮相同,所以两者的齿廓曲线是相同的渐开线,只是截取了不同的部位(图 10.17)。由图可知,正变位齿轮齿根部分的齿厚增大,提高了齿轮的抗弯强度,但齿顶

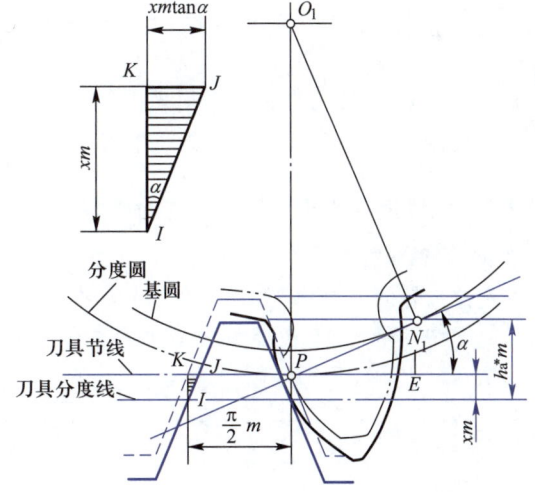

图 10.16 切削变位齿轮

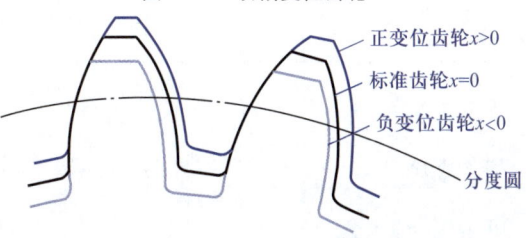

图 10.17 变位齿轮的齿廓

165

减薄,负变位齿轮则与其相反。

10.7.2 最小变位系数

用展成法切制齿数少于最少齿数的齿轮时,为避免根切必须采用正变位齿轮。当刀具的齿顶线正好通过 N_1 点时,刀具的移动量为最小,此时的变位系数称为最小变位系数,用 $x_{\min}$ 来表示。由图 10.16 可知,不发生根切的条件为

$$h_a^* \cdot m - xm \leqslant N_1 E$$

而 $N_1 E = PN_1 \sin \alpha = r \sin^2 \alpha = \dfrac{mz}{2}\sin^2 \alpha$

式中 z 为被切齿轮的齿数。联立以上二式得

$$x \geqslant h_a^* - \frac{z}{2}\sin^2 \alpha \qquad (10.10)$$

由式(10.9)可得 $\dfrac{\sin^2 \alpha}{2} = \dfrac{h_a^*}{z_{\min}}$,代入式(10.10),整理后可得

$$x \geqslant h_a^* \cdot \frac{z_{\min} - z}{z_{\min}}$$

由此可得最小变位系数为

$$x_{\min} = h_a^* \cdot \frac{z_{\min} - z}{z_{\min}} \qquad (10.11)$$

当 $\alpha = 20°, h_a^* = 1$ 时

$$x_{\min} = \frac{17 - z}{17} \qquad (10.12)$$

当 $z < z_{\min}$ 时, $x_{\min} > 0$,说明此时必须采用正变位方可避免根切;当 $z > z_{\min}$ 时, $x_{\min} < 0$,说明只要 $x \geqslant x_{\min}$,虽采用了负变位齿轮也不会产生根切。

10.7.3 变位齿轮的几何尺寸和传动类型

1. 变位齿轮的几何尺寸

变位齿轮的齿数、模数、压力角都与标准齿轮相同,所以分度圆直径、基圆直径和齿距也都相同,但变位齿轮的齿厚、齿顶圆、齿根圆等都发生了变化,具体的尺寸计算公式列于表 10.7 中。

表 10.7 外啮合变位直齿轮基本尺寸的计算公式

名称	符号	计算公式
分度圆直径	d	$d = mz$
齿厚	s	$s = \dfrac{\pi m}{2} + 2xm \tan \alpha$
啮合角	α'	$\operatorname{inv} \alpha' = \operatorname{inv} \alpha + \dfrac{2(x_1 + x_2)}{z_1 + z_2}\tan \alpha$ 或 $\cos \alpha' = \dfrac{a}{a'}\cos \alpha$
节圆直径	d'	$d' = d\cos \alpha / \cos \alpha'$
中心距变动系数	y	$y = \dfrac{a' - a}{m} = \dfrac{z_1 + z_2}{2}\left(\dfrac{\cos \alpha}{\cos \alpha'} - 1\right)$

续表

名称	符号	计算公式
齿高变动系数	σ	$\sigma = x_1 + x_2 - y$
齿顶高	h_a	$h_a = (h_a^* + x - \sigma)m$
齿根高	h_f	$h_f = (h_a^* + c^* - x)m$
齿全高	h	$h = (2h_a^* + c^* - \sigma)m$
齿顶圆直径	d_a	$d_a = d + 2h_a$
齿根圆直径	d_f	$d_f = d - 2h_f$
中心距	a'	$a' = (d_1' + d_2')/2$
公法线长度	W_k	$W_k = m\cos\alpha[(k-0.5)\pi + z\mathrm{inv}\,\alpha] + 2xm\sin\alpha$

2. 变位齿轮传动的类型

根据变位系数之和的不同值,变位齿轮传动可分为三种类型(表 10.8),标准齿轮传动可看作是零传动的特例。表 10.8 还列出了各类齿轮传动的性能与特点。

表 10.8　变位齿轮传动的类型及性能比较

传动类型	高变位传动(又称零传动)	角变位传动	
		正传动	负传动
齿数条件	$z_1 + z_2 \geq 2z_{\min}$	$z_1 + z_2 < 2z_{\min}$	$z_1 + z_2 > 2z_{\min}$
变位系数要求	$x_1 = -x_2 \neq 0, x_1 + x_2 = 0$	$x_1 + x_2 > 0$	$x_1 + x_2 < 0$
传动特点	$a' = a, \alpha' = \alpha$ $y = 0, \sigma = 0$	$a' > a, \alpha' > \alpha$ $y > 0, \sigma > 0$	$a' < a, \alpha' < \alpha$ $y < 0, \sigma < 0$
主要优点	小齿轮取正变位,允许 $z_1 < z_{\min}$,减小传动尺寸。提高了小齿轮齿根强度,减小了小齿轮齿面磨损,可成对替换标准齿轮	传动机构更加紧凑,提高了抗弯强度和接触强度,提高了耐磨性能,可满足 $a' > a$ 的中心距要求	重合度略有提高,满足 $a' < a$ 的中心距要求
主要缺点	互换性差,小齿轮齿顶易变尖,重合度略有下降	互换性差,齿顶变尖,重合度下降较多	互换性差,抗弯强度和接触强度下降,轮齿磨损加剧

思考题 10.9　某机器中的一对外啮合标准圆柱直齿轮,小齿轮轮齿严重磨损,拟报废,大齿轮轮齿磨损较轻,拟修复。试问采用什么方法可使传动恢复使用?

思考题 10.10　图 10.18 所示为一单联滑移齿轮机构,已知基本参数为 $m = 3$ mm, $z_1 = 18, z_2 = 30, z_3 = 27$。试问有几种设计方案?哪种方案较好?

思考题 10.11　吊车行走机构中有一对标准直齿轮传动,已知 $z_1 = 13$, $z_2 = 47, m = 3$ mm,齿轮 1 因根切经常断齿。试问采用什么方案来解决这个问题?

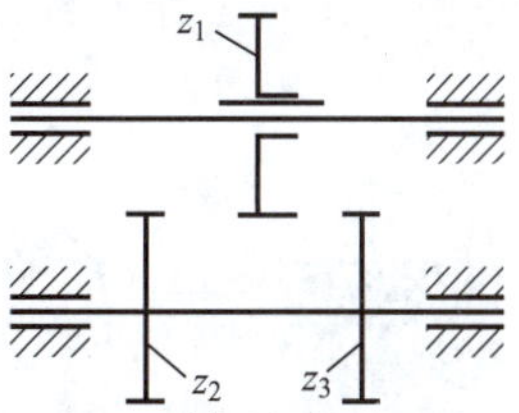

图 10.18

10.8　齿轮常见的失效形式与设计准则

齿轮传动是靠轮齿的啮合来传递运动和动力的,轮齿失效是齿轮常见的主要失效形式。

由于传动装置有开式、闭式,齿面硬度有软齿面(硬度≤350 HBW)、硬齿面(硬度>350 HBW),齿轮转速有高与低,载荷有轻与重之分,所以实际应用中常会出现各种不同的失效形式。分析研究失效形式有助于建立齿轮设计的准则,提出防止和减轻失效的措施。

10.8.1 轮齿常见的失效形式

1. 轮齿折断

轮齿像一个悬臂梁,受载后以齿根部产生的弯曲应力为最大,而且是交变应力。当轮齿单侧受载时,应力按脉动循环变化;当轮齿双侧受载时,应力按对称循环变化。轮齿受变化的弯曲应力的反复作用,且齿根过渡部分存在应力集中,当应力值超过材料的弯曲疲劳极限时,齿根处产生疲劳裂纹,裂纹逐渐扩展致使轮齿折断。这种折断称为疲劳折断,如图 10.19a 所示。

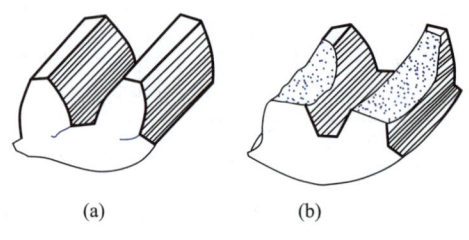

图 10.19 轮齿折断

当轮齿突然过载,或经严重磨损后齿厚过薄时,也会发生轮齿折断,称为过载折断。

如果轮齿宽度过大,由于制造、安装的误差使其局部受载过大时,会造成局部折断,如图 10.19b 所示。在斜齿圆柱齿轮传动中,轮齿工作面上的接触线为一斜线,轮齿受载后如有载荷集中,就会发生局部折断。若轴的弯曲变形过大而引起轮齿局部受载过大,也会发生局部折断。

提高轮齿抗折断能力的措施很多,如增大齿根圆角半径,消除该处的加工刀痕以降低齿根的应力集中;增大轴及支承物的刚度以减轻齿面局部过载的程度;对轮齿进行喷丸、碾压等冷作处理以提高齿面硬度、保持芯部的韧性等。

2. 齿面点蚀

轮齿进入啮合时,齿面接触处产生很大的接触应力,脱离啮合后接触应力即消失。对齿廓工作面上某一固定点来说,它受到的是近似于脉动变化的接触应力。如果接触应力超过了轮齿材料的接触疲劳极限时,齿面上产生裂纹,裂纹扩展致使表层金属微粒剥落,形成小麻点,这种现象称为齿面点蚀。实践表明,由于轮齿在节线附近啮合时,同时啮合的齿对数少,且轮齿间相对滑动速度小,润滑油膜不易形成,所以点蚀首先出现在靠近节线的齿根面上(图 10.20)。一般闭式传动中的软齿面较易发生点蚀失效,设计时应保证齿面有足够的接触强度。为防止过早出现点蚀,可采用提高齿面硬度、降低表面粗糙度值、增加润滑油黏度等措施。而对于开式齿轮传动,由于磨损严重,一般不出现点蚀。

 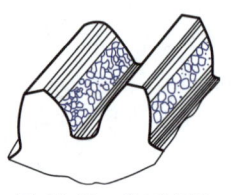 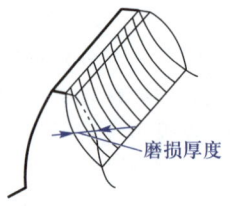

图 10.20 齿面点蚀   图 10.21 齿面磨损

3. 齿面磨损

轮齿在啮合过程中存在相对滑动,使齿面间产生摩擦磨损。如果有金属微粒、砂粒、灰尘等进入轮齿间,将引起磨粒磨损。如图10.21所示,磨损将破坏渐开线齿形,并使侧隙增大而引起冲击和振动,严重时甚至因齿厚减薄过多而折断。

对于新的齿轮传动装置来说,在开始运转一段时间内,会发生跑合磨损。这对传动是有利的,使齿面表面粗糙度值降低,提高了传动的承载能力。但跑合结束后,应更换润滑油,以免发生磨粒磨损。

磨损是开式传动的主要失效形式。采用闭式传动、提高齿面硬度、降低齿面粗糙度值及采用清洁的润滑油等,均可以减轻齿面磨损。

4. 齿面胶合

在高速重载的齿轮传动中,齿面间的高压、高温使油膜破裂,局部金属互相粘连继而又相对滑动,金属从表面被撕落下来,而在齿面上沿滑动方向出现条状伤痕,称为胶合,如图10.22所示。低速重载的传动因不易形成油膜,也会出现胶合。发生胶合后,齿廓形状改变了,不能正常工作。

在实际中采用提高齿面硬度、降低齿面粗糙度值、限制油温、增加油的黏度、选用加有抗胶合添加剂的合成润滑油等方法,均可以防止胶合的产生。

5. 齿面塑性变形

当齿轮材料较软而载荷较大时,轮齿表层材料将沿着摩擦力方向发生塑性变形,导致主动轮齿面节线处出现凹沟,从动轮齿面节线处出现凸棱(图10.23),齿形被破坏,影响齿轮的正常啮合。

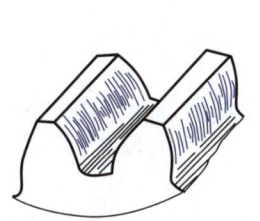
图 10.22 齿面胶合

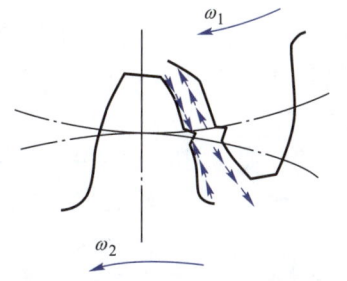
图 10.23 齿面的塑性流动

为防止齿面的塑性变形,可采用提高齿面硬度、选用黏度较高的润滑油等方法。

思考题 10.12 齿轮的5种失效形式能否同时出现?

思考题 10.13 试分析齿面硬度、材料、表面粗糙度对失效形式的影响。

思考题 10.14 为修配一对齿轮查阅了原设计资料,知大小齿轮均使用正火45钢。试指出设计的不妥之处和轮齿的失效形式,并提出改进的措施。

10.8.2 设计准则

设计齿轮传动时应根据齿轮传动的工作条件、失效情况等,合理地确定设计准则,以保证齿轮传动有足够的承载能力。工作条件、齿轮的材料不同,轮齿的失效形式就不同,设计准则、设计方法也不同。

对于闭式软齿面齿轮传动,齿面点蚀是主要的失效形式,应先按齿面接触疲劳强度进行设计计算,确定齿轮的主要参数和尺寸,然后再按弯曲疲劳强度校核齿根的弯曲强度。闭式硬齿面齿轮传动常因齿根折断而失效,故通常先按齿根弯曲疲劳强度进行设计计算,确定齿轮的模数和其他尺寸,然后再按接触疲劳强度校核齿面的接触强度。

对于开式齿轮传动中的齿轮,齿面磨损为其主要失效形式,故通常按照齿根弯曲疲劳强度进行设计计算,确定齿轮的模数,考虑磨损因素,再将模数增大 10%~20%,而无须校核接触强度。

我国已制定了齿轮强度计算的标准:GB/T 3480.1—2009、GB/T 3480.2—2021、GB/T 3480.3—2021《直齿轮和斜齿轮承载能力计算》,GB/T 10063—1988《通用机械渐开线圆柱齿轮 承载能力简化计算方法》以及 GB/Z 6413.2—2003《圆柱齿轮、锥齿轮和准双曲面齿轮 胶合承载能力计算方法 第 2 部分:积分温度法》可作为齿轮传动承载能力计算的依据。

10.9 齿轮的常用材料及许用应力

10.9.1 齿轮材料的基本要求

由轮齿的失效分析可知,对齿轮材料的基本要求为:1)齿面应有足够的硬度,以抵抗齿面磨损、点蚀、胶合以及塑性变形等;2)齿芯应有足够的强度和较好的韧性,以抵抗齿根折断和冲击载荷;3)应有良好的加工工艺性能及热处理性能,使之便于加工且便于提高其力学性能。最常用的齿轮材料是钢,此外还有铸铁及一些非金属材料等。

10.9.2 齿轮常用的材料及其热处理

1. 锻钢

因锻钢具有强度高、韧性好、便于制造、便于热处理等优点,大多数齿轮都用锻钢制造。下面介绍软齿面齿轮和硬齿面齿轮常用的材料。

(1)软齿面齿轮

软齿面齿轮的齿面硬度≤350 HBW,常用中碳钢和中碳合金钢,如 45 钢、40Cr、35SiMn 等材料,进行调质或正火处理。这种齿轮适用于强度、精度要求不高的场合,轮坯经过热处理后进行插齿或滚齿加工,生产便利、成本较低。

在确定大、小齿轮硬度时应注意使小齿轮的齿面硬度比大齿轮的齿面硬度高 30~50 HBW。这是因为小齿轮受载荷次数比大齿轮多,为使两齿轮的轮齿接近等强度,小齿轮的齿面要比大齿轮的齿面硬一些。

(2)硬齿面齿轮

硬齿面齿轮的齿面硬度>350 HBW,常用的材料为中碳钢或中碳合金钢经表面淬火处理,硬度可达 40~55 HRC。若采用低碳钢或低碳合金钢,如 20 钢、20Cr、20CrMnTi 等,齿面需渗碳淬火,其硬度可达 56~62 HRC。热处理后需磨齿,如内齿轮不便于磨削,可采用渗氮处理(采用这种方法,在热处理过程中齿的变形较小)。

思考题 10.15 软齿面齿轮为何小齿轮的硬度比大齿轮的高 30~50 HBW?硬齿面齿轮是否也需要有硬度差?

2. 铸钢

当齿轮的尺寸较大(大于 400~600 mm)而不便于锻造时,可用铸造方法制成铸钢齿坯,再进行正火处理以细化晶粒。

3. 铸铁

低速、轻载场合的齿轮可以制成铸铁齿坯。当尺寸大于 500 mm 时可制成大齿圈,或制成轮辐式齿轮。铸铁齿轮的加工性能、抗点蚀、抗胶合性能均较好,但强度低,耐磨性能、抗冲击性能差。为避免局部折断,其齿宽应取得小些。

球墨铸铁的力学性能和抗冲击能力比灰铸铁高,可代替铸钢铸造大直径齿轮。

4. 非金属材料

非金属材料的弹性模量小,传动时轮齿的变形可减轻动载荷和噪声,适用于高速轻载、精度要求不高的场合,常用的有夹布胶木,工程塑料等。

齿轮常用材料的力学性能及应用范围见表 10.9。

表 10.9 齿轮的常用材料及其力学性能

材料	牌号	热处理	硬度	强度极限 σ_b/MPa	屈服极限 σ_s/MPa	应用范围
优质碳素钢	45	正火 调质 表面淬火	169~217 HBW 217~255 HBW 48~55 HRC	580 650 750	290 360 450	低速轻载 低速中载 高速中载或低速重载 冲击很小
	50	正火	180~220 HBW	620	320	低速轻载
合金钢	40Cr	调质 表面淬火	240~269 HBW 45~55 HRC	700 900	550 650	中速中载 高速中载,无剧烈冲击
	42SiMn	调质 表面淬火	217~260 HBW 48~55 HRC	750	470	高速中载,无剧烈冲击
	20Cr	渗碳淬火	56~62 HRC	650	400	高速中载,承受冲击
	20CrMnTi	渗碳淬火	56~62 HRC	1 100	850	
铸钢	ZG310~570	正火 表面淬火	160~210 HBW 40~50 HRC	570	320	中速中载、大直径
	ZG340~640	正火 调质	170~230 HBW 240~270 HBW	650 700	350 380	
球墨铸铁	QT600-2 QT500-5	正火	220~280 HBW 140~241 HBW	600 500		低、中速轻载,有小的冲击
灰铸铁	HT200 HT300	人工时效 (低温退火)	170~230 HBW 187~235 HBW	200 300		低速轻载,冲击很小

10.9.3 许用应力

齿轮的许用应力 $[\sigma]$ 是以试验齿轮在特定的条件下经疲劳试验测得的试验齿轮的疲劳极限应力 σ_{lim},并对其进行适当的修正得出的。修正时主要考虑应力循环次数的影响和可靠度。

齿面接触疲劳许用应力为

$$[\sigma_H] = \frac{Z_{NT}\sigma_{Hlim}}{S_H} \tag{10.13}$$

齿根弯曲疲劳许用应力为

$$[\sigma_F] = \frac{Y_{NT}\sigma_{Flim}}{S_F} \tag{10.14}$$

式中带 lim 下标的应力是试验齿轮在持久寿命期内失效概率为 1% 的疲劳极限应力。因为材料的成分、性能、热处理的结果和质量都不能统一，故该应力值不是一个定值，有很大的离散区。在一般情况下，可取中间值，即 MQ 线。按齿轮材料和齿面硬度，接触疲劳极限 σ_{Hlim} 查图 10.24，弯曲疲劳极限 σ_{Flim} 查图 10.25，其值已计入应力集中的影响。应注意：1）若硬度超出线图中范围，可近似地按外插法查取 σ_{lim} 值；2）当轮齿承受对称循环应力时，对于弯曲应力将图 10.25 中的 σ_{Flim} 值乘以 0.7；S_{H}、S_{F} 分别为齿面接触疲劳强度安全系数和齿根弯曲疲劳强度安全系数，可查表 10.10。Y_{NT}、Z_{NT} 分别为弯曲疲劳寿命系数和接触疲劳寿命系数，为考虑应力循环次数影响的寿命系数。弯曲疲劳寿命系数 Y_{NT} 查图 10.26；接触疲劳寿命系数 Z_{NT} 查图 10.27。图中 N 为应力循环次数，$N=60njL_{\text{h}}$，其中 n 为齿轮转速，单位为 r/min，j 为齿轮转一转时同侧齿面的啮合次数，L_{h} 为齿轮工作寿命，单位为 h。

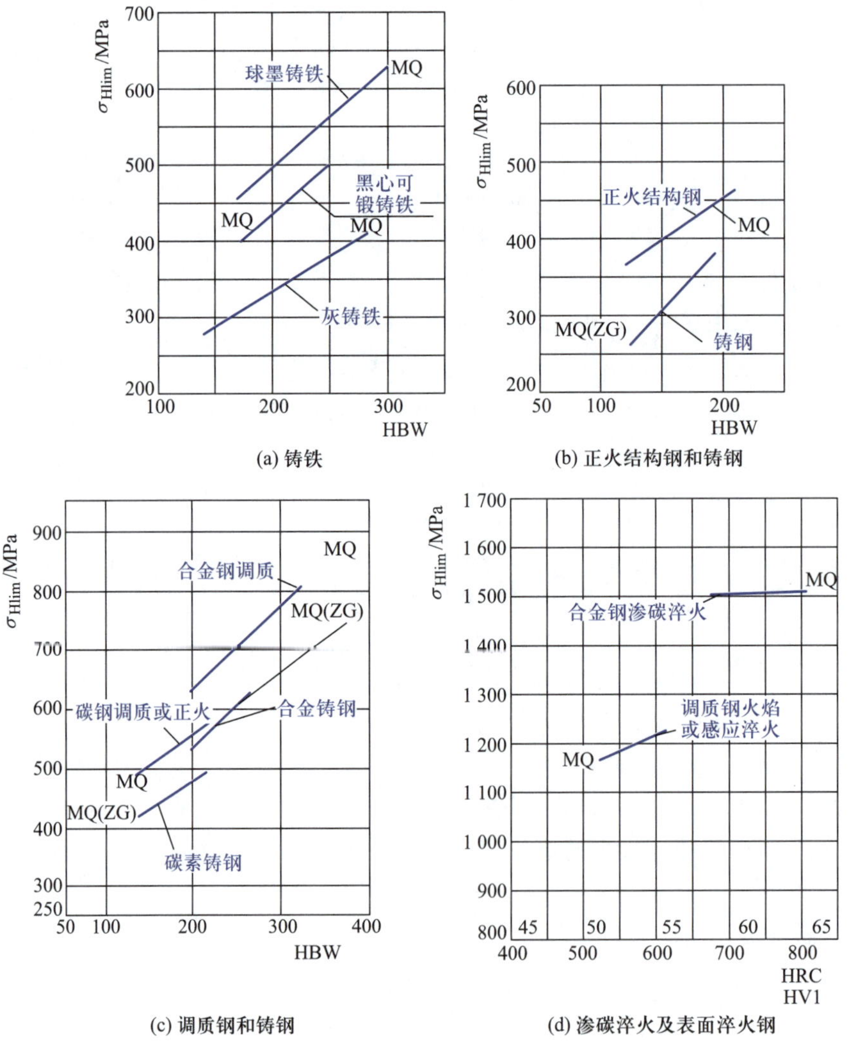

(a) 铸铁　(b) 正火结构钢和铸钢　(c) 调质钢和铸钢　(d) 渗碳淬火及表面淬火钢

图 10.24　试验齿轮的接触疲劳极限 σ_{Hlim}

10.9 齿轮的常用材料及许用应力

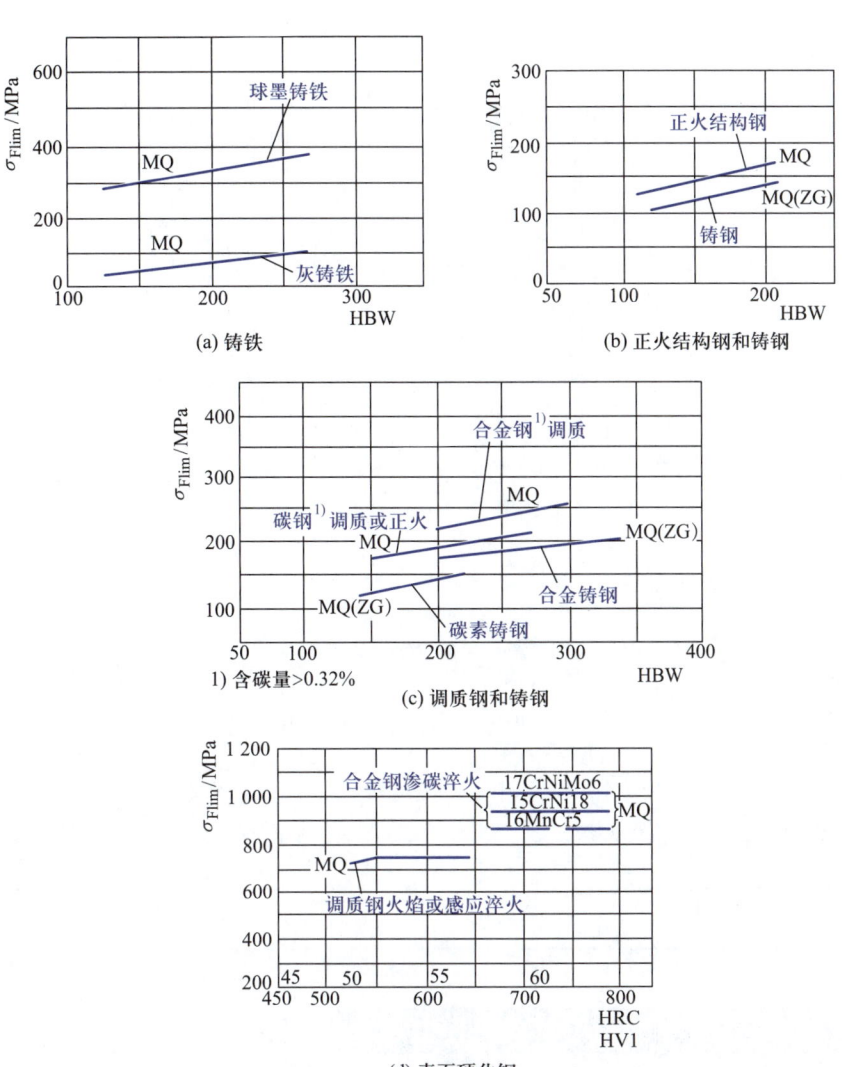

1) 含碳量>0.32%

图 10.25 试验齿轮的弯曲疲劳极限 σ_{Flim}

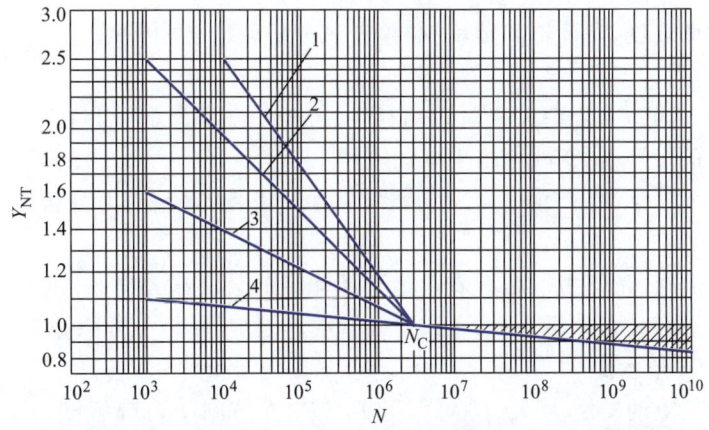

1—调质钢，球墨铸铁(珠光体、贝氏体)，珠光体可锻铸铁；2—渗碳淬火的渗碳钢，火焰或感应表面淬火的钢、球墨铸铁；3—渗氮的渗氮钢，球墨铸铁(铁素体)，结构钢，灰铸铁；4—碳氮共渗的调质钢、渗碳钢

图 10.26 弯曲疲劳寿命系数 Y_{NT}

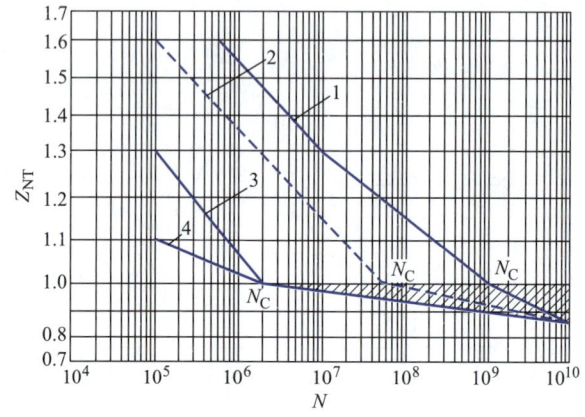

1—允许一定点蚀时的结构钢、调质钢、球墨铸铁(珠光体、贝氏体)、珠光体可锻铸铁、渗碳淬火钢的渗碳钢;2—材料同1,不允许出现点蚀;火焰或感应淬火的钢;3—灰铸铁、球墨铸铁(铁素体)、渗氮的渗氮钢、调质钢、渗碳钢;4—碳氮共渗的调质钢、渗碳钢

图 10.27 接触疲劳寿命系数 Z_{NT}

表 10.10 安全系数 S_H 和 S_F

安全系数	软齿面(≤350 HBW)	硬齿面(>350 HBW)	重要的传动、渗碳淬火齿轮或铸造齿轮
S_H	1.0~1.1	1.1~1.2	1.3
S_F	1.3~1.4	1.4~1.6	1.6~2.2

10.10 渐开线标准直齿圆柱齿轮传动的强度计算

10.10.1 轮齿的受力分析

为计算轮齿的强度、设计轴和轴承,必须首先分析轮齿上的作用力,齿面间的作用力有两个:

(1) 摩擦力 因为啮合中有相对滑动存在,齿面上必有摩擦力存在。由实验得出摩擦力对齿轮面强度的影响不大,故可略去不计。

(2) 正压力 又称法向力 F_n,是沿着齿宽接触线上均布的,受力分析时,常作为集中力来对待。

一对齿廓啮合时,正压力总是沿着两齿廓接触点的公法线方向,即啮合线方向,与齿廓曲面相垂直。现进行受力分析,一方面认为在节点 P 处啮合,另一方面分析其作用在主动轮上的力,如图 10.28 所示。

作用在主动轮上的转矩为 T_1,法向力为 F_{n1},F_{n1} 在节圆上可分解成两个互相垂直的分力,即圆周力 F_{t1} 及径向力 F_{r1}。根据力平衡条件可得出作用在主动轮上的力为

10.10 渐开线标准直齿圆柱齿轮传动的强度计算

$$\left.\begin{array}{ll}\text{圆周力} & F_{t1} = \dfrac{2T_1}{d_1} \\ \text{径向力} & F_{r1} = F_{t1} \cdot \tan\alpha' \\ \text{法向力} & F_{n1} = \dfrac{F_{t1}}{\cos\alpha'} \end{array}\right\} \qquad (10.15)$$

式中:T_1 的单位为 N·mm;d_1 为主动轮节圆直径,单位为 mm;α' 为节圆上的压力角,对标准齿轮,标准安装条件下 $\alpha' = \alpha (= 20°)$。

各分力方向为:主动轮上所受的圆周力方向与其旋转方向相反,为阻力;径向力方向为指向轮心(对内齿轮是背离轮心)。

作用在从动轮上的力可根据作用与反作用定律得出:$F_{t1} = -F_{t2}$;$F_{r1} = -F_{r2}$;$F_{n1} = -F_{n2}$。从动轮上所受的圆周力为驱动力,它的方向与转动方向相同。

一般,主动轮传递的功率 P、转速 n_1 为已知,可求得主动轮的转矩 T_1 为

$$T_1 = 9.55 \times 10^6 \dfrac{P}{n_1} \qquad (10.16)$$

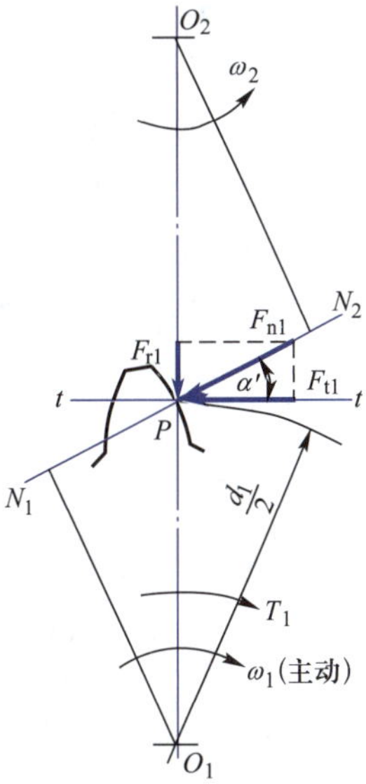

图 10.28 直齿圆柱齿轮传动的受力分析

式中:T_1 的单位为 N·mm;P 的单位为 kW;n 的单位为 r/min。

10.10.2 轮齿的计算载荷

齿轮传动在实际工作时,由于原动机和工作机的工作特性不同,会产生附加的动载荷。齿轮、轴、轴承的加工、安装误差及弹性变形都会引起载荷集中,使实际载荷增加。10.10.1 节中的法向力 F_n 为名义载荷,考虑各种实际情况,通常用计算载荷 KF_n 取代名义载荷 F_n,K 为载荷系数,由表 10.11 查取。计算载荷用符号 F_{nc} 表示,即

$$F_{nc} = KF_n \qquad (10.17)$$

思考题 10.16 试分析下列两种情况下,图 10.29 所示的齿轮 2 所受圆周力、径向力的方向。

1)齿轮 1 为主动轮;
2)齿轮 2 为主动轮。

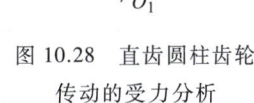

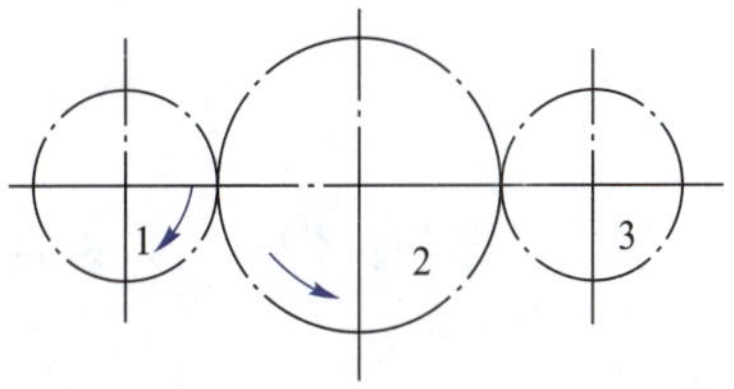

图 10.29

表 10.11 载荷系数 K

工作机械	载荷特性	原动机		
		电动机	多缸内燃机	单缸内燃机
均匀加料的运输机和加料机、轻型卷扬机、发电机、机床辅助传动	均匀、轻微冲击	1~1.2	1.2~1.6	1.6~1.8
不均匀加料的运输机和加料机、重型卷扬机、球磨机、机床主传动	中等冲击	1.2~1.6	1.6~1.8	1.8~2.0
冲床、钻机、轧机、破碎机、挖掘机	大的冲击	1.6~1.8	1.9~2.1	2.2~2.4

注:斜齿、圆周速度低、精度高、齿宽系数小、齿轮在两轴承间对称布置时取小值。直齿、圆周速度高、精度低、齿宽系数大、齿轮在两轴承间不对称布置时取大值。

10.10.3 齿面接触疲劳强度计算

根据齿面疲劳点蚀的失效分析,节线附近的齿根面上最易发生点蚀。同时在节点啮合时,往往为一对齿在啮合,故在强度计算中以节点作为计算点,较为安全。

齿面点蚀是由接触应力过大而引起,其最大接触应力可由弹性力学中赫兹应力公式计算,如图 10.30 所示。因此,一般以节点处的接触应力来计算齿面的接触疲劳强度。

经推导可得出一对外啮合渐开线标准直齿轮的接触应力计算公式为

$$\sigma_H = Z_E \sqrt{\frac{F_{t1}}{bd_1} \frac{(u\pm1)}{u}} \sqrt{\frac{2}{\sin\alpha\cos\alpha}} \quad (10.18)$$

式中:Z_E 为材料的弹性系数,单位为 $\sqrt{MPa}$,其值见表 10.12;d_1 为分度圆直径,单位为 mm;α 为分度圆上压力角(20°);u 为齿数比 $\left(\frac{z_2}{z_1} = \frac{d_2}{d_1}\right)$;"+"号用于外啮合,"−"号用于内啮合;$b$ 为齿宽,单位为 mm。

令 $Z_H = \sqrt{\frac{2}{\sin\alpha\cos\alpha}} = \sqrt{\frac{4}{\sin 2\alpha}} = 2.49$,$Z_H$ 称为节点区域系数,代入上式得

$$\sigma_H = 2.49 Z_E \sqrt{\frac{F_{t1}}{bd_1} \frac{u\pm1}{u}} \quad (10.19)$$

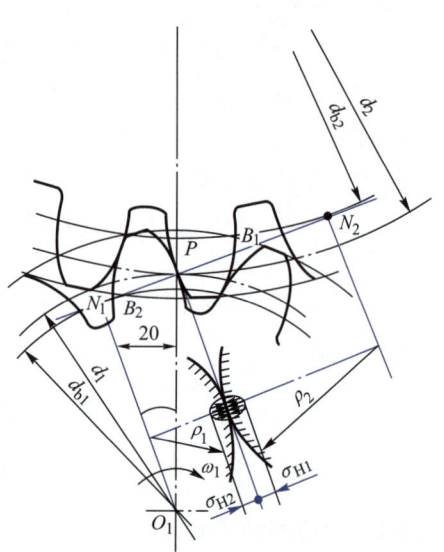

图 10.30 齿轮接触强度计算简图

为计算方便,用转矩 T_1 表示载荷:$F_t = 2T_1/d_1$,并引入载荷系数 K,则根据强度条件可得齿面接触疲劳强度的校核公式为

$$\sigma_H = 3.52 Z_E \sqrt{\frac{KT_1(u\pm1)}{bd_1^2 u}} \leqslant [\sigma_H] \quad (10.20)$$

为了便于设计计算,引入齿宽系数 $\psi_d = \dfrac{b}{d_1}$ 并代入上式,得到齿面接触疲劳强度的设计公式为

$$d_1 \geqslant \sqrt[3]{\frac{KT_1(u\pm1)}{\psi_d u}\left(\frac{3.52 Z_E}{[\sigma_H]}\right)^2} \quad (10.21)$$

式中 $[\sigma_H]$ 为齿轮材料的许用接触应力,单位为 MPa。

若两齿轮材料都选用锻钢时,由表 10.12 查得 $Z_E = 189.8\sqrt{MPa}$,将其分别代入设计公式(10.21)和校核公式(10.20),可得一对钢齿轮的设计公式为

$$d_1 \geqslant 76.43 \sqrt[3]{\frac{KT_1(u\pm1)}{\psi_d u [\sigma_H]^2}} \quad (10.22)$$

校核公式为

$$\sigma_H = 668 \sqrt{\frac{KT_1(u\pm1)}{bd_1^2 u}} \leqslant [\sigma_H] \quad (10.23)$$

应用上述公式时应注意以下几点:

(1) 两齿轮齿面的接触应力 σ_{H_1} 与 σ_{H_2} 大小相同;

(2) 两齿轮的许用接触应力 $[\sigma_H]_1$ 与 $[\sigma_H]_2$ 一般不同,进行强度计算时应选较小值;

(3) 齿轮的齿面接触疲劳强度与齿轮的直径或中心距的大小有关,即与 m 与 z 的乘积有关,而与模数的大小无关。当一对齿轮的材料、齿宽系数、齿数比一定时,由齿面接触强度所决定的承载能力仅与齿轮的直径或中心距有关。

表 10.12 弹性系数 Z_E $\sqrt{\text{MPa}}$

齿轮 2 材料		锻钢	铸钢	球墨铸铁	灰铸铁
弹性模量 E/MPa		20.6×10^4	20.2×10^4	17.3×10^4	11.8×10^4
泊松比 μ		0.3	0.3	0.3	0.3
齿轮 1 材料	锻钢	189.8	188.9	181.4	162.0
	铸钢		188.0	180.5	161.4
	球墨铸铁	—		173.9	156.6
	灰铸铁		—	—	143.7

10.10.4 齿根弯曲疲劳强度计算

为了防止轮齿根部的疲劳折断,在进行齿轮设计时要计算齿根弯曲疲劳强度。轮齿的疲劳折断主要和齿根弯曲应力的大小有关。为简化计算,假定全部载荷由一对齿承受,且载荷作用于齿顶时齿根部分产生的弯曲应力最大。计算时将轮齿看作悬臂梁,危险截面用30°切线法来确定,即作与轮齿对称中心线成30°角并与齿根过渡曲线相切的两条直线,连接两切点的截面即为齿根的危险截面,如图10.31所示。

沿啮合线作用在齿顶的法向力 F_n 可分解为互相垂直的两个分力 $F_n\cos\alpha_F$ 和 $F_n\sin\alpha_F$,前者对齿根产生弯曲应力,后者产生压应力。因压应力较小,对抗弯强度计算影响较小,故可忽略不计。

齿根危险截面的弯曲应力为

$$\sigma_F = \frac{M}{W}$$

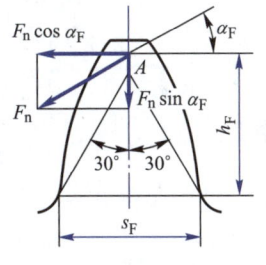

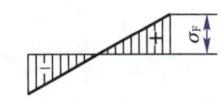

图 10.31 轮齿的弯曲强度

式中:M 为齿根的最大弯矩,单位为 N·mm,$M = F_n\cos\alpha_F \cdot h_F = \dfrac{F_t}{\cos\alpha}\cdot\cos\alpha_F\cdot h_F$;$W$ 为危险截面的弯曲截面系数,单位为 mm³,$W = \dfrac{bs_F^2}{6}$;b 为齿宽,单位为 mm。代入上式可得出

$$\sigma_F = \frac{M}{W} = \frac{F_n\cos\alpha_F \cdot h_F}{\frac{1}{6}b\cdot s_F^2} = \frac{F_t}{b}\cdot\frac{6h_F\cos\alpha_F}{s_F^2\cdot\cos\alpha}$$

将分子、分母同除以 m^2 得

$$\sigma_F = \frac{F_t}{bm}\cdot\frac{6(h_F/m)\cos\alpha_F}{(s_F/m)^2\cos\alpha} = \frac{F_t}{bm}Y_F$$

式中 $Y_F = \dfrac{6(h_F/m)\cos\alpha_F}{(s_F/m)^2 \cos\alpha}$ 称为齿形系数,它是考虑齿形对齿根弯曲应力影响的系数。因 h_F 和 s_F 都与模数 m 成正比,故 Y_F 只与齿形有关,而与模数无关,是一个无因次的系数。齿形系数取决于齿数与变位系数,对于标准齿轮则仅取决于齿数,标准外齿轮的齿形系数 Y_F 值可查表 10.13。

考虑到齿根圆角处的应力集中以及齿根危险截面上压应力等的影响,引入应力修正系数 Y_S(表 10.14),计入载荷系数 K(表 10.11),即可得出轮齿齿根弯曲疲劳强度的校核公式为

表 10.13　标准外齿轮的齿形系数 Y_F

z	12	14	16	17	18	19	20	22	25	28	30	35	40	45	50	60	80	100	≥200
Y_F	3.47	3.22	3.03	2.97	2.91	2.85	2.81	2.75	2.65	2.58	2.54	2.47	2.41	2.37	2.35	2.30	2.25	2.18	2.14

注:$\alpha = 20°$、$h_a^* = 1$、$c^* = 0.25$。

表 10.14　标准外齿轮的应力修正系数 Y_S

z	12	14	16	17	18	19	20	22	25	28	30	35	40	45	50	60	80	100	≥200
Y_S	1.44	1.47	1.51	1.53	1.54	1.55	1.56	1.58	1.59	1.61	1.63	1.65	1.67	1.69	1.71	1.73	1.77	1.80	1.88

注:$\alpha = 20°$、$h_a^* = 1$、$c^* = 0.25$、$\rho_f = 0.38\,m$,ρ_f 为齿根圆角曲率半径。

$$\sigma_F = \frac{2KT_1}{bmd_1}Y_F Y_S = \frac{2KT_1}{bm^2 z_1}Y_F Y_S \leq [\sigma_F] \qquad (10.24)$$

式中:T_1 为主动轮的转矩,单位为 N·mm;b 为轮齿的接触宽度,单位为 mm;m 为模数;z_1 为主动轮齿数;$[\sigma_F]$ 为轮齿的许用弯曲应力,单位为 MPa,可按式(10.14)计算并查有关表格确定。

引入齿宽系数 $\psi_d = \dfrac{b}{d}$,代入式(10.24)可得出齿根弯曲疲劳强度的设计公式为

$$m \geq 1.26 \sqrt[3]{\frac{KT_1 Y_F Y_S}{\psi_d z_1^2 [\sigma_F]}} \qquad (10.25)$$

应注意,通常两个相啮合齿轮的齿数是不相同的,故齿形系数 Y_F 和应力修正系数 Y_S 都不相等,而且齿轮的许用应力 $[\sigma_F]$ 也不一定相等,因此必须分别校核两齿轮的齿根弯曲疲劳强度。在设计计算时,应将两齿轮的 $\dfrac{Y_F Y_S}{[\sigma_F]}$ 值进行比较,取其中较大者代入式(10.25)中计算,计算所得模数应圆整成标准值。

10.11　平行轴斜齿圆柱齿轮传动

10.11.1　齿廓曲面的形成及其啮合特点

由于圆柱齿轮是有一定宽度的,所以轮齿的齿廓沿轴线方向形成一曲面。直齿轮轮齿渐开线曲面的形成如图 10.32a 所示,平面 S 与基圆柱相切于母线 NN,当平面 S 沿基圆柱作纯滚动时,其上与母线平行的直线 KK 在空间所走过的轨迹即为渐开线曲面,平面 S 称为发生面,形成的曲面即为直齿轮的齿廓曲面。

斜齿圆柱齿轮齿廓曲面的形成如图 10.32b 所示,当平面 S 沿基圆柱作纯滚动时,其上与母线 NN 成一倾斜角 β_b 的斜直线 KK 在空间所走过的轨迹为一个渐开线螺旋面,该螺旋面即为斜齿圆柱齿轮的齿廓曲面,β_b 称为基圆柱上的螺旋角。

直齿圆柱齿轮啮合时,齿面的接触线均平行于齿轮轴线。轮齿是沿整个齿宽同时进入啮合、同时脱离啮合的,载荷沿齿宽突然加上及卸下。因此直齿轮传动的平稳性较差,容易产生冲击和噪声,不适用于高速重载的传动。

一对平行轴斜齿圆柱齿轮啮合时,斜齿轮的齿廓是逐渐进入、逐渐脱离啮合的。如图 10.33 所示,斜齿轮齿廓接触线的长度由零逐渐增加,又逐渐缩短,直至脱离接触,载荷也不是突然加上或卸下的,因此斜齿轮传动较平稳。

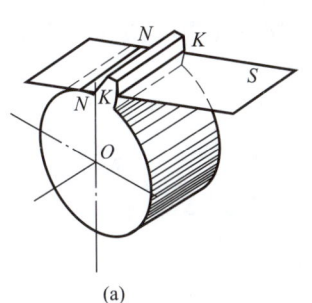
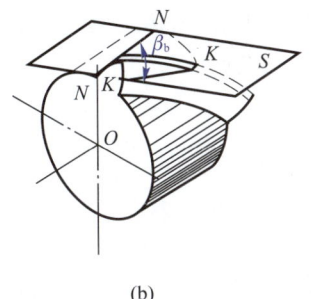
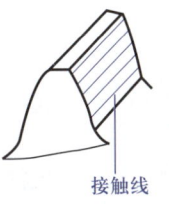
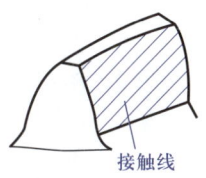

图 10.32　渐开线曲面的形成　　　　图 10.33　齿轮啮合的接触线

10.11.2　斜齿轮的基本参数和几何尺寸计算

斜齿轮的齿廓曲面为渐开线螺旋面,在垂直于齿轮轴线的端面(下标以 t 表示)和垂直于齿廓螺旋面的法面(下标以 n 表示)上有不同的参数。斜齿轮的端面是标准的渐开线,但从斜齿轮的加工和受力角度来看,斜齿轮的法面参数应为标准值。

1. 螺旋角

图 10.34 所示为斜齿轮分度圆柱面展开图,螺旋线展开成一直线,该直线与轴线的夹角为 β,称为斜齿轮在分度圆柱上的螺旋角,简称斜齿轮的螺旋角。

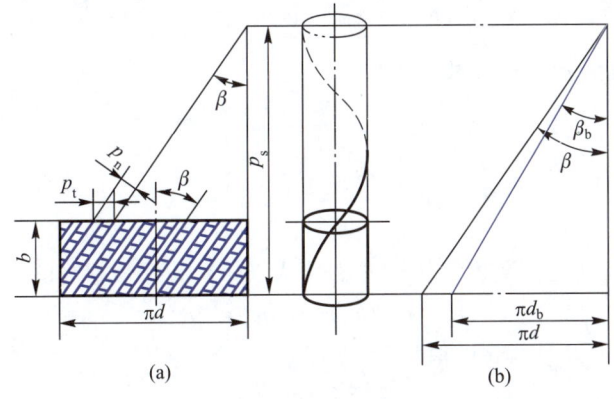

图 10.34　斜齿轮的展开

$$\tan\beta = \frac{\pi d}{p_s} \tag{10.26}$$

式中 p_s 为螺旋线的导程，即螺旋线绕一周时沿齿轮轴方向前进的距离。

因为斜齿圆柱齿轮各圆柱上螺旋线的导程相同，所以对于基圆柱同理可得其螺旋角 β_b 为

$$\tan\beta_b = \frac{\pi d_b}{p_s}$$

联立以上两式得

$$\tan\beta_b = \tan\beta\left(\frac{d_b}{d}\right) = \tan\beta \cdot \cos\alpha_t \tag{10.27}$$

斜齿轮按其齿廓渐开螺旋面的旋向，可分为右旋和左旋两种，如图10.35所示。

2. 模数

如图10.34所示，p_t 为端面齿距，而 p_n 为法面齿距，$p_n = p_t\cos\beta$，因为 $p = \pi m$，所以 $\pi m_n = \pi m_t\cos\beta$，故斜齿轮法面模数与端面模数的关系为

$$m_n = \pi m_t\cos\beta \tag{10.28}$$

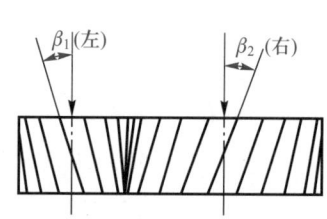

图 10.35　斜齿轮轮齿的旋向

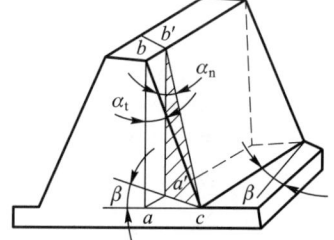

图 10.36　斜齿条的压力角

3. 压力角

因斜齿圆柱齿轮和斜齿条啮合时，它们的法面压力角和端面压力角应分别相等，所以斜齿圆柱齿轮法面压力角 α_n 和端面压力角 α_t 的关系可通过斜齿条得到。在图10.36所示的斜齿条中，$\triangle abc$ 在端面上，$\triangle a'b'c$ 在法面上，$\angle aa'c = 90°$，在直角三角形 $\triangle abc$、$\triangle a'b'c$ 中可得

$$\tan\alpha_t = \frac{ac}{ab}, \quad \tan\alpha_n = \frac{a'c}{a'b'}$$

而 $a'c = ac \cdot \cos\beta$，又因 $ab = a'b'$，故

$$\tan\alpha_n = \frac{a'c}{a'b'} = \frac{ac \cdot \cos\beta}{ab}$$

所以

$$\tan\alpha_n = \tan\alpha_t \cdot \cos\beta \tag{10.29}$$

4. 齿顶高系数及顶隙系数

斜齿轮的齿顶高和齿根高不论从端面还是从法面来看都是相等的，即

$$h_{an}^* m_n = h_{at}^* m_t, \quad c_n^* m_n = c_t^* m_t$$

将式(10.28)代入以上两式即得

$$\left.\begin{array}{l} h_{at}^* = h_{an}^*\cos\beta \\ c_t^* = c_n^*\cos\beta \end{array}\right\} \tag{10.30}$$

5. 斜齿轮的几何尺寸计算

斜齿轮的啮合在端面上相当于一对直齿轮的啮合，因此将斜齿轮的端面参数代入直齿

轮的计算公式,就可得到斜齿轮的相应尺寸,见表 10.15。

表 10.15　外啮合标准斜齿圆柱齿轮传动的几何尺寸计算公式

名称	符号	计算公式
分度圆直径	d	$d = m_t z = (m_n/\cos\beta)z$
齿顶高	h_a	$h_a = m_n$
齿顶圆直径	d_a	$d_a = d + 2h_a$
齿根高	h_f	$h_f = 1.25 m_n$
齿根圆直径	d_f	$d_f = d - 2h_f$
全齿高	h	$h = h_a + h_f = 2.25 m_n$
标准中心距	a	$a = \dfrac{1}{2}(d_1 + d_2) = \dfrac{1}{2} m_t(z_1 + z_2) = \dfrac{m_n}{2\cos\beta}(z_1 + z_2)$

由表 10.15 可知,斜齿轮传动的中心距与螺旋角 β 有关。当一对斜齿轮的模数、齿数一定时,可以通过改变其螺旋角 β 的大小来圆整中心距。也就是当中心距取一标准值(或整数值)时,其螺旋角 β 值就为导出值。

斜齿轮最少齿数 $z_{\min}$ 为

$$z_{\min} = \frac{2h_{at}^*}{\sin^2\alpha_t} = \frac{2h_{an}^* \cos\beta}{\sin^2\alpha_t}$$

由于 $\cos\beta<1$,$\alpha_t>\alpha_n$,所以斜齿轮的最少齿数比直齿轮要少,因而斜齿轮机构更加紧凑。

10.11.3　斜齿轮正确啮合条件和重合度

1. 正确啮合条件

一对外啮合平行轴斜齿轮传动的正确啮合条件为:1) 两斜齿轮的法面模数相等,$m_{n1} = m_{n2} = m_n$;2) 两斜齿轮的法面压力角相等,$\alpha_{n1} = \alpha_{n2} = \alpha_n$;3) 两斜齿轮的螺旋角大小相等,方向相反,即 $\beta_1 = -\beta_2$。若不满足条件 3),就成为交错轴斜齿轮传动。本书对此不作讨论,可查阅有关资料。

2. 斜齿轮传动的重合度

斜齿轮传动的重合度要比直齿轮大。图 10.37a 所示为斜齿轮与斜齿条在前端面的啮合情况,齿廓在 A 点进入啮合,在 E 点终止啮合;但从俯视图(图 10.37b)上来分析,当前端面开始脱离啮合时,后端面仍处在啮合区内,只有当后端面脱离啮合,这对齿才终止啮合。当后端面脱离啮合时,前端面已到达 H 点,所以,从前端面进入啮合到后端面脱离啮合,前端面走了 FH 段,故斜齿轮传动的重合度为

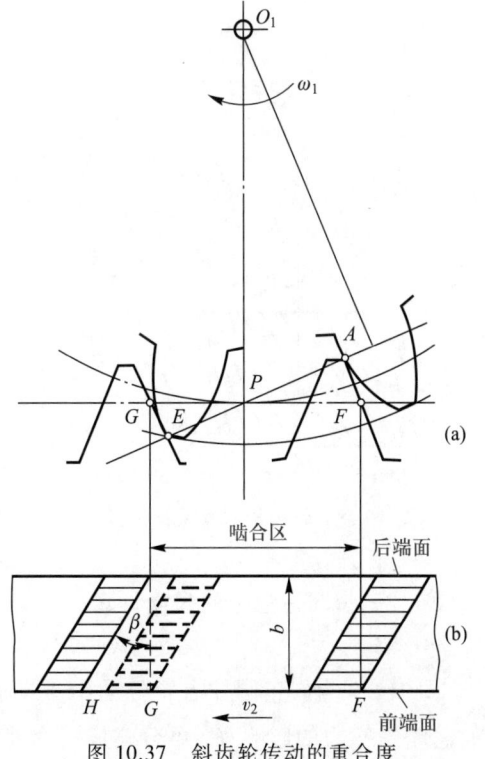

图 10.37　斜齿轮传动的重合度

$$\varepsilon = \frac{FH}{p_t} = \frac{FG+GH}{p_t} = \varepsilon_t + \frac{b\tan\beta}{p_t} \tag{10.31}$$

式中：ε_t 为端面重合度，其值等于与斜齿轮端面齿廓相同的直齿轮传动的重合度；$b\tan\beta/p_t$ 为轮齿倾斜而产生的附加重合度。ε 随齿宽 b 和螺旋角 β 的增大而增大，根据传动需要可以达到很大的值，所以斜齿轮传动较平稳。

10.11.4　斜齿圆柱齿轮的当量齿数

在进行强度计算以及用仿形法加工斜齿轮选择铣刀时，必须知道斜齿轮的法面齿形。通常采用下述近似方法分析斜齿轮的法面齿形。

如图 10.38 所示，过斜齿轮分度圆柱上齿廓的节点 P 作齿的法面 nn，该法面与分度圆柱面的交线为一椭圆。椭圆的长半轴为 $a = \dfrac{d}{2\cos\beta}$，短半轴为 $b = \dfrac{d}{2}$。由高等数学可知，椭圆在 P 点的曲率半径为

$$\rho = \frac{a^2}{b} = \frac{d}{2\cos^2\beta}$$

以 ρ 为分度圆半径，以斜齿轮法面模数 m_n 为模数，取压力角 α_n 为标准压力角作一直齿圆柱齿轮，则其齿形近似于斜齿轮的法面齿形。该直齿轮称为斜齿圆柱齿轮的当量齿轮，其齿数称为斜齿圆柱齿轮的当量齿数，用 z_v 表示，计算式为

$$z_v = \frac{2\rho}{m_n} = \frac{d}{m_n\cos^2\beta} = \frac{m_n z}{m_n \cos^3\beta} = \frac{z}{\cos^3\beta} \tag{10.32}$$

标准斜齿轮不发生根切的最少齿数可由其当量直齿轮的最少齿数 z_{vmin} 计算出来

$$z_{min} = z_{vmin}\cos^3\beta = 17\cos^3\beta \tag{10.33}$$

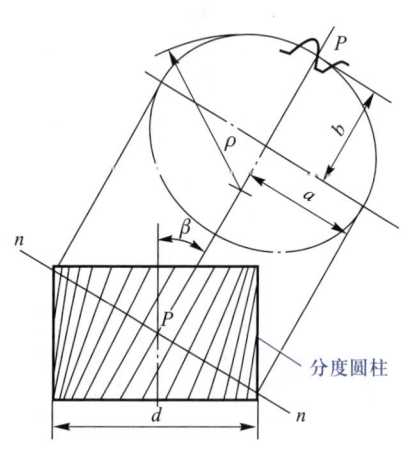

图 10.38　斜齿轮的当量圆柱齿轮

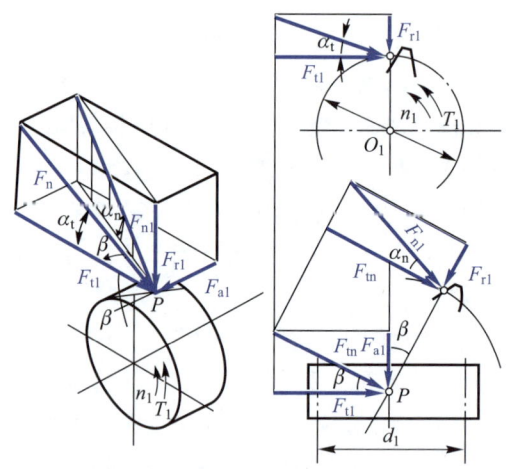

图 10.39　斜齿圆柱齿轮的受力分析

10.11.5　斜齿圆柱齿轮的强度计算

1. 受力分析

图 10.39 为斜齿圆柱齿轮传动中主动轮上的受力分析图。图中 F_{n1} 作用在齿面的法面内，忽略摩擦力的影响，F_{n1} 可分解成三个互相垂直的分力，即圆周力 F_{t1}、径向力 F_{r1} 和轴向力

F_{a1},其值分别为

$$\left.\begin{array}{ll} \text{圆周力} & F_{t1} = \dfrac{2T_1}{d_1} \\[2mm] \text{径向力} & F_{r1} = F_{t1}\dfrac{\tan\alpha_n}{\cos\beta} \\[2mm] \text{轴向力} & F_{a1} = F_{t1}\tan\beta \end{array}\right\} \quad (10.34)$$

式中:T_1 为主动轮传递的转矩,单位为 N·mm;d_1 为主动轮分度圆直径,单位为 mm;β 为分度圆上的螺旋角;α_n 为法面压力角。

作用于主动轮上的圆周力和径向力方向的判定方法与直齿圆柱齿轮相同,轴向力的方向可根据左右手法则判定,即右旋斜齿轮用右手、左旋斜齿轮用左手判定,弯曲的四指表示齿轮的转向,拇指的指向即为轴向力的方向。作用于从动轮上的力可根据作用与反作用定律来判定。

思考题 10.17 如图 10.40 所示的传动简图中,Ⅱ 轴上装有两个斜齿轮,试问如何合理地选择齿轮的旋向?

2. 斜齿圆柱齿轮传动的强度计算

斜齿圆柱齿轮传动的强度计算方法与直齿圆柱齿轮相似,但由于斜齿轮啮合时齿面接触线的倾斜以及传动重合度的增大等因素的影响,使斜齿轮的接触应力和弯曲应力降低。其强度计算公式可表示为:

(1)齿面接触疲劳强度计算

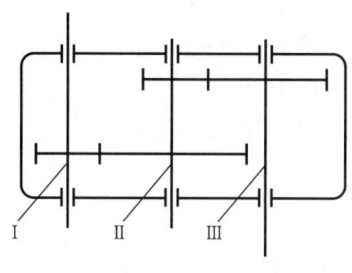

图 10.40

校核公式为

$$\sigma_H = 3.17 Z_E \sqrt{\dfrac{KT_1(u\pm 1)}{bd_1^2 u}} \leqslant [\sigma_H] \quad (10.35)$$

设计公式为

$$d_1 \geqslant \sqrt[3]{\dfrac{KT_1(u\pm 1)}{\psi_d u}\left(\dfrac{3.17 Z_E}{[\sigma_H]}\right)^2} \quad (10.36)$$

校核公式中,根号前的系数比直齿轮计算公式中的系数小,所以在受力条件等相同的情况下求得的 σ_H 值也随之减小,即接触应力减小。这说明斜齿轮传动的接触强度要比直齿轮传动的高。

(2)齿根弯曲疲劳强度计算

校核公式为

$$\sigma_F = \dfrac{1.6KT_1}{bm_n d_1}Y_F Y_S = \dfrac{1.6KT_1\cos\beta}{bm_n^2 z_1}Y_F Y_S \leqslant [\sigma_H] \quad (10.37)$$

设计公式为

$$m_n \geqslant 1.17\sqrt[3]{\dfrac{KT_1\cos^2\beta Y_F Y_S}{\psi_d z_1^2 [\sigma_F]}} \quad (10.38)$$

设计时应将 $Y_{F1}Y_{S1}/[\sigma_F]_1$ 和 $Y_{F2}Y_{S2}/[\sigma_F]_2$ 两比值中的较大值代入上式,并将计算所得的法面模数 m_n 按标准模数圆整。Y_F、Y_S 应按斜齿轮的当量齿数 z_v 查取。

有关直齿轮传动的设计方法和参数选择原则对斜齿轮传动基本上都是适用的。

思考题 10.18 一对传动齿轮中两齿轮轮齿面上的接触应力是否相同？齿根弯曲应力是否相同？

思考题 10.19 有两对直齿圆柱齿轮传动，其中一对齿轮的 $m=2$ mm, $z_1=50$, $z_2=200$, $b=75$ mm，另一对齿轮的 $m=4$ mm, $z_1=25$, $z_2=100$, $b=75$ mm。当载荷及其他条件均相同时，试问：1）两对齿轮的接触强度是否相同？为什么？2）两对齿轮的弯曲强度是否相同？为什么？

思考题 10.20 在闭式齿轮传动中，如果验算弯曲强度时发现裕度过大，试问如何设法使裕度减小？

思考题 10.21 模数大，弯曲强度也大，那么一对齿轮传动的 m 必为相等，故弯曲强度也应相同，对吗？

10.12　直齿锥齿轮传动

10.12.1　锥齿轮传动概述

锥齿轮传动用来传递相交两轴的运动和动力。锥齿轮的轮齿分布在圆锥体上，从大端到小端逐渐减小，如图 10.41a 所示。一对锥齿轮的运动可以看成是两个锥顶共点的圆锥体相互作纯滚动，这两个锥顶共点的圆锥体就是节圆锥。此外，与圆柱齿轮相似，锥齿轮还有基圆锥、分度圆锥、齿顶圆锥、齿根圆锥。对于正确安装的标准锥齿轮传动，其节圆锥与分度圆锥应该重合。

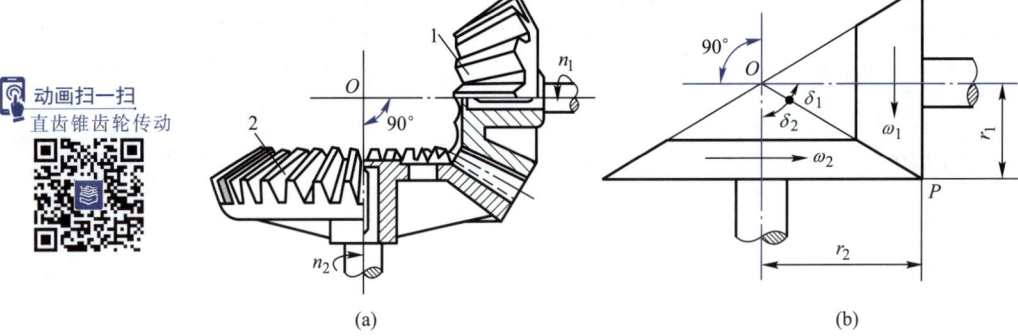

图 10.41　直齿锥齿轮传动

锥齿轮的轮齿有直齿和曲齿两种类型。直齿锥齿轮易于制造，适用于低速、轻载传动的场合，而曲齿锥齿轮传动平稳，承载能力强，常用于高速、重载传动的场合，但其设计和制造较为复杂。本节只讨论直齿锥齿轮传动。

图 10.41b 所示为一对正确安装的标准锥齿轮，其分度圆锥与节圆锥重合，两齿轮的分度圆锥角分别为 δ_1 和 δ_2，大端分度圆半径分别为 r_1、r_2，齿数分别为 z_1、z_2。两齿轮的传动比为

$$i = \frac{\omega_1}{\omega_2} = \frac{n_1}{n_2} = \frac{z_2}{z_1} = \frac{r_2}{r_1} = \frac{OP\sin\delta_2}{OP\sin\delta_1} \tag{10.39}$$

当 $\Sigma = \delta_1 + \delta_2 = 90°$ 时

$$i = \tan\delta_2 = \cot\delta_1 \tag{10.40}$$

10.12.2　锥齿轮的齿廓曲线、背锥和当量齿数

1. 锥齿轮的齿廓曲线

直齿锥齿轮齿廓曲面的形成如图 10.42 所示。以半球截面的圆平面 S 为发生面，S 与基

圆锥相切于 ON。ON 既是圆平面 S 的半径 R,又是基圆锥的锥距 R,圆平面 S 的圆心 O(球心)又是基圆锥的锥顶。当发生面 S 绕基圆锥作纯滚动时,该平面上任一点 B 的空间轨迹 $\overset{\frown}{BA}$ 是位于以锥距 R 为半径的球面上的曲线,曲线 $\overset{\frown}{BA}$ 称为球面渐开线。它是一条空间曲线,理论上应在以锥顶 O 为球心、锥距 R 为半径的球面上,该曲面为直齿锥齿轮齿廓曲面,但球面渐开线不能在平面上展开,这给锥齿轮的设计和制造带来很大困难。所以,通常采用一种近似的方法来解决这一问题,叙述如下:

2. 背锥和当量齿数

如图 10.43 所示,△OAB 为锥齿轮的分度圆锥,过分度圆锥上的点 A 作球面的切线 AO_1 与分度圆锥的轴线交于 O_1 点。以 OO_1 为轴,O_1A 为母线作一圆锥体,它的轴截面为 △AO_1B,此圆锥称为背锥。背锥与球面相切于锥齿轮大端的分度圆上。

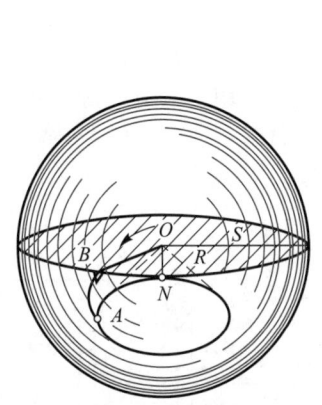

图 10.42 球面渐开线的形成

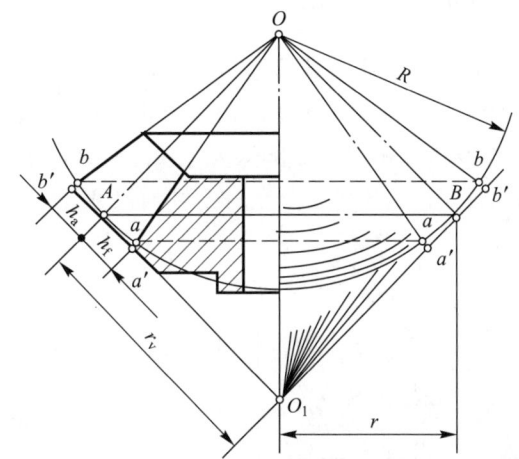

图 10.43 锥齿轮的背锥

将球面上的轮齿向背锥上投影,a、b 点的投影为 a'、b' 点,由图可知 $ab \approx a'b'$,即背锥上的齿高部分近似等于球面上的齿高部分,故可用背锥上的齿廓代替球面上的齿廓。

如图 10.44 所示,将背锥展开成平面,则成为两个扇形齿轮,其分度圆半径即为背锥的锥

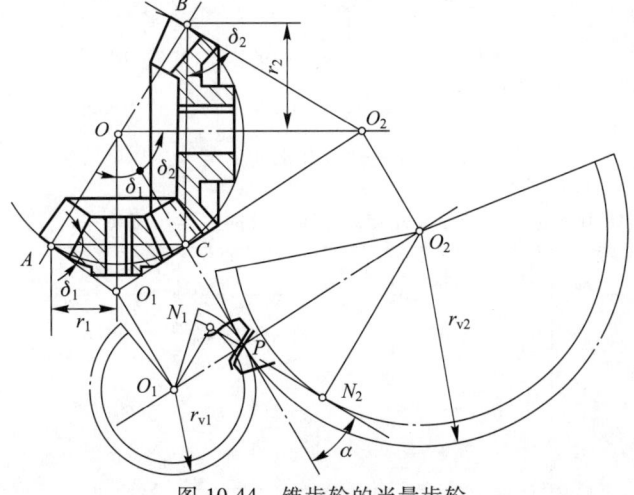

图 10.44 锥齿轮的当量齿轮

距,分别以 r_{v1} 和 r_{v2} 表示。将两扇形齿轮补足为完整的圆柱齿轮,这两个圆柱齿轮称为锥齿轮的当量齿轮,其齿数称为当量齿数,用 z_v 表示。

由图 10.44 可得

$$r_{v1} = \frac{r_1}{\cos \delta_1} = \frac{mz_1}{2\cos \delta_1}$$

又 $r_{v1} = mr_{v1}/2$,所以

$$\left.\begin{aligned} z_{v1} &= \frac{z_1}{\cos \delta_1} \\ z_{v2} &= \frac{z_2}{\cos \delta_2} \end{aligned}\right\} \tag{10.41}$$

由上式可知 $r_{v1} > z_1$、$r_{v2} > z_2$。

10.12.3 直齿锥齿轮传动的几何尺寸计算

图 10.45a 所示为不等顶隙收缩齿锥齿轮,其顶锥顶点、根锥顶点与节锥顶点重合,且两轴交角 $\Sigma = 90°$。图 10.45b 所示为等顶隙收缩齿锥齿轮。目前,常用的为等顶隙收缩齿锥齿轮。标准直齿锥齿轮各部分名称及几何尺寸计算公式见表 10.16。

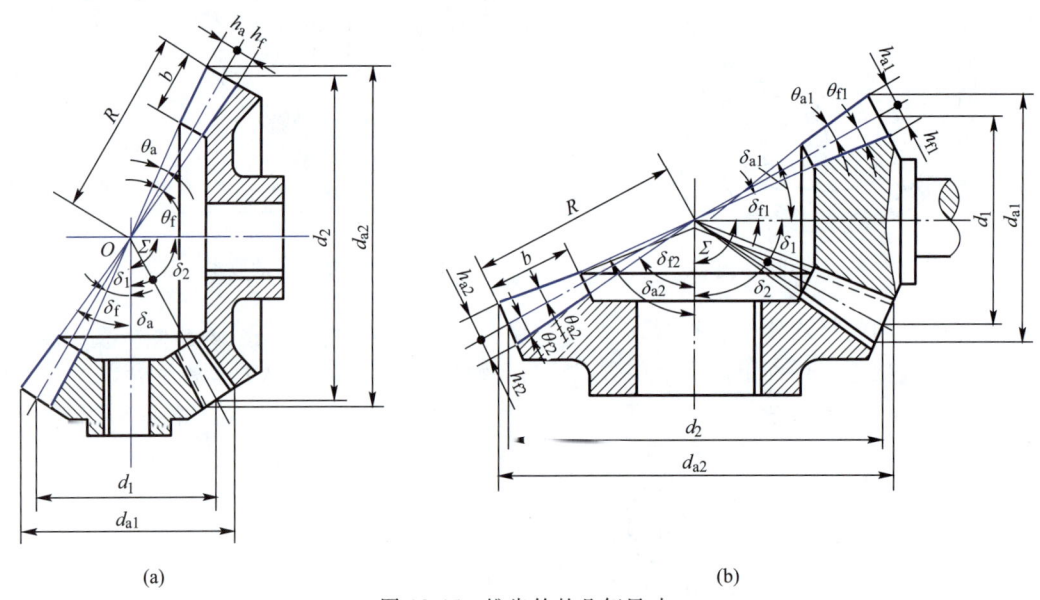

图 10.45 锥齿轮的几何尺寸

表 10.16 标准直齿锥齿轮传动($\Sigma = 90°$)的主要几何尺寸计算公式

名称	符号	计算公式
分度圆锥角	δ	$\delta_1 = \text{arccot}\dfrac{z_2}{z_1}$ $\delta_2 = 90° - \delta_1$
分度圆直径	d	$d_1 = mz_1$ $d_2 = mz_2$
齿顶高	h_a	$h_{a1} = h_{a2} = h_a^* m$

续表

名称	符号	计 算 公 式
齿根高	h_f	$h_{f1}=h_{f2}=(h_a^*+c^*)m$
齿顶圆直径	d_a	$d_{a1}=d_1+2h_a\cos\delta_1$, $d_{a2}=d_2+2h_a\cos\delta_2$
齿根圆直径	d_f	$d_{f1}=d_1-2h_f\cos\delta_1$, $d_{f2}=d_2-2h_f\cos\delta_2$
锥距	R	$R=\dfrac{1}{2}\sqrt{d_1^2+d_2^2}$
齿宽	b	$b\leqslant\dfrac{1}{3}R$
齿顶角	θ_a	不等顶隙收缩齿 $\theta_{a1}=\theta_{a2}=\arctan\dfrac{h_a}{R}$；等顶隙收缩齿：$\theta_{a1}=\theta_{f2}$, $\theta_{a2}=\theta_{f1}$
齿根角	θ_f	$\theta_{f1}=\theta_{f2}=\arctan\dfrac{h_f}{R}$
齿顶圆锥角	δ_a	$\delta_{a1}=\delta_1+\theta_{a1}$, $\delta_{a2}=\delta_2+\theta_{a2}$
齿根圆锥角	δ_f	$\delta_{f1}=\delta_1-\theta_{f1}$, $\delta_{f2}=\delta_2-\theta_{f2}$
当量齿数	z_v	$z_{v1}=\dfrac{z_1}{\cos\delta_1}$, $z_{v2}=\dfrac{z_2}{\cos\delta_2}$

进行直齿锥齿轮的几何尺寸计算一般以大端参数为标准值，这是因为大端尺寸计算和测量的相对误差较小。齿宽 b 的取值范围是 $(0.25\sim 0.3)R$，R 为锥距。

直齿锥齿轮的正确啮合条件可从当量圆柱齿轮的正确啮合条件得到，即两齿轮的大端模数必须相等，压力角也必须相等，即 $m_1=m_2=m$，$\alpha_1=\alpha_2=\alpha$。

思考题 10.22 为保证锥齿轮传动能良好啮合，安装调试时应注意什么问题？

10.12.4 直齿锥齿轮的强度计算

1. 受力分析

图 10.46 所示为锥齿轮传动主动轮上的受力情况。将作用在主动轮上的法向力简化为

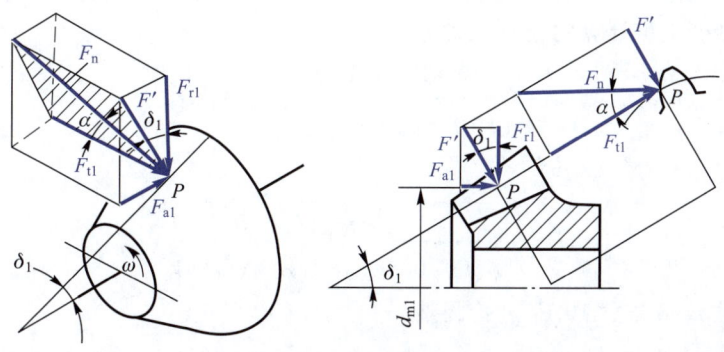

图 10.46 锥齿轮的受力分析

集中载荷 F_n，并近似地认为 F_n 作用在位于齿宽 b 中间位置的节点 P 上，即作用在分度圆锥的平均直径 d_{m1} 处。当齿轮上作用的转矩为 T_1 时，若忽略接触面上摩擦力的影响，法向力 F_n 可分解成三个互相垂直的分力，即圆周力 F_{t1}、径向力 F_{r1} 以及轴向力 F_{a1}，计算公式分别为

$$\left.\begin{aligned} \text{圆周力} \quad & F_{t1} = \frac{2T_1}{d_{m1}} \\ \text{径向力} \quad & F_{r1} = F' \cdot \cos\delta = F_{t1}\tan\alpha \cdot \cos\delta \\ \text{轴向力} \quad & F_{a1} = F' \cdot \sin\delta = F_{t1}\tan\alpha \cdot \sin\delta \end{aligned}\right\} \quad (10.42)$$

d_{m1} 可根据几何尺寸关系由分度圆直径 d_1、锥距 R 和齿宽 b 来确定，即

$$\frac{R-0.5b}{R} = \frac{0.5 d_{m1}}{0.5 d_1}$$

则

$$d_{m1} = \frac{R-0.5b}{R} d_1 = (1-0.5\psi_R) d_1 \quad (10.43)$$

圆周力和径向力方向的确定方法与直齿轮相同，两齿轮的轴向力方向都是沿着各自的轴线方向并指向轮齿的大端。从动轮的受力可根据作用与反作用定律确定：$F_{t1} = -F_{t2}$，$F_{r1} = -F_{a2}$，$F_{a1} = -F_{r2}$，负号表示两个力的方向相反。

思考题 10.23 图 10.47 所示的传动简图中，采用斜齿圆柱齿轮、直齿锥齿轮传动，试确定齿轮 3 的轮齿旋向。要求使齿轮 2 和齿轮 3 上的轴向力方向相反。

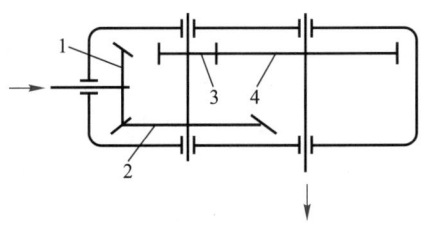

图 10.47 传动简图

2. 强度计算

计算直齿锥齿轮的强度时，可按齿宽中点处一对当量直齿圆柱齿轮的传动作近似计算。

当两轴交角 $\Sigma = 90°$ 时，齿面接触疲劳强度的校核公式为

$$\sigma_H = \frac{4.98 Z_E}{1-0.5\psi_R} \sqrt{\frac{KT_1}{\psi_R d_1^3 u}} \leqslant [\sigma_H] \quad (10.44)$$

设计公式为

$$d_1 \geqslant \sqrt[3]{\frac{KT_1}{\psi_R u} \left(\frac{4.98 Z_E}{(1-0.5\psi_R)[\sigma_H]} \right)^2} \quad (10.45)$$

式中 ψ_R 为齿宽系数，$\psi_R = b/R$，一般 $\psi_R = 0.25 \sim 0.3$。其余各项符号的意义与直齿轮相同。

齿根弯曲疲劳强度计算的校核公式为

$$\sigma_F = \frac{4KT_1 Y_F Y_S}{\psi_R (1-0.5\psi_R)^2 z_1^2 m^3 \sqrt{u^2+1}} \leqslant [\sigma_F] \quad (10.46)$$

设计公式为

$$m \geqslant \sqrt[3]{\frac{4KT_1 Y_F Y_S}{\psi_R (1-0.5\psi_R)^2 z_1^2 [\sigma_F] \sqrt{u^2+1}}} \quad (10.47)$$

计算得到的模数 m 应按表 10.17 进行圆整。

表 10.17　锥齿轮模数（GB/T 12368—1990）

0.1	0.35	0.9	1.75	3.25	5.5	10	20	36
0.12	0.4	1	2	3.5	6	11	22	40
0.15	0.5	1.125	2.25	3.75	6.5	12	25	45
0.2	0.6	1.25	2.5	4	7	14	28	50
0.25	0.7	1.375	2.75	4.5	8	16	30	—
0.3	0.8	1.5	3	5	9	18	32	—

10.13　齿轮的结构设计及齿轮传动的润滑和效率

10.13.1　齿轮的结构设计

齿轮的结构设计主要包括选择合理适用的结构型式，依据经验公式确定齿轮的轮毂、轮辐、轮缘等各部分的尺寸及绘制齿轮的零件工作图等。

常用的齿轮结构型式有以下几种：

1. 齿轮轴

当圆柱齿轮的齿根圆至键槽底部的距离 $x \leqslant (2 \sim 2.5)m_n$，或当锥齿轮小端的齿根圆至键槽底部的距离 $x \leqslant (1.6 \sim 2)m$ 时，应将齿轮与轴制成一体，称为齿轮轴，如图 10.48 所示。

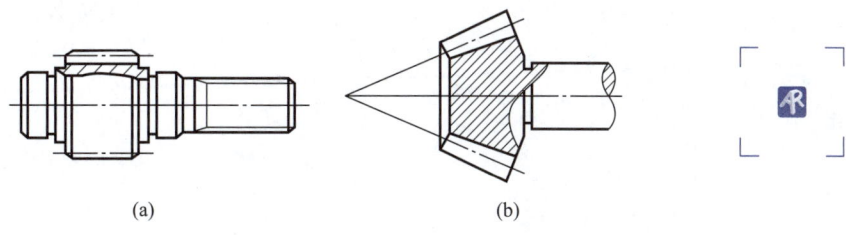

图 10.48　齿轮轴

2. 实体式齿轮

当齿轮的齿顶圆直径 $d_a \leqslant 200$ mm，可采用实体式结构，如图 10.49 所示。这种结构型式的齿轮常用锻钢制造。

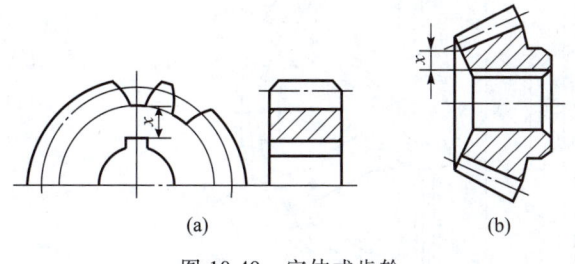

图 10.49　实体式齿轮

3. 腹板式齿轮

当齿轮的齿顶圆直径 $d_a = 200 \sim 500$ mm 时，可采用腹板式结构，如图 10.50 所示。这种结构的齿轮一般多用锻钢制造，其各部分尺寸由图中经验公式确定。

4. 轮辐式齿轮

当齿轮的齿顶圆直径 $d_a>500$ mm 时，可采用轮辐式结构，如图 10.51 所示。这种结构的齿轮常采用铸钢或铸铁制造，其各部分尺寸按图中经验公式确定。

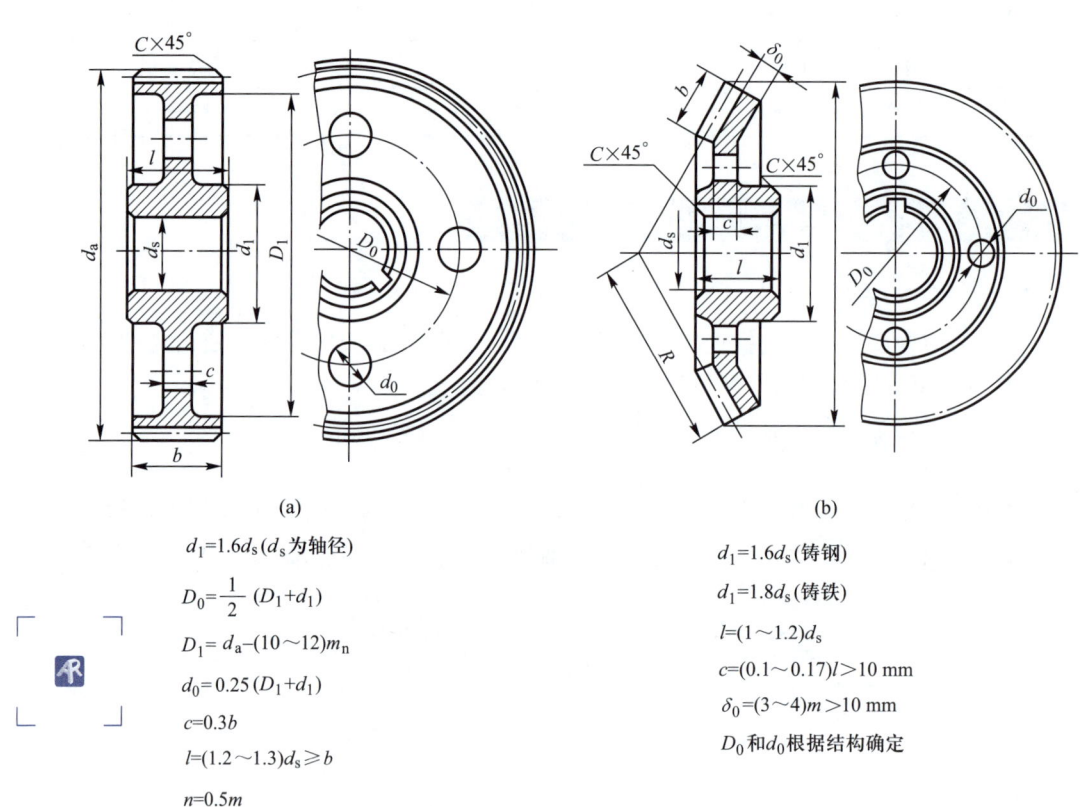

$d_1=1.6d_s$（d_s 为轴径）

$D_0=\dfrac{1}{2}(D_1+d_1)$

$D_1=d_a-(10\sim12)m_n$

$d_0=0.25(D_1+d_1)$

$c=0.3b$

$l=(1.2\sim1.3)d_s\geqslant b$

$n=0.5m$

$d_1=1.6d_s$（铸钢）

$d_1=1.8d_s$（铸铁）

$l=(1\sim1.2)d_s$

$c=(0.1\sim0.17)l>10$ mm

$\delta_0=(3\sim4)m>10$ mm

D_0 和 d_0 根据结构确定

图 10.50　腹板式圆柱、锥齿轮

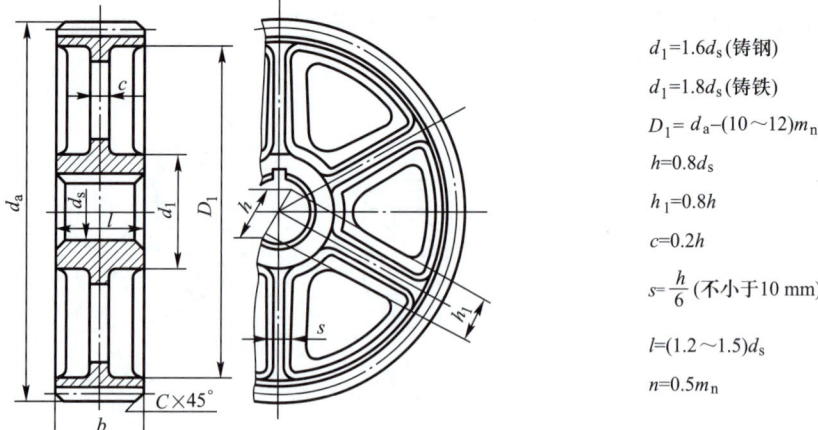

$d_1=1.6d_s$（铸钢）

$d_1=1.8d_s$（铸铁）

$D_1=d_a-(10\sim12)m_n$

$h=0.8d_s$

$h_1=0.8h$

$c=0.2h$

$s=\dfrac{h}{6}$（不小于10 mm）

$l=(1.2\sim1.5)d_s$

$n=0.5m_n$

图 10.51　铸造轮辐式圆柱齿轮

10.13.2 齿轮传动的润滑

润滑对于齿轮传动十分重要。润滑不仅可以减小摩擦、减轻磨损,还可以起到冷却、防锈、降低噪声、改善齿轮的工作状况、延缓轮齿失效和延长齿轮使用寿命等作用。

1. 润滑方式

闭式齿轮传动的润滑方式有飞溅润滑和喷油润滑两种,一般根据齿轮的圆周速度确定采用哪一种方式。

飞溅润滑:当齿轮的圆周速度 5 m/s<v<12 m/s 时,通常将大齿轮浸入油池中进行润滑,如图 10.52a 所示。齿轮浸入油中的深度至少为 10 mm,转速低时可浸深一些,但浸入过深则会增大运动阻力并使油温升高。在多级齿轮传动中,对于未浸入油池内的齿轮,可采用带油轮将油带到未浸入油池内的齿轮齿面上,如图 10.52b 所示。浸油齿轮可将油甩到齿轮箱壁上,有利于散热。

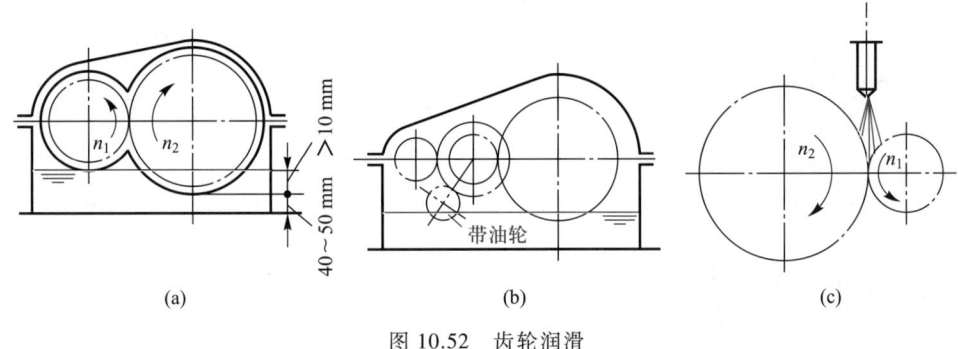

图 10.52 齿轮润滑

喷油润滑:当齿轮的圆周速度 v>12 m/s 时,由于圆周速度大,齿轮搅油剧烈,且黏附在齿廓面上的油易被甩掉,因此不宜采用浸油润滑,而应采用喷油润滑。即用油泵将具有一定压力的润滑油经喷嘴喷到啮合的齿面上,如图 10.52c 所示。

对于开式齿轮传动,由于其传动速度较低,通常采用人工定期加油润滑的方式。

2. 润滑剂的选择

一般齿轮传动常用的润滑剂为润滑油。选择润滑油时,先根据齿轮的工作条件以及圆周速度由表 10.18 查得运动黏度值,再根据选定的黏度确定润滑油的牌号。

必须经常检查齿轮传动润滑系统的状况(如润滑油的油面高度等)。油面过低则润滑不良,油面过高则会增加搅油功率的损失。对于压力喷油润滑系统还需检查油压状况,油压过低会造成供油不足,油压过高则可能是由油路不畅通所致,需及时调整油压。

思考题 10.24 润滑条件良好对防止齿轮破坏形式的出现有何作用?

10.13.3 齿轮传动的效率

齿轮传动中的功率损失,主要包括啮合中的摩擦损失、轴承中的摩擦损失和搅动润滑油的功率损失。进行有关齿轮的计算时通常使用的是齿轮传动的平均效率。

当齿轮轴上装有滚动轴承,并在满载状态下运转时,传动的平均总效率 η 列于表 10.19 中,供设计传动系统时参考。

表 10.18　齿轮传动润滑油运动黏度荐用值

齿轮材料	强度极限 σ_b/MPa	圆周速度 v/(m/s)						
		<0.5	0.5~1	1~2.5	2.5~5	5~12.5	12.5~25	>25
		运动黏度 $\nu_{50℃}(\nu_{100℃})$/(mm²/s)						
塑料、青铜、铸铁	—	180(23)	120(1.5)	85	60	45	34	—
钢	450~1 000	270(34)	180(23)	120(15)	85	60	45	34
	1 000~1 250	270(34)	270(34)	180(23)	120(15)	85	60	45
渗碳或表面淬火钢	1 250~1 580	450(53)	270(34)	270(34)	180(23)	120(15)	85	60

注：1. 多级齿轮传动按各级所选润滑油运动黏度的平均值来确定润滑油；
　　2. 对于 σ_b>800 MPa 的镍铬钢制齿轮(不渗碳)，润滑油运动黏度取高一档的数值。

表 10.19　装有滚动轴承的齿轮传动的平均总效率 η

传动型式	圆柱齿轮传动	锥齿轮传动
6 级或 7 级精度的闭式传动	0.98	0.97
8 级精度的闭式传动	0.97	0.96
开式传动	0.95	0.94

10.14　标准齿轮传动的设计计算

10.14.1　主要参数的选择

1. 传动比 i

i<8 时可采用一级齿轮传动。如果传动比过大时采用一级传动，将导致结构庞大，所以这种情况下要采用分级传动。如果总传动比 i 为 8~40，可分成二级传动；如果总传动比 i 大于 40，可分为三级或三级以上传动。

一般取每对直齿圆柱齿轮的传动比 i<3，最大可达 5；斜齿圆柱齿轮的传动比可大些，取 i≤5，最大可达 8；直齿锥齿轮的传动比 i≤3，最大可达 i≤5~7.5。

传动比的分配是一个较为复杂的问题，在此不作讨论。

2. 齿数 z

一般设计中取 z>z_{min}。齿数多，则重合度大、传动平稳，且能改善传动质量、减少磨损。若分度圆直径不变，增加齿数使模数减小，从而减少了切齿的加工量且减少了工时。但模数减小会导致轮齿的弯曲强度降低。具体设计时，在保证弯曲强度的前提下，应取较多的齿数为宜。

在闭式软齿面齿轮传动中，齿轮的弯曲强度总是足够的，因此齿数可取多些，推荐取 z_1 = 24~40。

在闭式硬齿面齿轮传动中，齿根折断为主要的失效形式，因此可适当地减少齿数以保证模数取值的合理。

在开式传动中，为保证轮齿在经受相当的磨损后仍不会发生弯曲破坏，z 不宜取太多，一

一般取 $z_1 = 17 \sim 20$。

对于周期性变化的载荷,为避免最大载荷总是作用在某一对或某几对轮齿上而使磨损过于集中,z_1、z_2 应互为质数。这样实际传动比可能与要求的传动比有出入,但一般情况下传动比误差在±5%以内是允许的。

3. 模数

模数的大小影响轮齿的弯曲强度。设计时应在保证弯曲强度的条件下取较小的模数。但对传递动力的齿轮应保证 $m \geqslant 1.5 \sim 2$ mm。

4. 齿宽系数 ψ_d

齿宽系数 $\psi_d = b/d_1$,当 d_1 一定时,增大齿宽系数必然增大齿宽,可提高齿轮的承载能力。但齿宽越大,载荷沿齿宽的分布越不均匀,造成偏载而降低了传动能力。因此设计齿轮传动时应合理选择 ψ_d。一般取 $\psi_d = 0.2 \sim 1.4$,如表 10.20 所列。

在一般精度的圆柱齿轮减速器中,为补偿加工和装配的误差,应使小齿轮比大齿轮宽一些,小齿轮的齿宽取 $b_1 = b_2 + (5 \sim 10)$ mm。所以齿宽系数 ψ_d 实际上为 b_2/d_1。齿宽 b_1 和 b_2 都应圆整为整数,最好个位数为 0 或 5。

表 10.20 齿宽系数 ψ_d

齿轮相对于轴承的位置	齿面硬度	
	软齿面(≤350 HBW)	硬齿面(>350 HBW)
对称布置	0.8～1.4	0.4～0.9
不对称布置	0.6～1.2	0.3～0.6
悬臂布置	0.3～0.4	0.2～0.25

注:1. 对于直齿圆柱齿轮取较小值;斜齿轮可取较大值;人字齿轮可取更大值;
　　2. 载荷平稳、轴的刚性较大时,取值应大一些;变载荷、轴的刚性较小时,取值应小一些。

标准减速器中齿轮的齿宽系数也可表示为 $\psi_a = b/a$,其中 a 为中心距。对于一般减速器可取 $\psi_a = 0.4$;开式传动可取 $\psi_a = 0.1 \sim 0.3$。

5. 螺旋角 β

如果 β 太小则会失去斜齿轮传动的优点;如果 β 太大则齿轮的轴向力也大,从而增大了轴承及整个传动的结构尺寸,从经济角度不可取,且传动效率也下降。

一般情况下高速、大功率传动的场合,β 宜取大些;低速、小功率传动的场合,β 宜取小些。一般在设计时常取 $\beta = 8° \sim 15°$,β 的计算值应精确到(′)。

思考题 10.25　在圆柱齿轮减速器中,为什么小齿轮齿宽 b_1 要略大于大齿轮齿宽 b_2?在强度计算时齿宽系数 ψ_d 按 b_1 还是按 b_2 计算?为什么?

10.14.2　齿轮精度等级的选择

渐开线圆柱齿轮精度按 GB/T 10095.1—2008 和 GB/T 10095.2—2008 标准执行,此标准规定了 13 个精度等级,其中 0~2 级齿轮要求非常高,属于未来发展级;3~5 级称为高精度等级;6~8 级为最常用的中精度等级;9 级为较低精度等级;10~12 级为低精度等级。展成法粗滚、仿形铣等都属于低精度齿轮的加工方法,而较高精度(7 级以上)的齿轮需在精密机床上用精插或精滚方法加工,对淬火齿轮需进行磨齿或研齿加工。

第10章 齿轮传动

选择精度等级的主要依据是齿轮的用途、使用要求和工作条件,一般有计算法和类比法。类比法是参考同类产品的齿轮精度,结合所设计齿轮的具体要求来确定精度等级。表10.21为多年从实践中搜集到的齿轮精度使用情况,可供参考。

中等速度和中等载荷的一般齿轮精度等级通常按分度圆处圆周速度来确定,具体选择参考表10.22。

各精度等级对应的各项偏差值可查 GB/T 10095.1—2008 或有关设计手册。

表 10.21 各类机械设备的齿轮精度等级

应用范围	精度等级	应用范围	精度等级
测量齿轮	3~5	拖拉机	6~10
汽轮机	3~6	一般用途的减速器	6~9
金属切削机床	3~8	轧钢设备小齿轮	6~10
内燃机与电气机车	6~7	矿用绞车	8~10
轻型汽车	5~8	起重机	7~10
重型汽车	6~9	农业机械	8~12
航空发动机	4~7		

表 10.22 齿轮精度等级的适用范围

精度等级	圆周速度 v/(m/s)		工作条件与适用范围
	直齿	斜齿	
4	$20<v\leqslant35$	$40<v\leqslant70$	1. 特精密分度机构或在最平稳、无噪声的极高速下工作的传动齿轮 2. 高速透平传动齿轮 3. 检测7级齿轮的测量齿轮
5	$16<v\leqslant20$	$30<v\leqslant40$	1. 精密分度机构或在极平稳、无噪声的高速下工作的传动齿轮 2. 精密机构用齿轮 3. 透平齿轮 4. 检测8级和9级齿轮的测量齿轮
6	$10<v\leqslant16$	$15<v\leqslant30$	1. 最高效率、无噪声的高速下平稳工作的齿轮 2. 特别重要的航空、汽车齿轮 3. 读数装置用的特别精密传动齿轮
7	$6<v\leqslant10$	$10<v\leqslant15$	1. 增速和减速用齿轮 2. 金属切削机床进给机构用齿轮 3. 高速减速器齿轮 4. 航空、汽车用齿轮 5. 读数装置用齿轮

续表

精度等级	圆周速度 $v/(m/s)$		工作条件与适用范围
	直齿	斜齿	
8	$4<v\leqslant6$	$4<v\leqslant10$	1. 一般机械制造用齿轮 2. 分度链之外的机床传动齿轮 3. 航空、汽车用的不重要齿轮 4. 起重机构用齿轮、农业机械中的重要齿轮 5. 通用减速器齿轮
9	$v\leqslant4$	$v\leqslant4$	不提出精度要求的粗糙工作齿轮

注：关于锥齿轮精度等级可查 GB/T 11365—1989。

10.14.3 齿轮传动设计计算的步骤

（1）根据题目提供的工况等条件，确定传动形式，选定合适的齿轮材料和热处理方法，查表确定相应的许用应力。

（2）根据设计准则，设计计算 m 或 d_1。

（3）选择齿轮的主要参数。

（4）计算主要几何尺寸。公式见表 10.4、表 10.15 或表 10.16。

（5）根据设计准则校核接触强度或弯曲强度。

（6）校核齿轮的圆周速度，选择齿轮传动的精度等级和润滑方式等。

（7）绘制齿轮零件工作图。

另外，还有一种设计计算的方法为"类比法"，在此不做介绍，将在第 14.6 节中作一说明。

10.15 实例分析

例题 10.4 某煤矿动力车间内有一台单级直齿圆柱齿轮减速器，多年使用，某天突然停机，检查其发生故障的原因以及制定维护措施。

分析 由题意可知，由于减速器工作条件较为恶劣，现先从管理角度来分析，由于维护保养不及时及责任性较差，会造成停机事故发生的。具体原因需打开装置做进一步检查才能确定。

检查步骤 （1）开机检查，分析机内所存的润滑油，测出油的各项化学、物理指标等；

（2）观察齿面，分析齿面破坏痕迹，确定轮齿折断的原因；

（3）得出事故原因。

解 此事故为装置维护不当所造成的停机事故。现必须更换装置，建立工作维护制度，避免事故再次发生。如发现油中含有金属或其他微粒，则应分析此污物微粒如何进入装置等问题，事故分析需再做进一步论证。

例题 10.5 设计一单级直齿圆柱齿轮减速器中的齿轮传动。已知：传递功率 $P=10$ kW，电动机驱动，小齿轮转速 $n_1=955$ r/min，传动比 $i=4$，单向运转，载荷平稳。使用寿命 10 年，单班制工作。

第10章 齿轮传动

分析 由题意可知,根据减速器的工作情况,设计出一对闭式齿轮传动,选定不同的齿面硬度,轮齿的失效形式也不同,那么其设计计算准则也不同。

具体设计计算的步骤可按教材第10.14.3节进行,其设计方法有两种:

1. 传统的强度准则计算

在本例中,选定轮齿的齿面为软齿面,则应该按接触强度设计齿轮的分度圆直径 d_1 ($d_1 = mz$),再以弯曲强度进行校核,如满足 $\sigma_F \leq [\sigma_F]$ 则设计完成。在经验中,最好取 $\dfrac{[\sigma_F]}{\sigma_F} \leq 2 \sim 3$,如超过此比值时,就应修改齿轮传动的参数值,使得此比值减小。

2. 等强度设计计算

此种设计方法是在齿面接触疲劳强度基础之上(即 d_1 已确定),改变 $m\downarrow$、$z\uparrow$,使得齿根弯曲疲劳强度下降些,达到二者强度接近(或相等)些。m、z 的值改变多少,主要是凭设计人员的实践经验而选定,或也可用试验法来确定。

最后指出一点:在本例中只论述传统的强度准则计算方法,等强度设计计算将在例题10.6中讨论。

解 (1)选择齿轮材料及精度等级

小齿轮选用45钢调质,硬度为220~250 HBW;大齿轮选用45钢正火,硬度为170~210 HBW。因为是普通减速器,由表10.21选8级精度,要求齿面粗糙度 $Ra \leq 3.2 \sim 6.3$ μm。

(2)按齿面接触疲劳强度设计

因两齿轮均为钢质齿轮,可应用式(10.22)求出 d_1 值。确定有关参数与系数:

1)转矩 T_1

$$T_1 = 9.55 \times 10^6 \frac{P}{n_1} = 9.55 \times 10^6 \times \frac{10}{955} \text{ N} \cdot \text{mm} = 10^5 \text{ N} \cdot \text{mm}$$

2)载荷系数 K

查表10.11取 $K = 1.1$。

3)齿数 z_1 和齿宽系数 ψ_d

小齿轮的齿数 z_1 取为25,则大齿轮齿数 $z_2 = 100$。因单级齿轮传动为对称布置,而齿轮齿面又为软齿面,由表10.20选取 $\psi_d = 1$。

4)许用接触应力 $[\sigma_H]$

由图10.24查得

$$\sigma_{Hlim1} = 560 \text{ MPa}, \sigma_{Hlim2} = 530 \text{ MPa}$$

由表10.10查得 $S_H = 1$。

$$N_1 = 60njL_h = 60 \times 955 \times 1 \times (10 \times 52 \times 40) = 1.21 \times 10^9$$

$$N_2 = N_1/i = 1.21 \times 10^9/4 = 3.03 \times 10^8$$

查图10.27得 $Z_{NT1} = 1$,$Z_{NT2} = 1.06$。

由式(10.13)可得

$$[\sigma_H]_1 = \frac{Z_{NT1} \sigma_{Hlim1}}{S_H} = \frac{1 \times 560}{1} \text{ MPa} = 560 \text{ MPa}$$

$$[\sigma_H]_2 = \frac{Z_{NT2}\sigma_{Hlim2}}{S_H} = \frac{1.06 \times 530}{1} \text{ MPa} = 562 \text{ MPa}$$

故
$$d_1 \geq 76.43 \sqrt[3]{\frac{KT_1(u+1)}{\psi_d u [\sigma_H]^2}} = 76.43 \sqrt[3]{\frac{1.1 \times 10^5 \times 5}{1 \times 4 \times 560^2}} \text{ mm} = 58.3 \text{ mm}$$

$$m = \frac{d_1}{z_1} = \frac{58.3}{25} \text{ mm} = 2.33 \text{ mm}$$

由表 10.3 取标准模数 $m = 2.5$ mm。

（3）计算主要尺寸

$$d_1 = mz_1 = 2.5 \times 25 \text{ mm} = 62.5 \text{ mm}$$
$$d_2 = mz_2 = 2.5 \times 100 \text{ mm} = 250 \text{ mm}$$
$$b = \psi_d \cdot d_1 = 1 \times 62.5 \text{ mm} = 62.5 \text{ mm}$$

经圆整后取 $b_2 = 65$ mm。

$$b_1 = b_2 + 5 \text{ mm} = 70 \text{ mm}$$
$$a = \frac{1}{2}m(z_1+z_2) = \frac{1}{2} \times 2.5(25+100) \text{ mm} = 156.25 \text{ mm}$$

（4）按齿根弯曲疲劳强度校核

由式（10.24）得出 σ_F，如 $\sigma_F \leq [\sigma_F]$ 则校核合格。

确定有关系数与参数：

1）齿形系数 Y_F

查表 10.13 得 $Y_{F1} = 2.65, Y_{F2} = 2.18$。

2）应力修正系数 Y_S

查表 10.14 得 $Y_{S1} = 1.59, Y_{S2} = 1.80$。

3）许用弯曲应力 $[\sigma_F]$

由图 10.25 查得 $\sigma_{Flim1} = 210$ MPa, $\sigma_{Flim2} = 190$ MPa。

由表 10.10 查得 $S_F = 1.3$。

由图 10.26 查得 $Y_{NT1} = Y_{NT2} = 1$。

由式（10.14）可得

$$[\sigma_F]_1 = \frac{Y_{NT1}\sigma_{Flim1}}{S_F} = \frac{210}{1.3} \text{ MPa} = 162 \text{ MPa}$$

$$[\sigma_F]_2 = \frac{Y_{NT2}\sigma_{Flim2}}{S_F} = \frac{1.90}{1.3} \text{ MPa} = 146 \text{ MPa}$$

故
$$\sigma_{F1} = \frac{2KT_1}{bm^2z_1}Y_F Y_S = \frac{2 \times 1.1 \times 10^5}{65 \times 2.5^2 \times 25} \times 2.65 \times 1.59 \text{ MPa} = 91 \text{ MPa} < [\sigma_F]_1 = 162 \text{ MPa}$$

$$\sigma_{F2} = \sigma_{F1}\frac{Y_{F2}Y_{S2}}{Y_{F1}Y_{S1}} = 91 \times \frac{2.18 \times 1.8}{2.65 \times 1.59} \text{ MPa} = 85 \text{ MPa} < [\sigma_F]_2 = 146 \text{ MPa}$$

第 10 章 齿轮传动

齿根弯曲强度校核合格。

（5）验算齿轮的圆周速度 v

$$v = \frac{\pi d_1 n_1}{60 \times 1\,000} = \frac{\pi \times 62.5 \times 955}{60 \times 1\,000} \text{ m/s} = 3.13 \text{ m/s}$$

由表 10.22 可知，选 8 级精度是合适的。

（6）计算几何尺寸及绘制齿轮零件工作图。

略。

例题 10.6 接上题。要求应用等强度设计计算进行强度计算。

分析 在生产现场，应用等强度设计计算齿轮传动也是一种常用的设计方法。

从例题 10.5 解（1）~（3）得出 $d_1 = 58.3$ mm、$z_1 = 25$、$m = 2.5$、$z_2 = 100$，应用等强度设计的方法，即在 d_1 不变情况下，改变 m、z 值，取 $m = 2$ mm、$z_1 = \dfrac{58.3}{2} = 29.15$，取 $z_1 = 29$、$z_2 = 116$，作齿根弯曲疲劳强度校核。

此设计方法又可减小齿轮结构尺寸，提高重合度，传动平稳，改善传动质量，减少切齿的加工量与工时。

解 （1）~（3）解与上例中解（1）~（3）完全相同，在此不必重复，略之。

（4）按齿根弯曲疲劳强度校核

确定有关系数与参数：

1) 齿形系数 Y_F

查表 10.13 得 $Y_{F1} = 2.56$，$Y_{F2} = 2.17$

2) 应力修正系数 Y_S

查表 10.14 得 $Y_{S1} = 1.62$，$Y_{S2} = 1.82$

3) 许用弯曲应力 $[\sigma_F]$

查图 10.25 得 $\sigma_{Flim1} = 210$ MPa，$\sigma_{Flim2} = 190$ MPa

查表 10.10 得 $S_F = 1.3$

查图 10.26 得 $Y_{NT1} = Y_{NT2} = 1$

查式（10.14）得

$$[\sigma_F]_1 = \frac{Y_{NT1} \cdot \sigma_{Flim1}}{S_F} = \frac{1 \times 210}{1.3} = 161.5 \text{ MPa}$$

$$[\sigma_F]_2 = \frac{Y_{NT2} \cdot \sigma_{Flim2}}{S_F} = \frac{1 \times 190}{1.3} = 146.1 \text{ MPa}$$

则

$$\sigma_{F1} = \frac{2KT_1}{bm^2 \cdot z_1} Y_F Y_S = \frac{2 \times 1.1 \times 10^5}{65 \times 2^2 \times 29} \times 1.62 \times 2.56 = 121.00 \text{ MPa}$$

$$\sigma_{F2} = \frac{\sigma_{F1} \cdot \sigma_{F2} \cdot Y_{S2}}{Y_{F1} \cdot Y_{S1}} = \sigma_{F1} \cdot \frac{2.17 \times 1.82}{2.56 \times 1.62} = 121 \times \frac{2.17 \times 1.82}{2.56 \times 1.62} = 115.23 \text{ MPa}$$

$$\frac{[\sigma_{F1}]}{\sigma_{F1}} = \frac{161}{121} = 1.33, \frac{[\sigma_{F2}]}{\sigma_{F2}} = \frac{146}{115.23} = 1.27$$

结论：齿根弯曲疲劳强度合格、$\sigma_F \leqslant [\sigma_F]$，设计完成。

（5）验算齿轮的圆周速度 v

$$v = \frac{\pi d_1 n_2}{60 \times 1\,000} = \frac{\pi \times 62.5 \times 955}{60 \times 1\,000} \text{ m/s} = 3.13 \text{ m/s}$$

由表 10.22 可知，选 8 级精度是合适的。

（6）计算几何尺寸及绘制齿轮零件工作图。

略。

例题 10.7 设计一斜齿圆柱齿轮减速器。该减速器用于重型机械上，由电动机驱动。已知传递功率 $P = 70$ kW，小齿轮转速 $n_1 = 960$ r/min，传动比 $i = 3$，载荷有中等冲击，单向运转，齿轮相对于轴承为对称布置，工作寿命为 10 年，单班制工作。

分析 由题意可知，根据所设计的减速器的工作条件，它用于重型机械上，故应选择斜齿轮传动与硬齿面齿轮组合。关于选择斜齿轮传动，已由题意确定了，故不作讨论。本例只讨论齿面硬度的选定、强度计算等问题。

有关直齿齿轮传动的设计方法及参数选择原则对斜齿轮传动基本上都是适用的，但还应了解是有所异同。

在闭式硬齿面的失效形式常为齿根疲劳折断，设计准则也有所不同，通常在强度计算时是按齿根弯曲疲劳强度进行的，确定齿轮模数及其他尺寸计算，然后再校核齿面接触疲劳强度，这两个强度都应满足要求。

具体设计步骤仍然可按第 10.14 节进行。

解（1）选择齿轮材料及精度等级

因传递功率较大，选用硬齿面齿轮组合。小齿轮用 20CrMnTi 渗碳淬火，硬度为 56~62 HRC；大齿轮用 40Cr 表面淬火，硬度为 50~55 HRC。选择齿轮精度等级为 8 级。

（2）按齿根弯曲疲劳强度设计

按斜齿轮传动的设计公式可得

$$m_n \geqslant 1.17 \sqrt[3]{\frac{KT_1 \cos^2\beta Y_F Y_S}{\psi_d z_1^2 [\sigma_F]}}$$

确定有关参数与系数：

1) 转矩 T_1

$$T_1 = 9.55 \times 10^6 \frac{P}{n_1} = 9.55 \times 10^6 \times \frac{70}{960} \text{ N} \cdot \text{mm} = 6.96 \times 10^5 \text{ N} \cdot \text{mm}$$

2) 载荷系数 K

查表 10.11 取 $K = 1.4$。

3) 齿数 z、螺旋角 β 和齿宽系数 ψ_d

因为是硬齿面传动，取 $z_1 = 20$，则

$$z_2 = iz_1 = 3 \times 20 = 60$$

初选螺旋角 $\beta = 14°$。

当量齿数 z_v 为:$z_{v1} = \dfrac{z_1}{\cos^3 \beta} = \dfrac{20}{\cos^3 14°} = 21.89 \approx 22$

$$z_{v2} = \dfrac{z_2}{\cos^3 \beta} = \dfrac{60}{\cos^3 14°} = 65.68 \approx 66$$

由表 10.13 查得齿形系数 $Y_{F1} = 2.75$,$Y_{F2} = 2.285$。

由表 10.14 查得应力修正系数 $Y_{S1} = 1.58$,$Y_{S2} = 1.742$。

由表 10.20 选取 $\psi_d = \dfrac{b}{d_1} = 0.8$

4) 许用弯曲应力 $[\sigma_F]$

按图 10.25 查 σ_{Flim1},小齿轮按 16MnCr5 查取;大齿轮按调质钢查取,得 $\sigma_{Flim1} = 880$ MPa,$\sigma_{Flim2} = 740$ MPa。

由表 10.10 查得 $S_F = 1.4$

$N_1 = 60njL_h = 60 \times 960 \times 1 \times (10 \times 52 \times 40) = 1.19 \times 10^9$

$N_2 = N_1/i = 1.19 \times 10^9/3 = 3.97 \times 10^8$

查图 10.26 得 $Y_{NT1} = 1$,$Y_{NT2} = 1$

由式(10.14)得

$$[\sigma_F]_1 = \dfrac{Y_{NT1} \sigma_{Flim1}}{S_F} = \dfrac{880}{1.4} \text{ MPa} = 629 \text{ MPa}$$

$$[\sigma_F]_2 = \dfrac{Y_{NT2} \sigma_{Flim2}}{S_F} = \dfrac{740}{1.4} \text{ MPa} = 529 \text{ MPa}$$

$$\dfrac{Y_{F1} Y_{S1}}{[\sigma_F]_1} = \dfrac{2.75 \times 1.58}{629} \text{ MPa}^{-1} = 0.0069 \text{ MPa}^{-1}$$

$$\dfrac{Y_{F2} Y_{S2}}{[\sigma_F]_2} = \dfrac{2.285 \times 1.742}{529} \text{ MPa}^{-1} = 0.0075 \text{ MPa}^{-1}$$

由式(10.38)得

$$m_n \geq 1.17 \sqrt[3]{\dfrac{KT_1 \cos^2 \beta Y_F Y_S}{\psi_d z_1^2 [\sigma_F]}} = 1.17 \sqrt[3]{\dfrac{1.4 \times 6.96 \times 10^5 \times 0.0075 \times \cos^2 14°}{0.8 \times 20^2}} \text{ mm} = 3.25 \text{ mm}$$

因为是硬齿面,m_n 选大些。由表 10.3 取标准模数值 $m_n = 4$ mm。

5) 确定中心距 a 及螺旋角 β

传动的中心距 a 为

$$a = \dfrac{m_n(z_1 + z_2)}{2\cos \beta} = \dfrac{4(20+60)}{2\cos 14°} \text{ mm} = 164.88 \text{ mm}$$

取 $a = 165$ mm。

确定螺旋角为

$$\beta = \arccos\frac{m_n(z_1+z_2)}{2a} = \arccos\frac{4(20+60)}{2\times 165} = 14°8'2''$$

此值与初选 β 值相差不大,故不必重新计算。

(3) 校核齿面接触疲劳强度

$$\sigma_H = 3.17Z_E\sqrt{\frac{KT_1(u+1)}{bd_1^2 u}} \leq [\sigma_H]$$

确定有关系数与参数:

1) 分度圆直径 d

$$d_1 = \frac{m_n z_1}{\cos\beta} = \frac{4\times 20}{\cos 14°18'2''}\text{ mm} = 82.5\text{ mm}$$

$$d_2 = \frac{m_n z_2}{\cos\beta} = \frac{4\times 60}{\cos 14°18'2''}\text{ mm} = 247.5\text{ mm}$$

2) 齿宽 b

$$b = \psi_d d_1 = 0.8\times 82.5\text{ mm} = 66\text{ mm}$$

取 $b_2 = 70$ mm,$b_1 = 75$ mm。

3) 齿数比 u

$$u = i = 3$$

4) 许用接触应力 $[\sigma_H]$

由图 10.24 查得 $\sigma_{Hlim1} = 1\ 500$ MPa;$\sigma_{Hlim2} = 1\ 220$ MPa。

由表 10.10 查得 $S_H = 1.2$。

由图 10.27 得 $Z_{NT1} = 1$;$Z_{NT2} = 1.04$。

由式(10.13):

$$[\sigma_H]_1 = \frac{Z_{NT1}\cdot\sigma_{Hlim1}}{S_{H1}} = \frac{1\times 1\ 500}{1.2}\text{ MPa} = 1\ 250\text{ MPa}$$

$$[\sigma_H]_2 = \frac{Z_{NT2}\cdot\sigma_{Hlim2}}{S_{H2}} = \frac{1.04\times 1\ 220}{1.2}\text{ MPa} = 1\ 057\text{ MPa}$$

由表 10.12 查得弹性系数 $Z_E = 189.8\sqrt{\text{MPa}}$

故 $$\sigma_H = 3.17\times 189.8\sqrt{\frac{1.4\times 6.96\times 10^5\times(3+1)}{75\times 82.5^2\times 3}}\text{ MPa} = 960\text{ MPa}$$

$\sigma_H < [\sigma_H]_2$,齿面接触疲劳强度校核合格。

(4) 验算齿轮圆周速度 v

$$v = \frac{\pi d_1 n_1}{60\times 1\ 000} = \frac{3.14\times 82.5\times 960}{60\times 1\ 000}\text{ m/s} = 4.15\text{ m/s}$$

由表 10.22 知选 8 级精度是合适的。

(5) 计算几何尺寸及绘制齿轮零件工作图(略)。

复习题

10.1 渐开线性质有哪些？试各举一例说明渐开线性质的具体应用。

10.2 何谓齿轮中的分度圆？何谓节圆？二者的直径是否一定相等或一定不相等？

10.3 在加工变位齿轮时，是齿轮上的分度圆与齿条插刀上的节线相切作纯滚动，还是齿轮上的节圆与齿条插刀上的分度线相切作纯滚动？

10.4 为了使安装中心距大于标准中心距，可用以下三种方法：1）应用渐开线齿轮中心距的可分性；2）用变位的直齿轮传动；3）用标准斜齿轮传动。试比较这三种方法的优劣。

10.5 一渐开线齿轮的基圆半径 $r_b = 60$ mm，求 1）$r_K = 70$ mm 时渐开线的展角 θ_K，压力角 α_K 以及曲率半径 ρ_K。2）压力角 $\alpha = 20°$ 时的向径 r、展角 θ 及曲率半径 ρ。

10.6 一渐开线标准齿轮，$z = 26$，$m = 3$ mm，求其齿廓曲线在分度圆及齿顶圆上的曲率半径及齿顶圆压力角。

10.7 一个标准渐开线直齿轮，当齿根圆和基圆重合时，齿数为多少？若齿数大于上述值时，齿根圆和基圆哪个大？

10.8 一对标准外啮合直齿圆柱齿轮传动，已知 $z_1 = 19$，$z_2 = 68$，$m = 2$ mm，$\alpha = 20°$，计算小齿轮的分度圆直径、齿顶圆直径、齿根圆直径、基圆直径、齿距以及齿厚和齿槽宽。

10.9 题 10.8 中的齿轮传动，计算其标准安装时的中心距、小齿轮的节圆半径及啮合角。若将中心距增大 1 mm，再计算齿轮的节圆半径、节圆上的齿厚、齿槽宽及啮合角。

10.10 图示的标准直齿圆柱齿轮，测得跨两个齿的公法线长度 $W_2 = 11.595$ mm，跨三个齿的公法线长度 $W_3 = 16.020$ mm，求该齿轮的模数。

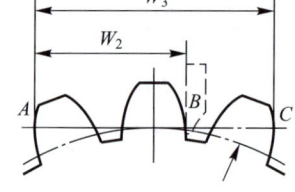

题 10.10 图

10.11 一对渐开线直齿圆柱齿轮传动，已知 $z_1 = 17$，$z_2 = 119$，$m = 5$ mm，$\alpha = 20°$，中心距 $a' = 340$ mm。因小齿轮磨损严重，拟将报废，大齿轮磨损较轻，沿齿厚方向每侧磨损量为 0.9 mm，拟修复使用。要求设计的小齿轮齿顶厚 $s_{a1} \geq 0.4 m$，试设计这对齿轮。

10.12 已知两齿轮中心距 $a' = 155$ mm，传动比 $i = 8/7$，模数 $m = 10$ mm，压力角 $\alpha = 20°$，试设计这对齿轮传动。

10.13 一对直齿圆柱齿轮，传动比 $i_{12} = 3$，$\alpha = 20°$，$m = 10$ mm，安装中心距为 300 mm，试设计这对齿轮传动。

10.14 齿轮的失效形式有哪些？采取什么措施可减缓失效发生？

10.15 齿轮强度设计准则是如何确定的？

10.16 对齿轮材料的基本要求是什么？常用齿轮材料有哪些？如何保证对齿轮材料的基本要求？

10.17 齿面接触疲劳强度与哪些参数有关？若接触强度不够时，采取什么措施提高接触强度？

10.18 齿根弯曲疲劳强度与哪些参数有关？若弯曲强度不够时，可采取什么措施提高弯曲强度？

10.19 齿形系数 Y_F 与什么参数有关？

10.20 设计直齿圆柱齿轮传动时，其许用接触应力如何确定？设计中如何选择合适的许用接触应力值代入公式计算？

10.21 软齿面齿轮为何应使小齿轮的硬度比大齿轮高 30~50 HBW？硬齿面齿轮是否也需要有硬度差？

10.22 为何要使小齿轮比配对大齿轮宽 5~10 mm？

10.23 按弯曲强度设计齿轮时，若齿轮经常正、反转，应如何确定其许用弯曲应力？

10.24 如有一开式传动，该传动经常正、反转，设计时应注意哪些问题？

10.25 斜齿轮的强度计算和直齿轮的强度计算有何区别？

10.26　斜齿轮的当量齿轮是如何作出的？其当量齿数 z_v 在强度计算中有何用处？

10.27　锥齿轮的背锥是如何作出的？

10.28　斜齿轮和锥齿轮的轴向分力是如何确定的？

10.29　在材质相同、齿宽 b 相同的情况下，齿面接触强度的大小取决于什么？

10.30　齿轮传动有哪些润滑方式？如何选择润滑方式？

10.31　进行齿轮结构设计时，齿轮轴适用于什么情况？

10.32　一闭式直齿圆柱齿轮传动，已知：传递功率 $P=4.5$ kW，转速 $n_1=960$ r/min，模数 $m=3$ mm，齿数 $z_1=25$，$z_2=75$，齿宽 $b_1=75$ mm，$b_2=70$ mm。小齿轮材料为 45 钢调质，大齿轮材料为 ZG310-570 正火。载荷平稳，电动机驱动，单向转动，预期使用寿命 10 年（按 1 年 300 天，每天两班制工作考虑）。试问这对齿轮传动能否满足强度要求而安全工作？

10.33　已知某机器的一对直齿圆柱齿轮传动，其中心距 $a=200$ mm，传动比 $i=3$，$z_1=24$，$n_1=1\,440$ r/min，$b_1=100$ mm，$b_2=95$ mm。小齿轮材料为 45 钢调质，大齿轮为 45 钢正火。载荷有中等冲击，电动机驱动，单向转动，使用寿命为 8 年，单班制工作。试确定这对齿轮所能传递的最大功率。

10.34　设计一单级直齿圆柱齿轮减速器，已知传递的功率为 4 kW，小齿轮转速 $n_1=1\,450$ r/min，传动比 $i=3.5$，载荷平稳，使用寿命 5 年，两班制（每年 250 天）。

10.35　已知一对斜齿圆柱齿轮传动，$z_1=25$，$z_2=100$，$m_n=4$ mm，$\beta=15°$，$\alpha=20°$。试计算这对斜齿轮的主要几何尺寸。

10.36　已知一对斜齿圆柱齿轮传动，$m_n=2$ mm，$z_1=23$，$z_2=92$，$\beta=12°$，$\alpha=20°$。试计算其中心距应为多少？如果除 β 角外各参数均不变，现需将中心距圆整为以 0 或 5 结尾的整数，则应如何改变 β 角的大小？其中心距 a 为多少？β 为多少？

10.37　图示为二级斜齿圆柱齿轮减速器。1）已知主动轮 1 的螺旋角及转向，为了使装有齿轮 2 和齿轮 3 的中间轴的轴向力较小，试确定齿轮 2、3、4 的轮齿螺旋角旋向和各齿轮产生的轴向力方向。2）已知 $m_{n2}=3$ mm，$z_2=51$，$\beta_2=15°$，$m_{n3}=4$ mm，$z_3=26$，试求 β_3 为多少时，才能使中间轴上两齿轮产生的轴向力互相抵消？

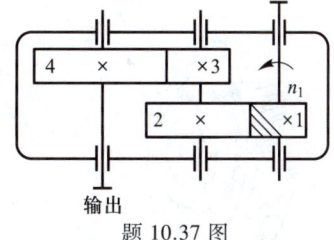

题 10.37 图

10.38　已知一对标准直齿锥齿轮传动，齿数 $z_1=22$，$z_2=66$，大端模数 $m=5$ mm，分度圆压力角 $\alpha=20°$，轴交角 $\Sigma=90°$。试求两个锥齿轮的分度圆直径、齿顶圆直径、齿根圆直径、齿顶圆锥角、齿根圆锥角、锥距及当量齿数。

课堂讨论题

10.1　在设计闭式齿轮传动时，总要设法减小模数、增加齿数，这是为什么？

10.2　决定齿轮传动中轮齿上受力方向的法则是什么？

第 11 章

蜗杆传动

本章主要介绍普通圆柱蜗杆传动的主要参数、几何尺寸计算、强度计算以及热平衡计算。由于齿面间相对滑动速度大，蜗杆传动在设计计算方面有很多特点，在学习时应充分注意这些特点。

11.1 蜗杆传动的类型和特点

蜗杆传动用来传递空间两交错轴之间的运动和动力，一般两轴交角为 90°，如图 11.1 所示。

蜗杆传动由蜗杆与蜗轮组成。一般为蜗杆主动、蜗轮从动，具有自锁性，作减速运动。蜗杆传动广泛应用于各种机械和仪器设备之中。

11.1.1 蜗杆传动的类型

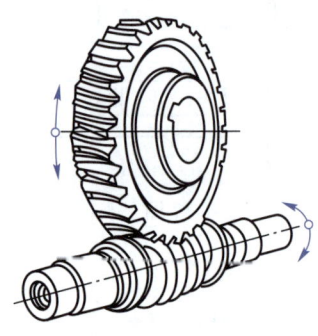

按蜗杆形状的不同，蜗杆传动可分为圆柱蜗杆运动（图 11.2a）、环面蜗杆传动（图 11.2b）和锥蜗杆传动（图 11.2c）。其中圆柱蜗杆传动应用最广。

圆柱蜗杆传动可分为普通圆柱蜗杆传动和圆弧圆柱蜗杆传动两类。

普通圆柱蜗杆传动的蜗杆按刀具加工位置的不同又可分为阿基米德蜗杆（ZA 型）、渐开线蜗杆（ZI 型）、法向直廓蜗杆（ZN 型）等，括号中 Z 表示圆柱蜗杆，A、I、N 为蜗杆齿形标记。其中阿基米德蜗杆由于加工方便，其应用最为广泛。

图 11.1 蜗杆传动

图 11.3 所示为阿基米德蜗杆，其端面齿廓为阿基米德螺旋

动画扫一扫
蜗杆传动

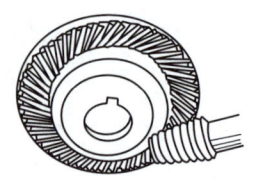

(a) 圆柱蜗杆传动　　(b) 环面蜗杆传动　　(c) 锥蜗杆传动

图 11.2 蜗杆传动的类型

线,轴向齿廓为直线,加工方法与普通梯形螺纹相似,应使刀刃顶平面通过蜗杆轴线。阿基米德蜗杆较容易车削,但难以磨削,不易得到较高精度。

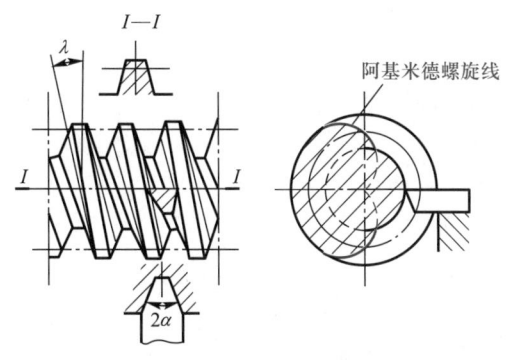

图 11.3　阿基米德蜗杆

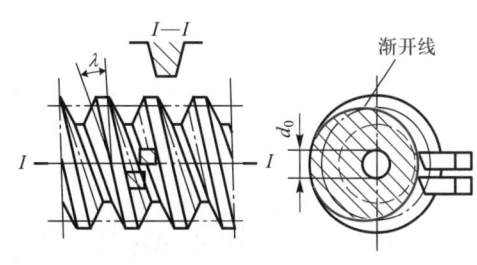

图 11.4　渐开线蜗杆

图 11.4 所示为渐开线蜗杆,其端面齿廓为渐开线,加工时刀具的切削刃与基圆相切,两把刀具分别切出左、右侧螺旋面。渐开线蜗杆也可以用滚刀加工,并可在专用机床上磨削,制造精度较高,利于成批生产。

图 11.5 所示为法向直廓蜗杆,车制该蜗杆时,刀刃顶平面置于螺旋面的法面 $N—N$ 内,车制出的螺杆法向齿廓为直线,端面齿廓为延伸渐开线,故又称延伸渐开线蜗杆。该蜗杆加工简单,既可使车刀获得合理的前角和后角,又可用直母线砂轮磨齿,常用于机床的多头精密蜗杆传动。

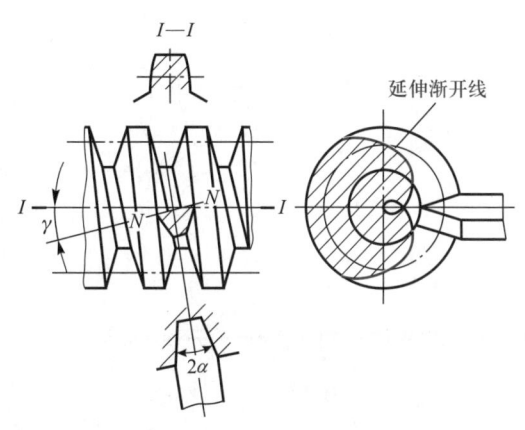

图 11.5　法向直廓蜗杆

本章仅讨论目前应用较广的阿基米德蜗杆传动。

11.1.2　蜗杆传动的特点

(1) 蜗杆传动的最大特点是结构紧凑、传动比大。一般传动比 $i = 10 \sim 50$,最大可达 100。若只传递运动(如分度运动),其传动比可达 1 000。

(2) 传动平稳、噪声小。由于蜗杆上的齿是连续不断的螺旋齿,蜗轮轮齿和蜗杆是逐渐进入啮合并逐渐退出啮合的,同时啮合的齿数较多,所以传动平稳、噪声小。

(3) 可制成具有自锁性的蜗杆。当蜗杆的螺旋线升角小于啮合面的当量摩擦角时,蜗杆传动具有自锁性。

(4) 蜗杆传动的主要缺点是效率较低。这是由于蜗轮和蜗杆在啮合处有较大的相对滑动,因而发热量大,效率较低。传动效率一般为 0.7~0.8,当蜗杆传动具有自锁性时,效率小于 0.5。

(5) 蜗轮的造价较高。为减轻齿面的磨损及防止胶合,蜗轮一般多用青铜制造,因此造价较高。

11.1.3　蜗轮加工

蜗轮通常在滚齿机上用蜗轮滚刀或飞刀加工成形。为了保证蜗轮与蜗杆的正确啮合,蜗轮滚刀几何尺寸理论上同配对蜗杆完全相同。因此蜗轮滚刀齿形精度直接影响蜗杆传动质量。

思考题 11.1 在现场,常常用齿轮滚刀来加工蜗轮,这样行吗?为什么?

11.2 蜗杆传动的主要参数和几何尺寸计算

如图 11.6 所示,通过蜗杆轴线并垂直于蜗轮轴线的平面称为中间平面。在中间平面上,蜗轮与蜗杆的啮合相当于渐开线齿轮与齿条的啮合。因此,设计蜗杆传动时,其参数和尺寸均在中间平面内确定,并沿用渐开线圆柱齿轮传动的计算公式。

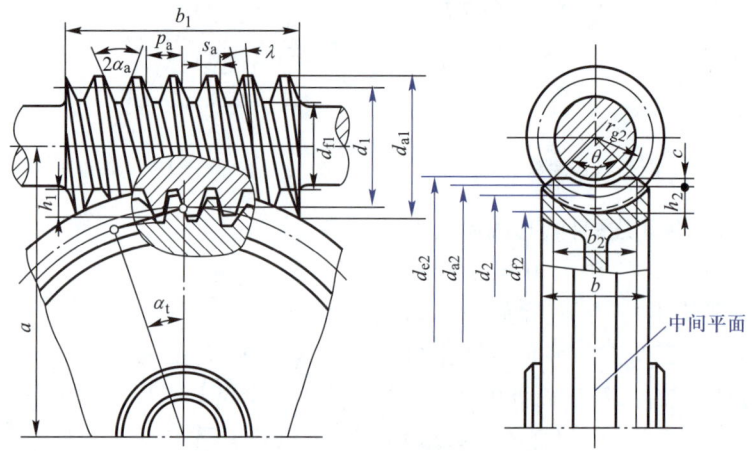

图 11.6 蜗杆传动的主要参数和几何尺寸

11.2.1 蜗杆传动的主要参数及其选择

1. 蜗杆头数 z_1、蜗轮齿数 z_2 和传动比 i

蜗杆头数(齿数)z_1 即为蜗杆螺旋线的数目,蜗杆的头数 z_1 一般取 1、2、4。当传动比大于 40 或要求蜗杆自锁时,取 $z_1=1$;当传递功率较大时,为提高传动效率、减少能量损失,常取 z_1 为 2、4。蜗杆头数越多,加工精度越难保证。

通常情况下取蜗轮齿数 $z_2=28\sim80$。若 $z_2<28$,会使传动的平稳性降低,且易产生根切;若 z_2 过大,蜗轮直径增大,与之相应蜗杆的长度增加,刚度减小,从而影响啮合的精度。

通常蜗杆为主动件,蜗杆传动的传动比 i 等于蜗杆与蜗轮的转速之比。当蜗杆转一周时,蜗轮转过 z_1 个齿,即转过 z_1/z_2 周,所以可得出下式

$$i=\frac{n_1}{n_2}=\frac{1}{z_1/z_2}=\frac{z_2}{z_1} \tag{11.1}$$

式中:n_1、n_2 分别为蜗杆、蜗轮的转速,单位为 r/min;z_1、z_2 可根据传动比 i 按表 11.1 选取。

表 11.1 蜗杆头数 z_1、蜗轮齿数 z_2 推荐值

传动比 $i=\dfrac{z_2}{z_1}$	7~13	14~27	28~40	>40
蜗杆头数 z_1	4	2	2、1	1
蜗轮齿数 z_2	28~52	28~54	28~80	>40

值得提出的是蜗杆传动的传动比 i 仅与 z_1 和 z_2 有关,而不等于蜗轮与蜗杆分度圆直径之比,即 $i=z_2/z_1\neq d_2/d_1$。

2. 模数 m 和压力角 α

如前所述,在中间平面上蜗杆与蜗轮的啮合可看作齿条与齿轮的啮合(图 11.6),蜗杆的轴向齿距 p_{a1} 应等于蜗轮的端面齿距 p_{t2},即蜗杆的轴面模数 m_{a1} 应等于蜗轮的端面模数 m_{t2},蜗杆的轴面压力角 α_{a1} 应等于蜗轮的端面压力角 α_{t2}。规定中间平面上的模数和压力角为标准值,则

$$\left.\begin{array}{l} m_{a1} = m_{t2} = m \\ \alpha_{a1} = \alpha_{t2} = 20° \end{array}\right\} \tag{11.2}$$

标准模数值见表 11.2。

表 11.2 蜗杆基本参数 ($\Sigma = 90°$) (GB/T 10085—2018)

模数 m/mm	分度圆直径 d_1/mm	蜗杆头数 z_1	直径系数 q	$m^2 d_1$	模数 m/mm	分度圆直径 d_1/mm	蜗杆头数 z_1	直径系数 q	$m^2 d_1$
1	18	1	18.000	18	6.3	(80)	1,2,4	12.698	3 175
1.25	20	1	16.000	31.25		112	1	17.778	4 445
	22.4	1	17.920	35	8	(63)	1,2,4	7.875	4 032
1.6	20	1,2,4	12.500	51.2		80	1,2,4,6	10.000	5 376
	28	1	17.500	71.68		(100)	1,2,4	12.500	6 400
2	(18)	1,2,4	9.000	72		140	1	17.500	8 960
	22.4	1,2,4,6	11.200	89.6	10	(71)	1,2,4	7.100	7 100
	(28)	1,2,4	14.000	112		90	1,2,4,6	9.000	9 000
	35.5	1	17.750	142		(112)	1,2,4	11.200	11 200
2.5	(22.4)	1,2,4	8.960	140		160	1	16.000	16 000
	28	1,2,4,6	11.200	175	12.5	(90)	1,2,4	7.200	14 062
	(35.5)	1,2,4	14.200	221.9		112	1,2,4	8.960	17 500
	45	1	18.000	281		(140)	1,2,4	11.200	21 875
3.15	(28)	1,2,4	8.889	278		200	1	16.000	31 250
	35.5	1,2,4,6	11.27	352	16	(112)	1,2,4	7.000	28 672
	45	1,2,4	14.286	447.5		140	1,2,4	8.750	35 840
	56	1	17.778	556		(180)	1,2,4	11.250	46 080
4	(31.5)	1,2,4	7.875	504		250	1	15.625	64 000
	40	1,2,4	10.000	640	20	(140)	1,2,4	7.000	56 000
	(50)	1,2,4	12.500	800		160	1,2,4	8.000	64 000
	71	1	17.750	1 136		(224)	1,2,4	11.200	89 600
5	(40)	1,2,4	8.000	1 000		315	1	15.750	126 000
	50	1,2,4,6	10.000	1 250	25	(180)	1,2,4	7.200	112 500
	(63)	1,2,4	12.600	1 575		200	1,2,4	8.000	125 000
	90	1	18.000	2 250		(280)	1,2,4	11.200	175 000
6.3	(50)	1,2,4	7.936	1 985		400	1	16.000	250 000
	63	1,2,4,6	10.000	2 500					

注:1. 表中模数均系第一系列,$m<1$ mm 的未列入,$m>25$ mm 的还有 31.5、40 mm 两种。属于第二系列的模数有 1.5、3、3.5、4.5、5.5、6、7、12、14 mm;

2. 表中蜗杆分度圆直径 d_1 均属第一系列,$d_1<18$ mm 的未列入,此外还有 355 mm。属于第二系列的有:30、38、48、53、60、67、75、85、95、106、118、132、144、170、190、300 mm;

3. 模数和分度圆直径均应优先选用第一系列。括号中的数字尽可能不采用。

3. 蜗杆螺旋线升角 λ

蜗杆螺旋面与分度柱面的交线为螺旋线。如图 11.7 所示,将蜗杆分度圆柱展开,其螺旋线与端面的夹角即为蜗杆分度圆柱上的螺旋线升角 λ,或称蜗杆的导程角。由图可得蜗杆螺旋线的导程 S 为

$$S = z_1 p_{a1} = z_1 \pi m$$

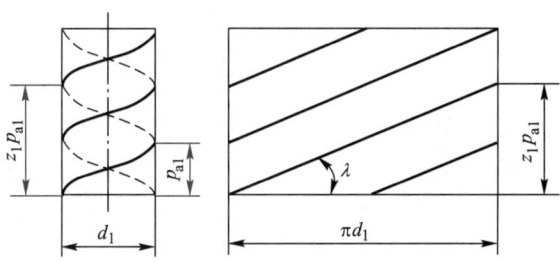

图 11.7 蜗杆分度圆柱展开图

蜗杆分度圆柱上螺旋线升角 λ 与导程的关系为

$$\tan \lambda = \frac{S}{\pi d_1} = \frac{z_1 \pi m}{\pi d_1} = \frac{z_1 m}{d_1} \tag{11.3}$$

与螺纹相似,蜗杆螺旋线也有左旋、右旋之分,一般情况下多为右旋。

通常蜗杆螺旋线的升角 $\lambda = 3.5° \sim 27°$,升角小时传动效率低,但可实现自锁($\lambda = 3.5° \sim 4.5°$);升角大时传动效率高,但蜗杆的车削加工较困难。

4. 蜗杆分度圆直径 d_1

加工蜗杆时,蜗杆滚刀的参数应与相啮合的蜗杆完全相同,几何尺寸基本相同。由式(11.3)蜗杆的分度圆直径可写为

$$d_1 = m \frac{z_1}{\tan \lambda} \tag{11.4}$$

则蜗杆的分度圆直径 d_1 不仅与模数 m 有关,而且与 z_1 和 λ 有关。即同一模数的蜗杆,由于 z_1、λ 的不同,d_1 随之变化,致使滚刀数目较多,很不经济。为了减少滚刀的数量,有利于标准化,GB/T 10085—2018 规定,对应于每一个模数 m,规定了一至四种蜗杆分度圆直径 d_1 并已标准化,见表 11.2。现令 $q = \frac{d_1}{m}$,q 称为蜗杆直径系数(q 值为导出量,不一定是整数)。即

$$q = \frac{z_1}{\tan \lambda} \tag{11.5}$$

5. 中心距 a

蜗杆传动的中心距为

$$a = \frac{d_1 + d_2}{2} = \frac{d_1 + m z_2}{2} \tag{11.6}$$

6. 蜗杆、蜗轮的转动方向确定

蜗杆、蜗轮转动方向的确定可借助于螺母和螺杆的相对运动来确定,即将蜗杆看成螺杆,将与蜗杆啮合的蜗轮部分看成螺母。当螺杆转动时,看螺母是前进还是后退就可以决定蜗轮的回转方向。具体的方法是采用左右手法则来确定,即右旋蜗杆用右手,左旋蜗杆用左

手,四指弯曲方向与蜗杆转向一致,此时大拇指指向的反方向即为蜗轮上节点处线速度的方向,由此就可确定蜗轮的转向,如图 11.2a 所示。

思考题 11.2 为什么蜗杆传动的传动比只能以 $i=\dfrac{z_2}{z_1}$ 表示,而不能以 $i=\dfrac{d_2}{d_1}$ 表示?

思考题 11.3 需给一台蜗杆减速器配置一新蜗轮,应如何测定该蜗杆传动的模数 m?如何确定蜗杆分度圆直径 d_1?又怎样确定该传动是否为变位传动(有关变位的内容本章不做讨论)?

思考题 11.4 欲将蜗轮轴的输出转速提高到原来的 2 倍,而拟保持蜗杆直径不变且采用双头蜗杆代替单头蜗杆,则原来的蜗轮能否继续使用?为什么?

11.2.2 蜗杆传动的几何尺寸计算

标准圆柱蜗杆传动的几何尺寸计算公式见表 11.3。

表 11.3 圆柱蜗杆传动的几何尺寸计算($\varSigma=90°$)

名称	计算公式	
	蜗杆	蜗轮
齿顶高	$h_{a1}=m$	$h_{a2}=m$
齿根高	$h_{f1}=1.2m$	$h_{f2}=1.2m$
分度圆直径	$d_1=mq$	$d_2=mz_2$
齿顶圆直径	$d_{a1}=m(q+2)$	$d_{a2}=m(z_2+2)$
齿根圆直径	$d_{f1}=m(q-2.4)$	$d_{f2}=m(z_2-2.4)$
顶隙	$c=0.2m$	
蜗杆轴向齿距 蜗轮端面齿距	$p_{a1}=p_{t2}=\pi m$	
蜗杆分度圆柱的导程角	$\lambda=\arctan\dfrac{z_1}{q}$	
蜗轮分度圆上轮齿的螺旋角		$\beta_2=\lambda$
中心距	$a=\dfrac{m}{2}(q+z_2)$	
蜗杆螺纹部分长度	$z_1=1、2,b_1\geq(11+0.06z_2)m$ $z_1=4,b_1\geq(12.5+0.09z_2)m$	
蜗轮咽喉母圆半径		$r_{g2}=a-\dfrac{1}{2}d_{a2}$
蜗轮最大外圆直径		$z_1=1,d_{e2}\leq d_{a2}+2m$ $z_1=2,d_{e2}\leq d_{a2}+1.5m$ $z_1=4,d_{e2}\leq d_{a2}+m$
蜗轮轮缘宽度		$z_1=1、2,b\leq 0.75d_{a1}$ $z_1=4,b\leq 0.67d_{a1}$
蜗轮轮齿包角		$\theta=2\arcsin\dfrac{b_2}{d_1}$ 一般动力传动 $\theta=70°\sim 90°$ 高速动力传动 $\theta=90°\sim 130°$ 分度传动 $\theta=45°\sim 60°$

11.2.3 蜗杆传动的正确啮合条件

在图 11.6 所示的蜗杆与蜗轮啮合的中间平面内,蜗轮、蜗杆的齿距相等,即蜗轮的端面模数等于蜗杆的轴面模数,蜗轮的端面压力角等于蜗杆的轴面压力角。

此外,还应保证 $\lambda = \beta_2$,蜗杆与蜗轮的螺旋线方向相同。

11.3 蜗杆传动的失效形式和计算准则

11.3.1 蜗杆传动的失效形式

1. 齿廓间相对滑动速度 v_s

蜗杆传动中,齿廓间有较大的相对滑动,滑动速度 v_s 沿蜗杆螺旋线的切线方向。如图 11.8 所示,v_1 为蜗杆的圆周速度,v_2 为蜗轮的圆周速度,v_1 与 v_2 相互垂直,所以

$$v_s = \sqrt{v_1^2 + v_2^2} = \frac{v_1}{\cos \lambda} \qquad (11.7)$$

由于齿廓间较大的相对滑动产生热量,使润滑油温度升高而变稀,润滑条件变差,传动效率降低。

2. 轮齿的失效形式

在蜗杆传动中,由于材料及结构的原因,蜗杆轮齿的强度高于蜗轮轮齿的强度,所以失效常常发生在蜗轮的轮齿上。由于蜗杆、蜗轮的齿廓间相对滑动速度较大,发热量大而效率低,因此传动的主要失效形式为胶合、磨损和齿面点蚀等。当润滑条件差及散热不良时,闭式传动极易出现胶合。开式传动以及润滑油不清洁的闭式传动中,轮齿磨损的速度很快。

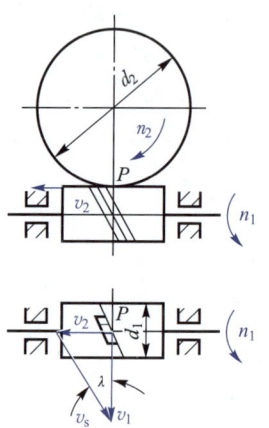

图 11.8 蜗杆传动的滑动速度

11.3.2 蜗杆传动的计算准则

目前对于胶合和磨损的计算还缺乏成熟的方法,因此通常只是参照圆柱齿轮传动的计算方法,进行齿面接触疲劳强度和齿根弯曲疲劳强度的条件性计算,在选取材料的许用应力时适当考虑胶合和磨损的影响。

对于闭式蜗杆传动,通常按齿面接触疲劳强度来设计,并校核齿根弯曲疲劳强度。如果载荷平稳、无冲击,可以只按齿面接触疲劳强度设计,不必校核齿根弯曲疲劳强度。实践证明,蜗轮轮齿因弯曲疲劳强度不足而引起失效的情况较少。

对于开式传动,或传动时载荷变动较大,或蜗轮齿数 z_2 大于 90 时,通常只需按齿根弯曲疲劳强度进行设计。

此外,由于蜗杆传动时摩擦严重、发热大、效率低,对闭式蜗杆传动还必须作热平衡计算,以免发生胶合失效。

11.4 蜗杆传动的材料和结构

11.4.1 蜗杆传动的材料

由蜗杆传动的失效形式可知,蜗杆、蜗轮的材料不仅要求具有足够的强度,更重要的是要有良好的跑合性、耐磨性和抗胶合能力。

蜗杆一般用碳钢和合金钢制成,常用材料为 40、45 钢或 40Cr 并经淬火。高速重载蜗杆常用 15Cr 或 20Cr,并经渗碳淬火(硬度为 40~55 HRC)和磨削。对于速度不高、载荷不大的蜗杆可采用 40、45 钢调质处理,硬度为 220~250 HBW。

蜗轮常用材料为青铜和铸铁。锡青铜耐磨性能及抗胶合性能较好,但价格较贵,常用的有 ZCuSn10P1(铸锡磷青铜)、ZCuSn5Pb5Zn5(铸锡锌铅青铜)等,用于滑动速度较高的场合。铝铁青铜的力学性能较好,但抗胶合性略差,常用的有 ZCuAl9Fe4Ni4Mn2(铸铝铁镍青铜)等,用于滑动速度较低的场合。灰铸铁只用于滑动速度 $v \leqslant 2$ m/s 的传动中。

常用蜗杆蜗轮的配对材料见表 11.4。

表 11.4 蜗杆蜗轮配对材料

相对滑动速度 v_s/(m/s)	蜗轮材料	蜗杆材料
≤25	ZCuSn10P1	20CrMnTi 渗碳淬火,56~62 HRC 20Cr
≤12	ZCuSn5Pb5Zn5	45 钢 高频淬火,40~50 HRC 40Cr 50~55 HRC
≤10	ZCuAl9Fe4Ni4Mn2 ZCuAl9Mn2	45 钢 高频淬火,45~50 HRC 40Cr 50~55 HRC
≤2	HT150 HT200	45 钢 调质,220~250 HBW

思考题 11.5 蜗杆传动时,为什么蜗轮轮缘一般选用青铜制造而蜗杆常用钢制造?

11.4.2 蜗杆、蜗轮的结构

蜗杆的直径较小,常和轴制成一个整体(图 11.9)。螺旋部分常用车削加工,也可用铣削加工。车削加工时需有退刀槽,因此刚性较差。

按材料和尺寸的不同蜗轮的结构分为多种型式,如图 11.10 所示。

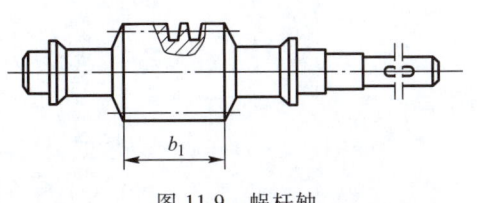

图 11.9 蜗杆轴

1. 整体式蜗轮(图 11.10a)

   主要用于直径较小的青铜蜗轮或铸铁蜗轮。

2. 齿圈式蜗轮(图 11.10b)

   为了节约贵重金属,直径较大的蜗轮常采用组合结构,齿圈用青铜材料,轮芯用铸铁或铸钢制造。两者采用 H7/r6 配合,并用 4~6 个直径为 $(1.2~1.5)m$ 的螺钉加固,m 为蜗轮模数。为便于钻孔,应将螺孔中心线向材料较硬的轮芯部分偏移 2~3 mm。这种结构用于尺寸不太大且工作温度变化较小的场合。

3. 螺栓连接式蜗轮(图 11.10c)

   这种结构的齿圈与轮芯用普通螺栓或加强杆螺栓连接,由于装拆方便,常用于尺寸较大或磨损后需更换蜗轮齿圈的场合。

4. 镶铸式蜗轮(图 11.10d)

   将青铜轮缘铸在铸铁轮芯上,轮芯上制出榫槽,以防轴向滑动。

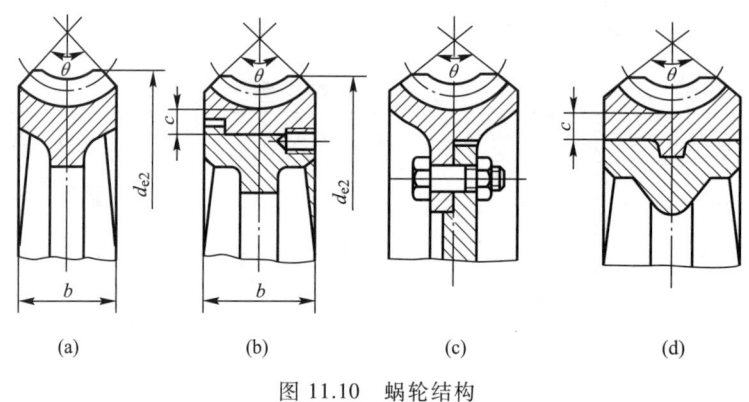

图 11.10 蜗轮结构

图 11.11 所示为蜗杆的结构及其尺寸,图 11.12 所示为蜗轮的结构及其尺寸。

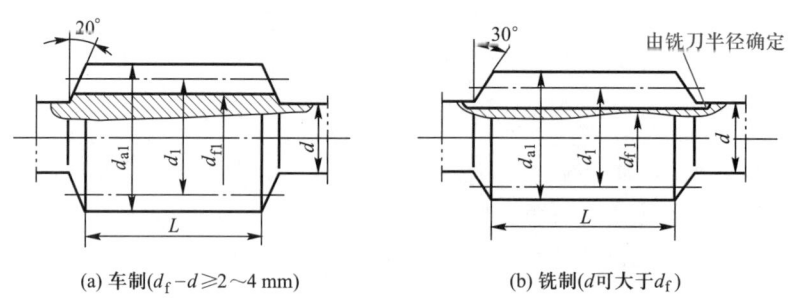

(a) 车制($d_f - d \geq 2~4$ mm) (b) 铣制(d 可大于 d_f)

$L \geq 2m\sqrt{z_2 + 1}$(不变位);$L \geq \sqrt{d_{a2}^2 + d_2^2}$(变位);$d_{a2}$—蜗轮顶圆直径;$m$—模数;

d_2—蜗轮分度圆直径

图 11.11 蜗杆的结构及其尺寸

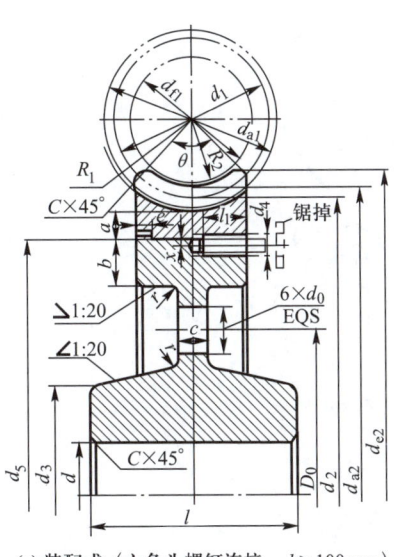
(a) 装配式（六角头螺钉连接，$d_2>100$ mm）

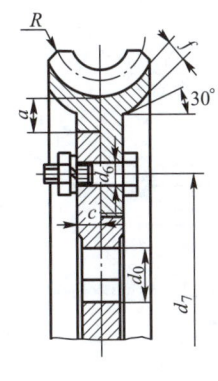
(b) 装配式（加强杆螺栓连接）

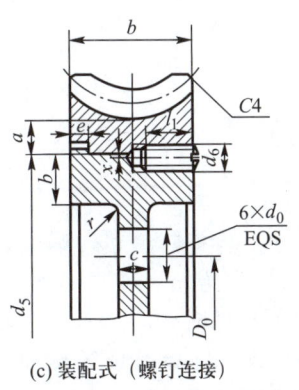
(c) 装配式（螺钉连接）

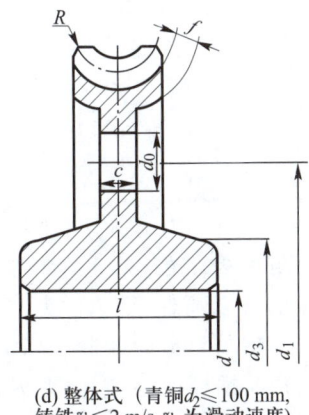
(d) 整体式（青铜 $d_2 \leqslant 100$ mm, 铸铁 $v_s \leqslant 2$ m/s，v_s 为滑动速度）

$d_3 = (1.6 \sim 1.8)d$
$l = (1.2 \sim 1.8)d$
$d_4 = (1.2 \sim 1.5)m \geqslant 6$ mm
$l_1 = 3d_4$
$a = b = 2m \geqslant 10$ mm
$c = 1.5m \geqslant 10$ mm
$x = 1 \sim 3$ mm
$e \approx 10$ mm
$n = 2 \sim 3$ mm
$R_1 = 0.5(d_1 + 2.4m)$
$R_2 = 0.5(d_1 - 2m)$
$d_{a2} = d_2 + 2m$
$\theta = 90° \sim 110°$
$D_0 = 0.5(d_5 - 2b + d_3)$
$d_6 = (0.075 \sim 0.12)d \geqslant 5$
$f \geqslant 1.7m$

$R = 4 \sim 5$ mm
$d_{e2} \leqslant d_{a2} + 2m \quad (z_1 = 1)$
$d_{e2} \leqslant d_{a2} + 1.5m \quad (z_1 = 2 \sim 3)$
$d_{e2} \leqslant d_{a2} + m \quad (z_1 = 4)$
$b \leqslant 0.75 d_{a1} \quad (z_1 = 1 \sim 3)$
$b \leqslant 0.67 d_{a1} \quad (z_1 = 4)$
$d_5 、 d_7 、 d_0 、 n_1 、 r$ 由结构确定
$d_5 \dfrac{\text{H7}}{\text{s6}} \left(\dfrac{\text{H7}}{\text{r6}} \right)$
$d_6 \dfrac{\text{H7}}{\text{r6}}$

图 11.12 蜗轮的结构及其尺寸

11.5 蜗杆传动的强度计算

11.5.1 蜗杆传动的受力分析

蜗杆传动的受力分析与斜齿圆柱齿轮相似。图 11.13 所示为一下置蜗杆传动，蜗杆为主动件，旋向为右旋，按图示方向转动。假定：1) 蜗轮轮齿和蜗杆螺旋面之间的相互作用力集中于节点 P，并按单齿对啮合考虑；2) 暂不考虑啮合齿面间的摩擦力。图 11.13a 所示为右侧面受力情况；图 11.13b 所示为蜗杆、蜗轮的受力情况及转向。

如图 11.13 所示，作用在蜗杆齿面上的法向力 F_n 可分解为三个互相垂直的分力：圆周力 F_{t1}、径向力 F_{r1} 和轴向力 F_{a1}。由于蜗杆与蜗轮轴交错成 90° 角，根据作用与反作用定律，蜗杆的圆周力 F_{t1} 与蜗轮的轴向力 F_{a2}、蜗杆的轴向力 F_{a1} 与蜗轮的圆周力 F_{t2}、蜗杆的径向力 F_{r1} 与蜗轮的径向力 F_{r2} 分别存在着大小相等、方向相反的关系，即

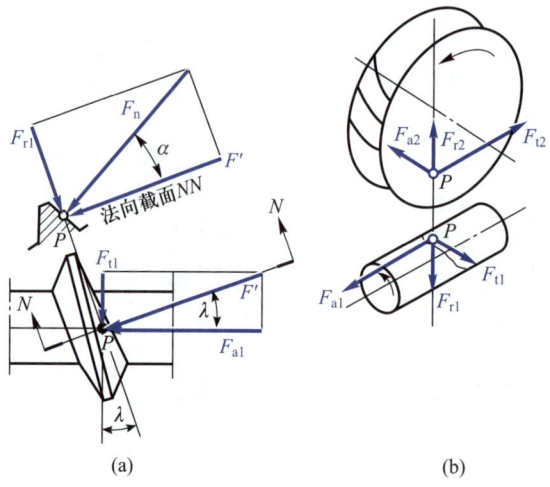

图 11.13 蜗杆传动的受力分析

$$\left. \begin{array}{l} F_{t1} = \dfrac{2T_1}{d_1} = -F_{a2} \\[6pt] F_{a1} = -F_{t2} \\[6pt] \left(F_{t2} = \dfrac{2T_2}{d_2} \right) \\[6pt] F_{r1} = -F_{r2} \\[6pt] (F_{r2} = F_{t2}\tan\alpha) \end{array} \right\} \quad (11.8)$$

式中：T_1、T_2 分别为作用在蜗杆和蜗轮上的转矩，单位为 N·mm，$T_2 = T_1 i\eta$，η 为蜗杆传动的效率；d_1、d_2 分别为蜗杆和蜗轮的分度圆直径，单位为 mm；α 为压力角，$\alpha = 20°$。

蜗杆蜗轮受力方向的判别方法与斜齿轮相同。当蜗杆为主动件时，圆周力 F_{t1} 与转向相反；径向力 F_{r1} 的方向由啮合点指向蜗杆中心；轴向力 F_{a1} 的方向取决于螺旋线的旋向和蜗杆的转向，按"主动轮左右手法则"来确定。作用于蜗轮上的力可根据作用与反作用定律来确定，并又可判定出蜗轮的转向，如图所示的为逆时针转向。

思考题 11.6 图 11.14 所示的各蜗杆传动均以蜗杆为主动件。试在图上标出蜗轮（或蜗杆）的转向、蜗轮轮齿的旋向及蜗杆、蜗轮所受力的方向。

思考题 11.7 图 11.15 所示为一提升机构传动简图，已知电动机轴的转向（图中 n_1）及重物的运行方向（图中 v）。试确定：1) 蜗杆的旋向；2) 各啮合点上的受力方向。

思考题 11.8 指出下列公式的错误并加以改正：
1) $a = m(z_1 + z_2)/2$
2) $F_{t2} = 2T_2/d_2 = 2iT_1/d_2 = 2T_1/d_1 = F_{t1}$

11.5.2 蜗轮齿面接触疲劳强度计算

蜗轮齿面接触疲劳强度的计算可以参照斜齿轮的计算方法进行。以赫兹公式为基础，按节点处的啮合条件计算齿面的接触应力，可以推导出蜗轮齿面接触疲劳强度的校核公式为

$$\sigma_H = 480\sqrt{\dfrac{KT_2}{d_1 d_2^2}} = 480\sqrt{\dfrac{KT_2}{m^2 d_1 z_2^2}} \leqslant [\sigma_H] \quad (11.9)$$

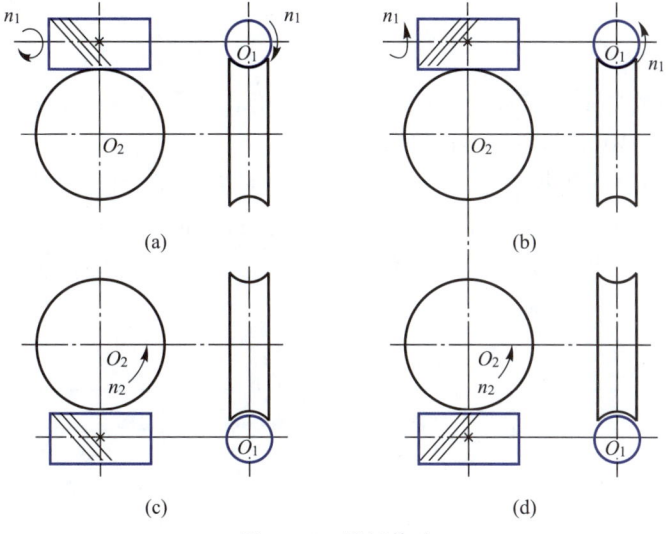

图 11.14 蜗杆传动

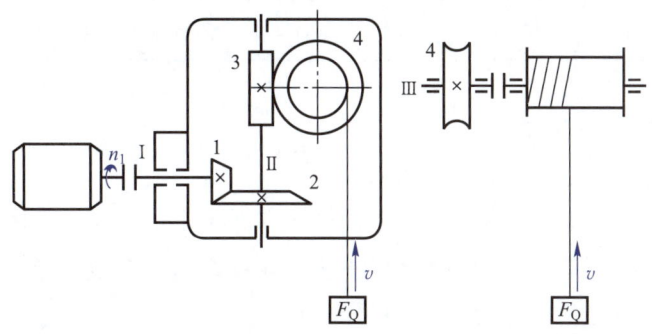

图 11.15 提升机构

上式适用于钢制蜗杆对青铜或铸铁蜗轮。经整理得蜗轮齿面接触疲劳强度的设计公式为

$$m^2 d_1 \geq KT_2 \left(\frac{480}{z_2 [\sigma_H]} \right)^2 \tag{11.10}$$

式中:K 为载荷系数,$K=1\sim1.4$,当载荷平稳,$v_s \leq 3$ m/s,7 级以上精度时取小值,否则取大值;T_2 为蜗轮转矩,单位为 N·mm;$[\sigma_H]$ 为蜗轮材料的许用接触应力,单位为 MPa;其余符号的意义同前。

当按式(11.10)算出 $m^2 d_1$ 值后,可由表 11.2 查到适当的 m 和 d_1 值。

11.5.3 蜗轮轮齿的齿根弯曲疲劳强度计算

由于蜗轮轮齿的形状复杂,所以很难精确计算齿根的弯曲应力,通常按斜齿圆柱齿轮的计算方法作近似计算,但蜗轮轮齿的弯曲疲劳强度高于斜齿轮轮齿。

将蜗轮的有关参数代入斜齿轮的有关计算公式中,经过化简得出蜗轮齿根弯曲强度的校核公式为

$$\sigma_F = \frac{1.53 K T_2 \cos \lambda}{d_1 d_2 m} Y_{F2} \leq [\sigma_F] \tag{11.11}$$

设计公式为

$$m^2 d_1 \geq \frac{1.53 K T_2 \cos\lambda}{z_2 [\sigma_F]} Y_{F2} \tag{11.12}$$

式中：Y_{F2} 为蜗轮的齿形系数，按蜗轮的实用齿数 z_2 查表 11.5 可得出；$[\sigma_F]$ 为蜗轮材料的许用弯曲应力，单位为 MPa；其余符号的意义同前。

在闭式蜗杆传动中，蜗轮轮齿的弯曲疲劳强度所限定的承载能力，大多超过由齿面接触疲劳强度和热平衡计算所限定的承载能力，故不必进行弯曲强度计算。只有在开式蜗杆传动中，或在经受强烈冲击的传动中，或当蜗轮采用脆性材料时，才需进行齿根弯曲疲劳强度计算。

表 11.5 蜗轮的齿形系数 Y_{F2} ($\alpha=20°$, $h_a^*=1$)

z_2	10	11	12	13	14	15	16	17	18	19	20	22	24	26
Y_{F2}	4.55	4.14	3.70	3.55	3.34	3.22	3.07	2.96	2.89	2.82	2.76	2.66	2.57	2.51
z_2	28	30	35	40	45	50	60	70	80	90	100	150	200	300
Y_{F2}	2.48	2.44	2.36	2.32	2.27	2.24	2.20	2.17	2.14	2.12	2.10	2.07	2.04	2.04

11.5.4 蜗轮材料的许用应力

1. 蜗轮材料的许用接触应力 $[\sigma_H]$

蜗轮材料的许用接触应力 $[\sigma_H]$ 由材料的抗失效能力决定。如蜗轮材料为锡青铜时，其失效形式主要为疲劳点蚀，许用应力的大小与应力循环次数有关，其计算公式为

$$[\sigma_H]=[\sigma_H]' K_{HN} \tag{11.13}$$

式中，$[\sigma_H]'$ 为蜗轮的基本许用接触应力，可从表 11.6 中查到。K_{HN} 为寿命系数，$K_{HN}=\sqrt[8]{\frac{10^7}{N}}$，其中 N 为应力循环次数，$N=60 n_2 j L_h$。n_2 为蜗轮转速，单位为 r/min，L_h 为工作寿命，单位为 h，j 为蜗轮每转一周单个轮齿参与啮合的次数。当 $N=10^7$ 时，$K_{HN}=1$；$N>25\times 10^7$ 时，取 $N=25\times 10^7$；$N<2.6\times 10^5$ 时，取 $N=2.6\times 10^5$。如蜗轮材料为铸铝铁青铜或铸铁时，其失效形式为胶合，此时接触强度计算为条件性计算，许用应力可根据材料和滑动速度由表 11.7 查得，其值与应力循环次数无关。

表 11.6 铸锡青铜蜗轮的基本许用接触应力 $[\sigma_H]'$ ($N=10^7$)   MPa

蜗轮材料	铸造方法	适用的滑动速度 v_s /(m/s)	蜗杆齿面硬度	
			350HBW	>45HRC
铸锡磷青铜 ZCuSn10P1	砂 型	≤12	180	200
	金属型	≤25	200	220
铸锡锌铅青铜 ZCuSn5Pb5Zn5	砂 型	≤10	110	125
	金属型	≤12	135	150

表 11.7　铸铝铁青铜及铸铁蜗轮的许用接触应力$[\sigma_H]$　　　　　MPa

蜗轮材料	蜗杆材料	滑动速度 v_s/(m/s)						
		0.5	1	2	3	4	6	8
ZCuAl10Fe3	淬火钢	250	230	210	180	160	120	90
HT150 HT200	渗碳钢	130	115	90	—	—	—	—
HT150	调质钢	110	90	70	—	—	—	—

注：蜗杆未经淬火时，需将表中$[\sigma_H]$值减小20%。

2. 蜗轮的许用弯曲应力$[\sigma_F]$

蜗轮的许用弯曲应力$[\sigma_F]$的计算公式为

$$[\sigma_F]=[\sigma_F]'K_{FN} \tag{11.14}$$

式中$[\sigma_F]'$为基本许用弯曲应力，可从表11.8中查到。K_{FN}为寿命系数，$K_{FN}=\sqrt[9]{\dfrac{10^6}{N}}$，其中$N$为应力循环次数，计算方法同前，当$N>25\times10^7$时，取$N=25\times10^7$，当$N<10^5$时，取$N=10^5$。

表 11.8　蜗轮材料的基本许用弯曲应力$[\sigma_F]'(N=10^6)$　　　　　MPa

蜗轮材料及铸造方法	与硬度≤45 HRC 的蜗杆相配时	与硬度>45 HRC，并经磨光 或抛光的蜗杆相配时
铸锡磷青铜(ZCuSn10P1)，砂模铸造	46(32)	58(40)
铸锡磷青铜(ZCuSn10P1)，金属模铸造	58(42)	73(52)
铸锡磷青铜(ZCuSn10P1)，离心铸造	66(46)	83(58)
铸锡锌铅青铜(ZCuSn5Pb5Zn5)，砂模铸造	32(24)	40(30)
铸锡锌铅青铜(ZCuSn5Pb5Zn5)，金属模铸造	41(32)	51(40)
铸铝铁青铜(ZCuAl10Fe3)，砂模铸造	112(91)	140(116)
灰铸铁(HT150)，砂模铸造	40	50

注：表中括号内的值系用于双向传动的场合。

思考题 11.9　为什么锡青铜的许用接触应力$[\sigma_H]$与滑动速度v_s无关，而铝铁青铜及铸铁的$[\sigma_H]$与v_s有关，而且滑动速度越大，许用接触应力值越小？

11.6　蜗杆传动的效率、润滑及热平衡计算

11.6.1　蜗杆传动的效率

蜗杆传动的功率损耗一般包括三部分：轮齿啮合时的摩擦损耗、轴承摩擦损耗及浸油零件搅动润滑油的功率损耗，因此其总效率为

$$\eta=\eta_1\eta_2\eta_3$$

式中η_1、η_2、η_3分别为蜗杆传动的啮合效率、轴承效率和搅油效率，其中决定蜗杆传动总效率的主要因素为计入啮合摩擦损耗的效率η_1。当蜗杆为主动件时，啮合效率可按螺旋传动的效

率公式求出

$$\eta_1 = \frac{\tan \lambda}{\tan(\lambda + \rho_v)}$$

通常取 $\eta_2 \eta_3 = 0.95 \sim 0.97$，则蜗杆传动的总效率为

$$\eta = (0.95 \sim 0.97) \frac{\tan \lambda}{\tan(\lambda + \rho_v)} \tag{11.15}$$

式中：λ 为蜗杆的螺旋升角（导程角）；ρ_v 为当量摩擦角，$\rho_v = \arctan f_v$，见表 11.9。

表 11.9 当量摩擦系数 f_v 和当量摩擦角 ρ_v

蜗轮材料	锡青铜				无锡青铜		灰铸铁			
蜗杆齿面硬度	≥45 HRC		<45 HRC		≥45 HRC		≥45 HRC		<45 HRC	
滑动速度 v_s/(m/s)	f_v	ρ_v	f_v	ρ_v	f_v	ρ_v	f_v	ρ_v	f_v	ρ_v
0.01	0.11	6°17′	0.12	6°51′	0.18	10°12′	0.18	10°12′	0.19	10°45′
0.10	0.08	4°34′	0.09	5°09′	0.13	7°24′	0.13	7°24′	0.14	7°58′
0.25	0.065	3°43′	0.075	4°17′	0.10	5°43′	0.10	5°43′	0.12	6°51′
0.50	0.055	3°09′	0.065	3°43′	0.09	5°09′	0.09	5°09′	0.10	5°43′
1.00	0.045	2°35′	0.055	3°09′	0.07	4°00′	0.07	4°00′	0.09	5°09′
1.50	0.04	2°17′	0.05	2°52′	0.065	3°43′	0.065	3°43′	0.08	4°34′
2.00	0.035	2°00′	0.045	2°35′	0.055	3°09′	0.055	3°09′	0.07	4°00′
2.50	0.03	1°43′	0.04	2°17′	0.05	2°52′				
3.00	0.028	1°36′	0.035	2°00′	0.045	2°35′				
4.00	0.024	1°22′	0.031	1°47′	0.04	2°17′				
5.00	0.022	1°16′	0.029	1°40′	0.035	2°00′				
8.00	0.018	1°02′	0.026	1°29′	0.03	1°43′				
10.0	0.016	0°55′	0.024	1°22′						
15.0	0.014	0°48′	0.020	1°09′						
24.0	0.013	0°45′								

注：硬度 ≥45 HRC 时的 ρ_v 值系指蜗杆齿面经磨削、蜗杆传动经跑合，并有充分润滑的情况。

由式(11.15)可知，在 λ 值的一定范围内 η 随 λ 的增大而增大，即增大 λ 角可提高传动的效率。多头蜗杆的 λ 角较大，故一般多采用多头蜗杆。但如果 λ 角过大，蜗杆的加工较困难，且当 $\lambda > 27°$ 时效率增加的幅度很小，因此一般取 $\lambda \leq 27°$。当 $\lambda \leq \rho_v$ 时，蜗杆传动具有自锁性，但此时蜗杆传动的效率很低（小于 50%）。

在进行设计时开始 η 可按所选 z_1 估计取值：

闭式传动 z_1　　1　　　　2　　　　3
　　　　η　0.7~0.75　0.75~0.82　0.82~0.92

开式传动 $z_1 = 1$、2，$\eta = 0.60 \sim 0.70$

11.6.2 蜗杆传动的润滑

由于蜗杆传动有较大的相对滑动，发热量大、效率低，所以润滑对蜗杆传动显得十分重

要。当润滑不良时,蜗杆传动的效率将显著降低,并会导致剧烈的磨损和胶合。为了防止传动中金属直接接触,通常采用黏度较大的润滑油,这样有利于形成动压油膜,从而减小磨损、缓和冲击,使传动平稳,以利于提高传动效率和蜗轮蜗杆的寿命。

闭式蜗杆传动的润滑油运动黏度和给油方法,一般可根据蜗轮蜗杆的相对滑动速度、载荷类型等参考表 11.10 选择。对于青铜蜗轮,不允许采用抗胶合能力强的活性润滑油,以免腐蚀青铜齿面。对于开式传动,则采用运动黏度较高的齿轮油或润滑脂进行润滑。

对闭式蜗杆传动采用油浴润滑时,在搅油损失不致过大的情况下,应使油池保持适当的油量,以利于蜗杆传动的散热。当 $v_s \leqslant 5$ m/s 时,下置式蜗杆传动的浸油深度约为蜗杆的一个齿高,但油面不得超过蜗杆轴承的最低滚动体中心;当 $v_s > 5$ m/s 时,搅油损失太大,一般应为上置式蜗杆传动,其浸油深度约为蜗轮外径的 1/3。

表 11.10 蜗杆传动的润滑油运动黏度及给油方法

滑动速度 v_s/(m/s)	<1	<2.5	<5	>5~10	>10~15	>15~25	>25
工作条件	重载	重载	中载	—	—	—	—
运动黏度 $\nu_{40℃}$/(mm²/s)	900	500	350	220	150	100	80
给油方法	油池润滑			油池润滑或喷油润滑	压力喷油润滑及其压力/MPa		
					0.07	0.2	0.3

11.6.3 蜗杆传动的热平衡计算

蜗杆传动工作时,齿面间相对滑动速度大,滑动摩擦发热量大。如果散热条件差,工作温度过高,将使润滑油运动黏度降低,油膜破坏,引起润滑失效,导致齿面胶合,并加剧磨损。所以,对闭式蜗杆传动应进行热平衡计算。

传动消耗于摩擦而变为热量的功率为

$$P_s = 1\,000 P_1 (1-\eta) \tag{11.16}$$

经箱体表面散发的热量的相当功率为

$$P_c = K_s A (t_1 - t_0) \tag{11.17}$$

蜗杆传动的热平衡条件为:$P_s = P_c$,即

$$1\,000 P_1 (1-\eta) = K_s A (t_1 - t_0)$$

换算得

$$t_1 = \frac{1\,000 P_1 (1-\eta)}{K_s A} + t_0 \leqslant [t_1] \tag{11.18}$$

式中:P_1 为蜗杆的输入功率,单位为 kW;η 为蜗杆传动效率;t_0 为箱体周围空气的温度,单位为 ℃,通常取 $t_0 = 20$ ℃;t_1 为当达到热平衡时,润滑油的温度,单位为 ℃,t_1 应小于 70~90 ℃;K_s 为表面传热系数,单位为 W/(m²·℃),一般 $K_s = 10~17$ W/(m²·℃),通风良好时取大值,反之取小值;A 为箱体散热面积,单位为 m²,指内壁被油浸溅,而外壳与空气接触的箱壳外表面积。对于箱体上的散热片及凸缘的表面积,可近似按 50% 计算。设计时,其散热面积可按下式初估:$A = 0.33(a/100)^{1.75}$ m²,a 为中心距;$[t_1]$ 为齿面间润滑油允许的油温,通常取 $[t_1] = 70~90$ ℃。

如果工作温度超过允许的范围时可采取下列措施:1) 在箱体外表面设置散热片以增加

散热面积 A；2）在蜗杆轴上安装风扇，如图 11.16a 所示；3）在箱体油池内装蛇形冷却水管，如图 11.16b 所示；4）用循环油冷却，如图 11.16c 所示。

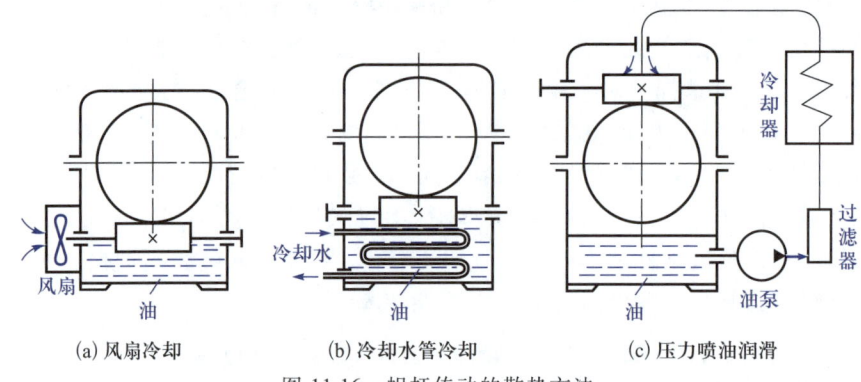

(a) 风扇冷却　　(b) 冷却水管冷却　　(c) 压力喷油润滑

图 11.16　蜗杆传动的散热方法

11.7　普通圆柱蜗杆传动的精度等级选择及安装和维护

GB/T 10089—2018 对普通圆柱蜗杆传动规定了 1~12 精度等级：1 级精度最高，其余等级依次降低，12 级为最低。一般以 6~9 级精度的应用最多。6 级精度的传动可用于中等精度机床的分度机构中，允许的蜗轮圆周速度 $v_2 > 5$ m/s。7 级精度常用于中等精度的运输机或高速传递动力场合，它允许的蜗轮圆周速度 $v_2 \leqslant 7.5$ m/s。8 级精度用于一般的动力传动中，它允许的圆周速度 $v_2 \leqslant 3$ m/s。9 级精度用于不重要的低速传动机构或手动机构（$v_2 \leqslant 1.5$ m/s）。

蜗杆传动的安装精度要求很高。根据蜗杆传动的啮合特点，应使蜗轮的中间平面通过蜗杆的轴线，如图 11.17 所示。因此蜗轮的轴向安装定位要求很准，装配时必须调整蜗轮的轴向位置。可以采用垫片组调整蜗轮的轴向位置及轴承的间隙，还可以利用蜗轮与轴承之间的套筒作较大距离的调整，调整时可以改变套筒的长度，实际中这两种方法有时可以联用。

为保证蜗杆传动的正确啮合，工作时蜗轮的中间平面不允许有轴向移动，因此蜗轮轴的支承不允许有游动端，应采用两端固定的支承方式。

由于蜗杆轴的支承跨距大，轴的热伸长大，其支承多采用一端固定另一端游动的支承方式。支承的固定端一般采用套杯结构，以便于固定轴承，游动端根据具体需要确定是否采用套杯。对于支承跨距较短（$L \leqslant 300$ mm）、传动功率小的上置式蜗杆，或间断工作、发热量不大的蜗杆传动，蜗杆轴的热伸长较小，此时也可采用两端固定的支承方式。

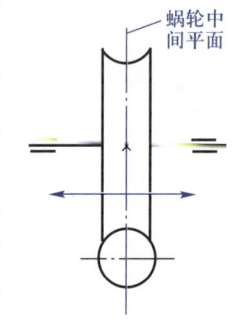

图 11.17　蜗杆传动的安装位置要求

蜗杆传动装配后要进行跑合，以使齿面接触良好。跑合时采用低速运转（通常 $n_1 = 50$ ~100 r/min），逐步加载至额定载荷跑合 1~5 h。若发现蜗杆齿面上粘有青铜，应立即停车，用细砂纸打去后再继续跑合。跑合完成后应清洗全部零件，更换润滑油。

蜗杆传动的维护很重要。由于蜗杆传动的发热量大，应随时注意周围的通风散热条件是否良好。蜗杆传动工作一段时间后应测试油温，如果超过油温的允许范围应停机或改善散热条件。还要经常检查蜗轮齿面是否保持完好。润滑对于保证蜗杆传动的正常工作及延长其使用期限很重要。蜗杆置于下方时应设法使蜗轮能得到润滑,如采用加刮油板、溅油轮等方法。蜗杆浸油润滑时油面不宜太高,为防止过多的油进入轴承,轴承内侧应设挡油环。当蜗杆圆周速度较大($v>4$ m/s)时可采用蜗杆上置式。

11.8 实例分析

例题 11.1 设计一运输机的闭式蜗杆传动,已知蜗杆输入功率 $P_1 = 5.5$ kW,蜗杆转速 $n_1 = 960$ r/min,传动比 $i = 25$,载荷平稳,单向回转,预期使用寿命 15 000 h,通风良好。

分析 由题意可知,蜗杆传动也是一种啮合传动,与齿轮传动相比,各有特点。现略举三个特点加以说明,叙述如下:

(1) 蜗杆传动的安装精度要求很高,要使蜗轮的中间平面通过蜗杆的轴线,则必须调整蜗轮的轴向位置;

(2) 蜗杆传动的维护很重要。由于传动时发热量大,应随时注意周围的通风散热条件是否良好等,故要进行热平衡计算;

(3) 由于失效形式为胶合、磨损及点蚀,在承载能力计算时,如何仿照齿轮传动的承载能力的计算方法来进行。

现以特点(3)为例作一说明,即在蜗杆传动强度计算时如何应用齿轮传动的解题思路与方法来顺利地解决蜗杆传动的承载能力计算问题。

解 (1) 选择蜗杆、蜗轮材料

蜗杆材料选用 45 钢调质,硬度<350 HBW。

蜗轮材料选用铸锡青铜,ZCuSn10P1,砂型。

(2) 选择蜗杆头数和蜗轮齿数

由表 11.1 查取蜗杆头数 $z_1 = 2$。

蜗轮齿数 $z_2 = iz_1 = 25 \times 2 = 50$,满足要求。

(3) 确定蜗轮传递的转矩 T_2

估计效率,根据 $z_1 = 2$,取 $\eta = 0.82$。

$$T_2 = T_1 i\eta = 9.55 \times 10^6 \times \frac{5.5}{960} \times 25 \times 0.82 \text{ N} \cdot \text{mm} = 11.22 \times 10^5 \text{ N} \cdot \text{mm}$$

(4) 确定许用接触应力 $[\sigma_H]$

应力循环次数 $N = 60 n_2 j L_h = 60 \times 34.8 \times 1 \times 15\ 000 = 3.5 \times 10^7$

寿命系数 $K_{HN} = \sqrt[8]{\dfrac{10^7}{3.5 \times 10^7}} = 0.86$;由表 11.6 查基本许用接触应力 $[\sigma_H]' = 180$ MPa。

计算许用接触应力 $[\sigma_H] = [\sigma_H]' K_{HN}$

$$[\sigma_H] = 180 \times 0.86 \text{ MPa} = 155 \text{ MPa}$$

(5) 确定模数和蜗杆分度圆直径

取载荷系数 $K = 1.15$,由式(11.10)可得

$$m^2 d_1 \geq KT_2 \left(\frac{480}{z_2 [\sigma_H]}\right)^2 = 1.15 \times 11.22 \times 10^5 \times \left(\frac{480}{50 \times 155}\right)^2 \text{ mm}^3 = 4\ 950 \text{ mm}^3$$

查表 11.2，选取 $m^2d_1 = 5\,376\text{ mm}^2$，得 $m = 8$，$d_1 = 80\text{ mm}$。

蜗轮分度圆直径 $d_2 = mz_2 = 8 \times 50\text{ mm} = 400\text{ mm}$

中心距
$$a = \frac{d_1 + mz_2}{2} = \frac{80 + 8 \times 50}{2}\text{ mm} = 240\text{ mm}$$

（6）计算蜗杆螺旋线升角 λ
$$\lambda = \arctan\frac{z_1}{q} = \arctan\frac{2}{10} = 11.31°$$

（7）按齿根弯曲强度校核

查表 11.8，蜗轮材料的基本许用弯曲应力为

说明：在现场计算中，对于闭式蜗杆传动，齿根弯曲疲劳强度总是足够的，则不必进行齿根弯曲疲劳强度校核，即解（7）不必做计算；对于开式蜗杆传动，才需进行齿根弯曲疲劳强校核。现仅作为参考。

$$[\sigma_F]' = 46\text{ MPa}$$

计算寿命系数 K_{FN}
$$K_{FN} = \sqrt[9]{\frac{10^6}{N}} = \sqrt[9]{\frac{10^6}{3.5 \times 10^7}} = 0.67$$

计算许用弯曲应力 $[\sigma_F]$
$$[\sigma_F] = [\sigma_F]'K_{FN} = 46 \times 0.67\text{ MPa} = 31\text{ MPa}$$

计算齿根弯曲应力 σ_F，查表 11.5 得 $Y_{F2} = 2.24$，再由式（11.11），可得

$$\sigma_F = \frac{1.53KT_2\cos\lambda}{d_1d_2m}Y_{F2}$$

$$= \frac{1.53 \times 1.15 \times 11.22 \times 10^5 \times \cos 11.31°}{8 \times 10 \times 8 \times 50 \times 8} \times 2.24\text{ MPa} = 17\text{ MPa} < [\sigma_F]$$

故齿根弯曲疲劳强度校核合格。

（8）验算传动效率 η

蜗杆分度圆速度为
$$v_1 = \frac{\pi d_1 n_1}{60 \times 1\,000} = \frac{\pi \times 80 \times 960}{60 \times 1\,000}\text{ m/s} = 4.02\text{ m/s}$$

$$v_s = \frac{v_1}{\cos\lambda} = \frac{4.02}{\cos 11.31°}\text{ m/s} = 4.1\text{ m/s}$$

查表 11.9 得 $f_v = 0.031$，$\rho_v = 1°47' = 1.783°$

$$\eta = (0.95 \sim 0.97)\frac{\tan 11.31°}{\tan(11.31° + 1.783°)} = 0.82 \sim 0.83$$

与原估计 $\eta = 0.82$ 相近。

（9）热平衡计算

箱体散热面积

$$A = 0.33\left(\frac{a}{100}\right)^{1.75} = 0.33 \times \left(\frac{240}{100}\right)^{1.75} \text{ m}^2 = 1.53 \text{ m}^2$$

取室温 $t_0 = 20$ ℃，因通风散热条件较好，可取表面传热系数 $K_s = 15 \text{ W}/(\text{m}^2 \cdot \text{℃})$，由式(11.18)计算油温 t_1

$$t_1 = \frac{1\,000 P_1(1-\eta)}{K_s A} + t_0 = \frac{1\,000 \times 5.5 \times (1-0.82)}{15 \times 1.53} \text{℃} + 20 \text{℃}$$

$$= 43 \text{℃} + 20 \text{℃} = 63 \text{℃} < 70 \text{℃}$$

符合要求。

（10）绘制蜗杆、蜗轮零件工作图（略）

11.9　常用各类齿轮传动的选择

11.9.1　各类齿轮传动性能的比较

如前所述，常用的齿轮传动有直齿圆柱齿轮传动、斜齿圆柱齿轮传动、直齿锥齿轮传动、普通圆柱蜗杆传动等。这些齿轮传动常用来制造各种传动装置或各种减速器。

下面介绍各类齿轮传动的主要性能，并进行分析比较，以便于正确地选用传动型式。

1. 功率 P

圆柱齿轮可传递的功率范围最大，一般不超过 3 000 kW，但随着现代工业向大型化发展，目前最大的传递功率可达到 60 000 kW。

锥齿轮传动中直齿锥齿轮传动传递功率一般小于 450 kW，而曲线齿锥齿轮传动则可大得多。

蜗杆传动由于传动效率低，大功率长期运行极不经济。对于连续运转的蜗杆传动，最大功率一般都在 50 kW 之内，最大不超过 150 kW。

2. 传动比 i

圆柱齿轮单级传动比一般不超过 7，最大到 10。

直齿锥齿轮单级传动比一般小于 3，最大不超过 5。

蜗杆传动的传动比由于受效率和蜗轮尺寸的限制，传递动力的传动比一般小于 60，最大值小于 100；当只传运动时（如分度运动），传动比可达 1 000。

3. 速度 v

对于普通精度等级（6 级）的直齿圆柱齿轮，其圆周速度不超过 15 m/s。斜齿圆柱齿轮不超过 25 m/s，高精度时可达到 100 m/s 以上。高速时宜采用斜齿轮传动。

直齿锥齿轮由于制造精度和安装精度方面难以保证啮合精度，在普通精度等级时，一般不超过 5 m/s。经磨削的可达 15 m/s。曲线齿可达 25 m/s 以上。

蜗杆传动的最高允许圆周速度受蜗杆型式和滑动速度的限制，一般不超过 10 m/s，润滑良好时可达 15 m/s。

4. 效率

圆柱齿轮传动的平均效率最高。对于普通精度齿轮传动，开式 $\eta = 0.92 \sim 0.96$，闭式 $\eta = 0.95 \sim 0.99$，一般平均效率取为 0.96。斜齿轮由于有轴向滑动，其效率一般低于直齿圆柱齿轮。

第 11 章 蜗杆传动

锥齿轮传动的效率比圆柱齿轮的低,一般为 0.92~0.96,曲线齿锥齿轮传动的效率比直齿锥齿轮传动略低。

蜗杆传动的效率,开式 $\eta=0.5$~0.7,闭式 $\eta=0.7$~0.94,自锁 $\eta=0.4$~0.45。

5. 尺寸、单位功率的重量和价格

齿轮传动的尺寸、重量和价格主要取决于材料、热处理及精度等级等因素。锥齿轮的尺寸与重量一般比圆柱齿轮大,价格也较高。

蜗杆传动的尺寸和重量一般比同一功率和同一传动比的圆柱齿轮小,价格低一些。传动比大时,尤为明显。但蜗轮需用铜合金制造,当尺寸较大时,价格较贵。

6. 噪声、抗冲击能力及寿命

齿轮传动的噪声比较大,精度越低、速度越高,噪声越大。直齿圆柱齿轮的噪声比斜齿圆柱齿轮的噪声高。锥齿轮的噪声比圆柱齿轮的噪声高。蜗杆传动的噪声最小。

齿轮传动的抗冲击能力较差,蜗杆传动的抗冲击能力较好。

齿轮传动是所有机械传动中寿命最长的一种。蜗杆传动的寿命最短。

11.9.2 常用齿轮传动类型的选择

各类齿轮传动均有其优缺点。通常能满足工作机性能要求的传动类型有好几种可供选择。因此确定传动类型时除应满足工作机性能要求、适应工作条件、工作可靠外,还应满足结构尺寸紧凑、成本低、传动效率高等要求。在选择传动类型时应考虑以下几个方面。

(1) 传递大功率时,一般均采用圆柱齿轮。锥齿轮只能用于传递小功率的场合,除非结构和布置上有需要,一般应尽量避免采用锥齿轮。

(2) 在联合使用圆柱、锥齿轮时,应将锥齿轮放在高速级,这样可使锥齿轮上所受的载荷相对减小,从而减小锥齿轮的尺寸。

(3) 圆柱直齿轮和斜齿轮相比,一般斜齿轮的强度比直齿轮高,且传动平稳,所以斜齿轮适用于高速传动场合。如果圆周速度 $v>5$ m/s,建议采用斜齿轮。但直齿轮构造简单,适用于低速($v<2$~3 m/s)场合。在圆周速度相同的条件下,斜齿轮可选用较低的制造精度,使制造成本降低。

(4) 直齿锥齿轮仅用于 $v<5$ m/s 的场合,高速时可采用曲齿等。

(5) 由工作条件确定选用开式传动或闭式传动。

(6) 蜗杆减速器主要有蜗杆在上方(上置式)和蜗杆在下方(下置式)两种形式。当蜗杆的圆周速度 $v<4$ m/s 时最好采用下置式蜗杆传动;$v>5$ m/s 时最好采用上置式蜗杆传动。

(7) 联合使用齿轮、蜗杆传动时,有齿轮传动在高速级和蜗杆传动在高速级两种布置形式。前者结构紧凑,后者传动效率较高。

思考题 11.10 在蜗杆传动中,为何有时蜗杆置于下方,有时蜗杆置于上方?

复习题

11.1 蜗杆传动的特点及使用条件是什么?

11.2 蜗杆传动的传动比如何计算?能否用分度圆直径之比表示传动比?为什么?

11.3 与齿轮传动相比较,蜗杆传动的失效形式有何特点?为什么?

11.4 何谓蜗杆传动的中间平面？中间平面上的参数在蜗杆传动中有何重要意义？

11.5 试述蜗杆直径系数的意义，为何要引入蜗杆直径系数 q？

11.6 何谓蜗杆传动的相对滑动速度？它对蜗杆传动有何影响？

11.7 蜗杆的头数 z_1 及升角 λ 对啮合效率各有何影响？

11.8 蜗杆传动的效率为何比齿轮传动的效率低得多？

11.9 为什么对蜗杆传动要进行热平衡计算？当热平衡不满足要求时，可采取什么措施？

11.10 蜗杆传动的设计准则是什么？

11.11 常用的蜗轮、蜗杆的材料组合有哪些？设计时如何选择材料？

11.12 试分析图示的蜗杆传动中，蜗杆、蜗轮的转动方向及所受各分力的方向。

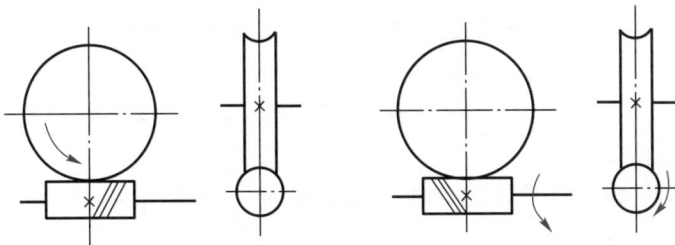

题 11.12 图

11.13 设计起重设备用闭式蜗杆传动。蜗杆轴的输入功率 $P_1 = 7.5$ kW，蜗杆转速 $n_1 = 960$ r/min，蜗轮转速 $n_2 = 48$ r/min，间歇工作，每天工作 4 h，预定寿命 10 年。

11.14 图示为蜗杆-斜齿轮传动，为使轴Ⅱ上的轴向力抵消一部分，斜齿轮 3 的旋向应如何？画出蜗轮及斜齿轮 3 上轴向力的方向。

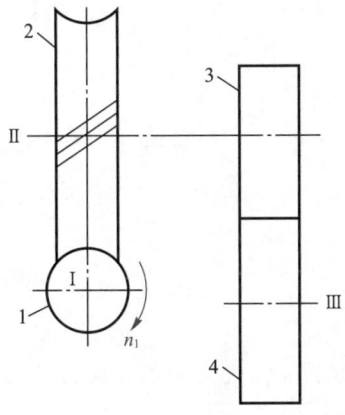

题 11.14 图

第 12 章

齿 轮 系

在现代机械中,为了满足不同的工作要求只用一对齿轮传动往往是不够的,通常用一系列齿轮共同传动。这种由一系列齿轮组成的传动系统称为齿轮系。

如果齿轮系中各齿轮的轴线互相平行,则称为平面齿轮系,否则称为空间齿轮系。

根据齿轮系运转时齿轮的轴线位置相对于机架是否固定,又可将齿轮系分为两大类:定轴齿轮系和行星齿轮系。

本章主要讨论齿轮系的传动比计算和转向确定,并简要介绍新型齿轮传动装置及减速器。

12.1 定轴齿轮系传动比的计算

如果齿轮系运转时各齿轮的轴线相对于机架保持固定,则称为定轴齿轮系,如图 12.1 所示。定轴齿轮系又分为平面定轴齿轮系(图 12.1a)和空间定轴齿轮系(图 12.1b)两种。

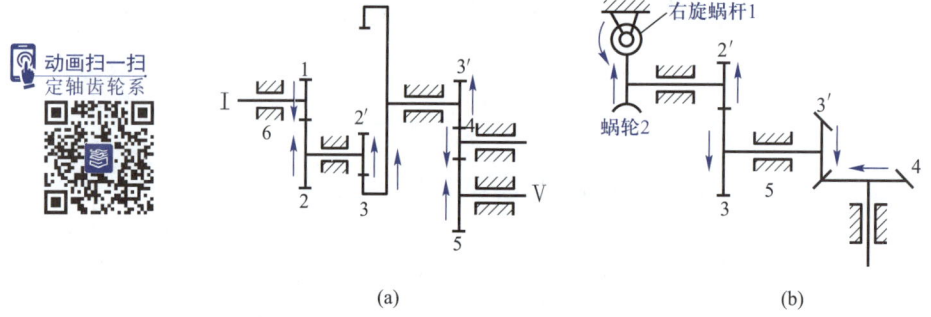

图 12.1 定轴齿轮系

设齿轮系中首齿轮的角速度为 ω_A,末齿轮的角速度为 ω_K,ω_A 与 ω_K 的比值用表示 i_{AK},即 $i_{AK}=\omega_A/\omega_K$,则 i_{AK} 称为该齿轮系的传动比。

12.1.1 平面定轴齿轮系传动比的计算

如图 12.1a 所示的齿轮系,设齿轮 1 为首齿轮,齿轮 5 为末齿轮,z_1、z_2、$z_{2'}$、z_3、$z_{3'}$、z_4 及 z_5 分别为各齿轮的齿数,ω_1、ω_2、$\omega_{2'}$、ω_3、$\omega_{3'}$、ω_4 及 ω_5 分别为各齿轮的角速度。该齿轮系的传动比 i_{15} 可由各对齿轮的传动比求出。

一对齿轮的传动比大小为其齿数的反比。若考虑转向关系,外啮合时两齿轮的转向相反,传动比取"−"号;内啮合时两齿轮的转向相同,传动比取"+"号,则各对齿轮的传动比为

$$i_{12}=\frac{\omega_1}{\omega_2}=-\frac{z_2}{z_1} \quad i_{2'3}=\frac{\omega_{2'}}{\omega_3}=\frac{z_3}{z_{2'}}$$

$$i_{3'4}=\frac{\omega_{3'}}{\omega_4}=-\frac{z_4}{z_{3'}} \quad i_{45}=\frac{\omega_4}{\omega_5}=-\frac{z_5}{z_4}$$

其中 $\omega_2=\omega_{2'}$,$\omega_3=\omega_{3'}$。将以上各式两边连乘可得

$$i_{12}i_{2'3}i_{3'4}i_{45}=\frac{\omega_1\omega_{2'}\omega_{3'}\omega_4}{\omega_2\omega_3\omega_4\omega_5}=(-1)^3\frac{z_2z_3z_4z_5}{z_1z_{2'}z_{3'}z_4}$$

所以

$$i_{15}=\frac{\omega_1}{\omega_5}=i_{12}i_{2'3}i_{3'4}i_{45}=(-1)^3\frac{z_2z_3z_5}{z_1z_{2'}z_{3'}}$$

上式表明,平面定轴齿轮系的传动比等于组成齿轮系的各对齿轮传动比的连乘积,也等于从动轮齿数的连乘积与主动轮齿数的连乘积之比。首末两齿轮转向相同还是相反,取决于齿轮系中外啮合齿轮的对数。

此外,在该齿轮系中齿轮 4 同时与齿轮 3′和末齿轮 5 啮合,其齿数可在上述计算式中消去,即齿轮 4 不影响齿轮系传动比的大小,只起到改变转向的作用,这种齿轮称为惰轮。

将上述计算式推广,若以 A 表示首齿轮,K 表示末齿轮,m 表示圆柱齿轮外啮合的对数,则平面定轴齿轮系传动比的计算式为

$$i_{AK}=\frac{\omega_A}{\omega_K}=(-1)^m\frac{各对齿轮从动轮齿数的连乘积}{各对齿轮主动轮齿数的连乘积} \tag{12.1}$$

首末两齿轮转向可用$(-1)^m$来判别,i_{AK}为负号时,说明首、末齿轮转向相反;i_{AK}为正号时则转向相同。

12.1.2 空间定轴齿轮系传动比的计算

一对空间齿轮传动比的大小也等于两齿轮齿数的反比,故也可用式(12.1)来计算空间齿轮系传动比的大小。但由于各齿轮轴线不都互相平行,所以不能用$(-1)^m$的正负来确定首末齿轮的转向,而要采用在图上画箭头的方法来确定,如图 12.1b 所示。

例题 12.1 图 12.2 所示的齿轮系中,已知 $z_1=z_2=z_{3'}=z_4=20$,齿轮 1、3、3′和 5 同轴线,各齿轮均为标准齿轮。若已知齿轮 1 的转速为 $n_1=1\,440$ r/min,求齿轮 5 的转速。

解 由图知该齿轮系为一平面定轴齿轮系,齿轮 2 和 4 为惰轮,齿轮系中有两对外啮合齿轮,由式(12.1)得

$$i_{15}=\frac{n_1}{n_5}=(-1)^2\frac{z_3z_5}{z_1z_{3'}}=\frac{z_3z_5}{z_1z_{3'}}$$

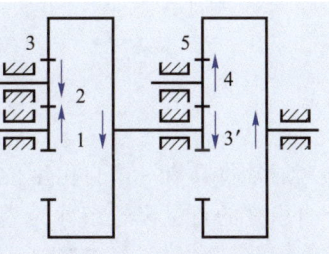

图 12.2 定轴齿轮系传动比计算

因齿轮 1、2、3 的模数相等,故它们之间的中心距关系为

$$\frac{m}{2}(z_1+z_2)=\frac{m}{2}(z_3-z_4)$$

此式中 m 为齿轮的模数。由上式可得

$$z_3=z_1+2z_2=20+2\times20=60$$

同理可得

$$z_5=z_{3'}+2z_4=20+2\times20=60$$

所以 $$n_5 = n_1(-1)^2 \frac{z_1 z_{3'}}{z_3 z_5} = 1\,440 \times \frac{20 \times 20}{60 \times 60} \text{ r/min} = 160 \text{ r/min}$$

n_5 为正值,说明齿轮 5 与齿轮 1 转向相同。

12.2 行星齿轮系传动比的计算

12.2.1 行星齿轮系的分类

图 12.3a 所示为一平面行星齿轮系,齿轮 1、3 和构件 H 均绕固定的互相重合的几何轴线转动,齿轮 2 空套在构件 H 上,与齿轮 1、3 相啮合。齿轮 2 一方面绕其自身轴线 $O_1 - O_1$ 转动(自转),同时又随构件 H 绕轴线 $O_1 - O_1$ 转动(公转)。齿轮 2 称为行星轮,H 称为行星架或系杆,齿轮 1、3 称为太阳轮。

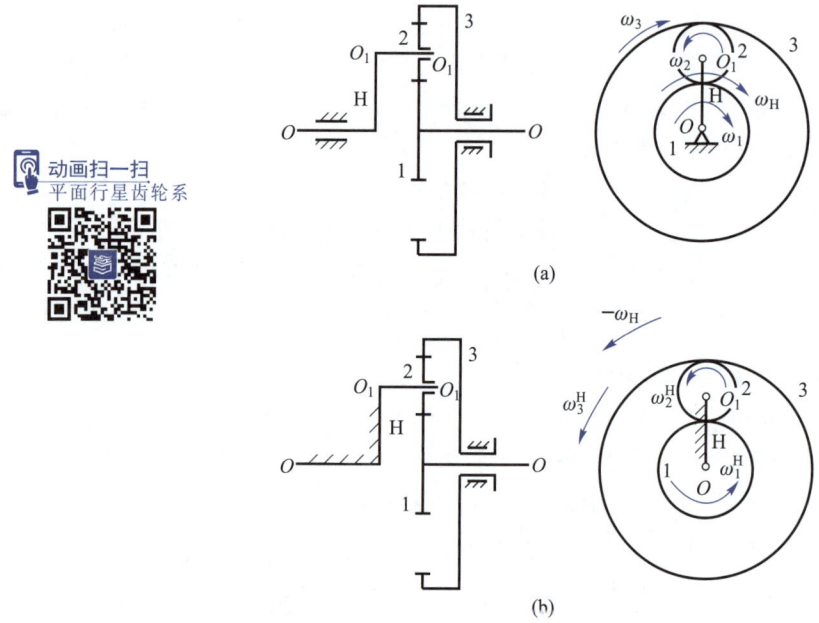

图 12.3 平面行星齿轮系

通常将具有一个自由度的行星齿轮系称为简单行星齿轮系,如图 12.4a 所示;将具有两个自由度的行星齿轮系称为差动齿轮系,如图 12.4b 所示。

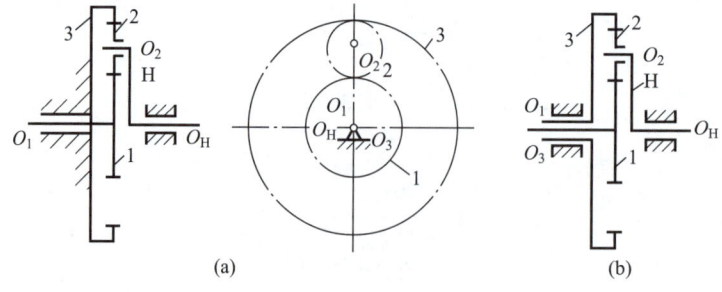

图 12.4 行星齿轮系

行星齿轮系也分为平面行星齿轮系和空间行星齿轮系两类,上述齿轮系均为平面行星齿轮系。

12.2.2 行星齿轮系的传动比计算

平面行星齿轮系的传动比不能直接用定轴齿轮系传动比的公式计算。可应用转化机构法,即根据相对运动原理,假想对整个行星齿轮系加上一个绕主轴线 $O-O$ 转动的公共角速度 $-\omega_H$。显然各构件的相对运动关系并不变,但此时行星架 H 的角速度变为 $\omega_H - \omega_H = 0$,即相对静止不动,而齿轮 1、2、3 则成为绕定轴转动的齿轮,于是原行星齿轮系便转化为假想的定轴齿轮系。该假想的定轴齿轮系称为原行星齿轮系的转化机构,如图 12.3b 所示。转化机构各构件的转速如下:

构件	原有的转速	转化后的转速
齿轮 1	ω_1	$\omega_1^H = \omega_1 - \omega_H$
齿轮 2	ω_2	$\omega_2^H = \omega_2 - \omega_H$
齿轮 3	ω_3	$\omega_3^H = \omega_3 - \omega_H$
系杆 H	ω_H	$\omega_H^H = \omega_H - \omega_H = 0$

所以
$$i_{13}^H = \frac{\omega_1^H}{\omega_3^H} = \frac{\omega_1 - \omega_H}{\omega_3 - \omega_H} = -\frac{z_3}{z_1}$$

i_{13}^H 表示转化后定轴齿轮系的传动比,即齿轮 1 与齿轮 3 相对于行星架 H 的传动比。将上式推广到一般情况,可得

$$i_{AK}^H = (-1)^m \frac{\text{从动轮齿数的连乘积}}{\text{主动轮齿数的连乘积}} \qquad (12.2)$$

在使用上式时应特别注意:(1) A、K 和 H 三个构件的轴线应互相平行,而且将 ω_A、ω_K、ω_H 的值代入上式计算时,必须带正号或负号。对差动齿轮系,如两构件转速相反,第一个构件用正值代入,第二个构件则以负值代入,第三个构件的转速用所求得的正负号来判别。(2) $i_{AK}^H \neq i_{AK}$。i_{AK}^H 是行星齿轮系转化机构的传动比,亦即齿轮 A、K 相对于行星架 H 的传动比,而 $i_{AK} = \dfrac{\omega_A}{\omega_K}$ 是行星齿轮系中 A、K 两齿轮的传动比。

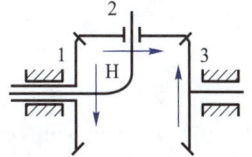

图 12.5 空间行星齿轮系

当空间行星齿轮系的两齿轮 A、K 和行星架 H 的轴线互相平行时,其转化机构传动比的大小仍可用式(12.2)来计算,但其正负号应采用在转化机构图上画箭头的办法来确定,如图 12.5 所示。

例题 12.2 图 12.6 所示为一传动比很大的行星减速器。已知其中各齿轮齿数为 $z_1 = 100, z_2 = 101, z_{2'} = 100, z_3 = 99$。试求传动比 i_{H1}。

解 图示行星齿轮系中齿轮 1 为活动太阳轮,齿轮 3 为固定太阳轮,双联齿轮 2-2' 为行星轮,H 为行星架。该齿轮系为仅有一个自由度的简单行星齿轮系。

由式(12.2)得

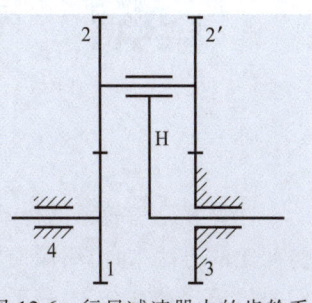

图 12.6 行星减速器中的齿轮系

$$i_{13}^H = \frac{\omega_1 - \omega_H}{\omega_3 - \omega_H} = \frac{\omega_1 - \omega_H}{0 - \omega_H} = 1 - \frac{\omega_1}{\omega_H} = 1 - i_{1H}$$

故

$$i_{1H} = 1 - i_{13}^H$$

又

$$i_{13}^H = (-1)^2 \frac{z_2 z_3}{z_1 z_{2'}} = \frac{101 \times 99}{100 \times 100}$$

$$i_{1H} = 1 - i_{13}^H = 1 - \frac{101 \times 99}{100 \times 100} = \frac{1}{10\,000}$$

所以

$$i_{H1} = \frac{1}{i_{1H}} = 10\,000$$

即当系杆 H 转 10 000 转,齿轮 1 才转 1 转,且两构件转向相同。本例也说明,行星齿轮系用少数几个齿轮就能获得很大的传动比。

若将 z_3 由 99 改为 100,则

$$i_{H1} = \frac{\omega_H}{\omega_1} = -100$$

若将 z_2 由 101 改为 100,则

$$i_{H1} = \frac{\omega_H}{\omega_1} = 100$$

由此结果可见,同一种结构形式的行星齿轮系,由于某一齿轮的齿数略有变化(本例中仅差一个齿),其传动比则会发生巨大变化,同时转向可能也会改变。

思考题 12.1 定轴齿轮系中齿轮啮合传动的转向关系规则,是否适合于行星齿轮系的转化机构?为什么?

12.2.3 复合齿轮系传动比的计算

如果齿轮系中既包含定轴齿轮系,又包含行星齿轮系,或者包含几个行星齿轮系,则称为复合齿轮系,如图 12.7 所示。

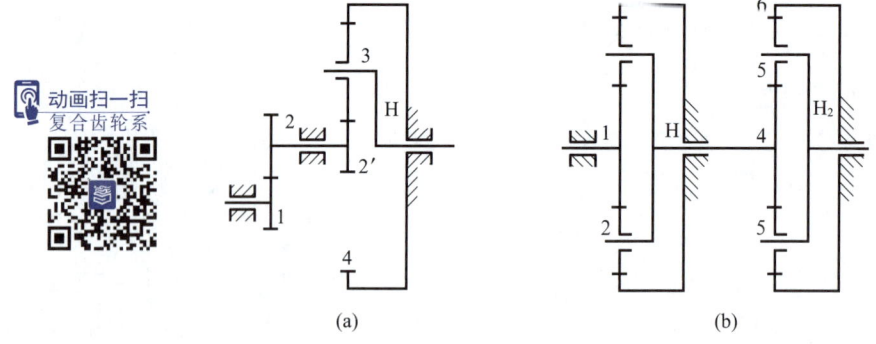

图 12.7 复合齿轮系

计算复合齿轮系的传动比时,不能将整个齿轮系单纯地按求定轴齿轮系或行星齿轮系传动比的方法来计算,而应将复合齿轮系中的定轴齿轮系和行星齿轮系区别开,分别列出它们的传动比计算公式,最后联立求解。

分析复合齿轮系的关键是先找出行星齿轮系。方法是先找出行星轮与行星架,再找出与行星轮相啮合的太阳轮。行星轮、太阳轮、行星架构成一个行星齿轮系。找出所有的行星齿轮系后,剩下的就是定轴齿轮系。

例题 12.3 图 12.8 所示为电动卷扬机的减速器。已知各齿轮齿数为 $z_1 = 24$, $z_2 = 48$, $z_{2'} = 30$, $z_3 = 90$, $z_{3'} = 20$, $z_4 = 30$, $z_5 = 80$。试求传动比 i_{1H}。

解 该复合齿轮系由两个基本齿轮系组成。齿轮 1、2、2'、3、行星架 H 组成差动行星齿轮系;齿轮 3'、4、5 组成定轴齿轮系,其中 $\omega_H = \omega_5$, $\omega_3 = \omega_{3'}$。

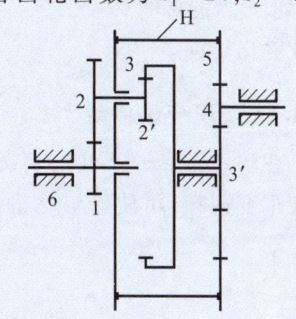

图 12.8 电动卷扬机的减速器

对于定轴齿轮系, $i_{3'5} = \dfrac{\omega_{3'}}{\omega_5} = -\dfrac{z_5}{z_{3'}} = -\dfrac{80}{20} = -4$ （a）

对于行星齿轮系,根据式(12.2)得

$$i_{13}^H = \frac{\omega_1 - \omega_H}{\omega_3 - \omega_H} = (-1)^1 \frac{z_2 z_3}{z_1 z_{2'}} = -\frac{48 \times 90}{24 \times 30} = -6 \quad (b)$$

联立方程式(a)、(b)和 $\omega_3 = \omega_{3'}$、$\omega_H = \omega_5$ 得

$$i_{1H} = \frac{\omega_1}{\omega_H} = 31$$

i_{1H} 为正值,说明齿轮 1 与行星架 H 转向相同。

12.3 齿轮系的应用

12.3.1 实现分路传动

利用齿轮系可使一个主动轴同时带动若干从动轴转动,将运动从不同的传动路线传递给执行机构,实现机构的分路传动。

图 12.9 所示为滚齿机上滚刀与轮坯之间作展成运动的传动简图。滚齿加工要求滚刀的转速 $n_刀$ 与轮坯的转速 $n_坯$ 必须满足 $i_{刀坯} = \dfrac{n_刀}{n_坯} = \dfrac{z_坯}{z_刀}$ 的传动比关系。主动轴 I 通过锥齿轮 1 经齿轮 2 将运动传动滚刀;同时主动轴又通过直齿轮 3 经齿轮 4—5、6、7—8 传至蜗轮 9,带动被加工的轮坯转动,以满足滚刀与轮坯的传动比要求。

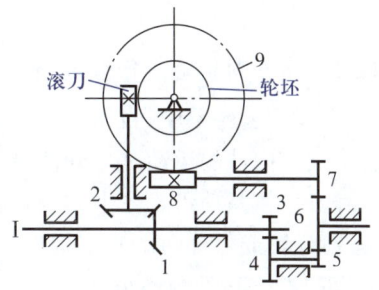

图 12.9 滚齿机中的轮系

12.3.2 获得大的传动比

若想要用一对齿轮获得较大的传动比,则必然有一个齿轮要做得很大,这样会使机构的体积增大,同时小齿轮也容易损坏。如果采用多对齿轮组成的齿轮系,则可以很容易地获得较大的传动比。只要适当选择齿轮系中各对啮合齿轮的齿数,即可得到所要求的传动比。在行星齿轮系中,用较少的齿轮即可获得很大的传动比,如例 12.2 中的轮系。

12.3.3 实现换向传动

在输入轴转向不变的情况下,利用惰轮可以改变输出轴的转向。

如图 12.10 所示车床上走刀丝杠的三星轮换向机构,扳动手柄 a 可实现如图 12.10a、12.10b 所示的两种传动方案。由于两方案仅相差一次外啮合,故从动轮 4 相对于主动轮 1 有两种输出转向。

12.3.4 实现变速传动

在输入轴转速不变的情况下,利用齿轮系可使输出轴获得多种工作转速。图 12.11 所示的汽车变速箱,可使输出轴得到 4 个挡的转速。一般机床、起重机等设备上也都需要这种变速传动。

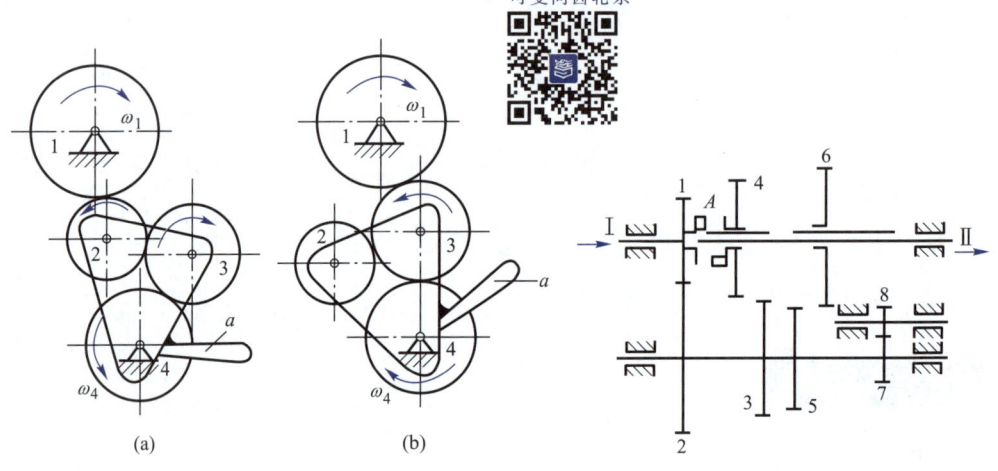

图 12.10 可变向齿轮系 　　　　图 12.11 汽车的变速箱

12.3.5 用于对运动进行合成与分解

在差动齿轮系中,当给定两个基本构件的运动后,第三个构件的运动是确定的。换言之,第三个构件的运动是另外两个基本构件运动的合成。

同理,在差动齿轮系中,当给定一个基本构件的运动后,可根据附加条件按所需比例将该运动分解成另外两个基本构件的运动。

图 12.12 所示为滚齿机中的差动齿轮系。滚切斜齿轮时,由齿轮 4 传递来的运动传给中心轮 1,转速为 n_1;由蜗轮 5 传递来的运动传给 H,使其转速为 n_H。这两个运动经齿轮系合成后变成齿轮 3 的转速 n_3 输出。

因 $z_1 = z_3$,则 $i_{13}^H = \dfrac{n_1 - n_H}{n_3 - n_H} = -\dfrac{z_3}{z_1} = -1$,故 $n_3 = 2n_H - n_1$。

图 12.13 所示的汽车后桥差速器即为分解运动的齿轮系。在汽车转弯时,它可将发动机传到齿轮 5 的运动以不同的速度分别传递给左右两个车轮,以维护车轮与地面间的纯滚动,避免车轮与地面间的滑动摩擦导致车轮过度磨损。

若输入转速为 n_5,两车轮外径相同,轮距为 $2L$,两轮转速分别为 n_1 和 n_3,r 为汽车行驶半径。当汽车绕图示 P 点向左转弯时,两轮行驶的距离不相等,其转速比为

12.4 减速器

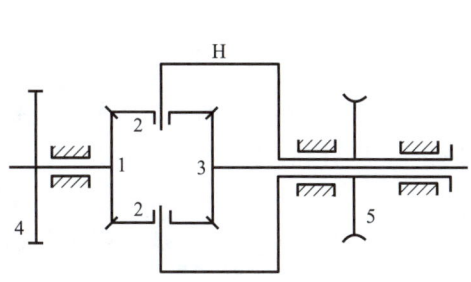

图 12.12 使运动合成的齿轮系

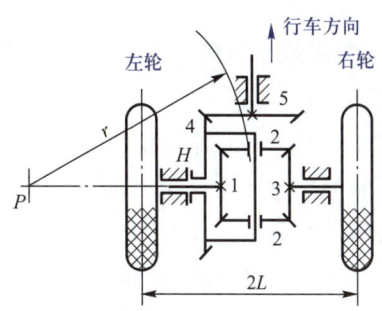

图 12.13 汽车后桥差速器

$$\frac{n_1}{n_3}=\frac{r-L}{r+L} \qquad (a)$$

差速器中齿轮 4、5 组成定轴齿轮系，行星架 H 与齿轮 4 固连在一起，1—2—3—H 组成差动齿轮系。对于差动齿轮系 1—2—3—H，因 $z_1=z_2=z_3$，有

$$i_{13}^{H}=\frac{n_1-n_H}{n_3-n_H}=-\frac{z_3}{z_1}=-1$$

$$n_H=\frac{n_1+n_3}{2}$$

即

$$n_4=n_H=\frac{n_1+n_3}{2} \qquad (b)$$

联立求解(a)、(b)两式得

$$n_1=\frac{r-L}{r}n_4$$

$$n_3=\frac{r+L}{r}n_4$$

若汽车直线行驶，因 $n_1=n_3$，所以行星齿轮没有自转运动，此时齿轮 1、2、3 和 4 相当于一刚体作同速运动，即

$$n_1=n_3=n_4=\frac{n_5}{i_{54}}=n_5\frac{z_5}{z_4}$$

由此可知，差动齿轮系可将一输入转速分解为两个输出转速。

12.4 减速器

减速器是一种由封闭在刚性壳体内的齿轮传动、蜗杆传动、齿轮-蜗杆传动所组成的独立部件，常用作原动机与工作机之间的减速传动装置。在少数场合也可用作增速的传动装置，这时就称为增速器。

减速器的种类很多。常用的齿轮及蜗杆减速器按其传动及结构特点，大致可分为三类：

(1) 齿轮减速器　主要有圆柱齿轮减速器、锥齿轮减速器和圆锥-圆柱齿轮减速器三种。

(2) 蜗杆减速器　主要有圆柱蜗杆减速器、圆弧齿蜗杆减速器、锥蜗杆减速器和蜗杆-齿轮减速器等。

(3) 行星减速器　主要有渐开线行星齿轮减速器、摆线针轮减速器和谐波齿轮减速器等。

第 12 章 齿轮系

12.4.1 常用减速器的主要类型、特点和应用

1. 齿轮减速器

齿轮减速器按减速齿轮的级数可分为单级、二级、三级和多级减速器几种；按轴在空间的相互配置方式可分为立式和卧式减速器两种；按运动简图的特点可分为展开式、同轴式和分流式减速器等。

单级圆柱齿轮减速器的最大传动比一般为 $i_{max}=8\sim10$，作此限制主要为避免外廓尺寸过大。当要求 $i>10$ 时，就应采用二级圆柱齿轮减速器。

二级圆柱齿轮减速器应用于 $i=8\sim50$ 及高、低速级的中心距总和 $a_\Sigma=250\sim400$ mm 的情况下。图 12.14a 所示为展开式二级圆柱齿轮减速器，它结构简单，可根据需要选择输入轴端和输出轴端的位置。图 12.14b、c 所示为分流式二级圆柱齿轮减速器，其中图 12.14b 为高速级分流，图 12.14c 为低速级分流。分流式减速器的外伸轴可向任意一边伸出，便于传动装置的总体配置，分流级的齿轮均做成斜齿，一边左旋，另一边右旋以抵消轴向力。图 12.14g 所示为同轴式二级圆柱齿轮减速器，它的径向尺寸紧凑，轴向尺寸较大，常用于要求输入和输出轴端在同一轴线上的情况。图 12.14e、f 所示为三级圆柱齿轮减速器，用于要求传动比较大的场合。图 12.14d、h 所示分别为单级锥齿轮减速器和二级圆锥-圆柱齿轮减速器，用于需要输入轴与输出轴成 90°配置的传动中。因大尺寸的锥齿轮较难精确制造，所以圆锥-圆柱齿轮减速器的高速级总是采用锥齿轮传动以减小其尺寸，提高制造精度。

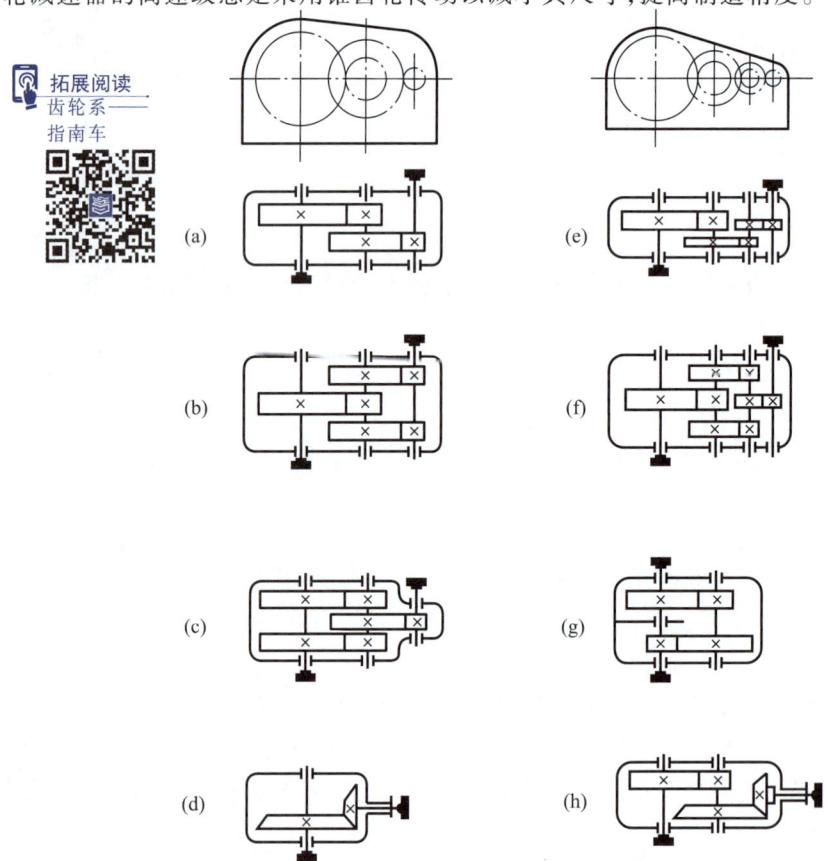

图 12.14　各式齿轮减速器

齿轮减速器的特点是效率高、寿命长、维护简便,因而应用极为广泛。

2. 蜗杆减速器

蜗杆减速器的特点是在外廓尺寸不大的情况下可以获得很大的传动比,同时工作平稳、噪声较小,但缺点是传动效率较低。蜗杆减速器中应用最广的是单级蜗杆减速器。

单级蜗杆减速器根据蜗杆的位置可分为上置蜗杆(图 12.15a)、下置蜗杆(图 12.15c)及侧蜗杆(图 12.15b)三种,其传动比范围一般为 $i = 10 \sim 70$。设计时应尽可能选用下置蜗杆的结构,以便于解决润滑和冷却问题。图 12.15d 所示为二级蜗杆减速器。

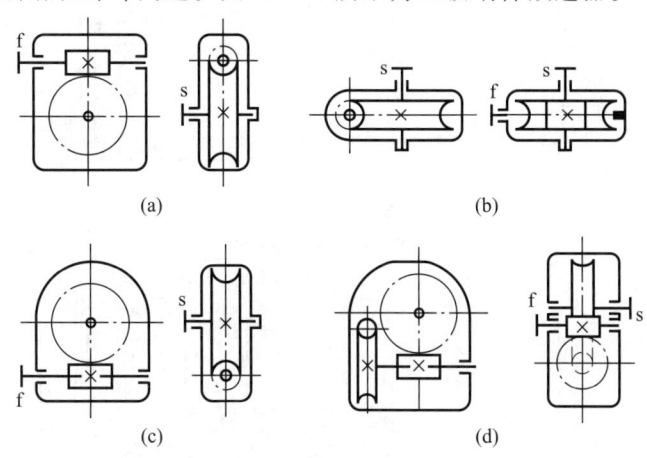

s—低速级;f—高速级

图 12.15 各式蜗杆减速器

3. 蜗杆-齿轮减速器

这种减速器通常将蜗杆传动作为高速级,因为高速时蜗杆的传动效率较高。它适用的传动比范围为 $50 \sim 130$。

12.4.2 减速器传动比的分配

由于单级齿轮减速器的传动比最大不超过 10,当总传动比要求超过此值时,应采用二级或多级减速器。此时就应考虑各级传动比的合理分配问题,否则将影响到减速器外形尺寸的大小、承载能力能否充分发挥等。根据使用要求的不同,可按下列原则分配传动比:

(1) 使各级传动的承载能力接近于相等;
(2) 使减速器的外廓尺寸和质量最小;
(3) 使传动具有最小的转动惯量;
(4) 使各级传动中大齿轮的浸油深度大致相等。

12.4.3 减速器的结构

图 12.16 所示为单级直齿圆柱齿轮减速器,它主要由齿轮(或蜗杆)、轴、轴承和箱体等组成。箱体必须有足够的刚度,为保证箱体的刚度及散热,常在箱体外壁上制有加强肋。为方便减速器的制造、装配及使用,还在减速器上设置一系列附件,如检查孔、透气孔、油标尺或油面指示器、吊钩及起盖螺钉等。

第 12 章 齿轮系

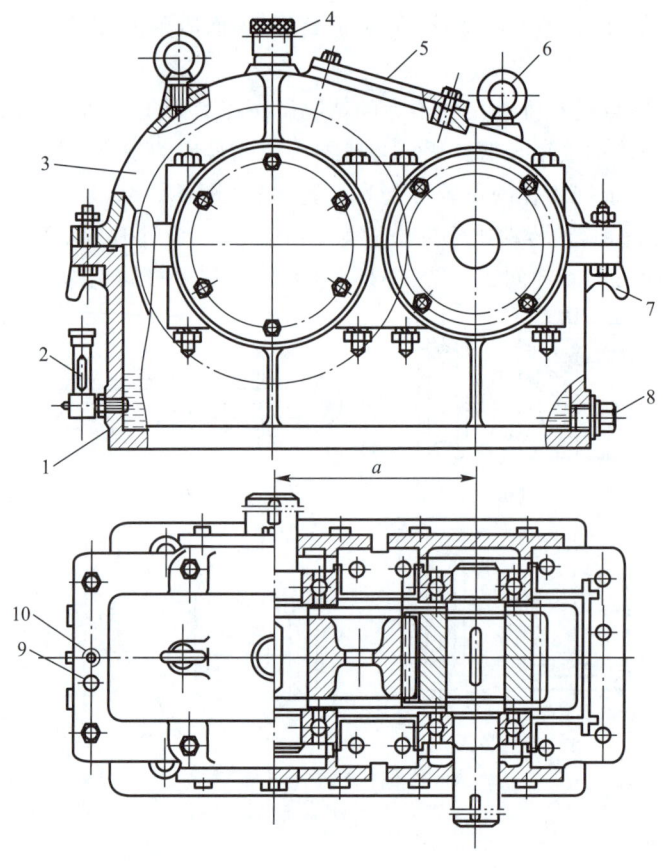

1—下箱体；2—油面指示器；3—上箱体；4—透气孔；5—检查孔盖；6—吊环螺钉；
7—吊钩；8—油塞；9—定位销钉；10—起盖螺钉孔(带螺纹)

图 12.16 减速器

复习题

12.1 定轴齿轮系与行星齿轮系的主要区别是什么？

12.2 各种类型齿轮系的转向如何确定？$(-1)^m$ 方法适用于何种类型的齿轮系？

12.3 "转化机构法"的根据何在？

12.4 摆线针轮行星传动中，针轮与摆线轮的齿数差为多少？

12.5 谐波齿轮传动是怎样工作的？谐波齿轮传动中刚轮与柔轮的齿数差如何确定？

12.6 谐波齿轮减速器与摆线针轮减速器相比有何特点？

12.7 如图所示的某二级圆柱齿轮减速器，已知减速器的输入功率 $P_1 = 3.8$ kW，转速 $n_1 = 960$ r/min，各齿轮齿数 $z_1 = 22, z_2 = 77, z_3 = 18, z_4 = 81$，齿轮传动效率 $\eta_{齿} = 0.97$，每对滚动轴承的效率 $\eta_{滚} = 0.98$。求：1) 减速器的总传动比 $i_{\mathrm{I}\mathrm{III}}$；2) 各轴的功率、转速及转矩。

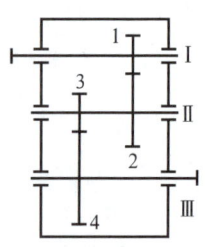

题 12.7 图

12.8 在图示的齿轮系中，已知各齿轮齿数（括号内为齿数），$3'$ 为单头右旋蜗杆，求传动比 i_{15}。

12.9 图示为车床溜板箱手动操纵机构。已知齿轮 1、2 的齿数 $z_1=16,z_2=80$,齿轮 3 的齿数 $z_3=13$,模数 $m=2.5$ mm,与齿轮 3 啮合的齿条被固定在床身上。试求当溜板箱移动速度为 1 m/min 时的手轮转速。

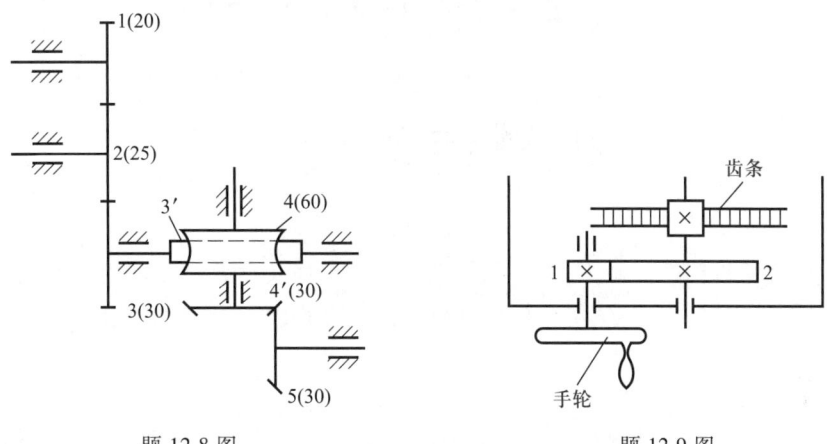

题 12.8 图　　　　　　题 12.9 图

12.10 图示为汽车式起重机主卷筒的齿轮传动系统,已知各齿轮齿数 $z_1=20,z_2=30,z_6=33,z_7=57$,$z_3=z_4=z_5=28$,蜗杆 8 的头数 $z_8=2$,蜗轮 9 的齿数 $z_9=30$。试计算 i_{19},并说明双向离合器的作用。

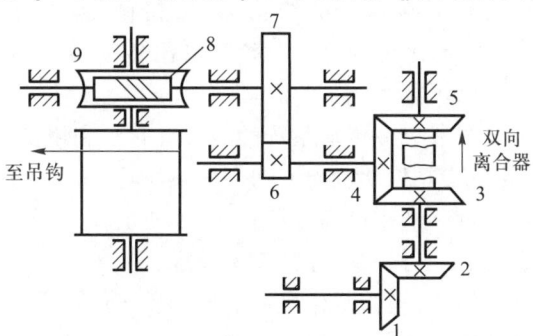

题 12.10 图

12.11 在图示的差速器中,已知 $z_1=48,z_2=42,z_{2'}=18,z_3=21,n_1=100$ r/min,$n_3=80$ r/min,其转向如图所示,求 n_H。

12.12 在图示齿轮系中,已知 $z_1=22,z_3=88,z_{3'}=z_5$,试求传动比 i_{15}。

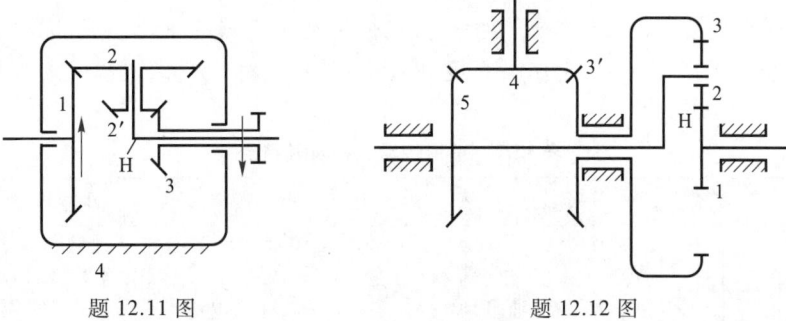

题 12.11 图　　　　　　题 12.12 图

第 13 章

机械传动设计

在前几章传动机构的基础上,本章从传动设计的整体角度,介绍各种传动装置的工作特性、参数、选择等,为以后整体传动系统设计打下一个基础。

13.1 概述

现代各种生产部门中的工作机基本上都由电动机来驱动。在电动机与工作机之间以及在工作机内部,通常装置有着各种传动机构。传动机构的形式有多种,如机械的、液压的、气动的、电气的以及综合的。其中最常见的为机械传动和液压传动。

机械传动的优点是,实现回转运动的结构简单;机械故障一般容易发现(液压传动的故障则不易找出原因);传动比较为准确,实现定比传动较为方便等。故机械传动应用最广。

机械传动是机械传动装置或机械传动系统的简称。它是利用机械运动方式传递运动和动力的机构,故又称为传动机构。传动机构的功用如下所述:

(1) 把原动机输出的速度降低或增高,以适合工作机的需要;
(2) 实现变速传动,以满足工作机的经常变速要求;
(3) 把原动机输出的转矩,变换为工作机所需要的转矩或力;
(4) 把原动机输出的等速旋转运动,转变为工作机所要求的、速度按某种规律变化的旋转或其他类型的运动;
(5) 实现由一个或多个原动机驱动若干个相同或不同速度的工作机;
(6) 由于受机体外形、尺寸的限制,或为了安全和操作方便,工作机不宜与原动机直接连接时,也需要用传动装置来连接。

除了机械传动外,其他类型传动形式在本书中不作讨论,将在其他教材中进行研讨。

表 13.1 列出了常用传动机构及其特点。机械传动是机器的重要组成部分之一,其设计的优劣,对于机器的工作性能、工作可靠度和效率、外形尺寸、重量、制造成本等均具有较大的影响。

表 13.1 常用传动机构及其特点

传动名称		简图	传动形式	传动比	效率	性能特点	相对成本
摩擦传动机构	摩擦轮传动		回转(各种轴向)	≤3(5)	0.85~0.90(开式) 0.94~0.96(闭式)	过载打滑,传动平稳,噪声小,可在运转中调节传动比	低

续表

传动名称		简图	传动形式	传动比	效率	性能特点	相对成本
摩擦传动机构	带传动		同向回转（平行轴）	V带≤3~5(7) 平带≤3(5)	0.96(V带) 0.97~0.98(平带)	传动比不准，过载打滑，传动平稳，能缓冲吸振，噪声小，距离传动	结构简单，安装精度较低，成本较低
	链传动		同向回转（平行轴）	≤5(8)	0.90~0.92（开式） 0.96~0.97（闭式）	瞬时传动比有波动，可在高温、油、酸等恶劣条件下工作，远距离传动	中
啮合传动机构	齿轮传动		回转（各种轴向）	圆柱齿轮≤7(10) 锥齿轮≤3(5)	0.92~0.96（开式） 0.95~0.99（闭式）	传动比恒定，功率及速度范围广	制造安装精度有一定要求，成本较高
	蜗杆传动		回转（空间交错垂直轴）	≥8~80（1 000）	自锁蜗杆<0.5 单头蜗杆 0.70~0.75 双头蜗杆 0.75~0.82 四头蜗杆 0.80~0.92	传动平稳，能自锁（$\lambda \leq \rho_v$），结构紧凑	成本较高
	螺旋传动		回转→移动	导程/转	$\eta = \dfrac{\tan \lambda}{\tan(\lambda + \rho_v)}$	传动平稳，能自锁（$\lambda \leq \rho_v$），增力效果好	中
其他机构	平面连杆机构		各种运动形式	1	较高	一定条件下有急回运动特性，可远距离传动	低
	凸轮机构		回转→移动 回转→摆动	$\dfrac{\text{从动件升程（或摆角）}}{\text{凸轮回转一周}}$	较低	从动件可实现各种运动规律，高副接触磨损较大	制造成本较高
	槽轮机构		回转→间歇回转	$\dfrac{\text{槽轮回转角度}}{\text{拨盘回转一周}(360°)}$	较高	槽数范围3~8，槽数少则冲击大	较高
	棘轮机构		摆动→间歇回转、间歇移动	$\dfrac{\text{棘轮转过角度}}{\text{棘爪摆动一次}}$	较低	可利用多种结构控制棘轮转角	较高
	不完全齿轮机构		回转→间歇回转	$\dfrac{\text{从动轮回转角度}}{\text{主动轮回转一周}(360°)}$	较高	与齿轮传动类似	较高

第13章 机械传动设计

13.2 常用机械传动机构的选择

根据各种运动方案,选择何种常用机构,分析如下:

1. 实现运动形式的变换

原动机(如电动机)的运动形式都是匀速回转运动,而工作机构所要求的运动形式却是多种多样的。传动机构可以把匀速回转运动转变为诸如移动、摆动、间歇运动和平面复杂运动等各种各样的运动形式。实现各种运动形式变换的常用机构列于表13.2之中。

表 13.2 实现各种运动形式变换的常用机构

原动运动	运动形式变换 从动运动			基 本 机 构	其 他 机 构
连续回转	连续回转	变向	平行轴 同向	圆柱齿轮机构(内啮合) 带传动机构 链传动机构	双曲柄机构 回转导杆机构
			平行轴 反向	圆柱齿轮机构(外啮合)	圆柱摩擦轮机构 交叉带(或绳、线)传动机构 反平行四杆机构(两长杆交叉)
			相交轴	锥齿轮机构	圆锥摩擦轮机构
			交错轴	蜗杆传动机构 交错轴斜齿轮机构	双曲柱面摩擦轮机构 半交叉带(或绳、线)传动机构
		变速	减速 增速	齿轮机构 蜗杆传动机构 带传动机构 链传动机构	摩擦轮机构 绳、线传动机构
			变速	齿轮机构 无级变速机构	塔轮传动机构 塔轮链传动机构
	间歇回转			槽轮机构	非完全齿轮机构
	摆动	无急回性质		摆动从动件凸轮机构	曲柄摇杆机构 (行程速度变化系数 $K=1$)
		有急回性质		曲柄摇杆机构 摆动导杆机构	摆动从动件凸轮机构
	移动	连续移动		螺旋机构 齿轮齿条机构	带、绳、线及链传动机构中挠性件的运动
		往复移动	无急回	对心曲柄滑块机构 移动从动件凸轮机构	正弦机构 不完全齿轮(上下)齿条机构
			有急回	偏置曲柄滑块机构 移动从动件凸轮机构	
	间歇移动			不完全齿轮与齿条机构	移动从动件凸轮机构
	平面复杂运动 特定运动轨迹			连杆机构(连杆运动 连杆上特定点的运动轨迹)	

续表

运动形式变换		基 本 机 构	其 他 机 构
原动运动	从动运动		
摆动	摆动	双摇杆机构	摩擦轮机构 齿轮机构
	移动	摆杆滑块机构 摇块机构	齿轮齿条机构
	间歇回转	棘轮机构	

2. 实现运动转速(或速度)的变化

一般情况下,原动件转速很高,而工作机构则较低,并且在不同的工作情况下要求获得不同的运动转速(或速度)。

当需要获得较大的定传动比时,可以将多级齿轮传动、带传动、蜗杆传动和链传动等组合起来,以满足速度变化的要求,即选用减速器或增速器来实现减速或增速的速度变化。根据具体的使用场合,可采用多级圆柱齿轮减速器、圆锥-圆柱齿轮减速器、蜗杆减速器以及蜗杆-圆柱齿轮减速器等来实现。

当工作机构的运转速度需要进行调节时,齿轮变速器传动机构则是一种经济的实现方案。当然也可以采用机械无级调速变速器,或者采用电动机的变频调速方案来实现。

3. 实现运动的合成与分解

采用各种差动轮系可以进行运动的合成与分解。

4. 获得较大的机械效益

根据一定功率下减速增矩的原理,通过减速传动机构可以实现用较小驱动转矩来产生较大的输出转矩,即获得较大的机械效益。

13.3 机械传动的特性和参数

机械传动是用各种型式的机构来传递运动和动力,其性能指标有两类:一是运动特性,通常用转速、传动比、变速范围等参数来表示;二是动力特性,通常用功率、转矩、效率等参数来表示。

1. 功率

机械传动装置所能传递功率或转矩的大小,代表着传动系统的传动能力。

传递功率 P 的表达式为

$$P = \frac{Fv}{1\ 000} \tag{13.1}$$

式中: F 为传递的圆周力,单位为 N; v 为圆周速度,单位为 m/s; P 为传递的功率,单位为 kW。

当传递功率 P 一定时,圆周力 F 与圆周速度 v 成反比($F = P/v$)。在各种传动中,齿轮传动所允许的圆周力范围最大,传递的转矩 T 的范围也是最大的。

2. 圆周速度和转速

圆周速度 v 与转速以及轮的参考圆直径 d 的关系为

$$v = \frac{\pi n d}{60 \times 1\,000} \tag{13.2}$$

式中:v 的单位为 m/s;n 的单位为 r/min;d 的单位为 mm。

在其他条件相同的情况下,提高圆周速度可以减小传动的外廓尺寸。因此,在较高的速度下进行传动是有利的。对于挠性传动,限制速度的因素是离心力作用,它在挠性件中会引起附加载荷,并且减小其有效拉力;对于啮合传动,限制速度的主要因素是啮合元件进入啮合和退出啮合时产生的附加作用力,它的增大会使所传递的有效力减小。

为了获得大的圆周速度,需要提高主动件的转速或增大其直径。但是,直径增大会使传动的外廓尺寸变大。因此,为了维持高的圆周速度,主要是提高转速。旋转速度的最大值受到啮合元件进入和退出啮合时的允许冲击力、振动及摩擦功等因素的限制。齿轮的最大转速为 $n = (1 \sim 1.5) \times 10^5$ r/min,链传动的链轮转速最高为 $n = (8 \sim 10) \times 10^3$ r/min,平带传动的带轮转速最大值为 $n = (7 \sim 8) \times 10^3$ r/min,V 带传动的带轮转速最大值为 $n = (8 \sim 12) \times 10^3$ r/min。

传递的功率与转矩、转速的关系为

$$T = 9\,550 \frac{P}{n} \tag{13.3}$$

式中:T 为传递的转矩,单位为 N·mm;P 为传递的功率,单位为 kW;n 为转速,单位为 r/min。

3. 传动比

传动比反映了机械传动增速或减速的能力。一般情况下,传动装置均为减速传动。在摩擦传动中,V 带传动可达到的传动比最大,平带传动次之,然后是摩擦轮传动。在啮合传动中,就一对啮合传动而言,蜗杆传动可达到的传动比最大,其次是齿轮传动和链传动。

4. 功率损耗和传动效率

机械传动效率的高低表明机械驱动功率的有效利用程度,是反映机械传动装置性能指标的重要参数之一。机械传动效率低,不仅功率损失大,而且损耗的功率往往产生大量的热量,必须采取散热措施。

传动装置的功率损耗主要是由摩擦引起的。因此,为了提高传动装置的效率就必须采取措施设法减少传动中的摩擦。如果以损耗系数 $\varphi = 1 - \eta$ 来表征各种传动机构的功率损耗情况,则齿轮传动为 $\varphi = 1\% \sim 3\%$,蜗杆传动为 $\varphi = 10\% \sim 36\%$,链传动为 $\varphi = 3\%$,平带传动为 $\varphi = 3\% \sim 5\%$(当 $v > 25$ m/s 时可达 10% 或更大),摩擦轮传动为 $\varphi \approx 3\%$。

5. 外廓尺寸和重量

传动装置的尺寸与中心距 a、传动比 i、轮直径 d 及轮宽 b 有关,其中影响最大的参数是中心距 a。在传递的功率 P 与传动比 i 相同,并且都采用常用材料制造的情况下,不同形式传动的大致尺寸如图 13.1 所示。挠性传动(如带传动、链传动)的外廓尺寸较大,啮合传动中的直接接触传动(如齿轮传动)外廓尺寸较小。传动装置的外廓尺寸及重量的大小,通常以单位传递功率所占用的体积(m^3/kW)及质量(kg/kW)来衡量。

表 13.3 列出几种常用机械传动装置的主要性能指标及特点。

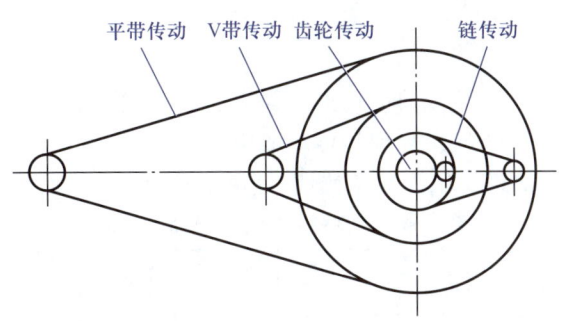

图 13.1　不同类型传动的外形尺寸比较

表 13.3　常见机械传动的主要性能指标及特点

类　型		传递功率 /kW	速度 /(m/s)	特　点
圆柱齿轮传动		≤3 000	≤50	承载能力和速度范围大,传动比恒定,外廓尺寸小,工作可靠,效率高,寿命长。制造安装精度要求高,噪声较大,成本较高。直齿圆柱齿轮可用作变速滑移齿轮;斜齿比直齿传动平稳,承载能力大
锥齿轮传动		直齿≤1 000 曲齿≤15 000	≤40	
蜗杆传动	开式	≤750	滑动速度 ≤15~50	结构紧凑,传动比大,当传递运动时,传动比可达到1 000,传动平稳,噪声小,可作自锁传动。制造精度要求较高,效率较低,蜗轮材料常用青铜,成本较高
	闭式	常用≤50		
单级 NGW 行星齿轮传动		≤6 500	高低速均可	体积小,效率高,重量轻,传递功率范围大。要求有载荷均衡机构,制造精度要求较高
普通 V 带传动		≤100	≤25~30	传动平稳,噪声小,能缓冲吸振;结构简单,轴间距大,成本低。外廓尺寸大,传动比不恒定,寿命短
链传动(滚子链)		≤200	≤20	工作可靠,平均传动比恒定,轴间距大,能适应恶劣环境。瞬时速度不稳定,高速时运动不平稳,多用于低速传动
摩擦轮传动		≤200 通常≤20	≤25~50	传动平稳,噪声小,有过载保护作用,传动比不恒定,抗冲击能力弱,轴和轴承均受力大

13.4　机械传动的方案设计

　　传动方案设计,就是根据机器的功能要求、结构要求、空间位置、工艺性能、总传动比以及其他限制性条件,选择机械传动系统所需的传动类型,并拟定从原动机到工作机之间的传动系统的总体布置方案,即合理地确定传动类型,多级传动中各种类型传动顺序的合理安排及各级传动比的分配。本节只作原则性、概念性讨论。总体布置方案的具体研究可参阅有关资料。

13.4.1 传动类型的选择

机械传动的类型很多,各种传动形式均有其优缺点,根据运动形式和运动特点选择几个不同的方案进行比较,最后选择较合理的传动类型。

表 13.4 列出了几种常用机械传动及特性,供选用时参考。

表 13.4　常用机构的运动及动力特性

机构类型	运动及动力特性
连杆机构	可以输出多种运动,实现一定轨迹、位置要求。运动副为面接触,故承载能力大,但动平衡困难,不适用于高速
凸轮机构	可以输出任意运动规律的移动、摆动,但行程不大。运动副为滚动兼滑动的高副,故不适用于重载
齿轮机构	圆形齿轮实现定传动比传动,非圆形齿轮实现变传动比传动。功率和转速范围都很大,传动比准确可靠
螺旋机构	输出移动或转动,实现微动、增力、定位等功能。工作平稳,精度高,但效率低,易磨损
棘轮机构	输出间歇运动,并且动程可调;但工作时冲击、噪声较大,只适用于低速轻载
槽轮机构	输出间歇运动,转位平稳;有柔性冲击,不适用于高速
带传动	中心距变化范围较广。结构简单,具有吸振特点,无噪声,传动平稳。过载打滑,可起安全装置作用
链传动	中心距变化范围较广。平均传动比准确,瞬时传动比不准确,比带传动承载能力大,传动工作时动载荷及噪声较大,在冲击振动情况下工作时寿命较短

机械传动类型可参照下述原则进行选择:

1. 定传动比传动的类型选择原则

（1）功率范围　当传递功率小于 100 kW 时,各种传动类型都可以采用。但功率较大时,宜采用齿轮传动,以降低传动功率的损耗。对于传递中小功率,宜采用结构简单而可靠的传动类型,以降低成本,如带传动。此时,传递效率是次要的。

（2）传动效率　对于大功率传动,传动效率很重要。传动功率愈大,愈要采用效率高的传动类型。

（3）传动比范围　不同类型的传动装置,最大单级传动比差别较大。当采用多级传动时,应合理安排传动的次序。

（4）布局与结构尺寸　对于平行轴之间的传动,宜采用圆柱齿轮传动、带传动、链传动;对于相交轴之间的传动,可采用锥齿轮或圆锥摩擦轮传动;对于交错轴之间的传动,可采用蜗杆传动或交错轴斜齿轮传动。两轴相距较远时可采用带传动、链传动;反之,可采用齿轮传动。

（5）其他要求　例如噪声要求,链传动和齿轮传动的噪声较大,带传动和摩擦轮传动的噪声较小。

2. 有级变速传动的类型选择原则
3. 无级变速传动的类型选择原则

以上两点,本节不做讨论。

13.4.2 传动顺序的布置

在多级传动中,各类传动机构的布置顺序,不仅影响传动的平稳性和传动效率,而且对整个传动系统的结构尺寸也有很大影响。因此,应根据各类传动机构的特点,合理布置,使各类传动机构得以充分发挥其优点。

合理布置传动机构顺序的一般原则如下:

(1) 承载能力较小的带传动宜布置在高速级,使之与原动机相连,齿轮或其他传动布置在带传动之后,这样既有利于整个传动系统的结构尺寸紧凑、匀称,又有利于发挥带传动的传动平稳、缓冲减振和过载保护的特点。

(2) 链传动平稳性差,且有冲击、振动,不适于高速传动,一般应将其布置在低速级。

(3) 根据工作条件选用开式或闭式齿轮传动。闭式齿轮传动一般布置在高速级,以减小闭式传动的外廓尺寸、降低成本。开式齿轮传动制造精度较低、润滑不良、工作条件差,磨损严重,一般应布置在低速级。

(4) 传递大功率时,一般均采用圆柱齿轮。在多级齿轮传动中,其布置顺序原则可查阅11.8节。

(5) 在传动系统中,若有改变运动形式的机构,如连杆机构、凸轮机构、间歇运动机构等,一般将其设置在传动系统的最后一级。

此外,在布置传动机构的顺序时,还应考虑各种传动机构的寿命和装拆维修的难易程度。

13.4.3 总传动比的分配

合理地将总传动比分配到传动系统的各级传动中,是传动系统设计的另一个重要问题。它直接影响传动装置的外廓尺寸、总重量、润滑状态及工作能力。

在多级传动中,总传动比 i 与各级传动的传动比 i_1、i_2、$\cdots$、i_n 之间的关系为

$$i = i_1 \cdot i_2 \cdot \cdots \cdot i_n \tag{13.4}$$

传动比分配的一般原则为:

(1) 各级传动机构的传动比应尽量在推荐的范围内选取,其值列于表 13.5 中。

表 13.5 常用机械传动的单级传动比推荐值

类型	平带传动	V带传动	链传动	圆柱齿轮传动	锥齿轮传动	蜗杆传动
推荐值	2~4	2~4	2~5	3~5	2~3	8~40
最大值	5	7	6	10	5	80

(2) 各级传动应做到尺寸协调,结构匀称、紧凑。

(3) 各传动零件彼此避免发生干涉,防止传动零件与轴干涉,并使所有传动零件安装方便。

(4) 在卧式齿轮减速器中,通常应使各级大齿轮的直径相近,以便于齿轮浸油润滑。

传动比分配是一项复杂又艰巨的任务,往往要经过多次测算,分析比较,最后得出比较合理的结果。

13.5 机械传动的设计顺序

机械传动系统设计的一般顺序为：

1. 确定传动系统的总传动比

对于传动系统来说，其输入转速 n_d 为原动机的额定转速，而它的输出转速 n_r 为工作机所要求的工作转速，则传动系统的总传动比为

$$i = \frac{n_d}{n_r}$$

2. 选择机械传动类型和拟定总体布置方案

根据机器的功能要求、结构要求、空间位置、工艺性能、总传动比及其他限制性条件，选择传动系统所需的传动类型，并拟定从原动机到工作机之间的传动系统的总体布置方案。

3. 分配总传动比

根据传动方案的设计要求，将总传动比分配到各级传动。

4. 计算机械传动系统的性能参数

性能参数的计算，主要包括动力计算和效率计算等，这是传动方案优劣的重要指标，也是各级传动强度计算的依据。

5. 确定传动装置的主要几何尺寸

通过各级传动的强度分析，结构设计和几何尺寸计算，确定其基本参数和主要几何尺寸，如齿轮传动的齿数、模数、齿宽和中心距等。

6. 绘制传动系统的运动简图（即传动系统图）

7. 绘制传动部件和总体的装配图

复习题

13.1 简述机械传动装置的功能。

13.2 选择传动类型时应考虑哪些主要因素？

13.3 常用机械传动装置有哪些主要性能？

13.4 机械传动的总体布置方案包括哪些内容？

13.5 简述机械传动装置设计的主要内容和一般步骤。

第 14 章

轴和轴毂连接

传动零件必须被支承起来才能进行工作,支承传动件的零件称为轴。轴本身又必须被支承起来,轴上被支承的部分称为轴颈,支承轴颈的支座称为轴承。

轮毂与轴之间的连接称为轴毂连接,常用的有键连接和花键连接,还有销连接、过盈配合连接等,这些连接均属于可拆连接。本章仅讨论阶梯轴的设计计算和键连接。

14.1 概述

轴是组成机器的重要零件之一,轴的主要功能是支承旋转零件、传递转矩和运动。轴工作状况的好坏直接影响到整台机器的性能和质量。

根据轴的承载性质不同可将轴分为转轴、心轴、传动轴三类。工作时既承受弯矩又承受转矩的轴称为转轴(图 14.1)。转轴是机器中最常见的轴,通常简称为轴。用来支承转动零件,只承受弯矩而不传递转矩的轴称为心轴。心轴有固定心轴和旋转心轴两种。固定心轴工作时不转动,轴上承受的弯曲应力是不变的(为静应力状态),例如图 14.2 中自行车的前轮轴等。旋转心轴工作时随转动件一起转动,轴上承受的弯曲应力按对称循环的规律变化,如图 14.3 中铁路机车的轮轴。主要用于传递转矩而不承受弯矩,或所承受的弯矩很小的轴称为传动轴(图 14.4),如汽车中连接变速箱与后桥之间的轴。

思考题 14.1 试分析自行车的前轴、中轴、后轴的受载情况,说明它们各属于哪类轴?

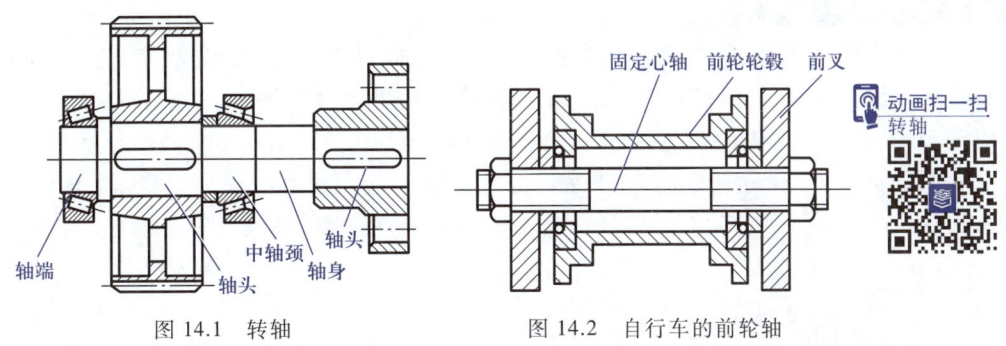

图 14.1 转轴　　　　图 14.2 自行车的前轮轴

根据轴线的形状不同,轴又可分为直轴(图 14.5)、曲轴(图 14.6)和挠性钢丝轴(图 14.7)。后两种轴属于专用零件。

直轴按其外形的不同又可分为光轴(图 14.5a)和阶梯轴(图 14.5b)两种。光轴形状简单、加工容易、应力集中源少,主要用作传动轴。阶梯轴各轴段截面的直径不同,这种设计使各轴段的强度相近,而且便于轴上零件的装拆和固定,因此阶梯轴在机器中的应用最为广泛。直轴一般都制成实心轴,但为了减轻重量或为了满足有些机器结构上的需要,也可以采用空心轴(图 14.5c)。

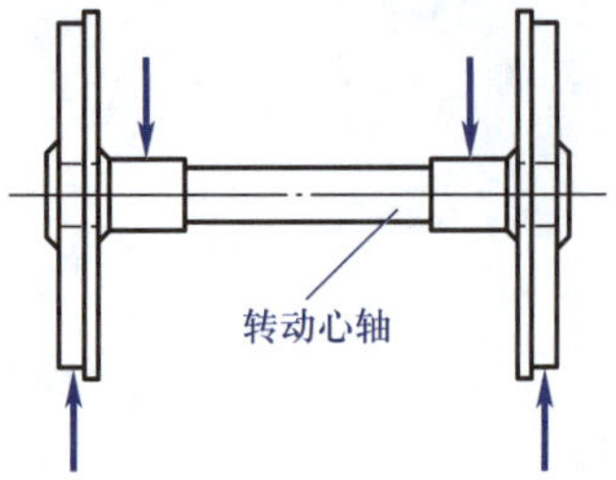

图 14.3　铁路机车的轮轴

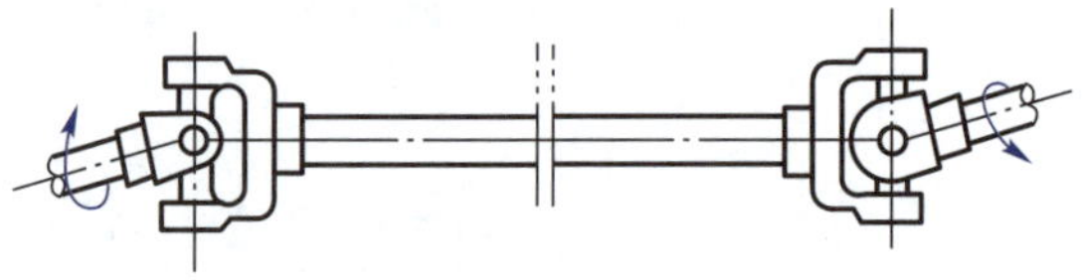

图 14.4　传动轴

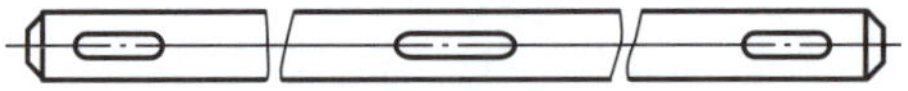

(a) 光轴

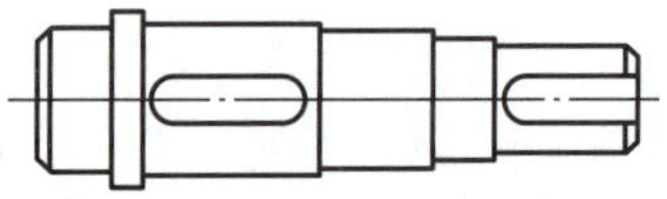

图 14.6　曲轴

(b) 阶梯轴

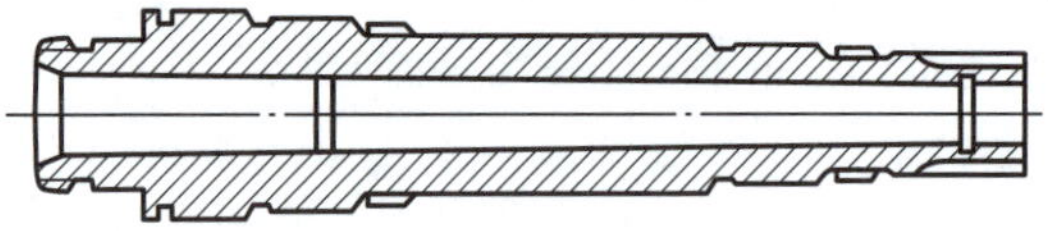

(c) 空心轴

图 14.5　直轴

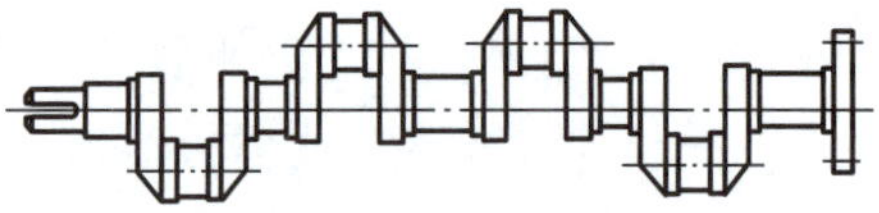

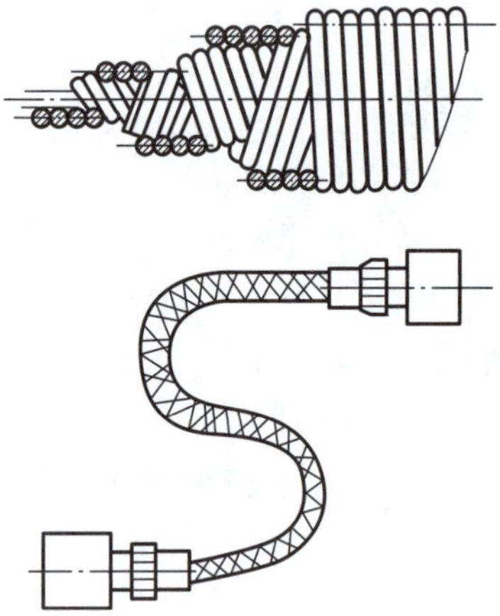

图 14.7　挠性钢丝轴

14.2　轴的结构设计

图 14.8 所示为圆柱齿轮减速器中的低速轴。轴通常由轴头、轴颈、轴肩、轴环、轴端及不装任何零件的轴段等部分组成。轴与轴承配合处的轴段称为轴颈,根据轴颈所在的位置又可分为端轴颈(位于轴的两端,只承受弯矩)和中轴颈(位于轴的中间,同时承受弯矩和转矩)。根据轴颈所受载荷的方向,轴颈又可分为承受径向力的径向轴颈(简称轴颈)和承受轴向力的止推轴颈。安装轮毂的轴段称为轴头。轴头与轴颈间的轴段称为轴身(图 14.1)。

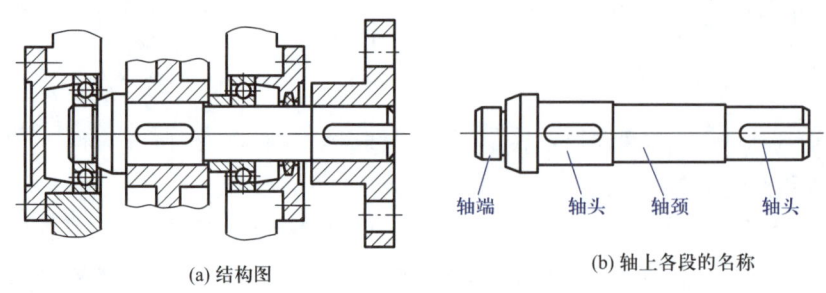

(a) 结构图

(b) 轴上各段的名称

图 14.8　低速轴

轴的结构和形状取决于下面几个因素:1)轴的毛坯种类;2)轴上作用力的大小及其分布情况;3)轴上零件的位置、配合性质以及连接固定的方法;4)轴承的类型、尺寸和位置;5)轴的加工方法、装配方法以及其他特殊要求。可见影响轴的结构与尺寸的因素很多,设计轴时要全面综合地考虑各种因素。

对轴的结构进行设计主要是确定轴的结构形状和尺寸。一般在进行结构设计时的已知条件有:机器的装配简图,轴的转速,传递的功率,轴上零件的主要参数和尺寸等。

14.2.1 轴的强度、刚度

轴的强度与工作应力的大小和性质有关。因此在选择轴的结构和形状时应注意以下几个方面。

（1）使轴的形状接近于等强度条件,以充分利用材料的承载能力。对于只受转矩的传动轴,为了使各轴段剖面上的剪应力大小相等,常制成光轴或接近于光轴的形状;对于受交变弯曲载荷的轴应制成曲线形(图14.9),实际生产中一般制成阶梯轴。

（2）尽量避免各轴段剖面突然改变,以降低局部应力集中,提高轴的疲劳强度。由于阶梯轴各轴段的剖面是变化的,在各轴段过渡处必然存在应力集中,降低了轴的疲劳强度。为减少应力集中,常将过渡处制成适当大的圆角,并应尽量避免在轴上开孔或开槽,必要时可采用减载槽、中间环或凹切圆角等结构(图14.10)。采用这些方法也可以避免轴在热处理时产生淬火裂纹的危险。

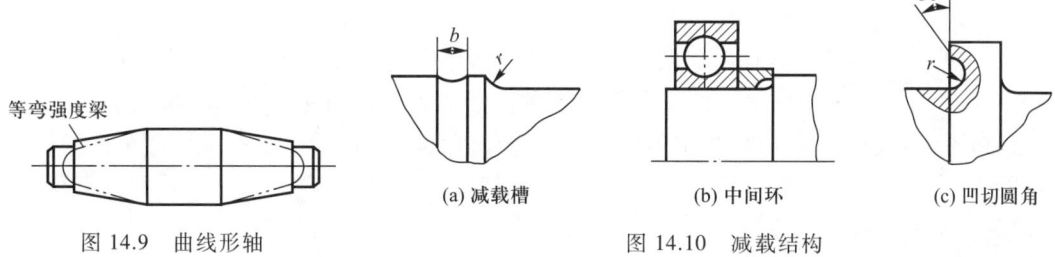

图14.9 曲线形轴　　　　　　图14.10 减载结构

由于粗糙表面易引起疲劳裂纹,设计时应十分注意轴表面粗糙度的选择。可采用碾压、喷丸、渗碳淬火、氮化处理、高频淬火等表面强化方法提高轴的疲劳强度。

（3）改变轴上零件的布置,有时可以减小轴上的载荷。如图14.11a所示的轴,轴上作用的最大转矩为 T_1+T_2,如把输入轮布置在两输出轮之间(图14.11b),则轴所受的最大转矩将由 T_1+T_2 降低到 T_1。

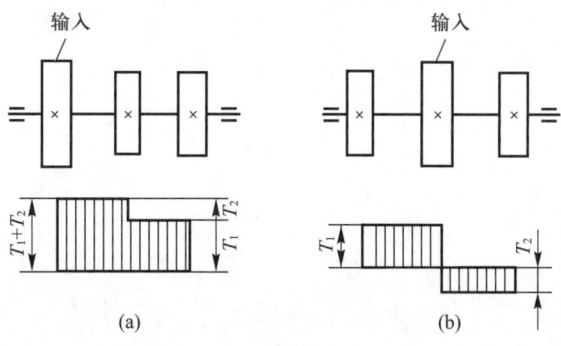

图14.11 轴上零件的合理布置

（4）改进轴上零件的结构也可以减小轴上的载荷。如图14.12b所示，卷筒的轮毂很长，如把轮毂分成两段（图14.12a），则减小了轴的弯矩，从而提高了轴的强度和刚度，同时还能得到更好的轴孔配合。

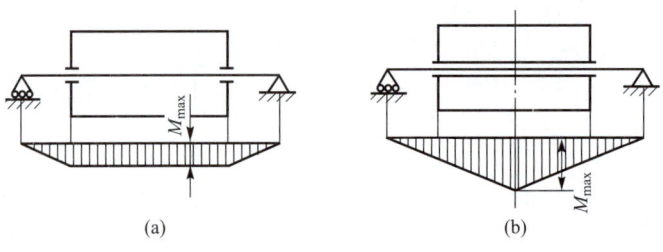

图 14.12　卷筒的轮毂结构

14.2.2　零件在轴上的固定

零件在轴上的固定或连接方式随零件的作用而异。固定的方法不同，轴的结构也就不同。一般情况下，为了保证零件在轴上的工作位置固定，应在周向和轴向上对零件加以固定。

1. 轴上零件的轴向定位与固定

零件在轴上应沿轴向准确地定位和可靠地固定，以使其具有确定的安装位置并能承受轴向力而不产生轴向位移。

常用的轴向固定方法有轴肩定位、轴环定位、螺母定位、套筒定位及轴端挡圈定位等。轴上零件的轴向定位和固定方法主要取决于轴向力的大小。当零件所受轴向力大时，常用轴肩、轴环、过盈配合等方式；受中等轴向力时，可用套筒、圆螺母、轴端挡圈、圆锥面和圆锥销钉等方式；所受的轴向力小时，可用弹簧挡圈、挡环、紧定螺钉等方式。选择时，还应考虑轴的制造及零件装拆的难易、所占位置的大小、对轴强度的影响等因素。

轴肩由定位面和内圆角组成，如图14.13所示。为了保证轴上零件的端面能紧靠定位面，轴肩的内圆角半径 r 应小于零件上的外圆角半径 R 或倒角 C。R 和 C 的尺寸可查有关的机械设计手册。一般取轴肩高度 $h = R(C) + (0.5 \sim 2)$ mm，轴环宽度 $b \approx 1.4h$。

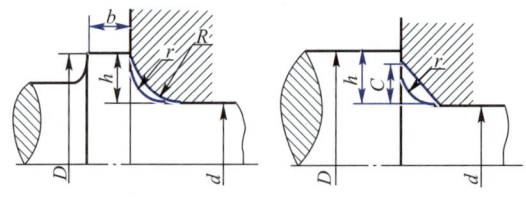

图 14.13　轴肩定位

用轴肩或轴环固定零件时，常需采用其他附件来防止零件向另一方向移动，如图14.14中采用圆螺母、图14.8中采用套筒（轴套）作另一方向的轴向固定。但当轴的转速很高时不宜采用套筒固定。在安装齿轮时为了使齿轮固定可靠，应使齿轮轮毂宽度大于与之相配合的轴段长度，一般两者的差取 2～3 mm。

当轴向力不大而轴上零件间的距离较大时,可采用弹性挡圈固定,如图 14.15 所示。当轴向力很小,转速很低或仅为防止零件偶然沿轴向滑动时,可采用紧定螺钉固定,如图 14.16 所示。

轴向固定有方向性,是否需在两个方向上均对零件进行固定应视机器的结构、工作条件而定。

图 14.17 所示的压板是一种轴端固定装置。除压板外还有很多其他的轴端固定形式。

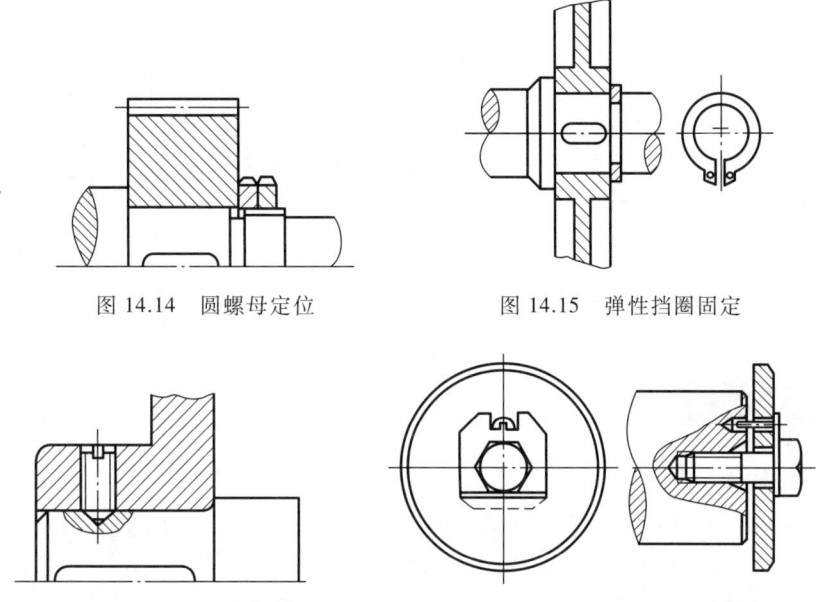

图 14.14　圆螺母定位　　　图 14.15　弹性挡圈固定

图 14.16　紧定螺钉固定　　图 14.17　压板轴端固定装置

另外,为保证轴上零件有确定的工作位置,有时要求轴组件的轴向位置能进行调整,调整后再加以轴向固定。如图 14.8 所示的低速轴组件,其轴向位置依靠左右轴承盖来限制。又如在锥齿轮传动中,要使锥齿轮的锥顶交于一点,就要依靠调整轴组件的位置来实现。这些对零件在轴上位置的限制和调整通常是依靠轴承组合的设计来实现的,有关内容将在第 15 章中做进一步讨论。

2. 轴上零件的周向固定

为了传递运动和转矩,防止轴上零件与轴作相对转动,轴和轴上零件必须可靠地沿周向固定(连接)。固定方式的选择,要根据传递转矩的大小和性质、轮毂与轴的对中精度要求、加工的难易等因素来决定。常用的周向固定方法有键连接、花键连接和过盈配合连接等。这些连接统称为轴毂连接,如图 14.8 所示的齿轮与轴的周向固定采用了平键连接。

14.2.3　轴的加工和装配工艺性

轴的形状要力求简单,阶梯轴的级数应尽可能少。轴颈、轴头的直径应取标准值。直径的大小由与之相配合零件的内孔决定。轴身尺寸应取以 mm 为单位的整数,最好取为偶数或 5 进位的数。轴上各段的键槽、圆角半径、倒角、中心孔等尺寸应尽可能统一,以利于加工和检验。轴上需磨削的轴段应设计出砂轮越程槽,需车制螺纹的轴段应有退刀槽,如图 14.18 所示。当轴上有多处键槽时,应使各键槽位于轴的同一母线上(图 14.8)。为使轴便于装配,轴端应有倒角。对于阶梯轴常设计成两端小中间大的形状,以便于零件从两端装拆。轴的结构设计应使各零件在装配时尽量不接触其他零件的配合表面,轴肩高度不能妨碍零件的拆卸。

思考题 14.2 图 14.19 所示为二级齿轮减速器中间轴的结构,试指出图中结构不合理的地方,并予以改正。

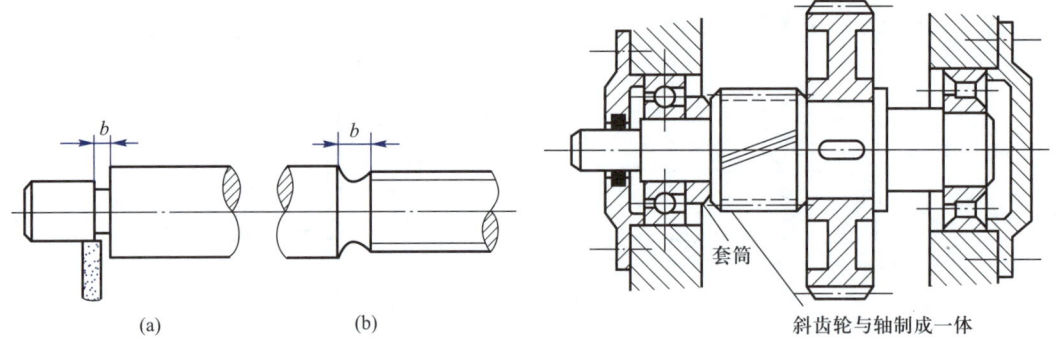

图 14.18 砂轮越程槽及螺纹退刀槽　　　　图 14.19 减速器中间轴的结构

14.3 轴的强度计算

14.3.1 轴的扭转强度计算

开始设计轴时,通常还不知道轴上零件的位置及支点位置,无法确定轴的受力情况,只有待轴的结构设计基本完成后,才能对轴进行受力分析及强度、刚度等校核计算。因此,一般在进行轴的结构设计前先按纯扭转受力情况对轴的直径进行估算。

设轴在转矩 T 的作用下,产生剪应力 τ。对于圆截面的实心轴,其抗扭强度条件为

$$\tau = \frac{T}{W_T} = \frac{9.55 \times 10^6 P}{0.2 d^3 n} \leqslant [\tau] \tag{14.1}$$

式中:T 为轴所传递的转矩,单位为 N·mm;W_T 为轴的抗扭截面系数,单位为 mm³;P 为轴所传递的功率,单位为 kW;n 为轴的转速,单位为 r/min;τ、$[\tau]$ 分别为轴的剪应力、许用剪应力,单位为 MPa;d 为轴的估算直径,单位为 mm。

轴的设计计算公式为

$$d \geqslant \sqrt[3]{\frac{T}{0.2[\tau]}} = \sqrt[3]{\frac{9.55 \times 10^6 P}{0.2[\tau] n}} = C \sqrt[3]{\frac{P}{n}} \tag{14.2}$$

常用材料的 $[\tau]$ 值、C 值可查表 14.1。$[\tau]$ 值、C 值的大小与轴的材料及受载情况有关。当作用在轴上的弯矩比转矩小,或轴只受转矩时,$[\tau]$ 值取较大值,C 值取较小值,否则相反。

表 14.1 常用材料的 $[\tau]$ 值和 C 值

轴的材料	Q235A,20	35	45	40Cr,35SiMn
$[\tau]$/MPa	12~20	20~30	30~40	40~52
C	135~160	118~135	107~118	98~107

由式(14.2)求出的直径值,需圆整成标准直径,并作为轴的最小直径。如轴上有一个键

槽,可将算得的最小直径增大 3%~5%,如有两个键槽可增大 7%~10%。

14.3.2 轴的弯扭合成强度计算

完成轴的结构设计后,作用在轴上外载荷(转矩和弯矩)的大小、方向、作用点、载荷种类及支点反力等就已确定,可按弯扭合成的理论进行轴危险截面的强度校核。

进行强度计算时通常把轴当作置于铰链支座上的梁,作用于轴上零件的力作为集中力,其作用点取为零件轮毂宽度的中点。支点反力的作用点一般可近似地取在轴承宽度的中点上。具体的计算步骤如下:

(1) 画出轴的空间力系图。将轴上作用力分解为水平面分力和垂直面分力,并求出水平面和垂直面上的支点反力。

(2) 分别作出水平面上的弯矩(M_H)图和垂直面上的弯矩(M_V)图。

(3) 计算出合成弯矩 $M=\sqrt{M_H^2+M_V^2}$,绘出合成弯矩图。

(4) 作出转矩(T)图。

(5) 计算当量弯矩 $M_e=\sqrt{M^2+(\alpha T)^2}$,绘出当量弯矩图。式中 α 为考虑弯曲应力与扭转剪应力循环特性的不同而引入的修正系数。通常弯曲应力为对称循环变化应力,而扭转剪应力随工作情况的变化而变化。对于不变转矩取 $\alpha=[\sigma_{-1b}]/[\sigma_{+1b}]\approx 0.3$;对于脉动循环转矩取 $\alpha=[\sigma_{-1b}]/[\sigma_{0b}]\approx 0.6$;对于对称循环转矩取 $\alpha=1$。其中 $[\sigma_{-1b}]$、$[\sigma_{0b}]$、$[\sigma_{+1b}]$ 分别为对称循环、脉动循环及静应力状态下的许用弯曲应力,其值列于表 14.2 中。

对正反转频繁的轴,可将转矩 T 看成是对称循环变化。当不能确切知道载荷的性质时,一般轴的转矩可按脉动循环处理。

(6) 校核危险截面的强度。根据当量弯矩图找出危险截面,进行轴的强度校核,其公式如下

$$\sigma_e=\frac{M_e}{W}=\frac{\sqrt{M^2+(\alpha T)^2}}{0.1d^3}\leqslant[\sigma_{-1b}] \tag{14.3}$$

式中:W 为轴的抗弯截面系数,单位为 mm^3;M、T、M_e 的单位均为 $N\cdot mm$;d 的单位为 mm;σ_e 为当量弯曲应力,单位为 MPa。

表 14.2 轴的许用弯曲应力

材料	σ_B	$[\sigma_{+1b}]$	$[\sigma_{0b}]$	$[\sigma_{-1b}]$
碳素钢	400	130	70	40
	500	170	75	45
	600	200	95	55
	700	230	110	65
合金钢	800	270	130	75
	900	300	140	80
	1 000	330	150	90
铸钢	400	100	50	30
	500	120	70	40

思考题 14.3 如果设计的轴径经校核后发现强度不够,可采取哪些措施提高轴的强度?

表 14.3 列出了几种常用轴在简单载荷作用下,求水平面和垂直面上的支点反力、弯矩的计算公式以及所表示的图形;表 14.4 列出了常用轴的抗弯、抗扭截面系数的计算公式。

第 14 章 轴和轴毂连接

表 14.3 轴的支点反力、弯矩计算公式

	图形	计算公式	图形	计算公式	图形	计算公式
空间力系图	(轴系图：F_{t1}, F_{t2}, F_{HD}，尺寸 L_1, L_2, L_3)		(轴系图：F_t, F_a, T，尺寸 L_1, L_2, L_3)		(轴系图：F_t, F_a, T，尺寸 L_1, L_2)	
H 平面力系图	(F_{t1}, F_{t2}, F_{HA}, F_{HD})	圆周力： $F_{t1} = \dfrac{2T}{d_1}$, $F_{t2} = \dfrac{2T}{d_2}$ 支点反力： $F_{HA} = \dfrac{F_{t2} \cdot L_3 + F_{t1} \cdot (L_2 + L_3)}{L_1 + L_2 + L_3}$ $F_{HD} = \dfrac{F_{t1} \cdot L_1 + F_{t2} \cdot (L_1 + L_2)}{L_1 + L_2 + L_3}$	(F_t, F_{HA}, F_{HC})	圆周力：$F_t = \dfrac{2T}{d}$ 支点反力： $F_{HA} = \dfrac{F_t \cdot L_2}{L_1 + L_2}$ $F_{HC} = \dfrac{F_t \cdot L_1}{L_1 + L_2}$	(F_t, F_{HB}, F_{HC})	圆周力：$F_t = \dfrac{2T}{d_m}$ 支点反力： $F_{HB} = \dfrac{F_t \cdot L_2}{L_1}$ $F_{HC} = \dfrac{F_t \cdot (L_1 + L_2)}{L_1}$
H 平面弯矩图	(M_{HB}, M_{HC})	$M_{HB} = F_{HA} \cdot L_1$ $M_{HC} = F_{HB} \cdot L_3$	(M_{HB})	$M_{HB} = F_{HA} \cdot L_1$	(M_{HC})	$M_{HC} = F_t \cdot L_2$

续表

	图形	计算公式	图形	计算公式	图形	计算公式
V平面力系图		径向力：$F_{r1}=F_{t1}\cdot\tan\alpha$ $F_{r2}=F_{r2}\cdot\tan\alpha$ 支点反力： $F_{VA}=\dfrac{F_{r2}\cdot L_3-F_{r1}\cdot(L_2+L_3)}{L_1+L_2+L_3}$ $F_{VD}=\dfrac{F_{r2}(L_1+L_2)-F_{r1}\cdot L_1}{L_1+L_2+L_3}$		径向力：$F_r=F_t\cdot\dfrac{\tan\alpha_n}{\cos\beta}$ 轴向力：$F_a=F_t\tan\beta$ 支点反力： $F_{VA}=\dfrac{F_r\cdot L_2-F_a\cdot\dfrac{d}{2}}{L_1+L_2}$ $F_{VC}=\dfrac{F_r\cdot L_1+F_a\cdot\dfrac{d}{2}}{L_1+L_2}$		径向力： $F_r=F_t\cdot\tan\alpha\cdot\cos\delta$ 轴向力：$F_a=F_t\tan\alpha\sin\delta$ 支点反力： $F_{VB}=\dfrac{F_r\cdot L_2-F_a\cdot\dfrac{d}{2}}{L_1}$ $F_{VC}=\dfrac{F_r(L_1+L_2)-F_a\cdot\dfrac{d}{2}}{L_1}$
V平面弯矩图		$M_{VB}=-F_{VA}\cdot L_1$ $M_{VC}=-F_{VB}\cdot L_3$		$M_{VB1}=F_{VA}\cdot L_1$ $M_{VB2}=F_{VC}\cdot L_2$		$M_{VC}=-F_{VB}\cdot L_1$ $M_{VD}=F_a\cdot\dfrac{d}{2}$
合成弯矩图		$M=\sqrt{M_H^2+M_V^2}$		$M_{左}=\sqrt{M_{HB}^2+M_{VB1}^2}$ $M_{右}=\sqrt{M_{HB}^2+M_{VB2}^2}$		$M=\sqrt{M_H^2+M_V^2}$
转矩图						
当量弯矩		$M_e=\sqrt{M^2+(\alpha T)^2}$		$M_e=\sqrt{M^2+(\alpha T)^2}$ M为$M_{左}$及$M_{右}$中大者		$M_e=\sqrt{M^2+(\alpha T)^2}$

表 14.4 轴的抗弯、抗扭截面系数计算公式

截面	W	W_T	截面	W	W_T
(实心圆)	$\dfrac{\pi d^3}{32} \approx 0.1 d^3$	$\dfrac{\pi d^3}{16} \approx 0.2 d^3$	(单键槽)	$\dfrac{\pi d^3}{32} - \dfrac{bt(d-t)^2}{d}$	$\dfrac{\pi d^3}{16} - \dfrac{bt(d-t)^2}{d}$
(空心圆)	$\dfrac{\pi d^3}{32}(1-\beta^4)$ $\approx 0.1 d^3(1-\beta^4)$ $\beta = \dfrac{d_1}{d}$	$\dfrac{\pi d^3}{16}(1-\beta^4)$ $\approx 0.2 d^3(1-\beta^4)$ $\beta = \dfrac{d_1}{d}$	(带孔圆)	$\dfrac{\pi d^3}{32}\left(1 - 1.54 \dfrac{d_1}{d}\right)$	$\dfrac{\pi d^3}{16}\left(1 - \dfrac{d_1}{d}\right)$
(双键槽)	$\dfrac{\pi d^3}{32} - \dfrac{bt(d-t)^2}{2d}$	$\dfrac{\pi d^3}{32} - \dfrac{bt(d-t)^2}{2d}$	(花键)	$[\pi d^4 + (D-d)(D+d)^2 zB]/32D$ z——花键齿数	$[\pi d^4 + (D-d)(D+d)^2 zB]/16D$ z——花键齿数

注：近似计算时，单、双键槽一般可忽略，花键轴截面可视为直径等于平均直径的圆截面。

14.3.3 轴的刚度计算

轴受到载荷的作用后会发生弯曲、扭转变形，如变形过大会影响轴上零件的正常工作，例如装有齿轮的轴，如果变形过大会使啮合状态恶化。因此对于有刚度要求的轴必须要进行轴的刚度校核计算。轴的刚度有弯曲刚度和扭转刚度两种，下面分别讨论这两种刚度的计算方法。

1. **轴的弯曲刚度校核计算**

应用材料力学的计算公式和方法算出轴的挠度 y 或转角 θ，并使其满足下式

$$y \leqslant [y] \tag{14.4}$$

$$\theta \leqslant [\theta] \tag{14.5}$$

式中 $[y]$、$[\theta]$ 分别为许用挠度和许用转角，其值列于表 14.5 中。

2. **轴的扭转刚度校核计算**

应用材料力学的计算公式和方法算出轴每米长的扭转角 φ，并使其满足下式

$$\varphi \leqslant [\varphi] \tag{14.6}$$

式中 $[\varphi]$ 为轴每米长的许用扭转角。一般传动的 $[\varphi]$ 值列于表 14.5 中。

表14.5 轴的许用变形量

变形种类		应用场合	许用值	变形种类		应用场合	许用值
弯曲变形	许用挠度 $[y]$	一般用途的转轴	$(0.0003 \sim 0.0005)l$	弯曲变形	许用转角 $[\theta]$	滑动轴承	0.001 rad
		刚度要求较高的轴	$\leq 0.0002l$			深沟球轴承	0.005 rad
		安装齿轮的轴	$(0.01 \sim 0.03)m_n$			调心球轴承	0.05 rad
		安装蜗轮的轴	$(0.02 \sim 0.05)m$			圆柱滚子轴承	0.0025 rad
		感应电动机轴	$\leq 0.01\Delta$			圆锥滚子轴承	0.0016 rad
						安装齿轮处轴的截面	0.001 rad
		l——支承间跨距；m_n——齿轮法向模数；m——蜗轮端面模数；Δ——电动机定子与转子间的间隙			许用扭转角 $[\varphi]$	一般传动	$(0.5° \sim 1°)/m$
						较精密的传动	$(0.25° \sim 0.5°)/m$
						重要传动	$0.25°/m$

14.4 轴的材料及选择

轴的材料主要采用碳素钢和合金钢。轴的毛坯一般采用碾压件和锻件，很少采用铸件。由于碳素钢比合金钢成本低，且对于应力集中的敏感性较小，所以得到广泛的应用。

常用的碳素钢有30、40、45钢等，其中最常用的为45钢。为保证轴材料的力学性能，应对轴材料进行调质或正火处理。轴受载荷较小或用于不重要的场合时，可用普通碳素钢（如Q235A、Q275等）作为轴的材料。

合金钢具有较高的力学性能，可淬火性也较好，可以在传递大功率、要求减轻轴的重量和提高轴颈耐磨性时采用，如20Cr、40Cr等。

轴也可以采用合金铸铁或球墨铸铁制造，其毛坯是铸造成形的，所以易于得到更合理的形状。合金铸铁和球墨铸铁的吸振性高，可用热处理方法提高材料的耐磨性，材料对应力集中的敏感性也较低。但是铸造轴的质量不易控制，可靠性较差。

轴的常用材料及其部分力学性能见表14.6。

表14.6 轴的常用材料及其部分力学性能

材料牌号	热处理方法	毛坯直径 d/mm	硬度 /HBW	抗拉强度极限 σ_b/MPa	屈服极限 σ_s/MPa	弯曲疲劳极限 σ_{-1}/MPa	应用说明
Q235A				440	240	200	用于不重要或载荷不大的轴
Q275			190	520	280	220	用于不很重要的轴
35	正火	≤100	143~187	520	270	210	用于一般轴
45	正火	≤100	170~217	600	300	275	用于较重要的轴，应用最为广泛
45	调质	≤200	217~255	650	360	300	
40Cr	调质	≤100	241~286	750	550	350	用于载荷较大，而无很大冲击的轴

续表

材料牌号	热处理方法	毛坯直径 d/mm	硬度 /HBW	抗拉强度极限 σ_b/MPa	屈服极限 σ_s/MPa	弯曲疲劳极限 σ_{-1}/MPa	应用说明
35SiMn 45SiMn	调质	≤100	229~286	800	520	400	性能接近于40Cr,用于中、小型轴
40MnB	调质	≤200	241~286	750	500	335	性能接近于40Cr,用于重要的轴
35CrMo	调质	≤100	207~269	750	550	390	用于重载荷的轴
20Cr	渗碳淬火回火	≤60	表面硬度56~62 HRC	650	400	280	用于要求强度、韧性及耐磨性均较好的轴

14.5 轴的设计

通常现场对于一般轴的设计方法有类比法和设计计算法两种。

1. 类比法

这种方法是根据轴的工作条件,选择与其相似的轴进行类比及结构设计,画出轴的零件图。用类比法设计轴一般不进行强度计算。由于完全依靠现有资料及设计者的经验进行轴的设计,设计结果比较可靠、稳妥,同时又可加快设计进程,因此类比法较为常用,但有时这种方法也会带有一定的盲目性。

2. 设计计算法

用设计计算法设计轴的一般步骤为:

(1) 根据轴的工作条件选择材料,确定许用应力。

(2) 按扭转强度估算出轴的最小直径。

(3) 设计轴的结构,绘制出轴的结构草图。具体内容包括以下几点:

1) 根据工作要求确定轴上零件的位置和固定方式;

2) 确定各轴段的直径;

3) 确定各轴段的长度;

4) 根据有关设计手册确定轴的结构细节,如圆角、倒角、退刀槽等的尺寸。

(4) 按弯扭合成进行轴的强度校核。一般在轴上选取2~3个危险截面进行强度校核。若危险截面强度不够或强度裕度太大,则必须重新修改轴的结构。

(5) 修改轴的结构后再进行校核计算。这样反复交替地进行校核和修改,直至设计出较为合理的轴的结构。

(6) 绘制轴的零件图。

需要指出的是:1) 一般情况下设计轴时不必进行轴的刚度、振动、稳定性等校核。如需进行轴的刚度校核时,也只作轴的弯曲刚度校核。2) 对用于重要场合的轴、高速转动的轴应采用疲劳强度校核计算方法进行轴的强度校核。具体内容可查阅机械设计方面的有关资料。

14.6 实例分析

例题 14.1 设计图 14.20 所示的斜齿圆柱齿轮减速器的从动轴(Ⅱ轴)。已知传递功率 $P=8$ kW,从动齿轮的转速 $n=280$ r/min,分度圆直径 $d=265$ mm,圆周力 $F_t=2\,059$ N,径向力 $F_r=763.8$ N,轴向力 $F_a=405.7$ N。齿轮轮毂宽度为 60 mm,工作时单向运转,轴承采用深沟球轴承。

分析 结合本教材 14.5 节内容,根据题意,轴的设计可按下列两种方法进行:
1) 类比法;
2) 设计计算法。

解 1. 类比法

按扭转强度初步估计出轴端直径 d_{min},然后选择与其相似的轴进行类比及结构设计,一般不进行强度校验,它是工厂中常用的经验设计方法称为类比法,习惯上称为"三边设计法"(边绘图、边计算、边修改),其设计结果可靠、稳妥,缺点是有一定的盲目性,如例题 14.2 所叙述的。

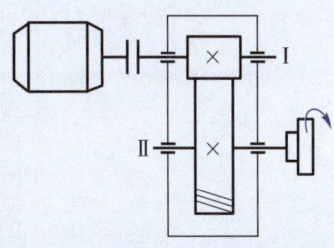

图 14.20 单级齿轮减速器简图

2. 设计计算法

一般设计步骤可按教材所述进行。得出 d_{min} 后,可初步确定轴径与结构,然后在轴上选取 2~3 个危险截面进行弯扭合成的强度校核,如强度裕度太大(或太小)则必须重新修改轴的结构再校核,这样反复交替地进行就能设计出较为合理的轴结构,如例题 14.1 所叙述的。

(1) 选择轴的材料,确定许用应力

由已知条件知减速器传递的功率属中小功率,对材料无特殊要求,故选用 45 钢并经调质处理。由表 14.6 查得强度极限 $\sigma_b=650$ MPa,再由表 14.2 得许用弯曲应力 $[\sigma_{-1b}]=60$ MPa。

(2) 按扭转强度估算轴径

根据表 14.1 得 $C=107\sim118$。又由式(14.2)得

$$d \geqslant C\sqrt[3]{\frac{P}{n}} = (107\sim118)\sqrt[3]{\frac{8}{280}} \text{ mm} = 32.7\sim36.1 \text{ mm}$$

考虑到轴的最小直径处要安装联轴器,会有键槽存在,故将估算直径加大 3%~5%,取为 33.68~37.91 mm。由设计手册取标准直径 $d_1=35$ mm。

(3) 设计轴的结构并绘制结构草图

由于设计的是单级减速器,可将齿轮布置在箱体内部中央,将轴承对称安装在齿轮两侧,轴的外伸端安装半联轴器。

1) 确定轴上零件的位置和固定方式 要确定轴的结构形状,必须先确定轴上零件的装配顺序和固定方式。参考图 14.8,确定齿轮从轴的右端装入,齿轮的左端用轴肩(或轴环)定位,右端用套筒固定。这样齿轮在轴上的轴向位置被完全确定。齿轮的周向固定采用平键连接。轴承对称安装于齿轮的两侧,其轴向用轴肩固定,周向采用过盈配合固定。

2）确定各轴段的直径 如图 14.21a 所示,轴段①(外伸端)直径最小,$d_1 = 35$ mm;考虑到要对安装在轴段①上的联轴器进行定位,轴段②上应有轴肩,同时为能很顺利地在轴段②上安装轴承,轴段②必须满足轴承内径的标准,故取轴段②的直径,d_2 为 40 mm;用相同的方法确定轴段③、④的直径 $d_3 = 45$ mm、$d_4 = 55$ mm;为了便于拆卸左轴承,可查出 6208 型滚动轴承的安装高度为 3.5 mm,取 $d_5 = 47$ mm。

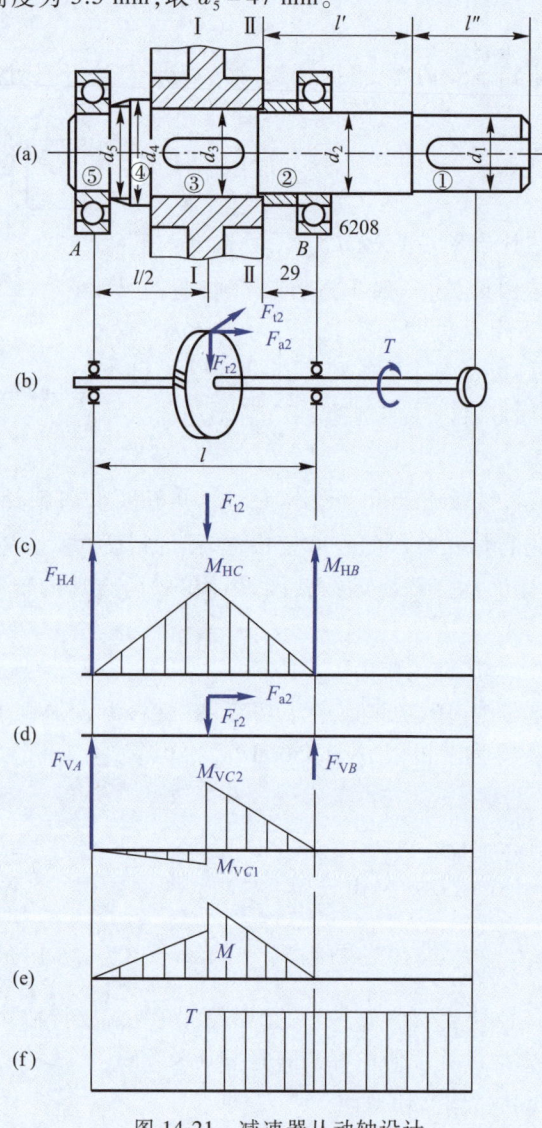

图 14.21 减速器从动轴设计

3）确定各轴段的长度 齿轮轮毂宽度为 60 mm,为保证齿轮固定可靠,轴段③的长度应略短于齿轮轮毂宽度,取为 58 mm;为保证齿轮端面与箱体内壁不相碰,齿轮端面与箱体内壁间应留有一定的间距,取该间距为 15 mm;为保证轴承安装在箱体轴承座孔中(轴承宽度为 18 mm),并考虑轴承的润滑,取轴承端面距箱体内壁的距离为 5 mm,所以轴段④的长度取为 20 mm,轴承支点距离 $l = 118$ mm;根据箱体结构及联轴器距轴承盖要有一定距离的要求,取 $l'=75$ mm;查阅有关的联轴器手册取 l'' 为 70 mm;在轴段①、③上分别加工出键槽,使两键槽处于轴的同一圆柱母线上,键槽的长度比相应的轮毂宽度小约 5~10 mm,键槽的宽度按轴段直径查手册得到,详见 14.7 节。

4) 选定轴的结构细节,如圆角、倒角、退刀槽等的尺寸。

按设计结果画出轴的结构草图(图 14.21a)。

(4) 按弯扭合成强度校核轴径

1) 画出轴的受力图(图 14.21b)。

2) 作水平面内的弯矩图(图 14.21c)。支点反力为

$$F_{HA}=F_{HB}=\frac{F_{t2}}{2}=\frac{2\,059}{2}\text{ N}=1\,030\text{ N}$$

Ⅰ-Ⅰ截面处的弯矩为

$$M_{H\text{I}}=1\,030\times\frac{118}{2}\text{ N}\cdot\text{mm}=60\,770\text{ N}\cdot\text{mm}$$

Ⅱ-Ⅱ截面处的弯矩为

$$M_{H\text{II}}=1\,030\times29\text{ N}\cdot\text{mm}=29\,870\text{ N}\cdot\text{mm}$$

3) 作垂直面内的弯矩图(图 14.21d),支点反力为

$$F_{VA}=\frac{F_{r2}}{2}-\frac{F_{a2}\cdot d}{2l}=\left(\frac{763.8}{2}-\frac{405.7\times265}{2\times118}\right)\text{ N}=-73.65\text{ N}$$

$$F_{VB}=F_{r2}-F_{VA}=[763.8-(-73.65)]\text{ N}=837.5\text{ N}$$

Ⅰ-Ⅰ截面左侧弯矩为

$$M_{V\text{I}左}=F_{VA}\cdot\frac{l}{2}=(-73.65)\times\frac{118}{2}\text{ N}\cdot\text{mm}=-4\,345\text{ N}\cdot\text{mm}$$

Ⅰ-Ⅰ截面右侧弯矩为

$$M_{V\text{I}右}=F_{VB}\cdot\frac{l}{2}=837.5\times\frac{118}{2}\text{ N}\cdot\text{mm}=49\,410\text{ N}\cdot\text{mm}$$

Ⅱ-Ⅱ截面处的弯矩为

$$M_{V\text{II}}=F_{VA}\cdot29=837.5\times29\text{ N}\cdot\text{mm}=24\,287.5\text{ N}\cdot\text{mm}$$

4) 作合成弯矩图(图 14.21e)

$$M=\sqrt{M_H^2+M_V^2}$$

Ⅰ-Ⅰ截面:

$$M_{\text{I}左}=\sqrt{M_{V\text{I}左}^2+M_{H\text{I}}^2}=\sqrt{(-4\,345)^2+(60\,770)^2}\text{ N}\cdot\text{mm}=60\,925\text{ N}\cdot\text{mm}$$

$$M_{\text{I}右}=\sqrt{M_{V\text{I}右}^2+M_{H\text{I}}^2}=\sqrt{(49\,410)^2+(60\,770)^2}\text{ N}\cdot\text{mm}=78\,320\text{ N}\cdot\text{mm}$$

Ⅱ-Ⅱ截面:

$$M_{\text{II}}=\sqrt{M_{V\text{II}}^2+M_{H\text{II}}^2}=\sqrt{(24\,287.5)^2+(29\,870)^2}\text{ N}\cdot\text{mm}=39\,776\text{ N}\cdot\text{mm}$$

5) 求转矩图(图 14.21f)

$$T=9.55\times10^6\frac{P}{n}=9.55\times10^6\times\frac{8}{280}\text{ N}\cdot\text{mm}=272\,900\text{ N}\cdot\text{mm}$$

6) 求当量弯矩

因减速器单向运转,故可认为转矩为脉动循环变化,修正系数 α 为0.6。

Ⅰ-Ⅰ截面：
$$M_{eⅠ} = \sqrt{M_{Ⅰ右}^2 + (\alpha T)^2} = \sqrt{78\,320^2 + (0.6 \times 272\,900)^2} \text{ N·mm} = 181\,500 \text{ N·mm}$$

Ⅱ-Ⅱ截面：
$$M_{eⅡ} = \sqrt{M_{Ⅱ}^2 + (\alpha T)^2} = \sqrt{39\,776^2 + (0.6 \times 272\,900)^2} \text{ N·mm} = 168\,502 \text{ N·mm}$$

7) 确定危险截面及校核强度

由图 14.21 可以看出,截面Ⅰ-Ⅰ、Ⅱ-Ⅱ所受转矩相同,但弯矩 $M_{eⅠ} > M_{eⅡ}$,且轴上还有键槽,故截面Ⅰ-Ⅰ可能为危险截面。但由于轴径 $d_3 > d_2$,故也应对截面Ⅱ-Ⅱ进行校核。

Ⅰ-Ⅰ截面：
$$\sigma_{eⅠ} = \frac{M_{eⅠ}}{W} = \frac{181\,500}{0.1 d_3^3} = \frac{181\,500}{0.1 \times 45^3} \text{ MPa} = 19.9 \text{ MPa}$$

Ⅱ-Ⅱ截面：
$$\sigma_{eⅡ} = \frac{M_{eⅡ}}{W} = \frac{168\,502}{0.1 d_2^3} = \frac{168\,502}{0.1 \times 40^3} \text{ MPa} = 26.3 \text{ MPa}$$

查表 14.2 得 $[\sigma_{-1b}] = 60$ MPa,满足 $\sigma_e \leq [\sigma_{-1b}]$ 的条件,故设计的轴有足够强度,并有一定裕量。

(5) 修改轴的结构

因所设计轴的强度裕度不大,此轴不必再作修改。

(6) 绘制轴的零件图(略)

在工厂中常用的轴设计方法习惯上称为"三边设计法",即边绘图、边计算、边修改、重点放在应用类比法进行绘图、修改结构,基本上不进行设计计算,有时需要进行初估轴径时,应用了扭转强度得出 $d_{\min}$ 值。对于在一般工作条件下设计轴时,不必进行轴的强度校核。

例题 14.2 试设计图 14.22 所示的某单级直齿圆柱齿轮减速器输出轴。

分析 由题意可知为设计减速器输出轴。在设计时,必须全面地考虑减速器的整体(包括轴组件、润滑、密封等)设计。

首先选择一台技术参数、外形尺寸相类似的减速器作为参考资料,应用三边设计法,可加速设计进度,完成较为合理、完善的轴的设计。

解 轴的设计计算的步骤如下：

(1) 应用类比法确定轴的结构形式。

(2) 选定轴的材料与热处理工艺。

(3) 按扭转强度估算轴的最小直径。

(4) 进行轴承组合设计(具体设计方法见第 15 章)。

(5) 确定各轴段的直径。

（6）确定各轴段的长度。主要根据轴上零件的毂长或轴上零件配合部分的长度确定。

（7）绘制结构草图（图14.23）。

（8）根据结构草图（图14.23），检查轴组件的结构，如传动零件、轴、轴承和轴上其他零件的结构是否合理，定位、固定、调整、装拆、润滑、密封是否合理，然后修改设计。

（9）绘制轴零件工作图（略）。

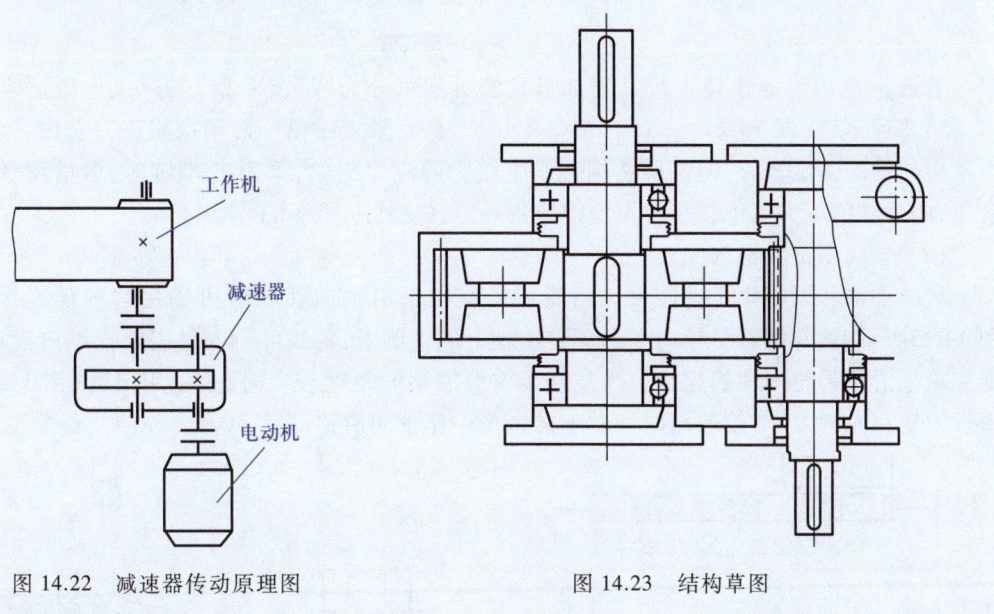

图14.22　减速器传动原理图　　　图14.23　结构草图

14.7　轴毂连接

常见的轴毂连接有键连接、花键连接等。轴毂连接主要是用来实现轴和轮毂（如齿轮、带轮等）之间的周向固定，并用来传递运动和转矩，有些还可以实现轴上零件的轴向固定或轴向移动（导向）。固定方式的选择主要是根据零件所传递转矩的大小和性质、轮毂与轴的对中精度要求、加工的难易程度等因素来进行。

14.7.1　键连接

键可分为平键、半圆键、楔键和切向键等类型，其中以平键最为常用。键已标准化。设计时首先根据工作条件和各类键的应用特点选择键的类型，再根据轴径和轮毂的长度确定键的尺寸，必要时还应对键连接进行强度校核。

1. 平键连接

如图14.24所示，平键的两侧面为工作面，零件工作时靠键与键槽侧面的挤压传递运动和转矩。键的上表面为非工作面，与轮毂键槽的底面间留有间隙。因此这种连接只能用作轴上零件的周向固定。

平键连接结构简单、装拆方便、对中较好，故应用很广泛。按用途的不同，平键可分为普通平键、导向平键和滑键等。

（1）普通平键

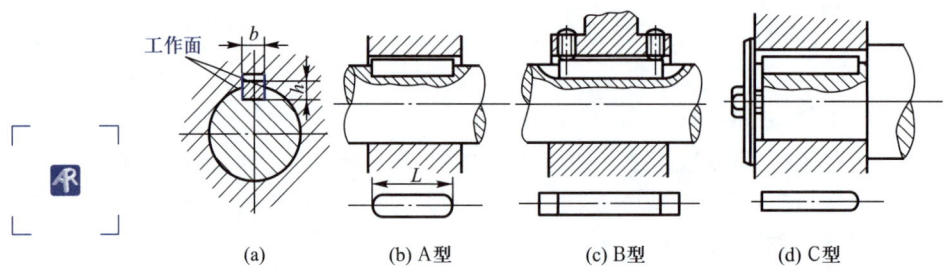

图 14.24 平键连接

普通平键用于静连接。按其端部形状的不同可分为圆头（A型）、方头（B型）、半圆头（C型）普通平键（图 14.24）。采用 A 型和 C 型键时，轴上键槽一般用指状铣刀铣出，因此键在槽中的轴向固定较好，但键槽两端会产生较大的应力集中；采用 B 型键时，键槽用盘铣刀铣出，因此轴的应力集中较小。A 型键应用最广，C 型键一般用于轴端。

（2）导向平键和滑键

导向平键和滑键用于动连接。当轮毂需在轴上沿轴向移动时可采用这种键连接。如图 14.25 所示，通常螺钉将导向平键固定在轴上的键槽中，轮毂可沿着键表面作轴向滑动，如变速箱中滑移齿轮与轴的连接。当被连接零件滑移的距离较大时，宜采用滑键（图 14.26）。滑键固定在轮毂上，与轮毂同时在轴上的键槽中作轴向滑移。

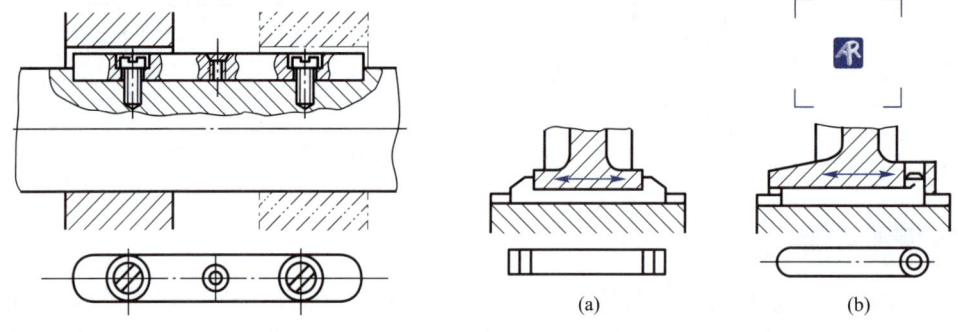

图 14.25 导向平键连接   图 14.26 滑键连接

平键是标准件，其剖面尺寸（键宽 b × 键高 h）按轴径 d 从有关标准中选定，键长 L 应略小于轮毂长度并符合标准系列。键的主要尺寸列于表 14.7 中。

表 14.7　键的主要尺寸（摘自 GB/T 1096—2003）　　mm

轴径 d	>10~12	>12~17	>17~22	>22~30	>30~38	>38~44	>44~50
键宽 b	4	5	6	8	10	12	14
键高 h	4	5	6	7	8	8	9
键长 L	8~45	10~56	14~70	18~90	22~110	28~140	36~160
轴径 d	>50~58	>58~65	>65~75	>75~85	>85~95	>95~110	>110~130
键宽 b	16	18	20	22	25	28	32
键高 h	10	11	12	14	14	16	18
键长 L	45~180	50~200	56~220	63~250	70~280	80~320	90~360

注：键的长度系列：8,10,12,14,16,18,20,22,25,28,32,36,40,45,50,60,70,80,90,100,110,125,140,160,180,200,220,250,280,320,360。

14.7 轴毂连接

平键连接工作时的主要失效形式为组成连接的键、轴和轮毂中强度较弱材料表面的压溃,极个别情况下也会出现键被剪断的现象。通常只需按工作面上的挤压强度进行计算。

平键连接的受力情况如图 14.27 所示。假设载荷沿键的长度方向是均布的,平键连接的挤压强度条件为

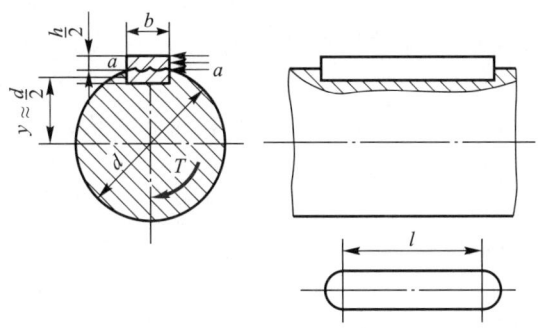

图 14.27 平键连接的受力情况

$$\sigma_{jy} = \frac{4T}{dhl} \leqslant [\sigma_{jy}] \tag{14.7}$$

导向平键连接的主要失效形式为组成键连接的轴或轮毂工作面部分的磨损,须按工作面上的压强进行强度计算,强度条件为

$$p = \frac{4T}{dhl} \leqslant [p] \tag{14.8}$$

以上两式中:T 为被固定零件传递的转矩,单位为 N·mm;d 为轴径,单位为 mm;h 为键的高度,单位为 mm;l 为键的工作长度,单位为 mm,A 型键 $l=L-b$,B 型键 $l=L$,C 型键 $l=L-0.5\times b$,并且 $L\leqslant(1.6\sim1.8)d$,以免因键过长而增大压力沿键长分布的不均匀性,而对于导向平键,l 则为键与轮毂的接触长度;$[\sigma_{jy}]$、$[p]$ 分别为键连接中最弱材料的许用挤压应力、许用压强,单位为 MPa,按表 14.8 选取。

表 14.8 键连接的许用应力　　　　MPa

应力种类	连接方式	零件材料	载荷性质		
			静载	轻微冲击	冲击
许用挤压应力 $[\sigma_{jy}]$	静连接	钢	125~150	100~120	60~90
		铸铁	70~80	50~60	30~45
许用压强 $[p]$	动连接	钢	50	40	30

若设计的键强度不够时可以增加键的长度,但不能使键长超过 2.5d。若加大键长后强度仍不够或设计条件不允许加大键长时,可采用双键,并使双键相隔 180°布置。考虑到双键受载荷不均匀,故在强度计算时只能按 1.5 个键计算。

例题 14.3 图 14.8a 所示为减速器的输出轴;轴与齿轮的连接为键连接,已知传递的扭矩 $T=600$ N·m,轴径为 75 mm,齿轮材料为铸钢,轴和键的材料为 45 钢,有轻微冲击,试选择键连接。

解 （1）现场设计法

选择键连接的类型，不必进行强度校核计算。

此类型为平键连接，根据轴径 $d=75$ mm，查表 14.7 得出平键为 20×70（GB/T 1096—2003）。这是现场中常用的方法，不必进行挤压强度校核，在生产中出现的问题，主要由于工艺（键槽对称度、配合尺寸等）不合要求而造成。

（2）设计计算法

键类型和尺寸确定后，进行挤压强度的校核，在一般情况下不必进行键的剪切强度校核计算。

1) 键连接的类型选择为：

键 20×70（GB/T 1096—2003）。

2) 验算挤压强度。

将 $h=12$ mm，$d=75$ mm，$T=600$ N·m，$e=(l-b)=(70-20)$ mm $=50$ mm，代入公式（14.7）得出

$$\sigma_p = \frac{4\,000 \times 600}{75 \times 12 \times 50} \text{ MPa} = 53.3 \text{ MPa}$$

由表 14.8 查得轻微冲击载荷下的许用挤压应力 $[\sigma_{jy}] = 100$ MPa

则 $\sigma_{jy} \leq [\sigma_{jy}]$，即 $53.3 < 100$

由此可知挤压强度足够。

2. 半圆键连接

如图 14.28 所示，半圆键也是以两侧面作为工作面，因此与平键一样有较好的对中性。由于键在轴上的键槽中能绕槽底圆弧的曲率中心摆动，因而能自动适应轮毂键槽底面的倾斜。半圆键的加工工艺性好，安装方便，尤其适用于锥形轴与轮毂的连接。但键槽较深，对轴的强度削弱较大，一般用于轻载场合的连接。当需装两个半圆键时，两键槽应布置在轴的同一母线上。

思考题 14.4 为什么采用两个平键时一般把两键设在相隔 180°的位置上，而采用两个半圆键时，则又常沿轮毂长度方向把两键放在轴的同一母线上？

3. 楔键连接和切向键连接

如图 14.29 所示，楔键的上、下面是工作面，键的上表面和轮毂键槽的底面均有 1∶100 的斜度。装配时需将键打入轴和轮毂的键槽内，工作时依靠键与轴及轮毂的槽底之间、轴与毂孔之间的摩擦力传递转矩，并能轴向固定零件和传递单向轴向力。缺点是轴与毂孔容易产生偏心和偏斜，又由于是靠摩擦力工作，在冲击、振动或变载荷作用下键易松动，所以楔键连接仅用于对中要求不高、载荷平稳和低速的场合。

楔键多用于轴端的连接，以便零件的装拆。如果楔键用于轴的中段时，轴上键槽的长度应为键长的两倍以上。按楔键端部形状的不同可将其分为普通楔键（图 14.29a）和钩头楔键（图 14.29b），后者拆卸较方便。

切向键由两个斜度为 1∶100 的普通楔键组成（图 14.30），其上下两面（窄面）为工作面，其中一个工作面在通过轴心线的平面内，使工作面上的压力沿轴的切向作用，因而能传递很大的转矩。装配时两个楔键从轮毂两侧打入。一个切向键只能传递单向转矩，若要传递双

向转矩则须用两个切向键,并使两键互成 120°~135°。切向键主要用于轴径大于 100 mm、对中性要求不高而载荷很大的重型机械中。

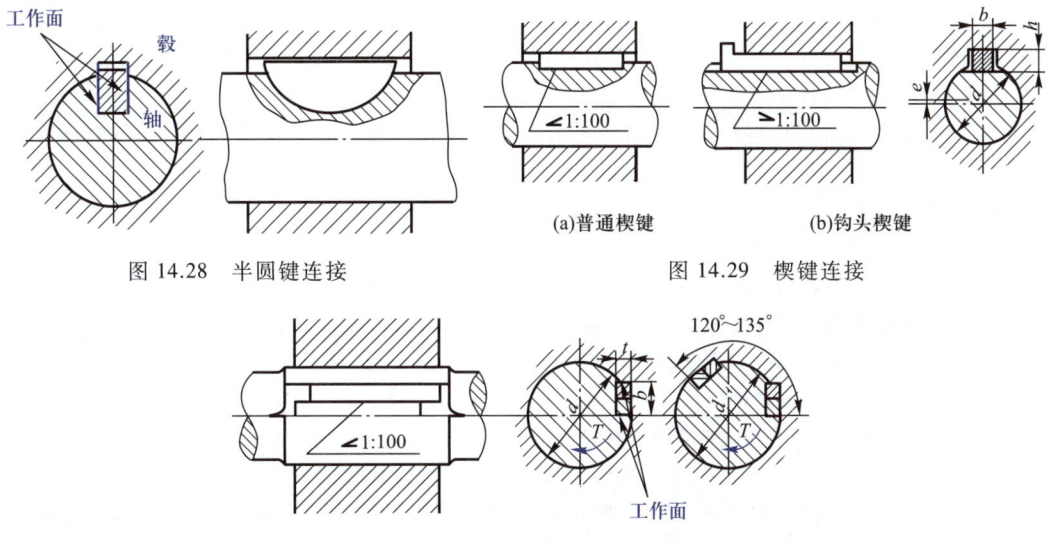

图 14.28 半圆键连接　　　　图 14.29 楔键连接

图 14.30 切向键连接

14.7.2 花键连接

轴和轮毂孔沿圆周方向均布的多个键齿构成的连接称为花键连接,如图 14.31 所示。由于是多齿传递载荷,花键连接比平键连接的承载能力大,且定心性和导向性较好。又因为键齿浅、应力集中小,所以对轴的削弱少,适用于载荷较大、定心精度要求较高的静连接和动连接中,例如在飞机、汽车、机床中的广泛应用。但花键连接的加工需专用设备,因而成本较高。

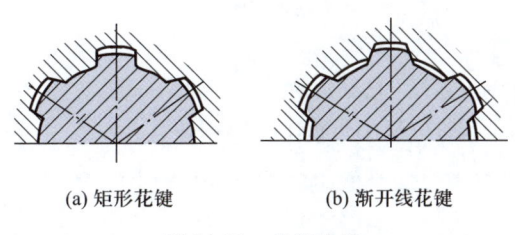

(a) 矩形花键　　　　(b) 渐开线花键

图 14.31 花键连接

花键已标准化。按齿形的不同,花键可分为矩形花键(GB/T 1144—2001,图 14.31a),渐开线花键(GB/T 3478.1—2008,图 14.31b)。

矩形花键的规格为:N(键数)×d(小径)×D(大径)×B(键槽宽),其矩形花键标记示例为

$$6\times23\frac{H7}{f7}\times26\frac{H10}{a11}\times6\frac{H11}{d10} \quad (GB/T\ 1144—2001)$$

矩形花键加工方便,因而应用最为广泛。矩形花键采用小径定心,渐开线花键常用齿侧定心,花键的选用方法和强度验算方法与平键连接相类似,可参见有关的机械设计手册。

复习题

14.1 轴按功能与所受载荷的不同分为哪三种？常见的轴大多属于哪一种？

14.2 轴的结构设计应从哪几个方面考虑？

14.3 制造轴的常用材料有几种？若轴的刚度不够，是否可采用高强度合金钢提高轴的刚度？为什么？

14.4 轴上零件的周向固定有哪些方法？采用键固定时应注意什么？

14.5 轴上零件的轴向固定有哪些方法？各有何特点？

14.6 在齿轮减速器中，为什么低速轴的直径要比高速轴的直径大得多？

14.7 在轴的弯扭合成强度校核中，α 表示什么？为什么要引入 α？

14.8 常用提高轴的强度和刚度的措施有哪些？

14.9 试述平键连接和楔键连接的工作特点和应用场合。

14.10 图示为二级圆柱齿轮减速器。已知：$z_1 = z_3 = 20, z_2 = z_4 = 40, m = 4 \text{ mm}$，高速级齿宽 $b_{12} = 45 \text{ mm}$，低速级齿宽 $b_{34} = 60 \text{ mm}$，轴 Ⅰ 传递的功率 $P = 4 \text{ kW}$，转速 $n_1 = 960 \text{ r/min}$，不计摩擦损失。图中 a、c 取为 5~20 mm，轴承端面到减速箱内壁距离取为 5~10 mm。试设计轴 Ⅱ，初步估算轴的直径，画出轴的结构图、弯矩图及扭矩图，并按弯矩合成强度校核此轴。

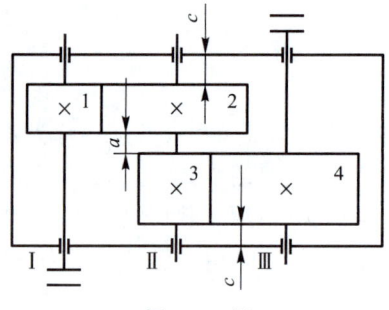

题 14.10 图

14.11 设计一齿轮与轴的键连接。已知轴的直径 $d = 90 \text{ mm}$，轮毂宽 $B = 110 \text{ mm}$，轴传递的扭矩 $T = 1\,800 \text{ N·m}$，载荷平稳，轴、键的材料均为钢，齿轮材料为锻钢。

第 15 章

轴 承

在各种机器设备中广泛使用着轴承。本章主要介绍轴承的类型、特点及应用,滚动轴承类型的选择、组合设计等内容。滑动轴承仅做一般介绍。

15.1 轴承的功用和类型

轴承的功用是支承轴及轴上零件,保持轴的回转精度,减少转轴与支承之间的摩擦和磨损。

根据支承处相对运动表面的摩擦性质,轴承分为滑动摩擦轴承和滚动摩擦轴承,分别简称为滑动轴承和滚动轴承,如图 15.1 和图 15.2 所示。

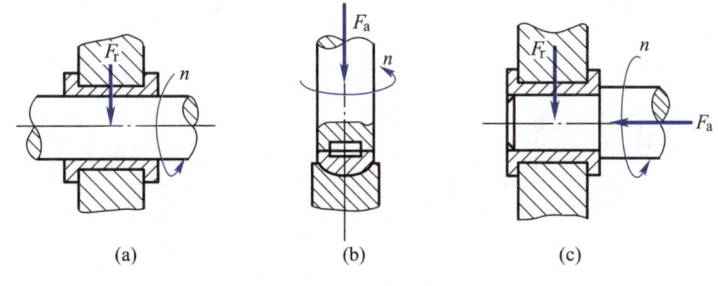

图 15.1 滑动轴承

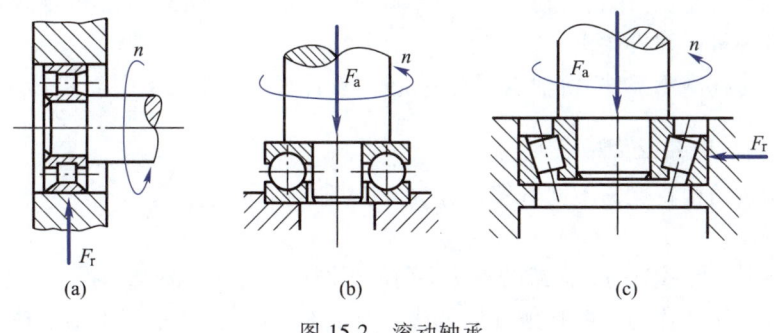

图 15.2 滚动轴承

15.2 滚动轴承的组成、类型及特点

15.2.1 滚动轴承的组成

滚动轴承一般由内圈 1、外圈 2、滚动体 3 和保持架 4 组成,如图 15.3 所示。内圈装在轴

颈上，外圈装在机座或零件的轴承孔内。多数情况下，外圈不转动，内圈与轴一起转动。当内外圈之间相对旋转时，滚动体沿着滚道滚动。保持架使滚动体均匀分布在滚道上，并可减少滚动体之间的碰撞和磨损。

常见的滚动体有6种形状，如图15.4所示。

滚动轴承的内外圈和滚动体应具有较高的硬度和接触疲劳强度、良好的耐磨性和冲击韧性。一般用特殊轴承钢制造，常用材料有GCr15、GCr15SiMn、GCr6、GCr9等，经热处理后硬度可达60～65 HRC。滚动轴承的工作滚道必须经磨削抛光，以提高其接触疲劳强度。

保持架多用低碳钢板通过冲压成形方法制造，也可采用有色金属或塑料等材料。

为适应某些特殊要求，有些滚动轴承还要附加其他特殊元件或采用特殊结构，如轴承无内圈或外圈、带有防尘密封结构或在外圈上加止动环等。

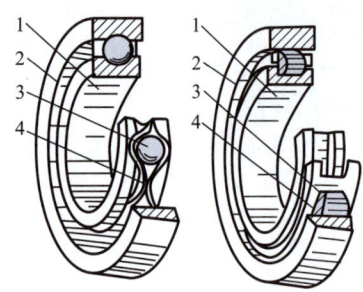

图 15.3 滚动轴承的基本结构

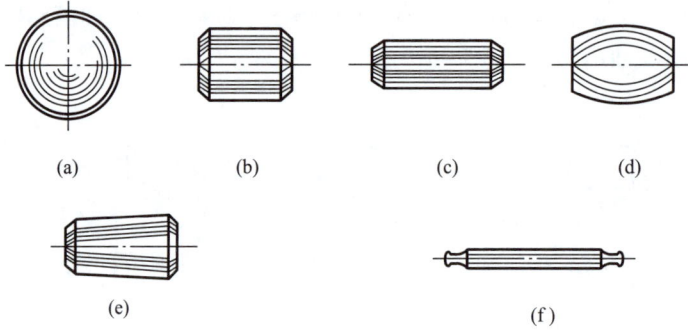

图 15.4 滚动体的种类

滚动轴承具有摩擦力小、启动灵敏、效率高、回转精度高、润滑简便和装拆方便等优点，广泛应用于各种机器和机构中。

滚动轴承为标准零部件，由轴承厂批量生产，设计者可以根据需要直接选用。

15.2.2 滚动轴承的类型及特点

滚动轴承按结构特点的不同有多种分类方法，各类轴承分别适用于不同载荷、转速及特殊需要。

（1）按所能承受载荷的方向或公称接触角的不同可分为向心轴承和推力轴承（表15.1）。

表中的 α 为滚动体与套圈接触处的公法线与轴承径向平面（垂直于轴承轴心线的平面）之间的夹角，称为公称接触角。

向心轴承又可分为径向接触轴承和向心角接触轴承。径向接触轴承的公称接触角 $\alpha = 0°$，主要承受径向载荷，有些可承受较小的轴向载荷；向心角接触轴承公称接触角 α 的范围为 $0° \sim 45°$，能同时承受径向载荷和轴向载荷。

推力轴承又可分为推力角接触轴承和轴向接触轴承。推力角接触轴承 α 的范围为 $45° \sim 90°$，主要承受轴向载荷，也可以承受较小的径向载荷；轴向接触轴承的 $\alpha = 90°$，只能承

15.2 滚动轴承的组成、类型及特点

受轴向载荷。

表 15.1 各类轴承的公称接触角

轴承种类	向心轴承		推力轴承	
	径向接触	角接触	角接触	轴向接触
公称接触角 α	$\alpha = 0°$	$0° < \alpha \leq 45°$	$45° < \alpha < 90°$	$\alpha = 90°$
图例（以球轴承为例）				

（2）按滚动体的种类可分为球轴承和滚子轴承。

球轴承的滚动体为球，球与滚道表面的接触为点接触；滚子轴承的滚动体为滚子，滚子与滚道表面的接触为线接触。按滚子的形状又可分为圆柱滚子轴承、滚针轴承、圆锥滚子轴承和调心滚子轴承。

在外廓尺寸相同的条件下，滚子轴承比球轴承的承载能力和耐冲击能力都好，但球轴承摩擦小、高速性能好。

（3）按工作时能否调心可分为调心轴承和非调心轴承。调心轴承允许的偏位角大。

（4）按安装轴承时其内、外圈可否分别安装，分为可分离轴承和不可分离轴承。

（5）按公差等级可分为 0、6、5、4、2 级滚动轴承，其中 2 级精度最高，0 级为普通级。另外还有只用于圆锥滚子轴承的 6x 公差等级。

（6）按运动方式可分为回转运动轴承和直线运动轴承。

常用滚动轴承的类型、代号及特性列于表 15.2 中。

表 15.2 常用滚动轴承的类型、代号及特性简表

轴承名称及简图符号	结构简图	示意简图及承载方向	轴承代号			基本额定动载荷比	极限转速比	偏位角 δ	标准号	价格比（参考）	结构性能特点
			类型代号	尺寸系列代号	轴承基本代号						
调心球轴承			1 (1) 1 (1)	(0)2 22 (0)3 23	1200 2200 1300 2300	0.6~0.9	中	2°~3°	GB/T 281—2013	1.3	双排球，外圈内球面球心在轴线上，偏位角大，可自动调位。主要承受径向载荷，能承受较小的轴向载荷

续表

轴承名称及简图符号	结构简图	示意简图及承载方向	轴承代号 类型代号	轴承代号 尺寸系列代号	轴承代号 轴承基本代号	基本额定动载荷比	极限转速比	偏位角 δ	标准号	价格比（参考）	结构性能特点
调心滚子轴承			2 2 2 2 2 2 2 2	13 22 23 30 31 32 40 41	21300 22200 22300 23000 23100 23200 24000 24100	1.8~4	低	0.5°~2°	GB/T 288—2013	5	与上述的轴承相似，但承载能力较大，而偏位角较小
圆锥滚子轴承			3 3 3 3 3 3 3 3 3 3	02 03 13 20 22 23 29 30 31 32	30200 30300 31300 32000 32200 32300 32900 33000 33100 33200	1.5~2.5	中	2′	GB/T 297—2015	1.5	接触角 α=11°~16°。外圈可分离，便于调整游隙。除能承受径向载荷外，还能承受较大的单向轴向载荷
推力球轴承			5 5 5 5	11 12 13 14	51100 51200 51300 51400	1	低	~0°	GB/T 301—2015	0.9	套圈可分离，承受单向轴向载荷。高速时离心力大，故极限转速低
双向推力球轴承			5 5 5	22 23 24	52200 52300 52400					1.8	可双向承受轴向载荷
深沟球轴承			6 6 6 6 6 6 6 6 6	17 37 18 19 (0)0 (1)0 (0)2 (0)3 (0)4	61700 63700 61800 61900 16000 6000 6200 6300 6400	1	高	8′~16′（30′）	GB/T 276—2013	1	应用广泛，主要承受径向载荷，也能承受一定的双向轴向载荷，可用于较高转速
角接触球轴承 α=15°(C)、25°(AC)、40°(B)			7 7 7 7 7	19 (1)0 (0)2 (0)3 (0)4	71900 7000 7200 7300 7400	1.0~1.4(C) 1.0~1.3(AC) 1.0~1.2(B)	高	2′~10′	GB/T 292—2023	1.7	可用于承受径向和较大轴向载荷，α 大则可承受轴向力越大

续表

轴承名称及简图符号	结构简图	示意简图及承载方向	轴承代号			基本额定动载荷比	极限转速比	偏位角 δ	标准号	价格比（参考）	结构性能特点
			类型代号	尺寸系列代号	轴承基本代号						
圆柱滚子轴承			N N N N N	10 (0)2 22 (0)3 23 (0)4	N 1000 N 200 N 2200 N 300 N 2300 N 400	1.5~3	高	2′~4′	GB/T 283—2021	2	有一个套圈（内、外圈）可以分离，所以不能承受轴向载荷。由于是线接触，所以能承受较大径向载荷
			NU NU NU NU NU NU	10 (0)2 22 (0)3 23 (0)4	NU 1000 NU 200 NU 2200 NU 300 NU 2300 NU 400						

注：1. 基本额定动载荷比：同尺寸系列各类轴承的基本额定动载荷与深沟球轴承的基本额定动载荷之比；
2. 极限转速比：同尺寸系列各类轴承的极限转速与深沟球轴承极限转速之比（脂润滑，0级精度），比值介于90%~100%为高，比值介于60%~90%为中，比值<60%为低。

15.3 滚动轴承的代号

滚动轴承代号是表示其结构、尺寸、公差等级和技术性能等特征的产品符号，由字母和数字组成。按 GB/T 272—2017 的规定，轴承代号由基本代号、前置代号和后置代号构成，其表达方式如表 15.3 所列。

表 15.3 轴承代号的构成

前置代号	基本代号			后置代号
字母	字母和数字			字母和数字
成套轴承的分部件	××× 类型代号	×× 宽度（或高度）系列代号	×× 直径系列代号　　内径代号	内部结构改变 密封、防尘与外部形状变化 保持架结构、材料改变及轴承材料改变 公差等级和游隙 配置 振动及噪声 其他

15.3.1 基本代号

基本代号表示轴承的基本类型、结构和尺寸，是轴承代号的基础。基本代号由轴承类型代号、尺寸系列代号及内径代号三部分构成。

（1）类型代号　用数字或大写拉丁字母表示，如表15.4所列。

表15.4　一般滚动轴承类型代号

轴承类型	代号	轴承类型	代号
双列角接触球轴承	0	角接触球轴承	7
调心球轴承	1	推力圆柱滚子轴承	8
调心滚子轴承和推力调心滚子轴承	2	圆柱滚子轴承	N
圆锥滚子轴承	3	外球面球轴承	U
双列深沟球轴承	4	四点接触球轴承	QJ
推力球轴承	5	长弧面滚子轴承（圆环轴承）	C
深沟球轴承	6		

（2）尺寸系列代号　尺寸系列代号由轴承的宽度（或高度）系列代号和直径系列代号组合而成，见表15.5。宽（高）度系列在前，直径系列在后，宽度系列代号为"0"时可省略（调心滚子轴承和圆锥滚子轴承不可省略）。宽度系列是指结构、内径和外径相同的同类轴承在宽度方面的变化系列；高度系列是指内径相同的轴向接触轴承在高度方面的变化系列；直径系列是指内径相同的同类轴承在外径和宽度方面的变化系列，如图15.5所示。

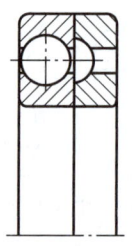
(a) 宽度系列

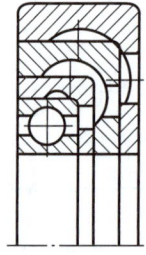
(b) 直径系列

图15.5　轴承的尺寸系列

表15.5　向心轴承、推力轴承尺寸系列代号

直径系列代号（外径→）	向心轴承								推力轴承			
	宽度系列代号（宽度→）								高度系列代号（高度→）			
	8	0	1	2	3	4	5	6	7	9	1	2
	尺寸系列代号											
7	—	—	17	—	37	—	—	—	—	—	—	—
8	—	08	18	28	38	48	58	68	—	—	—	—
9	—	09	19	29	39	49	59	69	—	—	—	—
0	—	00	10	20	30	40	50	60	70	90	10	—
1	—	01	11	21	31	41	51	61	71	91	11	—
2	82	02	12	22	32	42	52	62	72	92	12	22
3	83	03	13	23	33	—	—	—	73	93	13	23
4	—	04	—	24	—	—	—	—	74	94	14	24
5	—	—	—	—	—	—	—	—	95	—	—	—

（3）内径代号　表示轴承的内径尺寸，如表15.6所列。

15.3 滚动轴承的代号

表15.6 轴承内径代号

轴承公称内径/mm	内径代号	示 例
0.6 到 10（非整数）	直接用公称内径毫米数表示，在其与尺寸系列代号之间用"/"分开	深沟球轴承 618/2.5 $d=2.5$ mm
1 到 9（整数）	直接用公称内径毫米数表示，对深沟球轴承及角接触球轴承7、8、9 直径系列，内径与尺寸系列代号之间用"/"分开	深沟球轴承 625 618/5 $d=5$ mm
10 到 17	10 00 12 01 15 02 17 03	深沟球轴承 62 00 $d=10$ mm
20 到 480（22,28,32 除外）	用公称内径除以 5 的商数表示，商数为一位数时，需在商数左边加"0"，如 08	调心滚子轴承 232 08 $d=40$ mm
大于和等于 500 以及 22，28，32	直接用公称内径毫米数表示，但在其与尺寸系列代号之间用"/"分开	调心滚子轴承 230/500 $d=500$ mm 深沟球轴承 62/22 $d=22$ mm

例：调心滚子轴承 23224   2——类型代号   32——尺寸系列代号   24——内径代号 $d=120$ mm

15.3.2 前置代号和后置代号

前置代号和后置代号是当轴承的结构形状、公差、技术要求等有所改变时，在轴承基本代号左右添加的补充代号，其代号及含义如表15.7所列。

表15.7 前置、后置代号

前置代号			基本代号	后置代号（组）								
代号	含 义	示例		1	2	3	4	5	6	7	8	9
F	带凸缘外圈的向心球轴承（仅适用于 $d \leqslant 10$ mm）	F 618/4		内部结构	密封与防尘与外部形状	保持架及材料	轴承材料	公差等级	游隙	配置	振动及噪声	其他
FSN	凸缘外圈的向心球轴承（仅适用于 $d \leqslant 10$ mm）	FSN 719/5-Z										
L	可分离轴承的可分离内圈或外圈	LNU 207										
LR	带可分离内圈或外圈与滚动体的组件	—										
R	不带可分离内圈或外圈的组件	RNU 207										
WS	推力圆柱滚子轴承轴圈	WS 81107										
GS	推力圆柱滚子轴承座圈	GS 81107										
KOW-	无轴圈推力轴承组件	KOW-51108										
KIW-	无座圈推力轴承组件	KIW-51108										
K	滚子和保持架组件	K 81107										

后置代号用字母或字母加数字表示。内部结构代号及含义如表15.8所列；公差等级代号及含义如表15.9所列；游隙代号及含义如表15.10所列；配置代号及含义如表15.11所列。

有关后置代号的其他内容可查阅轴承标准及设计手册。

表 15.8　后置代号的内部结构代号及含义（摘录）

代号	含　　义	示例
A、B、C、D、E	1）表示内部结构改变 2）表示标准设计，其含义随轴承的不同类型、结构而异	B ①角接触球轴承　公称接触角 α=40° 7210 B 　②圆锥滚子轴承　接触角加大　32310 B C ①角接触球轴承　公称接触角 α=15° 7005 C 　②调心滚子轴承　C 型　23122 C E 加强型*　NU 207 E
AC	角接触球轴承　公称接触角 α=25°	7 210 AC
D	剖分式轴承	K 50×55×20 D
ZW	滚针保持架组件双列	K 20×25×40 ZW

注：* 加强型（即为内部结构设计改进），增大轴承承载能力。

表 15.9　后置代号中的公差等级代号及含义（摘录）

代号	含　　义	示例
/P0	公差等级符合标准规定的 0 级,在代号中省略而不表示（普通级）	6203
/P6	公差等级符合标准规定的 6 级	6203/P6
/P6x	公差等级符合标准规定的 6x 级	30210/P6x
/P5	公差等级符合标准规定的 5 级	6203/P5
/P4	公差等级符合标准规定的 4 级	6203/P4
/P2	公差等级符合标准规定的 2 级	6203/P2

表 15.10　后置代号中的游隙代号及含义（摘录）

代号	含　　义	示例
/C1	游隙符合标准规定的 1 组	NN 3006 K/C1
/C2	游隙符合标准规定的 2 组	6210/C2
—	游隙符合标准规定的 0 组	6210
/C3	游隙符合标准规定的 3 组	6210/C3
/C4	游隙符合标准规定的 4 组	NN 3006 K/C4
/C5	游隙符合标准规定的 5 组	NNU 4920 K/C5

表 15.11　后置代号中的配置代号及含义（摘录）

代号	含　　义	示例
/DB	成对背对背安装	7210 C/DB
/DF	成对面对面安装	32208/DF
/DT	成对串联安装	7210 C/DT

滚动轴承代号示例：

71908/P5

7——轴承类型为角接触球轴承；

19——尺寸系列代号。1 为宽度系列代号，9 为直径系列代号；

08——内径代号，$d=40$ mm；

P5——公差等级为 5 级。

6204

6——轴承类型为深沟球轴承；

(0)2——尺寸系列代号，宽度系列代号为 0(省略)，2 为直径系列代号；

04——内径代号，$d=20$ mm；

公差等级为 0 级（公差等级代号/P0 省略）。

轴承代号中的基本代号最为重要，而 7 位数字中以右起头 4 位数字最为常用。

15.4 滚动轴承类型的选择

15.4.1 影响轴承承载能力的参数

1. 游隙

内、外圈滚道与滚动体之间的间隙称为游隙，即为当一个座圈固定时，另一座圈沿径向或轴向的最大移动量（通常用 u 表示），如图 15.6 所示。游隙可影响轴承的回转精度、寿命、噪声和承载能力等。

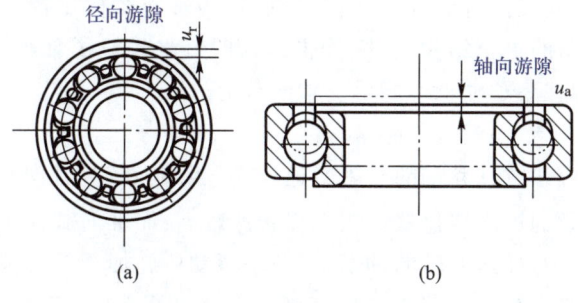

图 15.6 轴承的游隙

2. 极限转速

滚动轴承在一定载荷和润滑条件下，允许的最高转速称为极限转速。滚动轴承转速过高会使摩擦面间产生高温，使润滑失效，从而导致滚动体退火或胶合而产生破坏。各类轴承极限转速数值可查轴承手册得出。

3. 偏位角

安装误差或轴的变形等都会引起轴承内外圈中心线发生相对倾斜，其倾斜角 δ 称为偏位角，如图 15.7 所示。各类轴承的允许偏位角见表 15.2。

4. 接触角

由轴承结构类型决定的接触角称为公称接触角，如表 15.1 所列。当深沟球轴承（$\alpha=$

0°)只承受径向力时其内外圈不会作轴向移动,故实际接触角保持不变。如果有轴向力 F_a 作用时(图 15.8),其实际接触角不再与公称接触角相同,α 增大至 $α_1$。对角接触轴承而言,α 值越大则轴承承受轴向载荷的能力也越大。

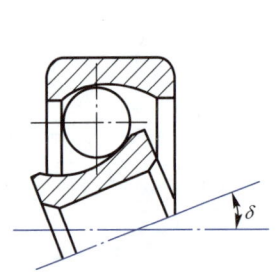 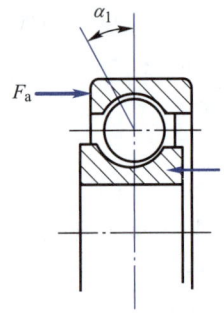

图 15.7　轴承的偏位角　　　　图 15.8　接触角的变化

15.4.2　滚动轴承类型的选择

各类轴承的基本特点已在表 15.2 中进行了说明。选用轴承时,首先是选择类型。选择轴承类型应考虑多种因素,如轴承所受载荷的大小、方向及性质;轴向的固定方式;转速与工作环境;调心性能要求;经济性和其他特殊要求等。滚动轴承的选型原则可概括如下。

1. 载荷条件

轴承承受载荷的大小、方向和性质是选择轴承类型的主要依据。载荷较大时应选用线接触的滚子轴承;受纯轴向载荷时通常选用推力轴承;主要承受径向载荷时应选用深沟球轴承;同时承受径向和轴向载荷时应选用角接触轴承;当轴向载荷比径向载荷大很多时,常用推力轴承和深沟球轴承的组合结构;承受冲击载荷时宜选用滚子轴承。应该注意推力轴承不能承受径向载荷,圆柱滚子轴承不能承受轴向载荷。

2. 转速条件

选择轴承类型时应注意其允许的极限转速 $n_{\lim}$。当转速较高且回转精度要求较高时,应选用球轴承。推力轴承的极限转速低。当工作转速较高,而轴向载荷不大时,可选用角接触球轴承或深沟球轴承。对高速回转的轴承,为减小滚动体施加于外圈滚道的离心力,宜选用外径和滚动体直径较小的轴承。若工作转速超过轴承的极限转速,可通过提高轴承的公差等级、适当加大其径向游隙等措施来满足要求。

3. 装调性能

3 类(圆锥滚子轴承)和 N 类(圆柱滚子轴承)的内外圈可分离,便于装拆。为方便安装在长轴上轴承的装拆和紧固,可选用带内锥孔和紧定套的轴承。

4. 调心性能

轴承内、外圈轴线间的偏位角应控制在极限值之内,否则会增加轴承的附加载荷而降低其寿命。对于刚度差或安装精度较差的轴组件,宜选用调心轴承,如调心球轴承、调心滚子轴承。

5. 经济性

在满足使用要求的情况下优先选用价格低廉的轴承。一般球轴承的价格低于滚子轴承。轴承的精度越高价格越高。在同精度的轴承中深沟球轴承的价格最低。同型号不同公差等级轴承的价格比为：P0∶P6∶P5∶P4≈1∶1.5∶1.8∶6。选用高精度轴承时应进行性价比的分析。

15.5 滚动轴承的工作情况分析及计算

15.5.1 滚动轴承的受载情况分析

以深沟球轴承为例进行分析，如图 15.9 所示。轴承承受径向载荷 F_r 时，各滚动体承受载荷的大小是不同的。处于最低位置的滚动体承受的载荷最大。随着轴承内圈相对于外圈的转动，滚动体也随着运动。轴承元件所受的载荷呈周期性变化，即各元件是在交变的接触应力下工作的。

15.5.2 滚动轴承的失效形式和计算准则

1. 失效形式

滚动轴承的失效形式主要有三种：疲劳点蚀、塑性变形和磨损。

（1）疲劳点蚀

滚动体和套圈滚道在交变接触应力的作用下会发生表面接触疲劳点蚀，这是滚动轴承的主要失效形式。点蚀使轴承在运转中产生振动和噪声，回转精度降低且工作温度升高，使轴承丧失正常的工作能力。为防止点蚀需要进行疲劳寿命计算。

（2）塑性变形

在静载荷或冲击载荷作用下，滚动体和套圈滚道可能产生塑性变形，出现凹坑，由此导致摩擦增大、回转精度降低，使轴承产生剧烈的振动和噪声，不能正常工作。为防止塑性变形，需对轴承进行静强度计算。

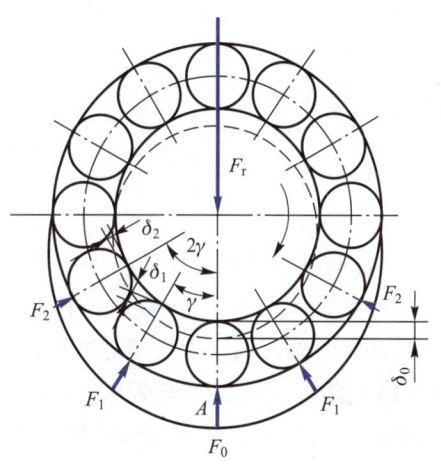

图 15.9 滚动轴承内部径向载荷的分布

（3）磨损

轴承在多尘或密封不可靠、润滑不良的条件下工作时，滚动体或套圈滚道易产生磨粒磨损。

当轴承在高速重载运转时还会产生胶合失效。如果轴承工作转速小于极限转速，并采取良好的润滑和密封等措施，胶合一般不易发生。

此外，由于配合不当、拆装不合理等非正常原因，轴承的内、外圈可能会发生破裂，应在使用和装拆轴承时充分注意这一点。

思考题 15.1 若滚动轴承在外载荷、转速均不变的情况下分别采用内圈转动和外圈转动两种方式，试问哪种情况下轴承先失效？

2. 计算准则

在选择滚动轴承类型后要确定其型号和尺寸，为此需要针对轴承的主要失效形式进行计算。其计算准则为：

（1）对于一般转速的轴承，即 $10 \text{ r/min} < n < n_{\text{lim}}$，如果轴承的制造、保管、安装、使用等条

件均良好,轴承的主要失效形式为疲劳点蚀,因此应以疲劳强度计算为依据,进行轴承的寿命计算。

(2)对于高速轴承,除疲劳点蚀外,其工作表面的过热而导致的轴承失效也是重要的失效形式,因此除需进行寿命计算外还应校验其极限转速。

(3)对于低速轴承,即 $n<1$ r/min,可近似地认为轴承各元件是在静应力作用下工作的,其失效形式为塑性变形,应进行以不发生塑性变形为准则的静强度计算。

15.5.3 滚动轴承的寿命计算

在一般条件下工作的轴承,只要轴承类型选择合适,能正确安装与维护,绝大多数轴承是因为疲劳点蚀而报废的。因此滚动轴承的型号选择主要取决于疲劳强度的要求。

1. 基本额定寿命和基本额定动载荷

(1)寿命

轴承中任一元件首次出现疲劳点蚀前轴承所经历的总转数,或轴承在恒定转速下的总工作小时数称为轴承的寿命。

(2)可靠度

在同一工作条件下运转的一组近于相同的轴承能达到或超过某一规定寿命的百分率,称为轴承寿命的可靠度。

(3)基本额定寿命

一批同型号的轴承即使在同样的工作条件下运转,由于制造精度、材料均质程度等因素的影响,各轴承的寿命也不尽相同。基本额定寿命是指一批同型号的轴承在相同条件下运转时,90%的轴承未发生疲劳点蚀前运转的总转数,或在恒定转速下运转的总工作小时数,分别用 L_{10} 和 L_{10h} 表示。按基本额定寿命的计算选用轴承时,可能有10%以内的轴承提前失效,也即可能有90%以上的轴承超过预期寿命。而对单个轴承而言,能达到或超过此预期寿命的可靠度为90%。

(4)基本额定动载荷

轴承抵抗点蚀破坏的承载能力可由基本额定动载荷表示。基本额定寿命为 10^6 转,即 $L_{10}=1$(单位为 10^6 r)时轴承能承受的最大载荷称为基本额定动载荷,用符号 C 表示。换言之,即轴承在基本额定动载荷的作用下,运转 10^6 转而不发生点蚀失效的轴承寿命可靠度为90%。如果轴承的基本额定动载荷大,则其抗疲劳点蚀的能力强。基本额定动载荷对于向心轴承而言是指径向载荷,称为径向基本额定动载荷 C_r;对于推力轴承而言是指轴向载荷,称为轴向基本额定动载荷 C_a。各种类型、各种型号轴承的基本额定动载荷值可在轴承标准中查得,或查附表15.1~附表15.3。

2. 当量动载荷

当轴承受到径向载荷 F_r 和轴向载荷 F_a 的复合作用时,为了计算轴承寿命时能与基本额定动载荷作等价比较,需将实际工作载荷转化为等效的当量动载荷 P。P 的含义是轴承在当量动载荷 P 作用下的寿命与在实际工作载荷条件下的寿命相等。当量动载荷的计算公式为

$$P = f_P(XF_r + YF_a) \tag{15.1}$$

式中:f_P 为载荷系数,是考虑机器工作时振动、冲击对轴承寿命影响的系数,见表15.12;F_r 为径向载荷;F_a 为轴向载荷;X、Y 分别为径向载荷系数和轴向载荷系数,如表15.13所列。

15.5 滚动轴承的工作情况分析及计算

表 15.12 载荷系数 f_P

载荷性质	举 例	f_P
无冲击或轻微冲击	电机、汽轮机、通风机、水泵	1.0～1.2
中等冲击	机床、车辆、内燃机、冶金机械、起重机械、减速器	1.2～1.8
强大冲击	轧钢机、破碎机、钻探机、剪床	1.8～3.0

表 15.13 当量动载荷的 X,Y 系数

轴承类型		F_a/C_{0r}①	e③	单列轴承				双列轴承（或成对安装单列轴承）			
				$F_a/F_r \leq e$		$F_a/F_r > e$		$F_a/F_r \leq e$		$F_a/F_r > e$	
名称	类型代号			X	Y	X	Y	X	Y	X	Y
调心球轴承	1	—	$1.5\tan\alpha$②					1	$0.42\cot\alpha$②	0.65	$0.65\cot\alpha$②
调心滚子轴承	2	—	$1.5\tan\alpha$②					1	$0.45\cot\alpha$②	0.67	$0.67\cot\alpha$②
圆锥滚子轴承	3	—	$1.5\tan\alpha$②	1	0	0.4	$0.4\cot\alpha$②	1	$0.45\cot\alpha$②	0.67	$0.67\cot\alpha$②
深沟球轴承	6	0.014	0.19	1	0	0.56	2.30	1	0	0.56	2.3
		0.028	0.22				1.99				1.99
		0.056	0.26				1.71				1.71
		0.084	0.28				1.55				1.55
		0.11	0.30				1.45				1.45
		0.17	0.34				1.31				1.31
		0.28	0.38				1.15				1.15
		0.42	0.42				1.04				1.04
		0.56	0.44				1.00				1.00
角接触球轴承	7 $\alpha=15°$	0.015	0.38	1	0	0.44	1.47	1	1.65	0.72	2.39
		0.029	0.40				1.40		1.57		2.28
		0.058	0.43				1.30		1.46		2.11
		0.087	0.46				1.23		1.38		2.00
		0.12	0.47				1.19		1.34		1.93
		0.17	0.50				1.12		1.26		1.82
		0.29	0.55				1.02		1.14		1.66
		0.44	0.56				1.00		1.12		1.63
		0.58	0.56				1.00		1.12		1.63
	$\alpha=25°$	—	0.68	1	0	0.41	0.87	1	0.92	0.67	1.41

注：① C_{0r} 为径向基本额定静载荷，由产品目录查出；
② 具体数值按不同型号轴承由产品目录或有关手册查出；
③ e 为判别轴向载荷 F_a 对当量动载荷 P 影响程度的参数。

对于只承受纯径向载荷的向心轴承，其当量动载荷为

$$P = f_P F_r \tag{15.2}$$

对于只承受纯轴向载荷的推力轴承，其当量动载荷为

$$P = f_P F_a \tag{15.3}$$

3. 滚动轴承的寿命计算

大量试验证明滚动轴承所承受的载荷 P 与寿命 L 的关系如图 15.10 所示,其方程为

$$P^\varepsilon L_{10} = 常数$$

式中:P 为当量动载荷,单位为 N;L_{10} 为基本额定寿命,单位为 10^6 r;ε 为寿命指数,对于球轴承 $\varepsilon=3$,对于滚子轴承 $\varepsilon=10/3$。由上式及基本额定动载荷的定义可得

$$P^\varepsilon L_{10} = C^\varepsilon \cdot 1$$

则滚动轴承寿命计算的基本公式为

$$L_{10} = \left(\frac{C}{P}\right)^\varepsilon \tag{15.4}$$

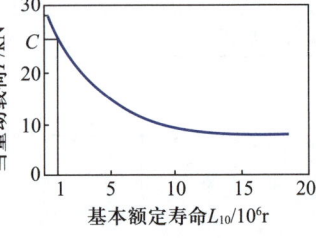

图 15.10 滚动轴承的 $P-L$ 曲线

若用给定转速下的工作小时数 L_{10h} 来表示,则为

$$L_{10h} = \frac{10^6}{60n}\left(\frac{C}{P}\right)^\varepsilon$$

当轴承的工作温度高于 100 ℃ 时,其基本额定动载荷 C 的值将降低,需引入温度系数 f_T 进行修正,得

$$L_{10h} = \frac{10^6}{60n}\left(\frac{f_T C}{P}\right)^\varepsilon \geqslant [L_h] \tag{15.5}$$

若以基本额定动载荷 C 表示,可得

$$C \geqslant \frac{P}{f_T}\left(\frac{60n[L_h]}{10^6}\right)^{\frac{1}{\varepsilon}} \tag{15.6}$$

式中:n 为轴承的工作转速,单位为 r/min;f_T 为温度系数,见表 15.14;$[L_h]$ 为轴承的预期寿命,单位为 h,可根据机器的具体要求或参考表 15.15 确定。

表 15.14 温度系数 f_T

轴承工作温度/℃	100	125	150	175	200	225	250	300
f_T	1	0.95	0.90	0.85	0.80	0.75	0.70	0.60

表 15.15 轴承预期寿命 $[L_h]$ 的参考值

机器种类		预期寿命/h
不经常使用的仪器及设备		500
航空发动机		500~2 000
间断使用的机器	中断使用不致引起严重后果的手动机械、农业机械等	4 000~8 000
	中断使用会引起严重后果的机器设备,如升降机、输送机、吊车等	8 000~12 000
每天工作 8 h 的机器	利用率不高的齿轮传动、电机等	12 000~20 000
	利用率较高的通风设备、机床等	20 000~30 000
连续工作 24 h 的机器	一般可靠性的空气压缩机、电机、水泵等	50 000~60 000
	高可靠性的电站设备、给排水装置等	>100 000

思考题 15.2 在其他条件不变的情况下,载荷增加一倍或转速提高一倍时对轴承的寿命有何影响?

例题 15.1 一水泵选用深沟球轴承,已知轴的直径 $d=35$ mm,转速 $n=2\,900$ r/min,轴承所受径向载荷 $F_r=2\,300$ N,轴向载荷 $F_a=540$ N,工作温度正常,要求轴承预期寿命 $[L_h]=5\,000$ h,试选择轴承型号。

解 (1) 求当量动载荷 P

根据式(15.1)得 $P=f_P(XF_r+YF_a)$

查表 15.12 得 $f_P=1.1$,式中径向载荷系数 X 和轴向载荷系数 Y 要根据 $\dfrac{F_a}{C_{0r}}$ 值查取。C_{0r} 是轴承的径向额定静载荷,未选轴承型号前暂不知道,故用试算法计算。根据表 15.13,暂取 $\dfrac{F_a}{C_{0r}}=0.028$,则 $e=0.22$。由 $F_a/F_r=540/2\,300=0.235>e$,查表 15.13 得 $X=0.56$,$Y=1.99$,则

$$P=1.1\times(0.56\times2\,300+1.99\times540)\text{N}=2\,600\text{ N}$$

(2) 计算所需的径向额定动载荷值

由式(15.6)可得

$$C=\dfrac{P}{f_T}\left(\dfrac{60n[L_h]}{10^6}\right)^{\frac{1}{\varepsilon}}=\dfrac{2\,600}{1}\times\left(\dfrac{60\times2\,900}{10^6}\times5\,000\right)^{\frac{1}{3}}\text{N}=24\,820\text{ N}$$

(3) 选择轴承型号

查有关轴承的手册,根据 $d=35$ mm 选得 6307 轴承,其 $C_r=33\,200$ N $>24\,820$ N,$C_{0r}=19\,200$ N。6307 轴承的 $\dfrac{F_a}{C_{0r}}=\dfrac{540}{19\,200}=0.028\,1$,与初定值相近,所以选用深沟球轴承 6307 合适。

4. 向心角接触轴承的载荷计算

(1) 向心角接触轴承的内部轴向力

向心角接触轴承的结构特点是在滚动体和滚道接触处存在着接触角 α。在承受径向载荷 F_r 时会产生内部轴向力 F_S,使得载荷作用线偏离轴承宽度的中点,而与轴心线交于 O 点,O 点称为载荷作用中心,即为轴承实际支点,如图 15.11 所示。当其受径向载荷 F_r 时,作用在承载区内的滚动体上的法向力 F_i 可分解为径向分力 F_{ri} 和轴向分力 F_{ai},各滚动体上所受的轴向分力之和即为轴承的内部轴向力 F_S,其值可按表 15.16 所列的近似式计算,而方向由外圈的宽边指向窄边,将产生使轴承内、外圈分离的趋势。

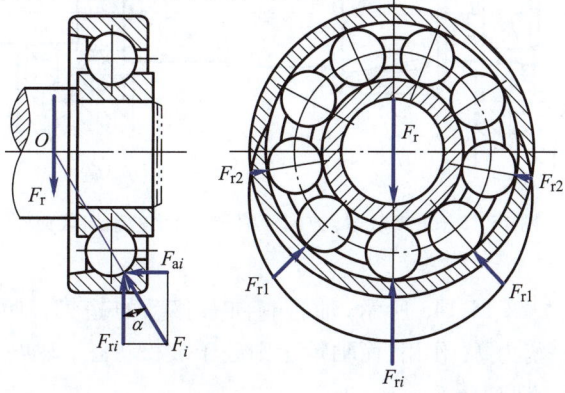

图 15.11 角接触球轴承中径向载荷所产生的轴向分力

表 15.16 向心角接触轴承的内部轴向力 F_s

轴承类型	圆锥滚子轴承	角接触球轴承(7类)		
		$\alpha = 15°$	$\alpha = 25°$	$\alpha = 40°$
F_s	$F_r/(2Y)$	$0.4F_r$	$0.68F_r$	$1.14F_r$

注:1. Y 为 $\dfrac{F_a}{F_r} > e$ 时,圆锥滚子轴承的轴向系数;

2. 若接触角 α 与 Y 的关系式为 $Y = 0.4\cot\alpha$,可查有关手册确定 α 的值。

(2) 向心角接触轴承的轴向载荷计算

为了使向心角接触轴承能正常工作,通常采用两个轴承成对使用、对称安装的方式。图 15.12 所示为成对安装角接触轴承的两种安装方式。正装时外圈窄边相对,轴的实际支点偏向两支点内侧;反装时外圈窄边相背,轴的实际支点偏向两支点外侧。简化计算时可近似认为支点在轴承宽度的中点处。

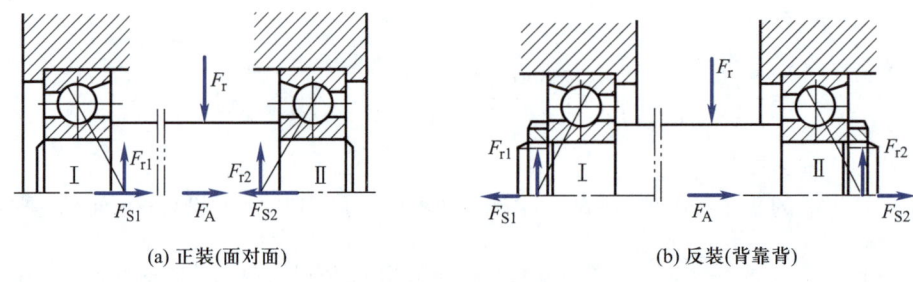

(a) 正装(面对面) (b) 反装(背靠背)

图 15.12 角接触轴承轴向载荷的分析

因此在计算轴承所受的轴向载荷时,不但要考虑 F_r 与 F_A 的作用,还要考虑到安装方式的影响。下面以一对角接触球轴承支承的斜齿轮轴为例分析轴承上所承受的轴向载荷,如图 15.13 所示。

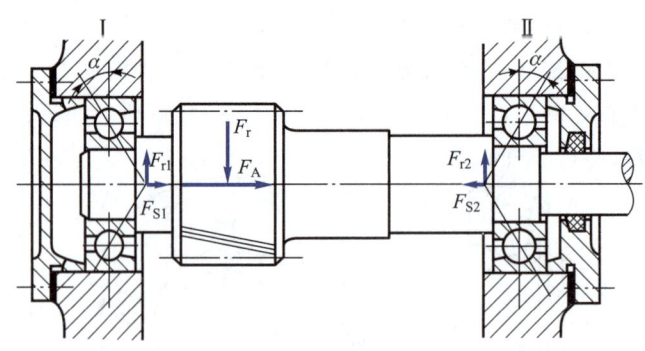

图 15.13 角接触球(或圆锥滚子)轴承的轴向载荷

若 $F_{S1} + F_A > F_{S2}$ 时,如图 15.14a 所示,轴将有向右移动的趋势,轴承 Ⅱ 被端盖顶住而压紧。轴承 Ⅱ 上将受到平衡力 F'_{S2} 作用,而轴承 Ⅰ 则处于放松状态。轴与轴承组件处于平衡状态,则 $F_{S1} + F_A = F_{S2} + F'_{S2}$,即 $F'_{S2} = F_{S1} + F_A - F_{S2}$。

轴承Ⅱ除受内部轴向力 F_{S2} 的作用外还受到轴向平衡力 F'_{S2} 的作用,而轴承Ⅰ仅受自身的内部轴向力 F_{S1} 的作用,则压紧端轴承Ⅱ所受的轴向载荷为

$$F_{a2} = F_{S2} + F'_{S2} = F_{S1} + F_A$$

放松端轴承Ⅰ所受的轴向载荷为

$$F_{a1} = F_{S1}$$

若 $F_{S1} + F_A < F_{S2}$ 时,如图 15.14b 所示,轴将有向左移动的趋势,左端轴承Ⅰ被压紧,而右端轴承Ⅱ被放松。用上述分析方法可得出:

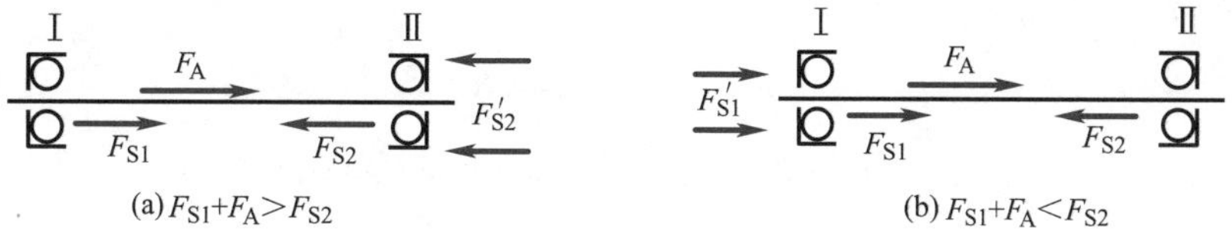

图 15.14　轴向力示意图

压紧端轴承Ⅰ所受的轴向载荷为

$$F_{a1} = F_{S1} + F'_{S1} = F_{S2} - F_A$$

放松端轴承Ⅱ所受的轴向载荷为

$$F_{a2} = F_{S2}$$

由此可得计算两支点轴向载荷的步骤如下:

1) 根据轴承和安装方式,画出内部轴向力 F_{S1} 和 F_{S2} 的方向;

2) 设内部轴向力 F_{S1} 与外载荷 F_A 同向,F_{S2} 与 F_A 反向。通过比较 $F_A + F_{S1}$ 与 F_{S2} 的大小判断轴的移动趋势及轴承的压紧及放松端;

3) 压紧端的轴向载荷 F_a 等于除去压紧端本身的内部轴向力外,所有轴向力的代数和,以向压紧方向为"+";

4) 放松端的轴向载荷 F_a 等于放松端本身的内部轴向力 F_S。

例题 15.2　一工程机械的传动装置中,根据工作条件决定采用一对向心角接触球轴承(图 15.15),并初选轴承型号为 7211 AC。已知轴承所受载荷 $F_{r1} = 3\ 300$ N,$F_{r2} = 1\ 000$ N,轴向载荷 $F_A = 900$ N,轴的转速 $n = 1\ 750$ r/min,轴承在常温下工作,运转中受中等冲击,轴承预期寿命 10 000 h。试问所选轴承型号是否恰当?

由题意可知,根据已知的工作情况先选轴承的类型;再结合轴组件的结构设计,初选轴承的型号。然后验算所选轴承的型号是否恰当,这是生产中常用的设计计算方法。

在现场还有一种设计计算方法,即采用类比法,选定类型和尺寸,不必进行验算。其缺点是设计人员必须要有足够的实际经验。

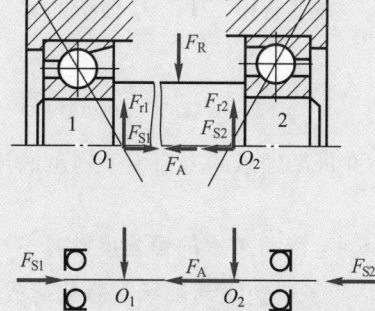

图 15.15　向心角接触轴承受载分析

解 （1）计算轴承的轴向力 F_{a1}、F_{a2}

由表 15.16 查得 7211 AC 轴承内部轴向力的计算公式为

$$F_S = 0.68 F_r$$

则 $F_{S1} = 0.68 F_{r1} = 0.68 \times 3\,300 \text{ N} = 2\,244 \text{ N}$（方向如图示）

$$F_{S2} = 0.68 F_{r2} = 0.68 \times 1\,000 \text{ N} = 680 \text{ N}（方向如图示）$$

因为 $F_{S2} + F_A = (680 + 900) \text{ N} = 1\,580 \text{ N} < F_{S1}$

所以轴承 2 为压紧端，故有

$$F_{a1} = F_{S1} = 2\,244 \text{ N}$$

$$F_{a2} = F_{S1} - F_A = (2\,244 - 900) \text{ N} = 1\,344 \text{ N}$$

（2）计算轴承的当量动载荷 P_1、P_2

由表 15.13 查得 7211 AC 轴承的 $e = 0.68$，而

$$\frac{F_{a1}}{F_{r1}} = \frac{2\,244}{3\,300} = 0.68 = e$$

$$\frac{F_{a2}}{F_{r2}} = \frac{1\,344}{1\,000} = 1.344 > e$$

查表 15.13 可得 $X_1 = 1, Y_1 = 0; X_2 = 0.41, Y_2 = 0.87$。根据表 15.12 取 $f_P = 1.4$，则轴承的当量动载荷为

$$P_1 = f_P (X_1 F_{r1} + Y_1 F_{a1}) = 1.4(1 \times 3\,300 + 0 \times 2\,244) \text{ N} = 4\,620 \text{ N}$$

$$P_2 = f_P (X_2 F_{r2} + Y_2 F_{a2}) = 1.4(0.41 \times 1\,000 + 0.87 \times 1\,344) \text{ N} = 2\,211 \text{ N}$$

（3）计算轴承寿命 L_{10h}

因两个轴承的型号相同，所以其中当量动载荷大的轴承寿命短。因 $P_1 > P_2$，所以只需计算轴承 Ⅰ 的寿命。

查手册得 7211 AC 轴承的 $C_r = 50\,500$ N。取 $\varepsilon = 3, f_T = 1$，则由式 (15.5) 式得

$$L_{10h} = \frac{10^6}{60n} \left(\frac{f_T C}{P} \right)^{\varepsilon} = \frac{10^6}{60 \times 1\,750} \times \left(\frac{1 \times 50\,500}{4\,620} \right)^3 \text{ h} = 12\,437 \text{ h}$$

由此可见轴承的寿命大于轴承的预期寿命，所选轴承型号合适。

15.5.4　滚动轴承的静强度计算

为了避免滚动轴承在静载荷或冲击载荷作用下产生过大的塑性变形，应按静强度对轴承作校核计算。对于缓慢摆动或极低速运转的轴承，应按轴承的静载荷选择轴承的尺寸。

1. 基本额定静载荷 C_0

基本额定静载荷是指轴承承受最大载荷滚动体与滚道接触中心处引起以下接触应力时的载荷：调心球轴承为 4\,600 MPa；所有其他型号的球轴承为 4\,200 MPa；滚子轴承为

4 000 MPa。

基本额定静载荷对于向心轴承为径向额定静载荷 C_{0r};对推力轴承为轴向额定静载荷 C_{0a}。各类轴承的 C_0 值可由轴承标准中查得。

2. 当量静载荷 P_0

当量静载荷被定义为大小和方向为恒定的静载荷,是一个假想载荷。在该载荷作用下应力最大的滚动体和滚道接触处总的永久变形量与实际载荷作用下的永久变形量相同。对于同时承受径向载荷 F_r 和轴向载荷 F_a 的轴承,应按当量静载荷 P_0 进行计算。

向心轴承的径向当量静载荷 P_0 按下式计算:

$\alpha = 0$ 的向心滚子轴承为

$$P_0 = F_r \tag{15.7}$$

向心球轴承和 $\alpha \neq 0$ 的向心滚子轴承为

$$\begin{cases} P_0 = X_0 F_r + Y_0 F_a \\ P_0 = F_r \end{cases} \tag{15.8}$$

式中:X_0、Y_0 分别为静径向载荷系数和静轴向载荷系数,见表 15.17,取式(15.8)中两式计算值的较大值。

推力轴承的轴向当量静载荷按下式计算:

$\alpha = 90°$ 的推力轴承为

$$P_0 = F_a \tag{15.9}$$

$\alpha \neq 90°$ 的推力轴承为

$$P_0 = 2.3 F_r \tan \alpha + F_a \tag{15.10}$$

3. 静强度计算

限制轴承产生过大塑性变形的静强度计算公式为

$$\frac{C_0}{P_0} \geq S_0 \tag{15.11}$$

式中:S_0 为静强度安全系数,如表 15.18 所列;C_0 为基本额定静载荷,单位为 N;P_0 为当量静载荷,单位为 N。

对于有短期的严重过载、转速较高的轴承,或对承受强大冲击载荷、一般转速的轴承,除进行寿命计算外,还应进行静强度校核。

例题 15.3 试对 7205 AC 角接触轴承进行静强度计算。已知轴承所受轴向载荷 $F_a = 1\ 300$ N,径向载荷 $F_r = 1\ 800$ N,载荷系数 $f_P = 1.2$,工作转速 $n = 460$ r/min,每天工作 8 h。

解 (1) 计算当量静载荷

查手册得 7205 AC 轴承的 $C_{0r} = 9\ 880$ N,由表 15.17 查得 $X_0 = 0.5$,$Y_0 = 0.38$,由式(15.8)可得

$$P_0 = X_0 F_r + Y_0 F_a = (0.5 \times 1\ 800 + 0.38 \times 1\ 300)\ \text{N} = 1\ 394\ \text{N}$$

$$P_0 = F_r = 1\ 800\ \text{N}$$

取两计算值中的较大值,即 $P_0 = 1\ 800$ N。

第 15 章 轴承

(2) 静强度校核

由表 15.18,对回转精度和平稳性要求高的轴承取 $S_0 = 1.2 \sim 2.5$,由式(15.11)得

$$\frac{C_{0r}}{P_0} = \frac{9\,880}{1\,800} = 5.5 > S_0$$

所以轴承的静强度足够。

表 15.17 滚动轴承的 X_0 和 Y_0 值

轴承类型		单列		双列	
		X_0	Y_0	X_0	Y_0
深沟球轴承		0.6	0.5	0.6	0.5
角接触球轴承	$\alpha = 15°$	0.5	0.46	1	0.92
	$\alpha = 20°$		0.42		0.84
	$\alpha = 25°$		0.38		0.76
	$\alpha = 30°$		0.33		0.66
	$\alpha = 35°$		0.29		0.58
	$\alpha = 40°$		0.26		0.52
	$\alpha = 45°$		0.22		0.44
调心球轴承	$\alpha \neq 0$	0.5	$0.22\cot\alpha$	1	$0.44\cot\alpha$
调心滚子轴承	$\alpha \neq 0$	0.5	$0.22\cot\alpha$	1	$0.44\cot\alpha$
圆锥滚子轴承		0.5	$0.22\cot\alpha$	1	$0.44\cot\alpha$

注:1. 对于两个相同的深沟球轴承、角接触球轴承或圆锥滚子轴承,以"背对背"或"面对面"成对安装在同一支点上作为一个整体运转时,计算其径向当量静载荷时用双列轴承的 X_0 和 Y_0 值, F_r 和 F_a 取为作用在该支承上的总载荷;对于"串联"安装则计算时用单列轴承的 X_0 和 Y_0 值, F_r 和 F_a 也取为作用于该支承上的总载荷;
2. 表中 α 为公称接触角。

表 15.18 滚动轴承的静强度安全系数 S_0

	使用要求或载荷性质	S_0
旋转轴承	正常使用	0.8~1.2
	对回转精度和运转平稳性要求较低、没有冲击和振动	0.5~0.8
	对回转精度和运转平稳性要求较高	1.5~2.5
	承受较大振动和冲击	1.2~2.5
静止轴承(静止、缓慢摆动、极低速旋转)	不需经常旋转的轴承、一般载荷	0.5
	不需经常旋转的轴承、有冲击载荷或载荷分布不均(例如水坝闸门 $S_0 \geq 1$,吊桥 $S_0 \geq 1.5$)	1~1.5

注:1. 推力调心滚子轴承无论旋转与否均取 $S_0 \geq 2$;对旋转轴承,滚子轴承比球轴承的 S_0 值取得高,一般均不小于1;
2. 与轴承配合部位的座体刚度较低时应取较高的安全系数,反之取较低的值。

15.6 滚动轴承的选择

滚动轴承是一种高度标准化的部件,它的选择可分成两个步骤进行:1) 按工作条件首

先确定滚动轴承的类型；2）选择轴承的尺寸。

1. 轴承类型的选择

根据本章 15.4 节中所述，选择轴承的类型时必须考虑 5 个原则。应先选取几个轴承类型方案，然后进行全面的分析比较，最后才能确定究竟选用哪一类型的轴承最为合适。

2. 轴承尺寸的选择

在选定轴承的类型后，求出轴承的当量动载荷 P（或当量静载荷 P_0），代入式（15.6）求出基本额定动载荷 C，然后查有关的轴承手册确定轴承的尺寸。

轴承的工作转速不同则其失效形式也不同，因而寿命计算方法及选择轴承尺寸的原则也不同，下面分几种情况予以讨论：

（1）对于静止轴承、缓慢摆动或极低速运转的轴承（工作转速 $n<1$ r/min），根据其失效形式可知选择轴承时应按静载荷计算。求出轴承的基本额定静载荷 C_0，使 $C_0 \geqslant S_0 P_0$，查有关轴承手册确定轴承的尺寸。

（2）对于一般运转的轴承（10 r/min$<n \leqslant n_{\lim}$），按寿命计算进行轴承尺寸的选择。

（3）当轴承的工作转速 n 在 1~10 r/min 之间时，其轴承尺寸的选择有两种方法：① 按 $n=10$ r/min选择轴承尺寸；② 一方面将实际的 n 值代入寿命计算公式中计算出 C 值，另一方面按静载荷强度计算公式计算出 C_0 值。将二者进行比较，把其中较大值对应的轴承尺寸作为所选的轴承尺寸。

（4）对于转速较高又同时承受冲击载荷的轴承，除进行寿命计算外，还要进行轴承的静强度校核。

（5）对于高速轴承，除进行寿命计算外还应检验极限转速。

若不能满足要求时则可放大轴承的尺寸。

3. 公差等级的选择

对于同型号的轴承，其精度越高价格也越高。因此，应根据工作需要选用合适的轴承公差等级，一般的机械传动中宜选用普通级（P0）精度的轴承。

15.7 滚动轴承的组合设计

为保证滚动轴承的正常工作，除了要合理选择轴承的类型和尺寸外，还必须正确、合理地进行轴承的组合设计，即正确解决轴承的轴向位置固定、轴承与其他零件的配合、轴承的调整与装拆等问题。

15.7.1 轴承套圈的轴向固定

1. 内圈固定

图 15.16 所示为轴承内圈轴向固定的常用方法。轴承内圈的一端常用轴肩定位固定，另一端则可采用轴用弹性挡圈（图 15.16a）、轴端挡圈（图 15.16b）、圆螺母和止动垫圈（图 15.16c）、开口圆锥紧定套、止动垫圈和圆螺母（图 15.16d）等定位形式。

为保证定位可靠，轴肩圆角半径必须小于轴承的倒角和圆角半径。

2. 外圈固定

图 15.17 所示为轴承外圈轴向固定的常用方法。外圈在轴承孔中的轴向位置常用座孔的台肩（图 15.17a）、轴承盖（图 15.17b，c）、止动环（图 15.17d）、孔用弹性挡圈（图 15.17e）、

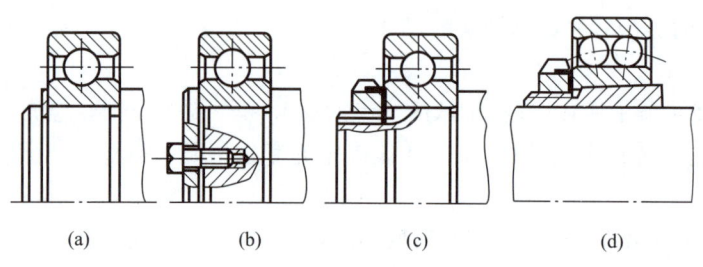

图 15.16　内圈轴向固定的常用方法

螺纹环(图 15.17g)、套杯肩环(图 15.17i)等结构固定。

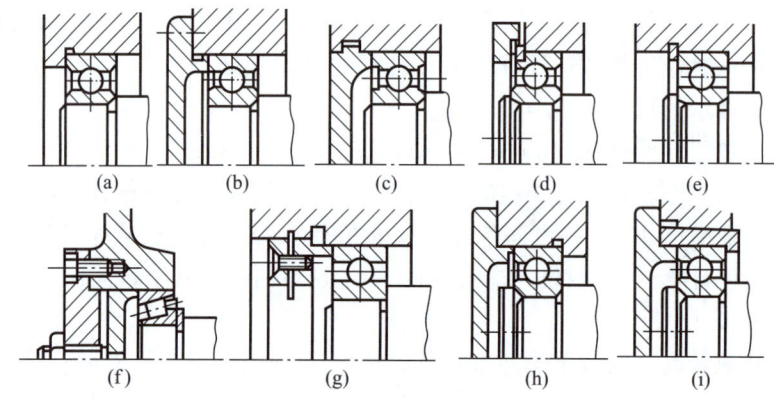

图 15.17　外圈轴向固定方法

轴向固定可以是单向固定也可以是双向固定。

15.7.2　轴组件的轴向固定

滚动轴承组成的支承结构必须满足轴组件轴向定位可靠、准确的要求,并要考虑轴在工作中有热伸长时其伸长量能够得到补偿。常用轴组件轴向固定的方式有以下三种。

1. 两端固定式

图 15.18a 所示为全固式支承结构,轴的两个支点中每个支点都能限制轴的单向移动,两个支点合起来就限制了轴的双向移动。这种支承形式结构简单,适用于工作温度变化不大的短轴(跨距≤350 mm)。考虑到轴受热后会伸长,一般在轴承端盖与轴承外圈端面间留有补偿间隙 $a=0.2\sim0.4$ mm。也可由轴承游隙来补偿,如图 15.18a 下半部分所示。当采用角接触球轴承或圆锥滚子轴承时,轴的热伸长量只能由轴承的游隙来补偿。间隙 a 和轴承游隙的大小可用垫片或图 15.18b 中所示的调整螺钉等来调节。

2. 一端固定、一端游动式

在图 15.19a 所示的支承结构中,一个支点为双向固定(图中左端),另一个支点则可作轴向游动(图中右端),这种支承结构称为游动支承。选用深沟球轴承作为游动支承时应在轴承外圈与端盖间留适当间隙;选用圆柱滚子轴承作为游动支承时(图 15.19b),依靠轴承本身具有内、外圈可分离的特性达到游动目的。这种固定方式适用于工作温度较高的长轴(跨距 $L>350$ mm)。

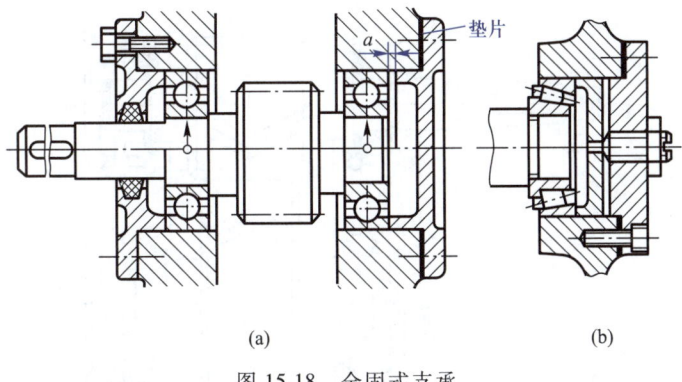

(a)   (b)

图 15.18　全固式支承

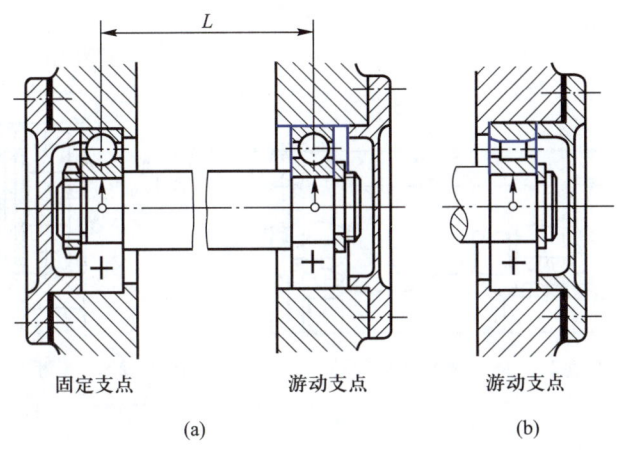

(a)   (b)

图 15.19　固游式支承

3. 两端游动式

如图 15.20 所示的人字齿轮传动中,小齿轮轴两端的支承均可沿轴向游动,即为两端游动,而大齿轮轴的支承结构采用了两端固定结构。由于人字齿轮的加工误差使得轴转动时产生左右窜动,而小齿轮轴采用两端游动的支承结构,满足了其运转中自由游动的需要,并可调节啮合位置。若小齿轮轴的轴向位置也固定,将会发生干涉甚至卡死现象。

思考题 15.3　同一根轴的两端支承,虽然承受载荷不等,但为什么常采用一对相同型号的滚动轴承?

15.7.3　轴承组合的调整

1. 轴承间隙的调整

为使轴正常工作,通常采用如下调整措施保证滚动轴承应有的轴向间隙。

（1）调整垫片

如图 15.21 所示,靠增减端盖与箱体接合面间垫片的厚度(δ_1、δ_2)进行调整。

（2）可调压盖

如图 15.22 所示,利用端盖上的螺钉控制轴承外圈可调压盖的位置来实现调整,调整后用螺母锁紧防松。可调压盖适于各种不同的端盖形式。

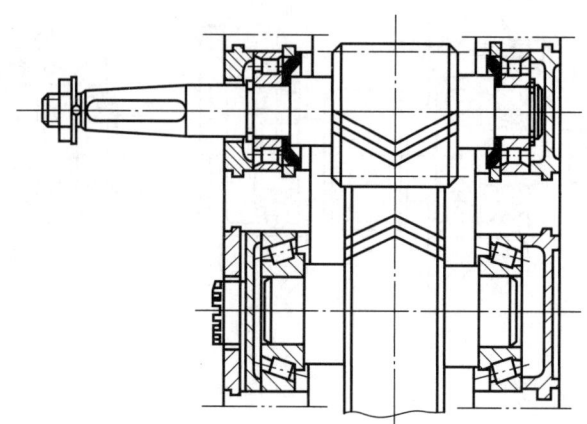

图 15.20　全游式支承

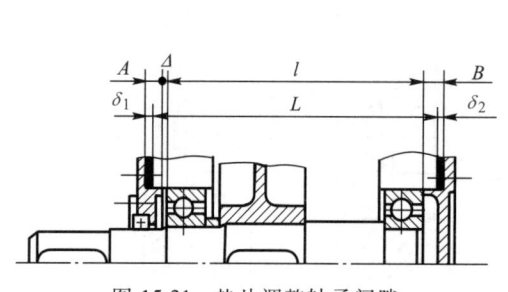

图 15.21　垫片调整轴承间隙

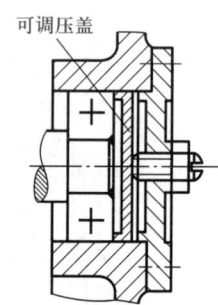

图 15.22　可调压盖调整轴承间隙

（3）调整环

如图 15.23 所示，在端盖与轴承间设置不同厚度的调整环来进行调整。这种调整方式适用于嵌入式端盖。

2. 轴组件位置的调整

某些场合要求轴上安装的零件必须有准确的轴向位置，例如，锥齿轮传动要求两锥齿轮的节锥顶点相重合，蜗杆传动要求蜗轮的中间平面要通过蜗杆的轴线等。这种情况下就需要有轴向位置调整的措施。

图 15.24 所示为锥齿轮轴组件位置的调整方式，通过改变套杯与箱体间垫片 1 的厚度，使套杯作轴向移动，以调整锥齿轮的轴向位置。垫片 2 则用来调整轴承间隙。

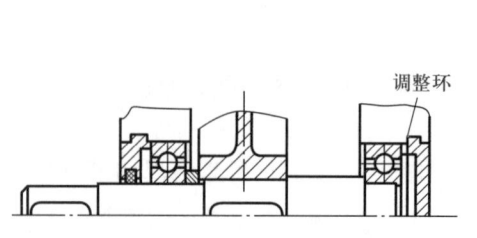

图 15.23　调整环调整轴向间隙

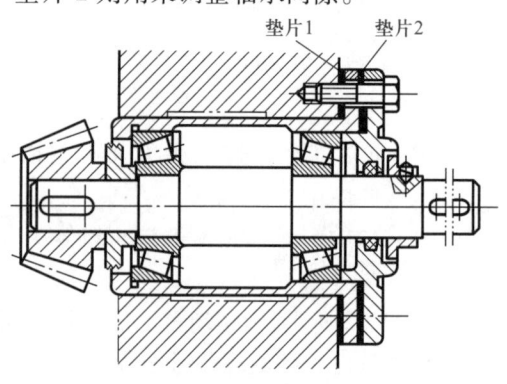

图 15.24　调整轴的位置和轴承内部间隙

15.7.4 轴承组合支承部分的刚度和同轴度

在支承结构中安装轴承处必须要有足够的刚度才能使滚动体正常滚动。因此轴承座孔壁应有足够的厚度,并用加强肋增强其刚性,如图 15.25 所示。

支承结构中同一根轴上的轴承座孔应尽可能同轴。为此应采用整体结构的外壳,并将安装轴承的两个座孔一次镗出。如果一根轴上装有不同尺寸的轴承,则可利用衬套使轴承座孔径相同,以便各座孔能一次镗出,如图 15.26 所示。

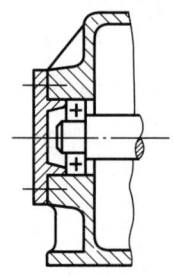
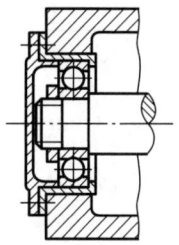

图 15.25 用加强肋增强轴承座孔的刚性　　图 15.26 使用衬套的轴承座孔

向心推力轴承安装方式不同时,轴承组合的刚性也不同。一般机器中常用正装方式,以便于安装和调节。

思考题 15.4 试分析图 15.27 所示轴承组的安装方式:1) 它们分别是正装还是反装?(对于图 b,分析其一个支点上轴承的安装方式)2) 分析各安装方式的特点。

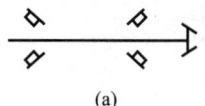 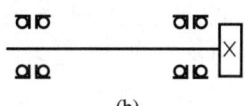 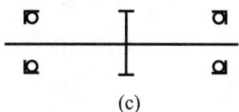

(a)　　　　　　　(b)　　　　　　　(c)

图 15.27 轴承组安装方式示意图

15.7.5 轴承的预紧

轴承的预紧就是在安装轴承时使其受到一定的轴向力,以消除轴承的游隙并使滚动体和内、外圈接触处产生弹性预变形。预紧的目的在于提高轴承的刚度和回转精度。成对并列使用的圆锥滚子轴承、角接触球轴承、对回转精度和刚度有较高要求的轴组件通常都采用预紧方法。常用的预紧方法有磨窄套圈并加预紧力、在套圈间加垫片并加预紧力、在两轴承间加入不等厚的套筒控制预紧力等,如图 15.28 所示。

思考题 15.5 深沟球轴承、向心角接触轴承工作时,如受到较小的轴向外载荷作用反而对轴承寿命有利,这是为什么?结构设计时如何考虑利用这一特点?

15.7.6 滚动轴承的配合与装拆

合理选择滚动轴承的配合与装拆方法是影响轴组件的回转精度、轴承的使用寿命以及轴承维护难易的重要因素。

1. 滚动轴承的配合

滚动轴承是标准件,因此轴承内圈与轴的配合采用基孔制,轴承外圈与轴承座孔的配合

第 15 章　轴承

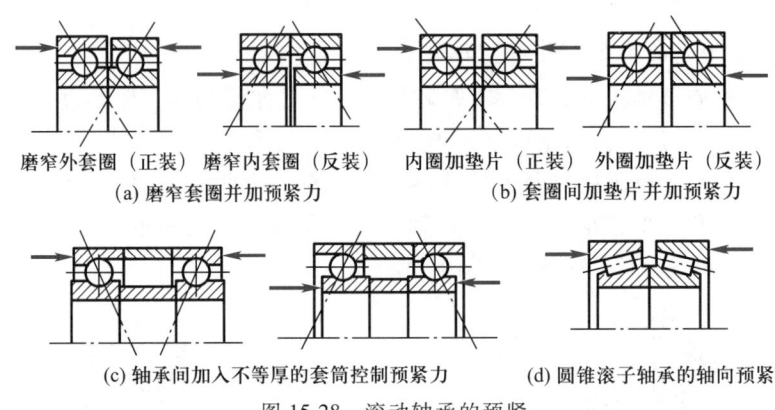

图 15.28　滚动轴承的预紧

采用基轴制。但滚动轴承公差带与一般圆柱面配合的公差带不同,轴承内孔和外径的上偏差为 0,下偏差为负,所以内圈与轴配合较紧,而外圈与座孔的配合较松。

在设计时,应根据机器的工作条件、载荷的大小及性质、转速的高低、工作温度及内外圈中哪一个套圈转动等因素选择轴承的配合。可参考以下几个原则进行选择:

（1）当外载荷方向不变时,转动套圈应比固定套圈的配合紧一些。一般内圈随轴转动,外圈固定不转,故内圈常取具有过盈的过渡配合,如 r6、n6、m6、k6、j6;外圈常取较松的配合,如 G7、H7、J7、K7、M7 等。

（2）高速重载情况下应采用较紧配合。

（3）作游动支承的轴承外圈与座孔间应采用间隙配合,但又不能过松而发生相对转动。

（4）轴承与空心轴的配合应选用较紧配合,剖分式轴承座座孔与轴承外圈的配合应较松。

（5）充分考虑温升对配合的影响。

滚动轴承配合的选择可查阅有关的设计手册。

2. 滚动轴承的安装与拆卸

滚动轴承是精密部件,因而装拆方法必须规范,否则会使轴承精度降低,损坏轴承和其他零部件。

滚动轴承的组合结构应有利于轴承的装拆。装拆时,要求滚动体不受力,装拆力要对称或均匀地作用在座圈端面上。

（1）轴承的安装

1）冷压法　常用专用压套压装轴承的内、外圈,如图 15.29 所示。

2）热套法　将轴承放入油池中加热至 80~100 ℃,然后套装在轴上。

（2）轴承的拆卸

应采用专用拆卸工具或压力机拆卸轴承,如图 15.30 所示。

为了便于拆卸,轴上定位轴肩的高度应小于轴承内圈的高度。同理,轴承外圈在套筒内应留出足够的高度和必要的拆卸空间,或在壳体上制出能放置拆卸螺钉的螺孔,如图 15.31 所示。

思考题 15.6　在相同工作条件下,实心轴和空心轴与轴承内径的配合,哪一个轴取得较紧些,为什么?

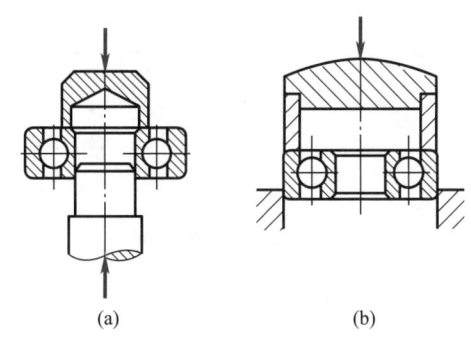

图 15.29　冷压法装轴承

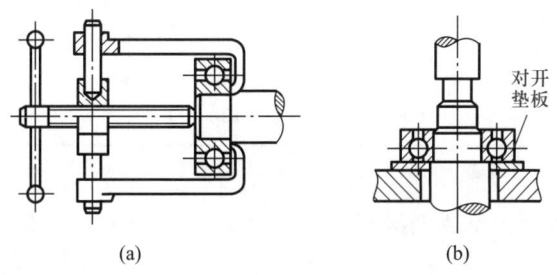

图 15.30　轴承内圈的拆卸

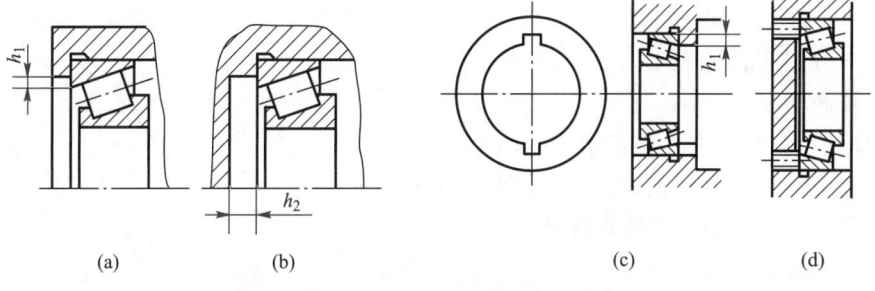

图 15.31　轴承外圈的拆卸

15.7.7　滚动轴承的润滑与密封

根据滚动轴承的实际工作条件选择合适的润滑方式并设计可靠的密封结构，是保证滚动轴承正常工作的重要条件，对滚动轴承的使用寿命有着重要的影响。

1. 滚动轴承的润滑

滚动轴承润滑的主要目的是减少摩擦与磨损，同时起到冷却、吸振、防锈及降低噪声等作用。

滚动轴承常用的润滑剂有润滑油、润滑脂及固体润滑剂。润滑方式和润滑剂的选择，可根据表征滚动轴承转速大小的速度因素 dn 值来确定。表 15.19 列出了各种润滑方式下轴承的允许 dn 值。表 2.1、表 2.2 分别列出常用的润滑油、润滑脂的主要性质与用途。

表 15.19　各种润滑方式下轴承的允许 dn 值　　　　　　　　mm·r/min

轴承类型	脂润滑	油　润　滑			
		油浴、飞溅润滑	滴油润滑	压力循环、喷油润滑	油雾润滑
深沟球轴承	160 000	250 000	400 000	600 000	>600 000
调心球轴承	160 000	250 000	400 000		
角接触球轴承	160 000	250 000	400 000	600 000	>600 000
圆柱滚子轴承	120 000	250 000	400 000	600 000	
圆锥滚子轴承	100 000	160 000	230 000	300 000	
调心滚子轴承	80 000	120 000		250 000	
推力球轴承	40 000	60 000	120 000	150 000	

注：d——轴承内径，mm；n——转速，r/min。

最常用的滚动轴承润滑剂为润滑脂。脂润滑适用于 dn 值较小的场合，其特点是不易流失、易于密封、油膜强度高、承载能力强，一次加脂后可以工作相当长的时间。装填润滑脂时一般不超过轴承内空隙的 1/3~1/2，以免因润滑脂过多而引起轴承发热，影响轴承的正常工作。

油润滑适用于高速、高温条件下工作的轴承。油润滑的优点是摩擦系数小、润滑可靠，且具有冷却散热和清洗的作用。缺点是对密封和供油的要求较高。

选用润滑油时，根据工作温度和 dn 值由图 15.32 选出润滑油应具有的黏度值，然后根据黏度值从润滑油产品目录中选出相应的润滑油牌号。

常用的油润滑方式有：

（1）油浴润滑　如图 15.33 所示，轴承局部浸入润滑油中，油面不得高于最低滚动体中心。该方法简单易行，适用于中、低速轴承的润滑。

（2）飞溅润滑　这是一般闭式齿轮传动装置中轴承常用的润滑方法。利用转动的齿轮把润滑油甩到箱体的四周内壁上，然后通过沟槽把油引到轴承中。

（3）喷油润滑　利用油泵将润滑油增压，通过油管或油孔，经喷嘴将润滑油对准轴承内圈与滚动体间的位置喷射，从而润滑轴承。这种方法适用于转速高、载荷大、要求润滑可靠的轴承。

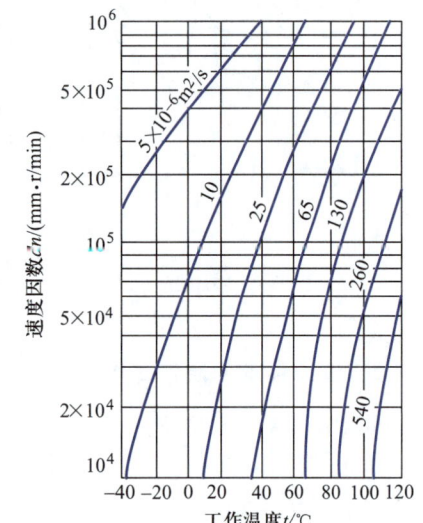

图 15.32　滚动轴承润滑油黏度的选择

（4）油雾润滑　油的雾化需采用专门的油雾发生器，如图 15.34 所示。油雾润滑有益于轴承冷却，供油量可以精确调节，适用于高速、高温轴承部件的润滑。使用时应注意避免油雾外溢而污染环境。

15.7 滚动轴承的组合设计

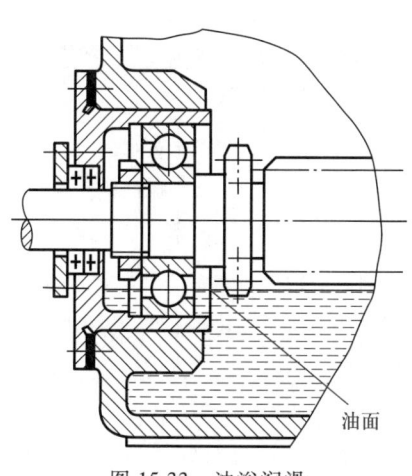

图 15.33 油浴润滑

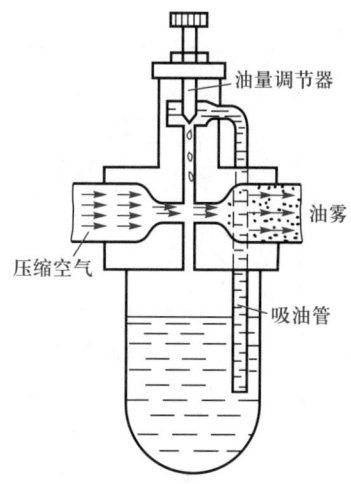

图 15.34 油雾发生器

2. 滚动轴承的密封

为了保持良好的润滑效果及工作环境,防止润滑油泄出,阻止灰尘、杂物及水分的侵入,必须设计可靠的滚动轴承的密封结构及装置。滚动轴承密封装置的选择与润滑的种类、工作环境和温度、密封表面的圆周速度等因素有关。滚动轴承的密封分接触式密封、非接触式密封和组合式密封等。各种密封装置的结构、特点及应用见表 15.20。

表 15.20 密封装置的类型、特点及应用

密封型式			简　图	特　点	应用范围
非接触式	间隙式	缝隙式		一般间隙为 0.1~0.3 mm,间隙越小、间隙宽度越长,密封效果越好	适用于环境比较干净的脂润滑
		油沟式		在端盖配合面上开 3 个以上宽 3~4 mm、深 4~5 mm 的沟槽,并在其中填充脂	适用于脂润滑,速度不限
		W 形间隙		在轴或轴套上开有"W"形槽来甩回渗漏的油,并在端盖上开回油孔(槽)	适用于油润滑,速度不限

续表

密封型式		简　图	特　点	应用范围
非接触式	迷宫式 轴向迷宫		轴向迷宫曲路由轴套和端盖的轴向间隙组成。端盖剖分。曲路沿轴向展开,径向尺寸紧凑	适用于比较脏的工作环境,如金属切削机床的工作端
	迷宫式 径向迷宫		径向迷宫曲路由轴套和端盖的径向间隙组成。曲路沿径向展开,装拆方便	与轴向迷宫应用相同,但较轴向迷宫用得更广
	迷宫式 组合迷宫式		组合迷宫曲路由两组"Γ"形垫圈组成,占用空间小,成本低,组数越多密封效果越好	适用于成批生产的条件,可用于油或脂密封
非接触式	挡油盘		挡油盘随轴一起转动,转速越高密封效果越好	适用于防止轴承中的油泄出,又可防止外部油流冲击或杂质侵入
	挡油环		挡油环随轴一起转动。转速越高密封效果越好	适用于脂密封,也可防止油侵入
接触式	毛毡密封 单毡圈		用羊毛毡填充槽中,使毡圈与轴表面经常摩擦以实现密封	适用于干净、干燥环境的脂密封,一般接触处的圆周速度不大于 $4\sim5$ m/s,抛光轴可达 $7\sim8$ m/s
	毛毡密封 双毡圈		毛毡圈可间歇调紧,密封效果更好,而且拆换毛毡方便	同单毡圈密封的应用情况
	皮碗密封 密封唇向里		皮碗用弹簧圈把唇紧箍在轴上,密封唇朝向轴承,防止油泄出	适用于油润滑密封,滑动速度不大于 7 m/s,工作温度不大于 100 ℃

续表

密封型式		简　图	特　点	应用范围
接触式	皮碗密封 密封唇向外	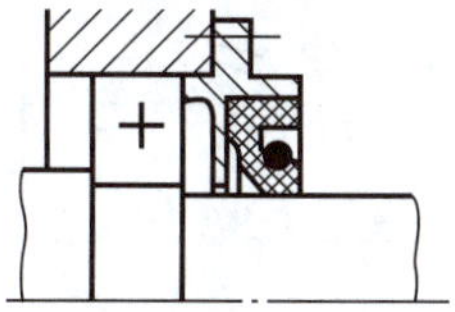	密封唇背向轴承,以防止外界灰尘、杂物侵入,也可防止油外泄	同密封唇向里的结构
	双唇式	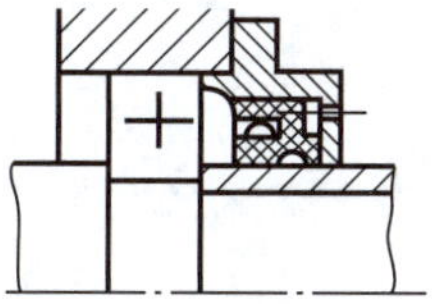	采用双唇皮碗,既可防油外泄,又可防灰尘、杂物侵入	同密封唇向里的结构
组合式	迷宫毛毡组合	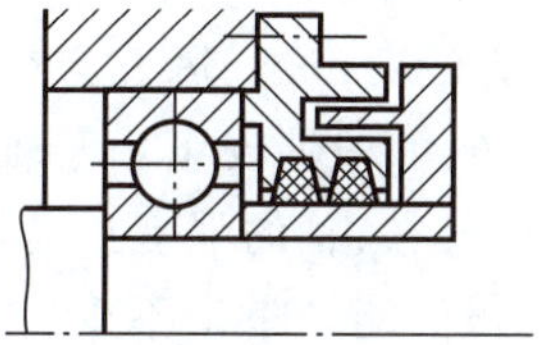	迷宫与毛毡密封组合,密封效果好	适用于油或脂润滑的密封,接触处圆周速度不大于 7 m/s
	挡油环皮碗组合	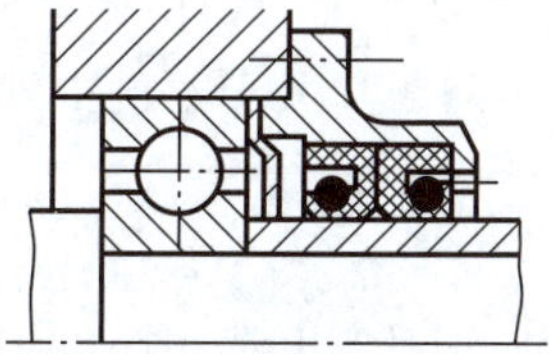	挡油环与皮碗密封组合	适用于油或脂润滑的密封,接触处圆周速度可大于 7~15 m/s
	甩油环、W 形间隙密封组合	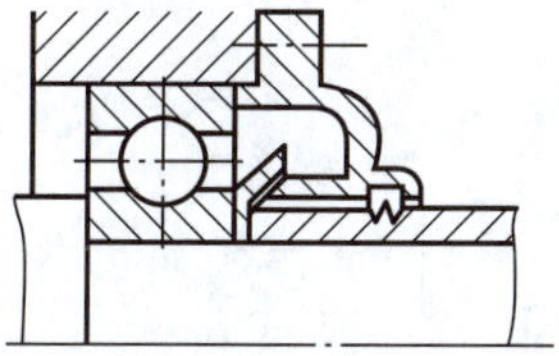	甩油环与 W 形间隙密封组合,无摩擦力损失,密封效果可靠	适用于油、脂润滑的密封,不受圆周速度限制,圆周速度越大效果越好

15.8　实例分析

例题 15.4　如图 15.35 所示为锥齿轮减速器小锥齿轮轴结构图。已知:锥齿轮平均分度圆直径 $d_m = 70.6$ mm,齿轮上所受圆周力 $F_t = 1\ 270$ N,径向力 $F_r = 400$ N,轴向力 $F_a = 230$ N,方向如图。两轴承中心距离 $L = 80$ mm,锥齿轮中部截面至右端轴承中截面的距离 $l = 40$ mm,轴的转速 $n = 950$ r/min,要求轴承的预期寿命 $[L_h] = 10\ 000$ h,假说载荷有中等冲击,要求轴颈直径在 40 mm 左右。试选择一对滚动轴承。

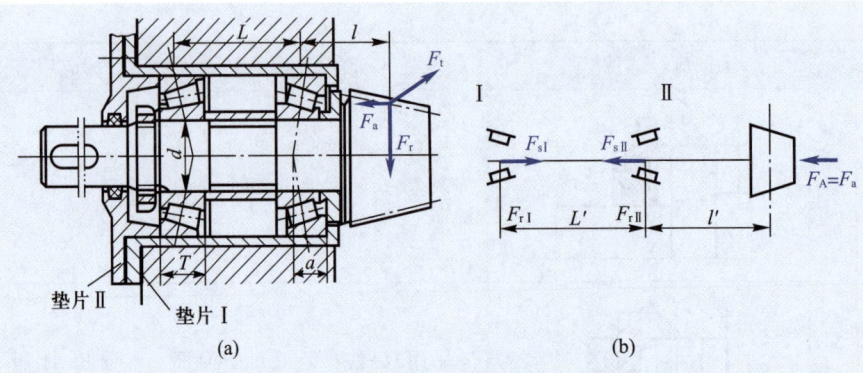

图 15.35　锥齿轮减速器小锥齿轮轴

分析　根据轴承的载荷情况,选择轴承类型,本题中选择圆锥滚子轴承。根据轴承的工作条件(如 $n>10$ r/min 等),确定轴承的失效形式为疲劳点蚀,因此必须按寿命计算来进行轴承的尺寸计算,然后再进行静强度校核(在现场,一般情况下由于轴承内径是由轴的结构设计时估算的,其值一般为偏大,故静强度不必校核,轴的强度总是足够的)。在轴承组合设计时,主要是考虑组合时的结构设计问题。虽然能列举出不少典型的支承结构,但难以采用一种标准的结构设计方案,只得根据具体条件加以灵活应用。这一点是轴承组合设计时需特别重视的问题。在现场结构设计时主要考虑为如何使零件数少、结构简单及轴承孔的结构简单并容易保证轴承孔的同轴度等问题。关于本例中轴承组合设计问题可查阅解 8. 中说明。

解　1. 选择轴承类型、初选型号

锥齿轮轴要求能调整轴向位置,同时因受轴向力,故习惯上选用圆锥滚子轴承或角接触球轴承。内孔直径为 40 mm;因转速 n 不高,有 F_a,初选圆锥滚子轴承 30 208(C_r = 63 kN,C_{0r} = 74 kN,n_{lim} = 5 000 r/min,T = 19.75 mm,a = 16.9 mm,e = 0.37,Y = 1.6,Y_0 = 0.9)。

2. 计算轴承的径向支反力

(1) 跨距

$$L' = L - 2\left(a - \frac{T}{2}\right) = \left[80 - 2\left(16.9 - \frac{19.75}{2}\right)\right] \text{mm} = 66 \text{ mm}$$

$$l' = l + \left(a - \frac{T}{2}\right) = \left[40 + \left(16.9 - \frac{19.75}{2}\right)\right] \text{mm} = 47 \text{ mm}$$

(2) 求轴承 Ⅰ、Ⅱ 的径向支反力

1) 轴承 Ⅰ 的径向支反力

水平分量

$$F_{rIX} = \frac{F_t l'}{L'} = \frac{1\,270\,847}{66} \text{ N} = 904 \text{ N}$$

垂直分量

$$F_{rIY} = \frac{F_r l' - F_a \dfrac{d_m}{2}}{L'} = \frac{400 \times 47 - 230 \dfrac{70.6}{2}}{66} \text{ N} = 162 \text{ N}$$

轴承Ⅰ的径向支反力

$$F_{rⅠ} = \sqrt{F_{rⅠZ}^2 + F_{rⅠY}^2} = \sqrt{904^2 + 162^2}\ \text{N} = 918\ \text{N}$$

2）轴承Ⅱ的径向支反力
水平分量

$$F_{rⅡX} = \frac{F_t(l'+L')}{L'} = \frac{1\ 270(47+66)}{66}\ \text{N} = 2\ 174\ \text{N}$$

垂直分量

$$F_{rⅡY} = \frac{F_r(l'+L') - F_a d_m}{L'} = \frac{400(47+66) - 230\dfrac{70.6}{2}}{66}\ \text{N} = 562\ \text{N}$$

轴承Ⅱ的径向支反力

$$F_{rⅡ} = \sqrt{F_{rⅡX}^2 + F_{rⅡY}^2} = \sqrt{2\ 174^2 + 562^2}\ \text{N} = 2\ 245\ \text{N}$$

3. 计算轴承Ⅰ、Ⅱ上的轴向载荷 $F_{aⅠ}$、$F_{aⅡ}$

（1）求轴承的内部轴向力

由表 15.16 查得 $F_s = F_r/2Y$，将已知 $Y = 1.6$ 代入此式，可求出 $F_{sⅠ}$、$F_{sⅡ}$ 值，方向图示

$$F_{sⅠ} = \frac{F_{rⅠ}}{2Y} = \frac{918}{2 \times 1.6}\ \text{N} = 287\ \text{N}$$

$$F_{sⅡ} = \frac{F_{rⅡ}}{2Y} = \frac{2\ 245}{2 \times 1.6}\ \text{N} = 702\ \text{N}$$

（2）求 $F_{aⅠ}$、$F_{aⅡ}$

$F_{sⅡ} + F_A = 932\ \text{N}$，因 $F_{sⅡ} + F_A > F_{sⅠ}$（932 > 287）则轴承Ⅰ处于"压紧"状态，轴承Ⅱ处于"放松"状态。

$$F_{aⅠ} = F_{sⅡ} + F_A = (702 + 230)\ \text{N} = 932\ \text{N}$$

$$F_{aⅡ} = F_{sⅡ} = 702\ \text{N}$$

4. 计算轴承的当量动载荷 $P_Ⅰ$、$P_Ⅱ$

查表 15.12 取 $f_p = 1.5$。

由轴承手册可查得轴承 30208 的 e 值为 0.37，而

$$\frac{F_{aⅠ}}{F_{rⅠ}} = \frac{932}{918} = 1.02 > 0.37$$

$$\frac{F_{aⅡ}}{F_{rⅡ}} = \frac{702}{2\ 245} = 0.312 \leqslant 0.37$$

查表 15.13 可得出 $X_Ⅰ = 0.4, Y_Ⅰ = 1.6; X_Ⅱ = 1, Y_Ⅱ = 0$。

$P_Ⅰ = (X_Ⅰ F_{rⅠ} + Y_Ⅰ F_{aⅠ})f_p = (0.4 \times 918 + 1.6 \times 932) \times 1.5\ \text{N} = 2\ 778\ \text{N}$

$P_Ⅱ = (X_Ⅱ F_{rⅡ} + Y_Ⅱ F_{aⅡ})f_p = (1 \times 2\ 245 + 0 \times 702) \times 1.5\ \text{N} = 3\ 368\ \text{N}$

$P_Ⅰ$、$P_Ⅱ$ 中取大值，$P = P_Ⅱ = 3\ 368\ \text{N}$，代入式(15.5)。

5. 寿命计算

由式(15.6)可得

$$C = \frac{P}{f_T}\left(\frac{n[L_h]}{16\,770}\right)^{1/\varepsilon}$$

查表 15.14 得出 $f_T = 1$, $\varepsilon = 10/3$, $[L_h] = 10\,000$ h, $P = 3\,368$ N, $n = 950$ r/min 代入此式,得出

$$C = 3\,368\left(\frac{950 \times 10\,000}{16\,770}\right)^{3/10} \text{ N} = 22\,600 \text{ N} < C_r = 63 \times 10^3 \text{ N}$$

故 30208 轴承能保证所预期的寿命。

6. 静强度校核

由式(15.11)可得

$$\frac{C_0}{P_0} \geqslant S_0$$

(1) 计算当量静载荷

查表 15.17 可得出 $Z_0 = 0.5$；$Y_0 = 0.9$(已知)。

轴承 I

$$\begin{cases} P_{0\text{I}} = Z_0 F_{r\text{I}} + Y_0 F_{a\text{I}} = (0.5 \times 918 + 0.9 \times 932) \text{ N} = 1\,297 \text{ N} \\ P_{0\text{I}} = F_{r\text{I}} = 918 \text{ N} \end{cases}$$

取大值, $P_{0\text{I}} = 1\,297$ N。

轴承 II

$$\begin{cases} P_{0\text{II}} = Z_0 F_{r\text{II}} + Y_0 F_{a\text{II}} = (0.5 \times 2\,245 + 0.9 \times 702) \text{ N} = 1\,754 \text{ N} \\ P_{0\text{II}} = F_{r\text{II}} = 2\,245 \text{ N} \end{cases}$$

取大值, $P_{0\text{II}} = 2\,245$ N。

(2) 查表 15.18 取安全系数 $S_0 = 1.2$。

(3) 计算工作额定静载荷

$$C_0 = S_0 P_0 = 1.2 \times 2\,245 \text{ N} = 2\,694 \text{ N}$$

(4) 结论

$$S_0 P_0 = 2\,694 \text{ N} < C_0 = 7\,400 \text{ N}$$

静强度校核合格。

7. 公差等级的选择

选择普通级 P0 轴承

8. 轴承组合设计

考虑锥齿轮轴上有径向力和轴向力的作用,同时为了便于调整轴承游隙,故选用一对 30 208 圆锥滚子轴承。轴承间跨距较小,齿轮发热不大,轴的热膨胀量不大,轴承可以采用两端固定结构。为了调整小锥齿轮的轴向位置,以保证锥齿轮正确啮合,轴承装在套杯内。考虑轴承孔加工工艺性、轴承组合结构简单以及便于轴承装拆,采用正装形式的轴承结构。调整垫片 I 的厚度,可使套杯带着锥齿轮作轴向移动,控制锥顶的正确位置,使锥

齿轮锥顶重合；垫片Ⅱ的厚度可调整轴承的轴向游隙。30208 轴承 $d=40$ mm, $n=950$ r/min, $dn=38\,000$ mm·r/min$<2\times10^5$ mm·r/min,故轴承采用脂润滑。为使齿轮润滑油不溅入轴承,在小锥齿轮与轴承之间装挡油环。轴与端盖接触处轴的线速度 $v=\pi dn/(60\times1\,000)=\pi\times40\times950/(60\times1\,000)$ m/s $=2$ m/s<5 m/s,故采用毡圈密封(查表15.20)。

15.9 滑动轴承概述

15.9.1 滑动轴承的特点、应用及分类

工作时轴承和轴颈的支承面间形成直接或间接滑动摩擦的轴承称为滑动轴承。

滑动轴承包含的零件少,工作面间一般有润滑油膜且为面接触,所以它具有承载能力大、抗冲击、噪声低、工作平稳、回转精度高、高速性能好等独特的优点。缺点主要是启动摩擦力大、维护比较复杂。

滑动轴承主要应用于以下几种情况:1)工作转速极高的轴承;2)要求轴的支承位置特别精确的轴承,以及回转精度要求特别高的轴承;3)特重型的轴承;4)承受巨大的冲击和振动载荷的轴承;5)必须采用剖分结构的轴承;6)要求径向尺寸特别小以及特殊工作条件下的轴承。

滑动轴承本身的独特优点使其在某些场合占有重要地位,在金属切削机床、汽轮机、航空发动机附件、铁路机车及车辆、雷达、卫星通信地面站等方面得到了广泛的应用。

根据所承受载荷的方向,滑动轴承可分为径向轴承(承受径向载荷)和推力轴承(承受轴向载荷)两大类。

根据轴组件及轴承装拆的需要,滑动轴承可分为整体式和剖分式两类。

根据轴颈和轴瓦间的摩擦状态,滑动轴承可分为液体摩擦滑动轴承和非液体摩擦滑动轴承两类。根据工作时相对运动表面间油膜形成原理的不同,液体摩擦滑动轴承又分为液体动压润滑轴承和液体静压润滑轴承,简称动压轴承和静压轴承。

15.9.2 滑动轴承的典型结构

滑动轴承一般由轴承座、轴瓦、润滑装置和密封装置等部分组成。

1. 径向滑动轴承

(1) 整体式滑动轴承

图 15.36 所示为整体式滑动轴承。轴承座用螺栓与机座连接,顶部装有润滑油杯,内孔中压入带有油沟的轴套。

这种轴承结构简单且成本低,但装拆时轴或轴承必须作轴向移动,而且轴承磨损后径向间隙无法调整。因此这种轴承多用在间歇工作、低速轻载的简单机械中,其结构尺寸已标准化。

(2) 剖分式滑动轴承

图 15.37 所示为剖分式滑动轴承。轴瓦和轴承座均为剖分式结构,在轴承盖与轴承座的剖分面上制有阶梯形定位止口,便于安装时对心。轴瓦直接支承轴颈,因而轴承盖应适度压紧轴瓦,使轴瓦不能在轴承孔中转动。轴承盖上制有螺孔,以便安装油杯或油管。

剖分式滑动轴承克服了整体式轴承装拆不便的缺点,而且当轴瓦工作面磨损后,适当减

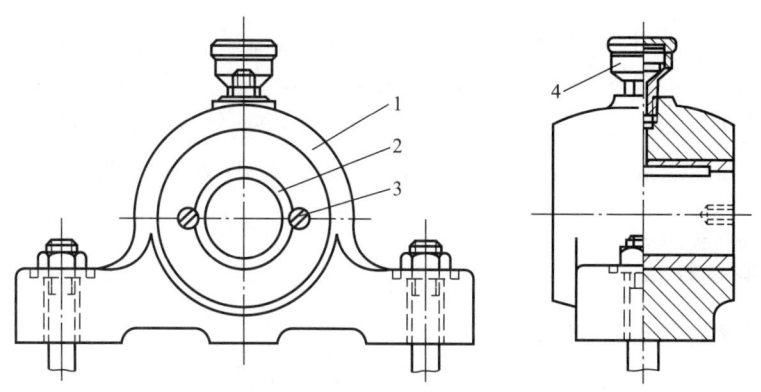

1—轴承座；2—轴套；3—骑缝螺钉；4—油杯

图 15.36　整体式径向滑动轴承

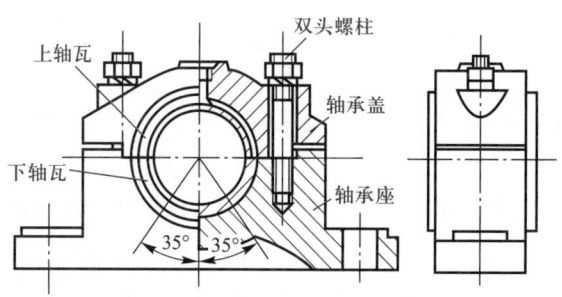

图 15.37　剖分式径向滑动轴承

薄剖分面间的垫片来进行刮瓦，就可调整轴颈与轴瓦间的间隙。因此这种轴承得到了广泛应用并且已经标准化。

2. 推力滑动轴承

推力滑动轴承用于承受轴向载荷。常用的非液体摩擦推力轴承又称为普通推力轴承，有立式和卧式两种，如图 15.38 所示。推力滑动轴承和径向轴承联合使用时可以承受复合载荷。

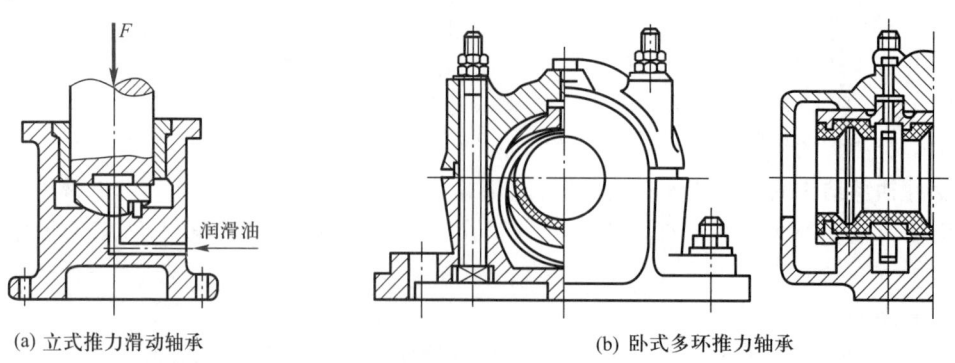

(a) 立式推力滑动轴承　　　　(b) 卧式多环推力轴承

图 15.38　普通推力轴承

常见的推力轴颈形状如图 15.39 所示。实心端面轴颈由于工作时轴心与边缘磨损不均匀,以致轴心部分压强极高,润滑油容易被挤出,所以极少采用。在一般机器上大多采用空心端面轴颈和环状轴颈。载荷较大时采用多环轴颈,它还能承受双向轴向载荷。轴颈的结构尺寸可查有关手册。

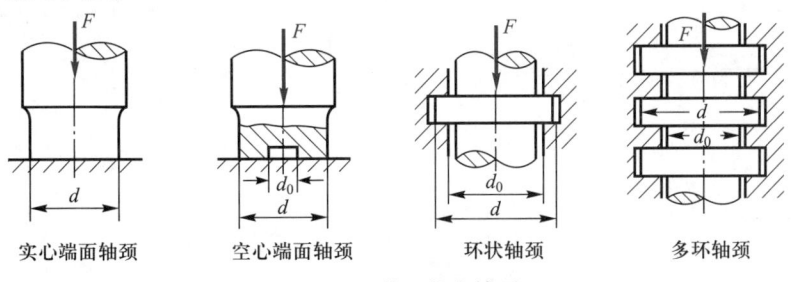

图 15.39　普通推力轴颈

15.9.3　轴瓦的结构和滑动轴承的材料

轴瓦是滑动轴承中直接与轴颈接触的零件。由于轴瓦与轴颈的工作表面之间具有一定的相对滑动速度,因而从摩擦、磨损、润滑和导热等方面都对轴瓦的结构和材料提出了要求。

1. 轴瓦的结构

常用的轴瓦结构有整体式和剖分式两类。

整体式轴承采用整体式轴瓦,整体式轴瓦又称轴套,分为光滑轴套和带纵向油槽轴套两种,如图 15.40 所示。

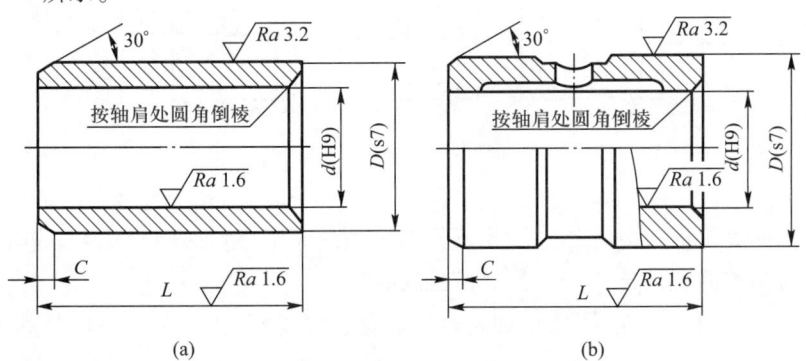

图 15.40　整体式轴瓦

剖分式轴承采用剖分式轴瓦。图 15.41a 所示为无轴承衬的剖分式轴瓦。若在轴瓦内表面浇注一层或两层轴承合金作为轴承衬,则称为双金属轴瓦或三金属轴瓦。图 15.41b 所示为内壁有轴承衬的双金属轴瓦。

为了使轴承衬与轴瓦结合牢固,可在轴瓦基体内壁制出沟槽,使其与合金轴承衬结合更牢。沟槽形式如图 15.42 所示。

为了使润滑油能均匀地流到整个工作表面上,轴瓦上要在非承载区开出油沟和油孔,以保证承载区油膜的连续性。油孔和油沟的分布形式如图 15.43 所示。

2. 轴承材料

轴承材料指的是轴瓦和轴承衬所采用的材料。

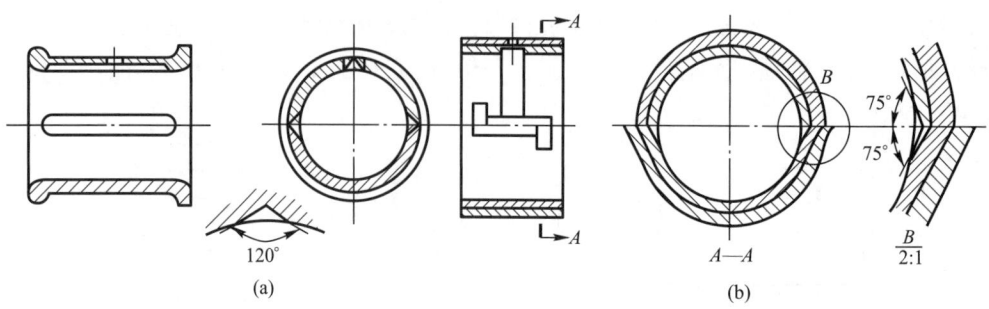

图 15.41 剖分式轴瓦

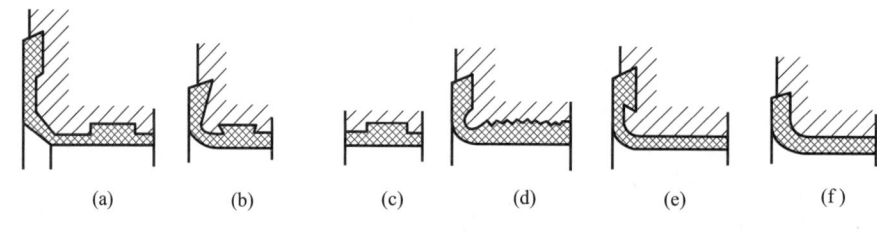

a~d 对钢与铸铁；e、f 对青铜

图 15.42 瓦背内壁沟槽

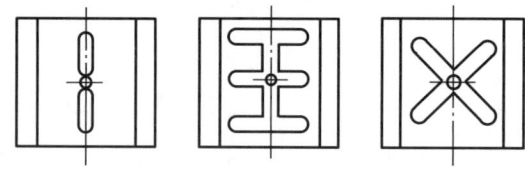

图 15.43 油孔、油沟

根据轴瓦的失效形式及工作时轴瓦不损伤轴颈的原则，对轴承材料的性能有如下要求：

(1) 具有足够的抗冲击、抗压、抗疲劳强度；

(2) 具有良好的减摩性、耐磨性和跑合性。材料的摩擦力小，抗黏着磨损和磨粒磨损的性能好；

(3) 具有良好的顺应性和嵌藏性，具有补偿对中误差和其他几何误差及容纳污物和尘粒的能力；

(4) 具有良好的工艺性、导热性和耐腐蚀性。

在实际中没有一种轴瓦材料能全面具备上述所有性能，因此必须根据具体情况合理选材，保证其主要性能。

常用轴承材料有金属材料、粉末冶金材料和非金属材料三大类。

(1) 金属材料

1) 轴承合金 (又称巴氏合金、白合金) 是由锡、铅、锑、铜等组成的合金。它的减摩性、耐磨性、顺应性、嵌藏性、跑合性都很好，但价格较高、强度较低，因此常用作轴承衬材料。

2) 铜合金 是传统的轴瓦材料，品种很多，可分为青铜和黄铜两类。常用的锡青铜强度高、减摩性和耐磨性都很好。铅青铜有较好的抗胶合能力且强度高，但顺应性、减摩性、嵌藏性稍差,一般用作轴承衬材料。铸造黄铜减摩性不及青铜,但易于铸造和加工,常用于低速轴承。

3)铸铁 有普通灰铸铁、球墨铸铁等。铸铁轴瓦的主要优点是价廉,常用在轻载、低速场合。

(2)粉末冶金材料

粉末冶金材料是由铜、铁、石墨等粉末经压制、烧结而成的多孔隙轴瓦材料,常用于制作轴套。适用于轻载、低速和加油不方便的场合。

(3)非金属材料

可用作轴瓦的非金属材料有工程塑料、硬木、橡胶和石墨等,其中工程塑料用得最多。

常用金属材料的使用性能见表 15.21。

表 15.21 常用金属轴瓦材料的使用性能

类别	材料		许用值			硬度/HBW		轴颈硬度或热处理要求/HBW	最高工作温度/℃
	代号	名称	$[p]$ /(N/mm²)	$[v]$ /(m/s)	$[pv]$ /(N/mm²)·(m/s)	金属模	砂模		
铸造青铜	ZCuSn10P1	锡磷青铜	15	10	15	90~120	80~100	300~400	280
	ZCuSn5Pb5Zn5	锡锌铝青铜	8	3	12	65~75	60	300~400	280
铸造黄铜	ZCuZn16Si4	硅黄铜	12	2	10	100	90	—	—
	ZCuZn38Mn2Pb2	铝黄铜	10	1	10	—	—	—	—
铅青铜	ZCuPb30		25	12	30	—	—	300	280
锡锑轴承合金	ZSnSb8Cu4(平稳载荷时)		25	80	20	30		可在150以下	150
			20	80	20	30		可在150以下	150
	ZSnSb8Cu4(冲击载荷时)		25	—	20	28		可在150以下	150
铅锑轴承合金	ZPbSb16Sn16Cu2		12	12	10	30		可在150以下	150
	ZPbSb15Sn5Cu3Cd2		5	8	5	32		—	—
	ZPbSb15Sn10		20	15	15	29		—	—
灰铸铁	HT150		4	0.5					
	HT200		2	1	—	163~241		—	—
	HT250		2	1					

15.9.4 滑动轴承的润滑

滑动轴承的润滑主要是为了减少摩擦和磨损,同时还可以起到冷却、吸振、防尘和防锈等作用。

1. 润滑剂及其选择

滑动轴承中常用的润滑剂为润滑油和润滑脂,其中润滑油应用最广。在某些特殊场合也可使用石墨、二硫化钼、水或气体等作润滑剂。

第15章 轴承

（1）润滑油

润滑油的选择应考虑轴承的载荷、速度、工作情况以及摩擦表面的状况等条件。对于载荷大、温度高的轴承，宜选用黏度大的油；反之宜选用黏度小的油。对于非液体摩擦滑动轴承，可参考表15.22选用润滑油。

（2）润滑脂

对于润滑要求不高、难以经常供油或摆动工作的非液体摩擦滑动轴承，可采用润滑脂润滑。具体可根据工作条件参考表15.23选用。

表15.22　滑动轴承润滑油的选择（工作温度10~60℃）

轴颈圆周速度 $v/(m/s)$	轻载 $p<3$ MPa		中载 $p=3 \sim 7.5$ MPa		重载 $p>7.5 \sim 30$ MPa	
	运动黏度 $\nu_{40℃}/(mm^2/s)$	适用油代号（或牌号）	运动黏度 $\nu_{40℃}/(mm^2/s)$	适用油代号（或牌号）	运动黏度 $\nu_{100℃}/(mm^2/s)$	适用油代号（或牌号）
<0.1	80~150	L-AN100、150全损耗系统用油；HG-11饱和气缸油；30号QB汽油机油；L-CKC100工业齿轮油	140~215	L-AN150全损耗系统用油；40号QB汽油机油；150号工业齿轮油	46~80	38号、52号过热气缸油；460号工业齿轮油
0.1~0.3	65~130	L-AN68、100全损耗系统用油；30号QB汽油机油；L-CKC68工业齿轮油	120~170	L-AN150全损耗系统用油；11号饱和气缸油；40号QB汽油机油；100、150号工业齿轮油	30~60	38号过热气缸油；220、320号工业齿轮油
0.3~1.0	46~75	L-AN46、68全损耗系统用油；20号QB汽油机油；L-TSA46号汽轮机油	100~130	30号QB汽油机油；68、100号工业齿轮油；11号饱和气缸油	15~40	30号QB汽油机油；40号QB汽油机油；150号工业齿轮油；13号压缩机油
1.0~2.5	40~75	L-AN46、68全损耗系统用油；20号QB汽油机油；L-TSA46号汽轮机油	65~90	L-AN68、100全损耗系统用油；20号QB汽油机油；68号工业齿轮油		
2.5~5.0	40~60	L-AN32、46全损耗系统用油；L-TSA46号汽轮机油				
5~9	15~46	L-AN32、46全损耗系统用油；L-TSA32号汽轮机油				
>9	5~22	L-AN7、10全损耗系统用油				

15.9 滑动轴承概述

表 15.23 根据工作条件推荐选用的滑动轴承润滑脂的品种和牌号

工作条件			推荐选用的润滑脂	可代用的润滑脂	选用原则
工作温度 /℃	圆周速度 v/(m/s)	单位载荷 p/MPa			
0~50	<1	<1 1~6.5 >6.5	L-XAAMHA1、L-XAAMHA2 L-XAAMHA2、L-XAAMHA3 L-XAAMHA3、L-XAAMHA4	2号合成钙基脂 2号、3号合成钙基脂 3号合成钙基脂	（1）在潮湿或接触水的条件下，不宜采用钠基或合成钠基脂 （2）温度不太高时，钙钠基脂和压延机脂可以用，但温度太高时不宜采用 （3）集中送油系统采用的润滑脂，锥入度应适当小些 （4）一般来说，同样温度、速度下，载荷大则应采用稠度较大的润滑脂。在同样温度、载荷下，速度高则应采用稠度较小的润滑脂。同样的速度、载荷下，温度高则应采用滴点和稠度较高的润滑脂 （5）在同样工作条件下，应先采用价格较低的润滑脂 （6）没有表中推荐牌号的润滑脂时，可根据实际情况采用性能相近的其他品种代替
	1~5	<1 1~6.5	L-XAAMHA1、L-XAAMHA2 L-XAAMHA2、L-XAAMHA3	2号合成钙基脂 3号合成钙基脂	
0~60	<1	<1 1~6.5 >6.5	L-XAAMHA3、L-XAAMHA4 L-XAAMHA3、L-XAAMHA4 L-XAAMHA4、L-XAAMHA5	3号合成钙基脂 3号合成钙基脂 	
	1~5	<1 1~6.5	L-XAAMHA3、L-XAAMHA4 L-XAAMHA3、L-XAAMHA4	3号合成钙基脂 3号合成钙基脂	
0~80	<1	<1 1~6.5 >6.5	ZGN-1、ZGN-2 ZGN-1、ZGN-2 L-XACMGA2、L-XACMGA3	1号、2号合成钠基脂 1号、2号合成钠基脂 1号、2号钙钠基脂	
	1~5	<1 1~6.5	ZGN-1、ZGN-2 ZGN-1、ZGN-2	1号、2号合成钠基脂 1号、2号合成钠基脂	
0~100	<1	<1 1~6.5 >6.5	ZGN-2 ZGN-2 L-XACMGA2、L-XACMGA3	2号钠基脂 2号钠基脂 1号、2号合成钠基脂	
	1~5	<1 1~6.5 >6.5	ZGN-1 L-XACMGA2 L-XACMGA3	2号钠基脂 2号合成钠基脂 	
0~120	<5	<6.5	L-XACMGA4	3号、4号锂基脂	
0~150	<5	<6.5	ZFG-1、ZFG-2	3号、4号复合钙基脂	
0~200	<5	<6.5 >6.5	ZFG-3、ZFG-4	二硫化钼脂 3号、4号复合钙基脂	
-60~120	<5	<6.5	ZL-1	硅油复合钙基脂	

2. 润滑装置及润滑方法

为了获得良好的润滑效果，除应正确地选择润滑剂外，还应选用合适的润滑方法和润滑装置。常用的润滑方法有：

（1）油润滑

1）间歇式供油 直接由人工用油壶向油杯（图15.44a、b所示）中注油。此种润滑方法只适用于低速、轻载和不重要的轴承。

2）连续式供油 连续供油润滑比较可靠，适用于中、高速传动。

(a) 压配式压注油杯　(b) 旋套式注油油杯　(c) 针阀式注油油杯

(d) 芯捻油杯　(e) 油环润滑

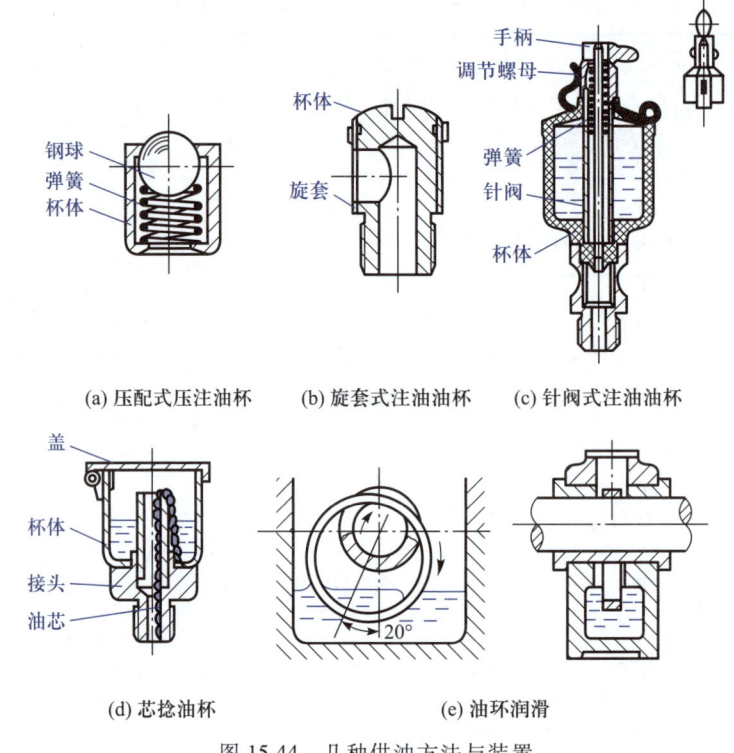

图 15.44　几种供油方法与装置

3）飞溅润滑　利用转动件的转动使油飞溅到箱体内壁上，再通过油沟将油导入轴承中进行润滑。

4）压力循环润滑　用一套可提供较高油压的循环油压系统对重要轴承进行强迫润滑的方法。

常用的几种供油装置见图 15.44。图 15.44c 所示为针阀式油杯，用手柄控制针阀运动，使油孔关闭或开启，用调节螺母控制供油量。图 15.44d 所示为芯捻油杯，利用纱线的毛细管作用把油引到轴承中。此方法油量不易控制。图 15.44e 所示为油环润滑，轴颈上的油环下部浸入油池，轴颈旋转时带动油环旋转，从而把油带入轴承。

图 15.45　油杯

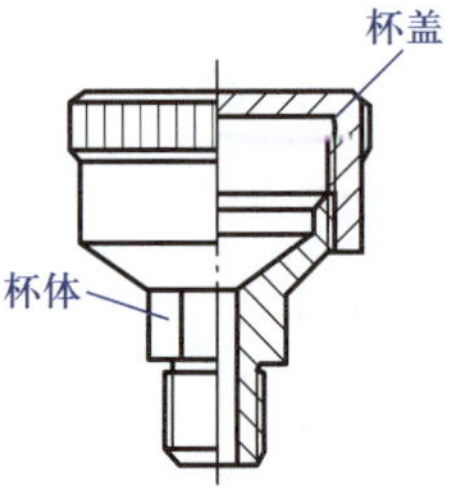

（2）脂润滑

采用脂润滑时只能间歇供油。通常将图 15.45 所示的油杯装于轴承的非承压区，用油脂枪向杯内油孔压注油脂。

3. 润滑方式的选择

可根据以下经验公式计算出系数 K 值，通过查表 15.24 确定滑动轴承的润滑方法和润滑剂类型。

$$K=\sqrt{pv^3} \tag{15.12}$$

式中：p 为轴颈上的平均压强，单位为 Pa，$p=F/(Ld)$（F 为轴承所受载荷，单位为 N；d 为轴颈直径，单位为 m；L 为轴瓦宽度，单位为 m）；v 为轴颈的圆周速度，单位为 m/s。

表 15.24 滑动轴承润滑方式的选择

K 值	K≤1 900	K>1 900~16 000	K>16 000~30 000	K>30 000
润滑方式	润滑脂润滑（可用油杯）	润滑油滴油润滑（可用针阀油杯等）	飞溅式润滑（水或循环油冷却）	循环压力润滑

15.10 滚动轴承与滑动轴承的性能比较

轴承被广泛应用于现代机械中，轴承的类型很多且各有特点。设计机器时应根据具体的工作情况，结合各类轴承的特点和性能进行对比分析，选择一种既满足工作要求又经济实用的轴承。

表 15.25 列出了滚动轴承和滑动轴承的性能及特点，可供选用轴承时参考。

表 15.25 滚动轴承与滑动轴承性能的比较

性能		滑动轴承		滚动轴承
		非液体摩擦轴承	液体摩擦轴承	
摩擦特性		边界摩擦或混合摩擦	液体摩擦	滚动摩擦
一对轴承的效率 η		$\eta \approx 0.97$	$\eta \approx 0.995$	$\eta \approx 0.99$
承载能力与转速的关系		随转速增高而降低	在一定转速下，随转速增高而增大	一般无关，但极高转速时承载能力降低
适应转速		低速	中、高速	低、中速
承受冲击载荷能力		较高	高	不高
功率损失		较大	较小	较小
启动阻力		大	大	小
噪声		较小	极小	高速时较大
旋转精度		一般	较高	较高，预紧后更高
安装精度要求		剖分结构，容易装拆		安装精度要求高
		安装精度要求不高	安装精度要求高	
外廓尺寸	径向	小	小	大
	轴向	较大	较大	中
润滑剂		油、脂或固体	润滑油	润滑油或润滑脂
润滑剂用量		较少	较多	中
维护		较简单	较复杂，油质要洁净	维护方便，润滑较简单
经济性		批量生产价格低	造价高	中

复习题

15.1 滚动轴承的主要类型有哪些？各有什么特点？

15.2 绘制下列滚动轴承的结构简图，并在图上表示出轴承的受力方向：6306、N 306、7306 ACJ、30306、51306。

15.3 滚动轴承的基本额定动载荷 C 与基本额定静载荷 C_0 在概念上有何不同？分别针对何种失效形式？

15.4 何谓滚动轴承的基本额定寿命？何谓当量动载荷？如何计算？

15.5 滚动轴承失效的主要形式有哪些？计算准则是什么？

15.6 滚动轴承寿命计算中载荷系数 f_P 及温度系数 f_T 有何意义？静载荷计算时要考虑这两个系数吗？

15.7 在进行滚动轴承组合设计时应考虑哪些问题？

15.8 试说明角接触轴承内部轴向力 F_S 产生的原因及其方向的判断方法。

15.9 为什么两端固定式轴向固定适用于工作温度不高的短轴，而一端固定、一端游动式则适用于工作温度高的长轴？

15.10 为什么说轴承预紧能增加支承的刚度和提高旋转精度？

15.11 为什么角接触轴承通常要成对使用？

15.12 列举工厂中滚动轴承与滑动轴承的实际应用。（去工厂实习时注意观察）

15.13 轴承常用的密封装置有哪些？各适用于什么场合？

15.14 滑动轴承有哪几种类型？各有什么特点？

15.15 对轴瓦、轴承衬的材料有哪些基本要求？

15.16 试通过查阅手册比较 6008、6208、6308、6408 轴承的内径 d、外径 D、宽度 B 和基本额定动载荷 C，并说明尺寸系列代号的意义。

15.17 一深沟球轴承受径向载荷 $F_r = 7\,500$ N，转速 $n = 2\,000$ r/min，预期寿命 $[L_h] = 4\,000$ h，中等冲击，温度小于 100 ℃。试计算轴承应有的径向额定动载荷 C_r 值。

15.18 30208 轴承基本额定动载荷 $C_r = 63\,000$ N。1）若当量动载荷 $P = 6\,200$ N，工作转速 $n = 750$ r/min，试计算轴承寿命 L_{10h}；2）若工作转速 $n = 960$ r/min，轴承的预期寿命 $[L_h] = 10\,000$ h，求允许的最大当量动载荷。

15.19 直齿轮轴组件用一对深沟球轴承支承，轴颈 $d = 35$ mm，转速 $n = 1\,450$ r/min，每个轴承受径向载荷 $F_r = 2\,100$ N，载荷平稳，预期寿命 $[L_h] = 8\,000$ h，试选择轴承型号。

15.20 一对 7210 C 角接触球轴承分别受径向载荷 $F_{r1} = 8\,000$ N，$F_{r2} = 5\,200$ N，轴向外载荷 F_A 的方向如图所示。试求下列情况下各轴承的内部轴向力 F_S 和轴向载荷 F_a。1）$F_A = 2\,200$ N；2）$F_A = 900$ N；3）$F_A = 1\,120$ N。

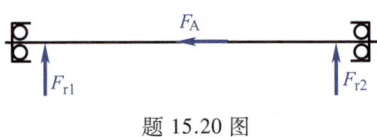

题 15.20 图

15.21 如图所示的一对轴承组合，已知 $F_{r1} = 7\,500$ N，$F_{r2} = 15\,000$ N，$F_A = 3\,000$ N，转速 $n = 1\,470$ r/min，轴承预期寿命 $[L_h] = 8\,000$ h，载荷平稳，温度正常。试问采用 30310 轴承是否适用？

15.22 锥齿轮轴组件选用一对 30206/P6 圆锥滚子轴承（如图所示）。已知轴的转速 $n = 640$ r/min，锥齿轮平均分度圆直径 $d_m = 56.25$ mm，作用于锥齿轮上的圆周力 $F_t = 2\,260$ N，径向力 $F_r = 760$ N，轴向力 $F_a = 292$ N。试求该对轴承的寿命。

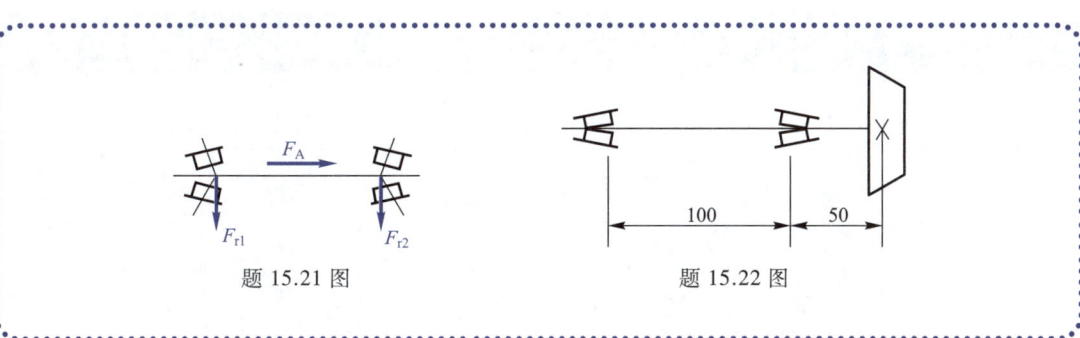

题 15.21 图   题 15.22 图

课堂讨论题

15.1 图示为轴承安装形式的受力分析。

1) 已知：$F_{S2}+F_A>F_{S1}$ 或 $F_{S2}+F_A<F_{S1}$。求：Ⅰ、Ⅱ轴承上作用的轴向载荷。

2) 已知：$F_{S1}>F_{S2}$，$F_A<F_{S1}-F_{S2}$。求：Ⅰ、Ⅱ轴承上作用的轴向载荷。

15.2 试分析图示的 4 种类型轴承组合设计。

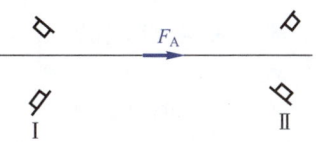

讨论题 15.1 图

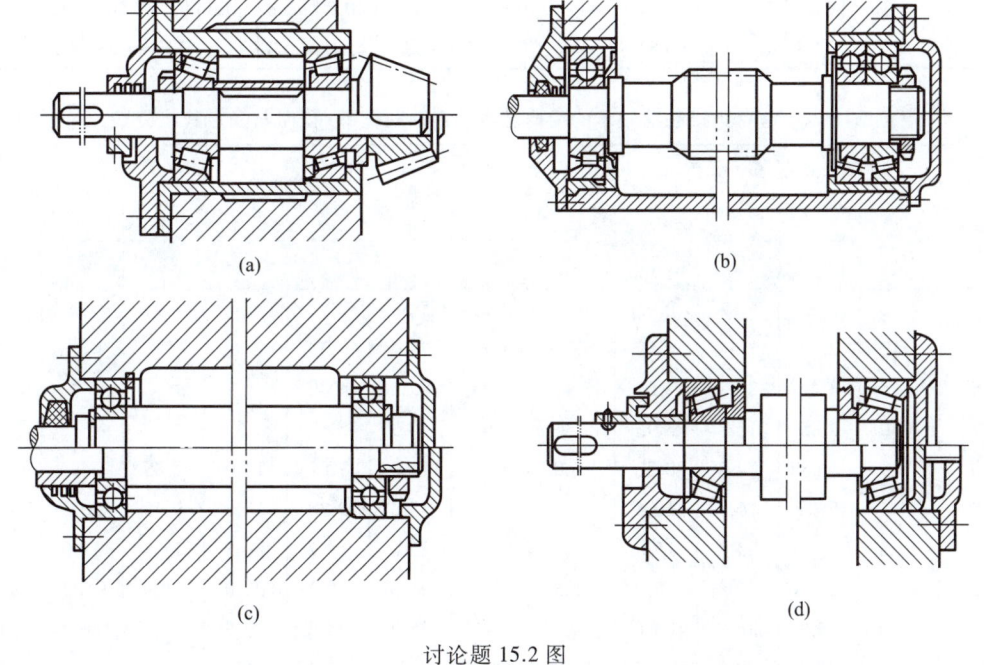

讨论题 15.2 图

第 15 章 轴承

附表

附表 15.1 常用向心轴承的径向基本额定动载荷 C_r 和径向额定静载荷 C_{0r} kN

轴承内径/mm	深沟球轴承（60000 型）								圆柱滚子轴承 (N 0000 型 / NF 0000 型)					
	(1)0		(0)2		(0)3		(0)4		10		(0)2		(0)3		(0)4	
	C_r	C_{0r}	C_r	C_{0r}	C_r	C_{0r}	C_r	C_{0r}	C_r	C_{0r}	C_r	C_{0r}	C_r	C_{0r}	C_r	C_{0r}
10	4.58	1.98	5.10	2.38	7.65	3.48										
12	5.10	2.38	6.82	3.05	9.72	5.08										
15	5.58	2.85	7.65	3.72	11.5	5.42					7.98	5.5				
17	6.00	3.25	9.58	4.78	13.5	6.58	22.5	10.8			9.12	7.0				
20	9.38	5.02	12.8	6.65	15.8	7.88	31.0	15.2	10.5	8.0	12.5	11.0	18.0	15.0		
25	10.0	5.85	14.0	7.88	22.2	11.5	38.2	19.2	11.0	10.2	14.2	12.8	25.2	22.5		
30	13.2	8.30	19.5	11.5	27.0	15.2	47.5	24.5			19.5	18.2	33.5	31.5	57.2	53.0
35	16.2	10.5	25.5	15.2	33.2	19.2	56.8	29.5			28.5	28.0	41.0	39.2	70.8	68.2
40	17.0	11.8	29.5	18.0	40.8	24.0	65.6	37.5	21.2	22.0	37.5	38.2	48.8	47.5	90.5	89.8
45	21.0	14.8	31.5	20.5	52.8	31.8	77.5	45.5			39.8	41.0	66.8	66.8	102	100
50	22.0	16.2	35.0	23.2	61.8	38.0	92.2	55.2	25.0	27.5	43.2	48.5	76.0	79.5	120	120
55	30.2	21.8	43.2	29.2	71.5	44.8	100	62.5	35.8	40.0	52.8	60.2	97.8	105	128	132
60	31.5	24.2	47.8	32.8	81.8	51.8	108	70.0	38.5	45.0	62.8	73.5	118	128	155	162

附表 15.2 常用角接触球轴承的径向基本额定动载荷 C_r 和径向额定静载荷 C_{0r} kN

轴承内径/mm	70000 C 型（$\alpha=15°$）				70000 AC 型（$\alpha=25°$）				70000 B 型（$\alpha=40°$）			
	(1)0*		(0)2		(1)0		(0)2		(0)2		(0)3	
	C_r	C_{0r}	C_r	C_{0r}	C_r	C_{0r}	C_r	C_{0r}	C_r	C_{0r}	C_r	C_{0r}
10	4.92	2.25	5.82	2.95	4.75	2.12	5.58	2.82				
12	5.42	2.65	7.35	3.52	5.20	2.55	7.10	3.35				
15	6.25	3.42	8.68	4.62	5.95	3.25	8.35	4.40				
17	6.60	3.85	10.8	5.95	6.30	3.68	10.5	5.65				
20	10.5	6.08	14.5	8.22	10.0	5.78	14.0	7.82	14.0	7.85		
25	11.5	7.45	16.5	10.5	11.2	7.08	15.8	9.88	15.8	9.45	26.2	15.2
30	15.2	10.2	23.0	15.0	14.5	9.85	22.0	14.2	20.5	13.8	31.0	19.2
35	19.5	14.2	30.5	20.0	18.5	13.5	29.0	19.2	27.0	18.8	38.2	24.5
40	20.0	15.2	36.8	25.8	19.0	14.5	35.2	24.5	32.5	23.5	46.2	30.5
45	25.8	20.5	38.5	28.5	25.8	19.5	36.8	27.2	36.0	26.2	59.5	39.8
50	26.5	22.0	42.8	32.0	25.2	21.0	40.8	30.5	37.5	29.0	68.2	48.0
55	37.2	30.5	52.8	40.5	35.2	29.2	50.2	38.5	46.2	36.0	78.8	56.5
60	38.2	32.8	61.0	48.5	36.2	31.5	58.2	46.2	56.0	44.5	90.0	66.3

注：*尺寸系列代号括号中的数字通常省略。

附表 15.3　常用圆锥滚子轴承的径向基本额定动载荷 C_r 和径向额定静载荷 C_{0r}　　　　kN

轴承代号	轴承内径 /mm	C_r	C_{0r}	α	轴承代号	轴承内径 /mm	C_r	C_{0r}	α
30203	17	20.8	21.8	12°57′10″	30303	17	28.2	27.2	10°45′29″
30204	20	28.2	30.5	12°57′10″	30304	20	33.0	33.2	11°18′36″
30205	25	32.2	37.0	14°02′10″	30305	25	46.8	48.0	11°18′36″
30206	30	43.2	50.5	14°02′10″	30306	30	59.0	63.0	11°51′35″
30207	35	54.2	63.5	14°02′10″	30307	35	75.2	82.5	11°51′35″
30208	40	63.0	74.0	14°02′10″	30308	40	90.8	108	12°57′10″
30209	45	67.8	83.5	15°06′34″	30309	45	108	130	12°57′10″
30210	50	73.2	92.0	15°38′32″	30310	50	130	158	12°57′10″
30211	55	90.8	115	15°06′34″	30311	55	152	188	12°57′10″
30212	60	102	130	15°06′34″	30312	60	170	210	12°57′10″

第 16 章

其他常用零部件

联轴器和离合器都是用来连接两轴,使两轴一起转动并传递转矩的装置。所不同的是,联轴器只能保持两轴的接合,而离合器却可在机器的工作中随时完成两轴的接合和分离。

弹簧在机器中也得到广泛的应用,本章只讨论弹簧的功用及结构。

16.1 联轴器

联轴器通常用来连接两轴并在其间传递运动和转矩。有时也可作为一种安全装置用来防止被连接机件承受过大的载荷,起到过载保护的作用。用联轴器连接轴时只有在机器停止运转、经过拆卸后才能使两轴分离。

联轴器所连接的两轴,由于制造及安装误差、承载后的变形以及温度变化等的影响,往往存在着某种程度的相对位移,如图 16.1 所示。因此,设计联轴器时要从结构上采取各种不同的措施,使联轴器具有补偿上述偏移量的性能,否则就会在轴、联轴器、轴承中引起附加载荷,导致工作情况的恶化。

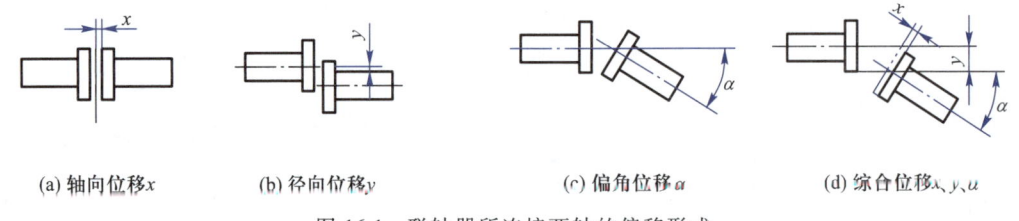

(a) 轴向位移 x (b) 径向位移 y (c) 偏角位移 α (d) 综合位移 x、y、α

图 16.1 联轴器所连接两轴的偏移形式

根据联轴器补偿两轴偏移能力的不同可将其分为两大类:

1. 刚性联轴器

这种联轴器不能补偿两轴的偏移,适用于两轴能严格对中并在工作中不发生相对位移的场合。

2. 挠性联轴器

这种联轴器具有一定的补偿两轴偏移的能力。根据联轴器补偿位移方法的不同又可分为:

(1)无弹性元件联轴器 这种联轴器是利用联轴器工作元件间构成的动连接来实现位移补偿的。

(2)弹性联轴器 这种联轴器是利用联轴器中弹性元件的变形来补偿位移的,还具有减轻振动与冲击的能力。

此外,还有一些具有特殊用途的联轴器,如安全联轴器等。

16.1.1 刚性联轴器

常用的刚性联轴器有套筒联轴器和凸缘联轴器等。

1. 套筒联轴器

如图 16.2 所示,套筒联轴器是利用套筒及连接零件(键或销)将两轴连接起来,图 16.2a 中的螺钉用作轴向固定,图 16.2b 中的锥销当轴超载时会被剪断,可起到安全保护的作用。

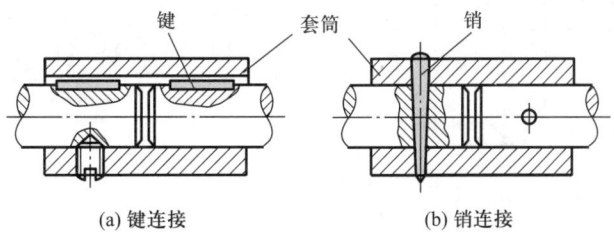

图 16.2 套筒联轴器

套筒联轴器结构简单、径向尺寸小、容易制造,但缺点是装拆时因被连接轴需作轴向移动而使用不太方便。适用于载荷不大、工作平稳、两轴严格对中并要求联轴器径向尺寸小的场合。此种联轴器目前尚未标准化。

2. 凸缘联轴器

如图 16.3 所示,凸缘联轴器由两个带凸缘的半联轴器和一组螺栓组成。这种联轴器有两种对中方式:一种是通过分别具有凸槽和凹槽的两个半联轴器的相互嵌合来对中,半联轴器之间采用普通螺栓连接,靠半联轴器接合面间的摩擦来传递转矩,如图 16.3a 所示;另一种是通过加强杆螺栓与孔的紧配合对中,靠螺栓杆承受载荷来传递转矩,如图 16.3b 所示。当尺寸相同时后者传递的转矩较大,且装拆时轴不必作轴向移动。

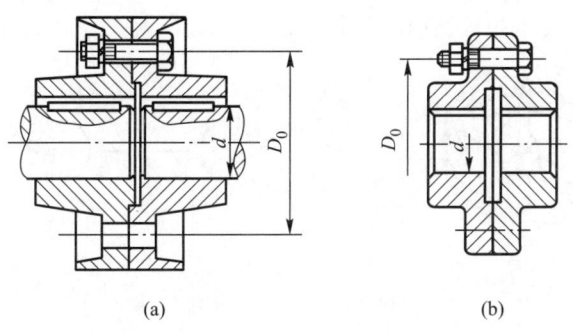

图 16.3 凸缘联轴器

凸缘联轴器的主要特点是结构简单、成本低、传递的转矩较大,但要求两轴的同轴度要好。适用于刚性大、振动冲击小和低速大转矩的连接场合,是应用最广的一种刚性联轴器。这种联轴器已标准化(GB/T 5843—2003)。

16.1.2 无弹性元件联轴器

常用的无弹性元件联轴器有:十字滑块联轴器、万向联轴器和齿式联轴器等。

1. 十字滑块联轴器

如图 16.4 所示，十字滑块联轴器由两个在端面上开有凹槽的半联轴器 1、3 和一个两端面均带有凸牙的中间盘 2 组成，中间盘两端面的凸牙位于互相垂直的两个直径方向上，并在安装时分别嵌入 1、3 的凹槽中。因为凸牙可在凹槽中滑动，故可补偿安装及运转时两轴间的相对位移和偏斜。

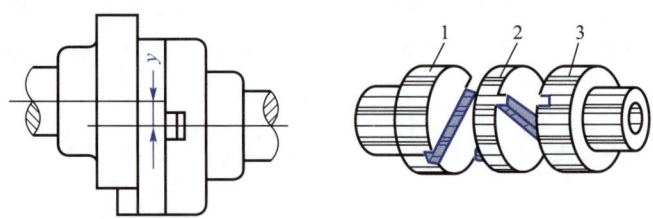

图 16.4 十字滑块联轴器

因为半联轴器与中间盘组成移动副，不能相对转动，故主动轴与从动轴的角速度应相等。但在两轴间有偏移的情况下工作时，中间盘会产生很大的离心力，故其工作转速不宜过大。

这种联轴器一般用于转速较低，轴的刚性较大，无剧烈冲击的场合。

2. 万向联轴器

如图 16.5a 所示，万向联轴器由分别装在两轴端的叉形接头 1、2 以及与叉头相连的十字形中间连接件 3 组成。这种联轴器允许两轴间有较大的夹角 α（最大可达 35°~45°），且机器工作时即使夹角发生改变仍可正常传动，但 α 过大会使传动效率明显降低。

这种联轴器的缺点是当主动轴角速度 ω_1 为常数时，从动轴的角速度 ω_2 并不是常数，而是在一定范围内变化，这在传动中会引起附加载荷。所以常将两个万向联轴器成对使用，如图 16.5b 所示。但安装时应注意必须保证中间轴上两端的叉形接头在同一平面内，且应使主、从动轴与中间轴的夹角相等，这样才可保证 $\omega_1=\omega_2$。

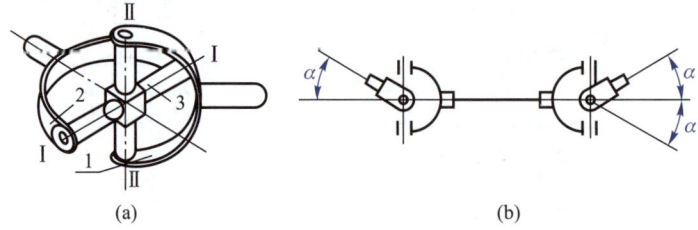

图 16.5 万向联轴器

3. 齿式联轴器

齿式联轴器是无弹性元件联轴器中应用较广泛的一种，它是利用内外齿啮合来实现两半联轴器的连接。如图 16.6 所示，它由两个内齿圈 2、3 和两个外齿轮轴套 1、4 组成。安装时两内齿圈用螺栓连接，两外齿轮轴套通过过盈配合（或键）与轴连接，并通过内、外齿轮的啮合传递转矩。

这种联轴器结构紧凑、承载能力大、适用速度范围广，但制造困难，适用于重载高速的水平轴连接。为使联轴器具有良好的补偿两轴综合位移的能力，特将外齿齿顶制成球面，齿顶

16.1 联轴器

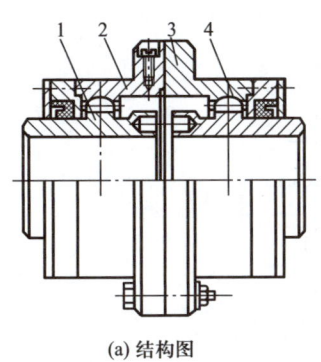

(a) 结构图

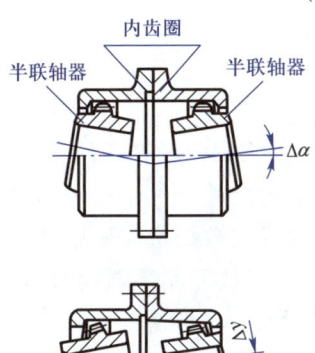

(b) 补偿两轴的角位移和径向位移

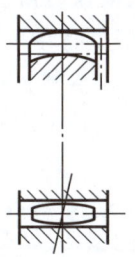

(c) 齿顶制成球面和齿形制成鼓形齿

图 16.6 齿式联轴器

与齿侧均留有较大的间隙,还可将外齿轮轮齿做成鼓形齿(图 16.6c)。齿式联轴器已标准化(JB/T 8854.3—2001)。

16.1.3 弹性联轴器

常用的弹性联轴器有:弹性套柱销联轴器、弹性柱销联轴器等。

1. 弹性套柱销联轴器

如图 16.7 所示,弹性套柱销联轴器的构造与凸缘联轴器相似,只是用套有弹性套的柱销代替了连接螺栓,利用弹性套的弹性变形来补偿两轴的相对位移。这种联轴器重量轻、结构简单,但弹性套易磨损、寿命较短,用于冲击载荷小、启动频繁的中、小功率传动中。弹性套柱销联轴器已标准化(GB/T 4323—2002)。

2. 弹性柱销联轴器

如图 16.8 所示,这种联轴器与弹性套柱销联轴器很相似,仅用弹性柱销(通常用尼龙制成)将两半联轴器连接起来。它传递转矩的能力更大、结构更简单、耐用性好,适用于轴向窜动较大、正反转或启动频繁的场合。这种联轴器也已标准化(GB/T 5014—2017)。

第16章 其他常用零部件

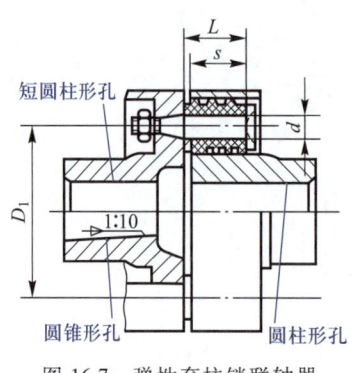

图 16.7 弹性套柱销联轴器

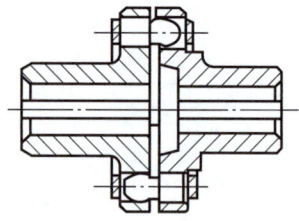

图 16.8 弹性柱销联轴器

16.1.4 联轴器的选择

在选择联轴器时，首先应根据工作条件和使用要求确定联轴器的类型，然后再根据联轴器所传递的转矩、转速和被连接轴的直径确定其结构尺寸。对于已经标准化或虽未标准化但有资料和手册可查的联轴器，可按标准或手册中所列数据选定联轴器的型号和尺寸。若使用场合较为特殊，无适当的标准联轴器可供选用，可按照实际需要自行设计。另外，选择联轴器时有些场合还需要对其中个别的关键零件做必要的验算。

联轴器的计算转矩可按下式计算：

$$T_c = KT \tag{16.1}$$

式中：T 为名义转矩，单位为 N·mm；T_c 为计算转矩，单位为 N·m；K 为工作情况系数，由表 16.1 查取。

表 16.1 联轴器和离合器的工作情况系数 K

原动机	工 作 机	K
电动机	皮带运输机、鼓风机、连续运转的金属切削机床	1.25~1.5
	链式运输机、刮板运输机、螺旋运输机、离心泵、木工机床	1.5~2.0
	往复运动的金属切削机床	1.5~2.5
	往复式泵、往复式压缩机、球磨机、破碎机、冲剪机	2.0~3.0
	锤、起重机、升降机、轧钢机	3.0~4.0
汽轮机	发电机、离心泵、鼓风机	1.2~1.5
往复式发动机	发电机	1.5~2.0
	离心泵	3~4
	往复式工作机（如压缩机、泵）	4~5

注：1. 刚性联轴器选用较大的 K 值，弹性联轴器选用较小的 K 值；
  2. 牙嵌式离合器 $K=2~3$；摩擦离合器 $K=1.2~1.5$；
  3. 从动件的转动惯量小、载荷平稳时 K 取较小值。

在选择联轴器型号时，应同时满足下列两式：

$$\left.\begin{array}{r}T_c \leqslant T_m \\ n \leqslant [n]\end{array}\right\} \tag{16.2}$$

式中 T_m、$[n]$ 分别为联轴器的额定转矩（单位为 N·m）和许用转速（单位为 r/min），此二值在相关手册中可查出。

16.2 实例分析

例题 16.1 高速走丝数控线切割机床联轴器将绕丝筒与电动机连接起来,使用一段时间(1~2个月)后,电动机主轴发生断裂,更换主轴后还是出现断裂。试分析主轴断裂原因,并说明如何改进。

分析 20世纪70年代中期,我国高速走丝机床得到快速发展,但同时又因为联轴器问题,导致使用单位停机,无法正常使用,严重影响着我国高速走丝机床的发展,这是一个迫不及待要解决的问题。后经 1~2 年研制、试用,现在问题已解决。

在现有教材中均未介绍此种联轴器适用于正反转速的大小与频率值,使学生难以正确地选型、结构设计等,需引导学生去求知,探索新知识,参与创新活动,组织学生们进行学术讨论,确定实例的解题思路与方法,激发创新意识,提高创新能力。

对于不同层次的学生,创新要求可以有所差别,叙述如下:

(1) 高职院校学生,可分析主轴断裂原因及适用正反转速范围等;

(2) 应用型本科学生,可分析如何选择联轴器类型及改进设计等;

(3) 一般院校的学生,可进行联轴器的设计计算及制造工艺的制订、试制、评定等。

解 具体过程如下所述:

(1) 联轴器的选择

绕丝筒起到排丝与送丝的作用,它以 2~4 次/分的频率进行正反向交替的转动与移动,承受的冲击载荷与轴向力均很小。根据联轴器使用特性的不同,应选用弹性套柱销联轴器,如图 16.7 所示。这种联轴器重量轻,结构简单,可用于冲击载荷小,正反转启动频繁的场合。由于工作载荷很小,故不必考虑强度问题,只需作结构设计即可。

(2) 电动机主轴断裂的原因

断裂原因为电动机主轴、联轴器、绕丝筒三者安装时轴线不共线。主轴上承受了反复的冲击载荷,频率为 2~4 次/分,产生了较大的对称弯曲与扭转的复合应力循环,大大地降低了主轴寿命,因而导致主轴断裂。

(3) 改进设计

三线不共线的问题关键在于联轴器,也就是如何保证半联轴器三个孔的轴线平行、对称问题。解决过程如下所述:

1) 开始时把联轴器改为摩擦锥式联轴器,虽然解决了主轴断裂问题,但必须要克服在压紧摩擦锥时产生的较大轴向力。这样会使联轴器结构复杂,难以推广、使用。

2) 把摩擦锥式联轴器改为原来的弹性套柱销联轴器,并将弹性套改为塑料套管,同时对其结构提出多项技术要求,再在制造工艺上下功夫,经过试制、长期使用后,彻底地解决了电动机主轴断裂问题。

16.3 离合器

用离合器连接的两轴可在机器运转过程中随时进行接合或分离。

第 16 章 其他常用零部件

离合器按其工作原理可分为牙嵌式、摩擦式和电磁式三类;按控制方式可分为操纵式和自动式两类。操纵式离合器需要借助于人力或动力(如液压、电压、电磁等)进行操纵;自动式离合器不需要外来操纵,可在一定条件下实现自动分离和接合。

对于已标准化的离合器,其选择步骤和计算方法与联轴器相同。对于非标准化或不按标准制造的离合器,可先根据工作情况选择类型,再进行具体的设计计算,具体的计算方法及计算内容可查阅有关资料。

16.3.1 牙嵌式离合器

如图 16.9 所示,牙嵌式离合器由两个端面带牙的半离合器 1、3 组成。从动半离合器 3 用导向平键或花键与轴连接,另一半离合器 1 用平键与轴连接,对中环 2 用来使两轴对中,滑环 4 可操纵离合器的分离或接合。

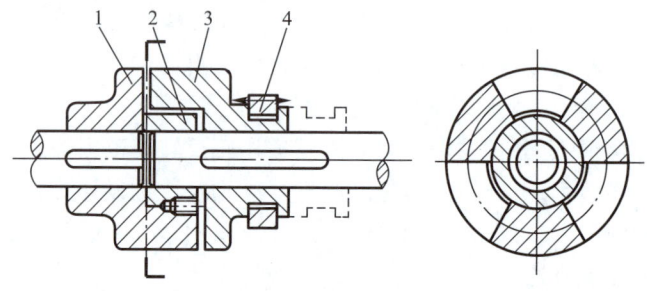

图 16.9 牙嵌式离合器

牙嵌式离合器的常用牙型有矩形、梯形和锯齿形等。矩形齿接合、分离困难,牙的强度低,磨损后无法补偿,仅用于静止状态的手动接合;梯形齿牙根强度高,接合容易,且能自动补偿牙的磨损与间隙,因此应用较广;锯齿形齿牙根强度高,可传递较大转矩,但只能单向工作。

为减小齿间冲击、延长齿的寿命,牙嵌式离合器应在两轴静止或转速差很小时接合或分离。

16.3.2 摩擦离合器

摩擦离合器利用主、从动半离合器摩擦片接触面间的摩擦力传递转矩。为提高传递转矩的能力,通常采用多片摩擦片。它能在不停车或两轴有较大转速差时进行平稳接合,而且可在过载时因摩擦片间打滑而起到过载保护的作用。

图 16.10 所示为多片摩擦离合器,它有两组间隔排列的内、外摩擦片。外摩擦片 2 通过外圆周上的花键与鼓轮 1 相连(鼓轮与轴固连),内摩擦片 3 利用内圆周上的花键与套筒 5 相连(套筒与另一轴固连),移动滑环 6 可使杠杆 4 压紧或放松摩擦片,从而实现离合器的接合与分离。

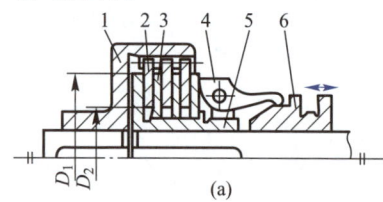

(a)

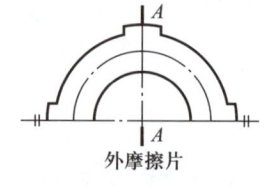

外摩擦片

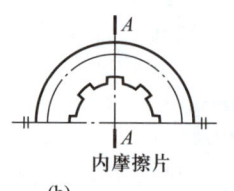

内摩擦片

(b)

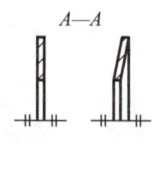

图 16.10 摩擦离合器

16.3.3 特殊功用离合器

1. 安全离合器

安全离合器指当传递转矩超过一定数值后,主、从动轴可自动分离,从而保护机器中其他零件不被损坏的离合器。

图 16.11 所示为牙嵌式安全离合器。它与牙嵌式离合器很相似,仅是牙的倾斜角 α 较大。它没有操纵机构,过载时牙面产生的轴向分力大于弹簧压力,迫使离合器退出啮合,从而中断传动。可通过利用螺母调节弹簧压力大小的方法控制传递转矩的大小。

2. 超越离合器

超越离合器的特点是能根据两轴角速度的相对关系自动接合和分离。当主动轴转速大于从动轴时,离合器将使两轴接合起来,把动力从主动轴传给从动轴;而当主动轴转速小于从动轴时则使两轴脱离。因此这种离合器只能在一定的转向上传递转矩。

图 16.12 所示为应用最为广泛的滚柱式超越离合器。它由星轮 1、外壳 2、滚柱 3 和弹簧 4 组成。滚柱被弹簧压向楔形槽的狭窄部分,与外壳和星轮接触。当星轮 1 为主动件并沿顺时针方向转动时,滚柱 3 在摩擦力的作用下被楔紧在槽内,星轮 1 借助摩擦力带动外壳 2 同步转动,离合器处于接合状态。当星轮 1 逆时针转动时,滚柱 3 被带到楔形槽的较宽部分,星轮无法带动外壳 2 一同转动,离合器处于分离状态。如果外壳 2 为主动件并沿逆时针方向转动时,滚柱 3 被楔紧,外壳 2 将带动星轮 1 同步转动,离合器接合;当外壳 2 顺时针转动时,离合器又处于分离状态。

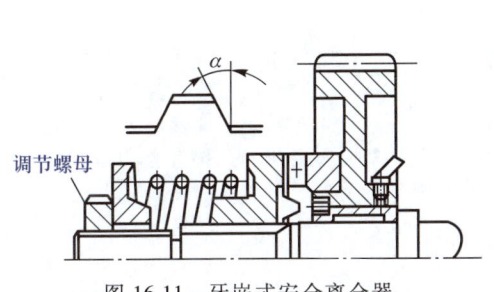

图 16.11 牙嵌式安全离合器

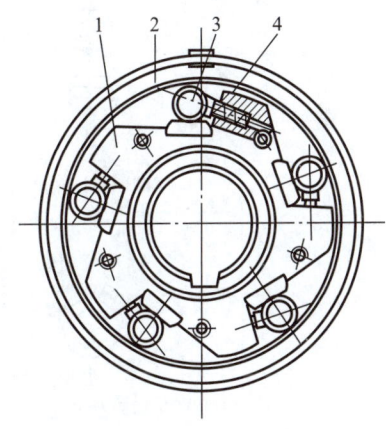

图 16.12 滚柱式超越离合器

16.4 弹簧

16.4.1 概述

弹簧是一种弹性元件。由于它具有刚性小、弹性大、在载荷作用下容易产生弹性变形等特性,被广泛地应用于各种机器、仪表及日常用品中。

随着使用场合的不同,弹簧在机器中所起的作用也不同,其功用主要有:

(1) 缓冲和吸振 例如汽车的减振簧和各种缓冲器中的弹簧;

(2) 储存及输出能量 如钟表的发条等;

第 16 章 其他常用零部件

(3) 测量载荷 如弹簧秤、测力器中的弹簧；

(4) 控制运动 如内燃机中的阀门弹簧等。

弹簧的类型很多,表 16.2 列出了常用类型的弹簧及其特点和应用。在一般机械中最常用的是圆柱形螺旋弹簧,本章主要讨论圆柱形螺旋压缩及拉伸弹簧的结构形式。

表 16.2 弹簧的类型及应用

名称	简图	说明
圆柱螺旋弹簧	圆截面压缩弹簧	承受压力。结构简单,制造方便,应用最广
	矩形截面压缩弹簧	承受压力。当空间尺寸相同时,矩形截面弹簧比圆形截面弹簧吸收能量大,刚度更接近于常数
	圆截面拉伸弹簧	承受拉力
	圆截面扭转弹簧	承受转矩。主要用于压缩和蓄力以及传动系统中的弹性环节
圆锥螺旋弹簧	圆截面压缩弹簧	承受压力。弹簧圈从大端开始接触后特性线为非线性的。可防止共振,稳定性好,结构紧凑。多用于承受较大载荷和减振

续表

名称	简图	说明
碟形弹簧	对置式	承受压力。缓冲、吸振能力强。采用不同的组合,可以得到不同的特性线,用于要求缓冲和减振能力强的重型机械。卸载时需先克服各接触面间的摩擦力,然后恢复到原形,故卸载线和加载线不重合
环形弹簧		承受压力。圆锥面间具有较大的摩擦力,因而具有很高的减振能力,常用于重型设备的缓冲装置
盘簧	非接触型	承受转矩。圈数多,变形角大,储存能量大。多用作压紧弹簧和仪器、钟表中的储能弹簧
板弹簧	多板弹簧	承受弯矩。主要用于汽车、拖拉机和铁路车辆的车厢悬挂装置中,起缓冲和减振作用

弹簧的材料主要是热轧和冷拉弹簧钢。弹簧丝直径在 $d<8\sim10$ mm 时,弹簧用经过热处理的优质碳素弹簧钢丝(如 65Mn、60Si2Mn 等)经冷卷成形制造,然后经低温回火处理以消除内应力。制造直径较大的强力弹簧时常用热卷法,热卷后须经淬火、回火处理。

16.4.2 圆柱形螺旋弹簧的结构

图 16.13 所示为螺旋压缩弹簧和拉伸弹簧。压簧在自由状态下各圈间留有间隙 δ,经最大工作载荷的作用压缩后各圈间还应有一定的余留间隙 δ_1($\delta_1=0.1d>0.2$ mm)。为使载荷沿弹簧轴线传递,弹簧的两端各有 $\frac{3}{4}\sim\frac{5}{4}$ 圈与邻圈并紧,称为死圈。死圈端部须磨平,如图 16.14 所示。拉簧在自由状态下各圈应并紧,端部制有挂钩,利于安装及加载,常用的端部结构如图 16.15 所示。

圆柱形螺旋弹簧的主要参数和几何尺寸(图 16.13)有:弹簧丝直径 d,弹簧圈外径 D、内径 D_1 和中径 D_2,节距 t,螺旋升角 α,弹簧工作圈数 n 和弹簧自由高度 H_0 等。螺旋弹簧各参数间的关系列于表 16.3 之中。

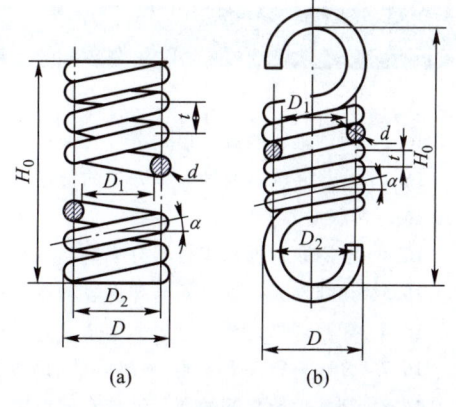

图 16.13 弹簧的基本几何参数

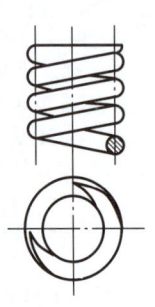

图 16.14　螺旋压簧的端部结构

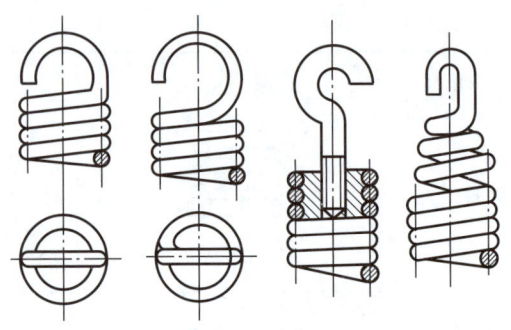

(a) 半圆钩环　(b) 圆钩环　(c) 可调式　(d) 锥形闭合端

图 16.15　螺旋拉簧的端部结构

表 16.3　螺旋弹簧基本几何参数的关系式

参数名称	压缩弹簧	拉伸弹簧
外径/mm	$D = D_2 + d$	
内径/mm	$D_1 = D_2 - d$	
螺旋角/°	$\alpha = \arctan \dfrac{t}{\pi D_2}$	
节距	$t = (0.28 - 0.5) D_2$	$t = d$
有效工作圈数	n	
死圈数	n_2	—
弹簧总圈数	$n_1 = n + n_2$	$n_1 = n$
弹簧自由高度	两端并紧、磨平 $H_0 = nt + (n_2 - 0.5)d$ 两端并紧、不磨平 $H_0 = nt + (n_2 + 1)d$	$H_0 = nd + 挂钩尺寸$
簧丝展开长度	$L = \dfrac{\pi D_2 n_1}{\cos \alpha}$	$L = \pi D_2 n + 挂钩展开尺寸$

复习题

16.1　两轴轴线的偏移形式有哪几种？

16.2　凸缘联轴器两种对中方法的特点各是什么？

16.3　联轴器与离合器的主要区别是什么？

16.4　常用联轴器和离合器有哪些类型？各有哪些特点？适用于哪些场合？

16.5　无弹性元件联轴器与弹性联轴器在补偿位移的方式上有何不同？

16.6　牙嵌式离合器与牙嵌式安全离合器有何区别？

16.7　普通自行车上手闸、鞍座等处的弹簧各属于什么类型？其功用是什么？

16.8　圆柱螺旋弹簧的端部结构有何功用？

16.9　某电动机与轴泵之间用弹性套柱销联轴器连接，功率 $P = 7.5$ kW，转速 $n = 970$ r/min，两轴直径均为 42 mm，试选择联轴器的型号。

16.10 选择图示的蜗轮蜗杆减速器与电动机及卷筒轴之间的联轴器。已知电动机功率 $P = 7.5 \text{ kW}$,转速 $n = 970 \text{ r/min}$,电动机轴直径 $d_1 = 42 \text{ mm}$,减速器传动比 $i = 30$,传动效率 $\eta = 0.8$,输出轴直径 $d = 60 \text{ mm}$,工作机为轻型起重机。

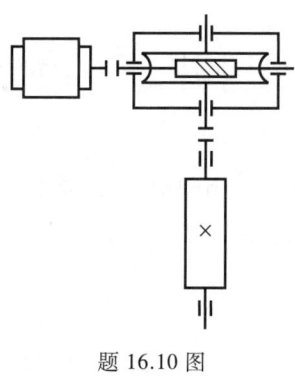

题 16.10 图

第 17 章

机械的平衡与调速

机械的平衡和调速是现代机械工程中十分重要的课题,尤其在高速机械及精密机械中更具有特别重要的意义。本章仅讨论回转构件的平衡、机器的周期性速度波动及其调节问题。

17.1 概述

机械运转时各运动构件将产生大小及方向均发生周期性变化的惯性力,这将在运动副中引起附加动压力,增加摩擦力而影响构件的强度。这些周期性变化的惯性力会使机械的构件和基础产生振动,从而降低机器的工作精度、机械效率及可靠性,缩短机器的使用寿命。尤其当振动频率接近系统的固有频率时会引起共振,造成重大损失。因此必须合理地分配构件的质量,以消除或减少动压力,这个问题称为机械平衡。本章重点讨论最常见的绕固定轴回转的回转构件静平衡问题。

机械运转时,由于机械动能的变化会引起机械运转速度的波动,这也将在运动副中产生附加动压力,使机械的工作效率降低,严重影响机械的寿命和精度。因此必须对机械系统过大的速度波动进行调节,使波动限制在允许的范围内,保证机械具有良好的工况,这就是机械的调速问题。

17.2 回转件的静平衡

17.2.1 回转件的静平衡计算

由于转子的质量分布不均匀或安装有误差等,将产生偏心质量。对于轴向宽度小(轴向长度与外径的比值 $L/D \leqslant 0.2$)的回转件,例如砂轮、飞轮、盘形凸轮等,可以将偏心质量看作分布在同一回转面内。当回转件以角速度 ω 回转时,各质量产生的离心惯性力构成一个平面汇交力系,如该力系的合力不等于零,则该回转件不平衡。此时在同一回转面内增加或减少一个平衡质量,使平衡质量产生的离心惯性力 F_b 与原有各偏心质量产生的离心偏心惯性力的矢量和 ΣF_i 相平衡,即

$$F = \Sigma F_i + F_b = 0$$

上式可改写成

$$m e \omega^2 = \Sigma m_i r_i \omega^2 + m_b r_b \omega^2 = 0$$

$$\Sigma m_i r_i + m_b r_b = 0 \tag{17.1}$$

式中:m_i、r_i 分别为回转平面内各偏心质量及其向径;m_b、r_b 分别为平衡质量及其向径;m、e

17.2 回转件的静平衡

分别为构件的总质量及其向径。$m\boldsymbol{r}$ 称为质径积。当 $e=0$，即总质量的质心与回转轴线重合时，构件对回转轴线的静力矩等于 0，称为静平衡。可见机械系统处于静平衡的条件是所有质径积的矢量和等于 0。

如图 17.1a 所示的盘形转子，已知同一回转平面内的不平衡质量 m_1、m_2、m_3 和 m_4，它们的向径分别为 $\boldsymbol{r}_1$、$\boldsymbol{r}_2$、$\boldsymbol{r}_3$ 和 $\boldsymbol{r}_4$，则

$$\sum m_i \boldsymbol{r}_i = m_1\boldsymbol{r}_1 + m_2\boldsymbol{r}_2 + m_3\boldsymbol{r}_3 + m_4\boldsymbol{r}_4$$

代入式(17.1)得

$$m_1\boldsymbol{r}_1 + m_2\boldsymbol{r}_2 + m_3\boldsymbol{r}_3 + m_4\boldsymbol{r}_4 + m_b\boldsymbol{r}_b = 0$$

此矢量方程式中只有 $m_b\boldsymbol{r}_b$ 未知，可用图解法进行求解。

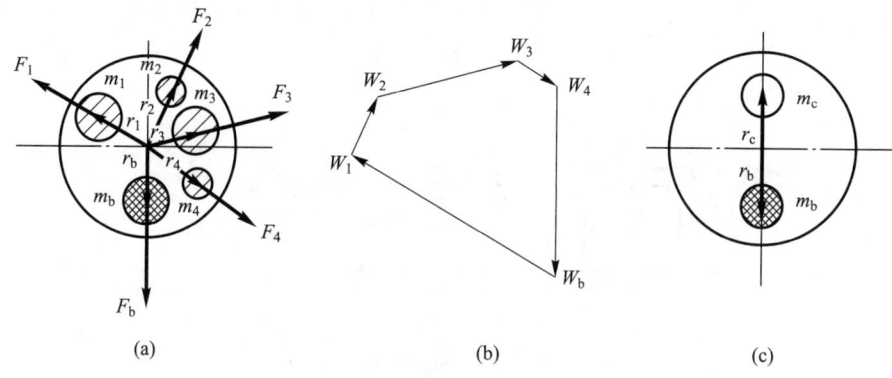

图 17.1 回转体的静平衡计算

如图 17.1b 所示，根据任一已知质径积选定比例尺 μ_W(kg·mm/mm)，按向径 $\boldsymbol{r}_1$、$\boldsymbol{r}_2$、$\boldsymbol{r}_3$ 和 $\boldsymbol{r}_4$ 的方向分别作矢量 $\boldsymbol{W}_1$、$\boldsymbol{W}_2$、$\boldsymbol{W}_3$ 和 $\boldsymbol{W}_4$，使其依次首尾相接，最后封闭图形的矢量 $\boldsymbol{W}_b$ 即代表了所求的平衡质径积 $m_b\boldsymbol{r}_b$。其大小为

$$m_b\boldsymbol{r}_b = \mu_W \boldsymbol{W}_b$$

根据结构特点选定合适的 $\boldsymbol{r}_b$，即可求出 m_b。然后沿 $\boldsymbol{r}_b$ 的方向上在半径为 $\boldsymbol{r}_b$ 的位置处加上一个质量 m_b，就可使回转件得到平衡。也可以在 $\boldsymbol{r}_b$ 的相反方向上去掉一个质量 m_c，使 $m_c\boldsymbol{r}_c = -m_b\boldsymbol{r}_b$，如图 17.1c 所示。如果结构上允许，尽量将 $\boldsymbol{r}_b$ 选得大些以减小 m_b，避免总质量增加过多。

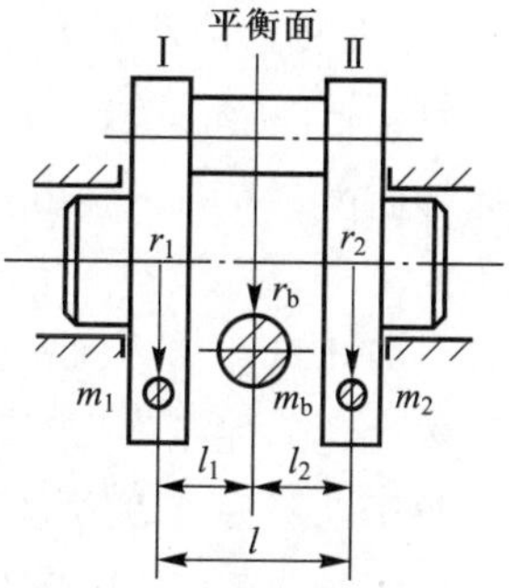

如果结构上不允许在所需平衡的回转面内增、减平衡质量，如图 17.2 所示的单缸曲轴，则可另选两个校正平面Ⅰ和Ⅱ，在这两个平面内增加平衡质量，使回转件得到平衡。根据理论力学的平行力合成原理可得

图 17.2 单缸曲轴的静平衡

$$\left.\begin{aligned} m_1 r_1 &= \frac{l_2}{l} m_b r_b \\ m_2 r_2 &= \frac{l_1}{l} m_b r_b \end{aligned}\right\} \quad (17.2)$$

当选定回转半径 r_1 和 r_2 后,就可求出应加质量 m_1 和 m_2。

17.2.2　回转件的静平衡试验

经过平衡计算后加上平衡质量的回转件理论上已完全平衡,但由于制造和装配的误差及材质不均等原因,实际上达不到预期的平衡。另外造成不平衡的因素有很大的随机性,因此只能用试验的方法对重要的回转件逐个进行平衡试验。

静平衡试验所用的设备称为静平衡架,如图 17.3 所示。将需要平衡的回转件放置在两个相互平行的刀口形导轨上,若回转件的质心不在回转轴线上,则回转件将在重力矩的作用下发生滚动,当停止滚动时质心必在正下方。这时在质心位置的正对方用橡皮泥加一平衡质量,然后继续做试验,并逐步调整橡皮泥的大小与方位,直至该回转件在任意位置均能保持静止为止。此时回转件的总质心已位于回转轴线上,回转件达到静平衡。根据最后橡皮泥的质量与位置,在构件相应位置上增加(或减少)相同质量的材料,使构件达到静平衡。

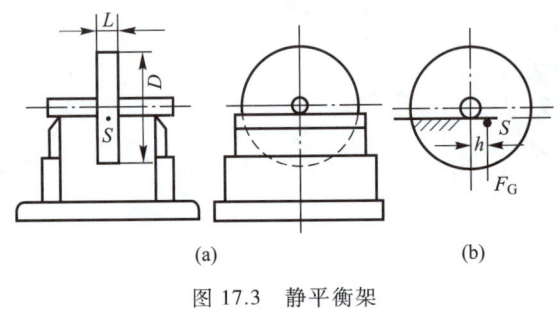

图 17.3　静平衡架

17.3　回转件的动平衡

17.3.1　回转件的动平衡计算

对于轴向宽度大($L/D>0.2$)的回转件,如机床主轴、电动转子等,其质量分布不是在同一回转面内,但可以看作分布在垂直于轴线的许多相互平行的回转面内,这类回转件转动时产生的离心力构成空间力系。要使这个空间力系达到平衡就必须使其合力及合力偶矩均等于零。因此只在某一回转面内加平衡质量的静平衡方法并不能使其在回转时得到平衡。使回转体达到上述条件所得到的平衡称为动平衡。

关于动平衡计算方法可参阅有关教材,在此略。

需要指出的是,由于动平衡条件中同时包含了静平衡条件,所以经过动平衡的回转件一定是静平衡的,但静平衡的回转件不一定达到动平衡。

17.3.2　回转件的动平衡试验

对于 $L/D>0.2$ 的回转件应作动平衡试验。利用专门的动平衡试验机可以确定不平衡质量、向径确切的大小和位置,从而在两个确定的平面上加上(或减去)平衡质量,这就是动平衡试验。动平衡机种类很多,除了机械式、电子式的动平衡机外,还有激光动平衡机、带真空筒的大型高速动平衡机和整机平衡用的测振动平衡仪等。关于这些动平衡机的详细情况,可参考有关产品的样本和试验指导书。

对于经过平衡的回转件,可用平衡精度 A 来表示回转件平衡的优良程度。$A=[e]\omega/1\,000(\text{mm/s})$,其中 $[e]$ 为许用质心偏距(μm),ω 为回转角速度。典型回转件的精度等级可查有关手册。

17.4 机器速度波动的调节

17.4.1 机器速度波动的原因及类型

机器从启动到停止一般经过三个阶段,如图 17.4 所示。

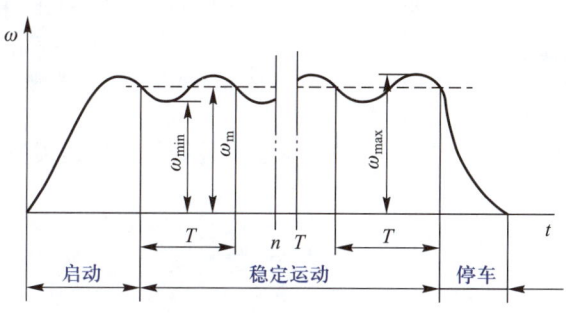

图 17.4 机器的运转过程

1. 启动阶段

机器从静止状态启动到开始稳定运转的过程称为启动阶段。在启动阶段中驱动功大于总消耗功(工作阻力功和损耗功之和),驱动功的剩余部分用来增加机器的动能,因此在启动阶段机器主轴作加速运动。

2. 稳定运转阶段

当驱动功与总消耗功相等时,机器的动能不再增加,机器的速度保持等速或绕某一速度作周期性波动。

3. 停车阶段

当撤去驱动力开始停车时,机器的驱动功变为零。此时机器凭借稳定运转时具有的动能克服阻力做功,机器的动能逐渐减少,主轴转速逐渐下降。当储存的动能全部耗尽时机器完全停止运转。

可见,机器运转时其驱动功与总消耗功并不是在每一瞬时都相等的。由能量守恒定律可知,在任一时间间隔内驱动功和总消耗功之差应等于该时间间隔内机器动能的变化,即

$$W_{ed} - W_{er} = E_2 - E_1 = \Delta E \tag{17.3}$$

式中,W_{ed} 和 W_{er} 分别为任意时间间隔内的驱动功和总消耗功,E_1 和 E_2 分别为该时间间隔开始时和终止时机器的动能。

大多数机器在稳定运转阶段的速度并不是恒定的。机器主轴的速度从某一值开始又回复到这一值的变化过程,称为一个运动循环,其所对应的时间 T 称为运动周期。对一个运动周期内的某一时间间隔而言,驱动功不一定等于总消耗功,因此机器的动能要发生变化,机器的速度也会发生波动,到一个运动周期完成后速度又回到原来的值,这种速度波动称为周期性速度波动。

周期性速度波动可采用有足够大转动惯量的飞轮加以调节。当驱动功大于总消耗功

时,多余的能量被飞轮以动能的形式储存起来,从而使机器的速度增幅不大。当驱动功小于总消耗功时,飞轮将储存的能量释放出来,从而使机器的速度减幅不大。这样降低了机器速度波动的幅度。适当设计飞轮的转动惯量可把周期性的速度波动限制在允许的范围内。

如果驱动力或工作阻力无规律地变化,使机器运转速度的波动没有一定的规律,则称为非周期性速度波动。如在一段较长的时间内驱动功总是大于总消耗功,机器的速度将持续上升,直到超过机器所允许的极限速度而导致机器损坏;反之若驱动功总是小于总消耗功,则机器的速度将不断下降直至停车。例如汽轮发电机组在供气量不变而用电量突然增减时,就会出现上述两种情况。这种非周期性速度波动不能用飞轮来调节,必须采用调速器。

17.4.2 周期性速度波动的调节

1. 机械运转的平均角速度和不均匀系数

周期性运转的机器在一个周期内主轴的角速度是绕某一角速度变化的。其平均角速度 ω_m 为

$$\omega_m = \frac{\omega_{max} + \omega_{min}}{2} \tag{17.4}$$

式中,ω_{max}、ω_{min} 分别为一个周期内主轴的最大角速度和最小角速度。工程上往往用角速度波动幅度与平均角速度的比值来衡量机器运转的不均匀程度。这个比值称为机械运转的不均匀系数 δ,即

$$\delta = \frac{\omega_{max} - \omega_{min}}{\omega_m} \tag{17.5}$$

由上式可知,当 ω_m 一定时,δ 越小则 ω_{max} 与 ω_{min} 之差越小,表示机械运转越均匀,运转的平稳性越好。不同机械其运转平稳性的要求也不同,也就有不同的许用不均匀系数 $[\delta]$,表 17.1 列出了一些机械的许用不均匀系数 $[\delta]$ 的值。

表 17.1　机械运转的许用不均匀系数 $[\delta]$ 值

机械名称	$[\delta]$	机械名称	$[\delta]$
碎石机	1/5 ~ 1/20	汽车、拖拉机	1/20 ~ 1/60
冲、剪、锻机	1/7 ~ 1/20	纺纱机	1/60 ~ 1/100
轧钢机	1/10 ~ 1/25	压缩机	1/50 ~ 1/100
农业机械	1/5 ~ 1/50	内燃机	1/80 ~ 1/150
织布、印刷、制粉机	1/10 ~ 1/50	直流发电机	1/100 ~ 1/200
金属切削机床	1/20 ~ 1/50	交流发电机	1/200 ~ 1/300

为了使设计机械的速度不均匀系数不超过许用值,则应满足条件 $\delta = [\delta]$。

若已知机械的 ω_m 和 δ 值,可由式(17.4)、式(17.5)求得最大角速度 ω_{max} 和最小角速度 ω_{min},即

$$\omega_{max} = \omega_m \left(1 + \frac{\delta}{2}\right)$$

$$\omega_{min} = \omega_m \left(1 - \frac{\delta}{2}\right)$$

$$\omega_{max}^2 - \omega_{min}^2 = 2\delta\omega_m^2 \tag{17.6}$$

2. 飞轮转动惯量的计算

飞轮设计的基本问题是根据机械主轴实际的平均角速度 ω_m 和许用不均匀系数 $[\delta]$，按功能原理确定飞轮的转动惯量 J_F。

在一般机械中，飞轮以外构件的转动惯量与飞轮相比都非常小，故在近似计算中可认为飞轮的动能就是整个机械的动能。当飞轮处于最大角速度 ω_{max} 时，具有最大动能 E_{max}；当其处在最小角速度 ω_{min} 时，具有最小动能 E_{min}。机械在一个运动周期内能量变化称为最大盈亏功，它也是飞轮在一个周期内动能的最大变化量，因此

$$W_{max} = E_{max} - E_{min} = \frac{1}{2} J_F (\omega_{max}^2 - \omega_{min}^2)$$

式中：W_{max} 为最大盈亏功；J_F 为飞轮的转动惯量。将式(17.6)代入上式可得

$$J_F = \frac{W_{max}}{\omega_m^2 \delta} = \frac{900 W_{max}}{\pi^2 n^2 \delta} \tag{17.7}$$

式中：n 为飞轮转速，单位为 r/min。

由上式可见，确定飞轮转动惯量的关键是确定最大盈亏功 W_{max}。而功的变化为 $\Delta W = \int_0^\varphi (M_{ed} - M_{er}) \mathrm{d}\varphi$，等号右边表示等效驱动力矩曲线与等效阻力矩曲线之间所夹的面积，如图 17.5a 所示的阴影面积。图 17.5 所示为机械在平稳运转一周期内驱动力矩 M_{ed} 和阻力矩 M_{er} 的变化曲线。$M_{ed}(\varphi)$ 和 $M_{er}(\varphi)$ 所包围阴影面积的大小反映了相应转角区段上驱动力矩功和阻力矩功差值的大小。如在区段 (φ_b, φ_c) 中驱动力矩功大于阻力矩功，称为盈功。反之在区段 (φ_c, φ_d) 中阻力矩功大于驱动力矩功，称为亏功。

由于功在一个周期范围内的变化 ΔW 是两条曲线所夹的面积之差，即周期内所有正负面积的累积代数差。因此，图 17.5b 中的 ΔW 曲线上各点的坐标值是表示在这个坐标点以前的力矩曲线上所有正负面积的代数和。有些

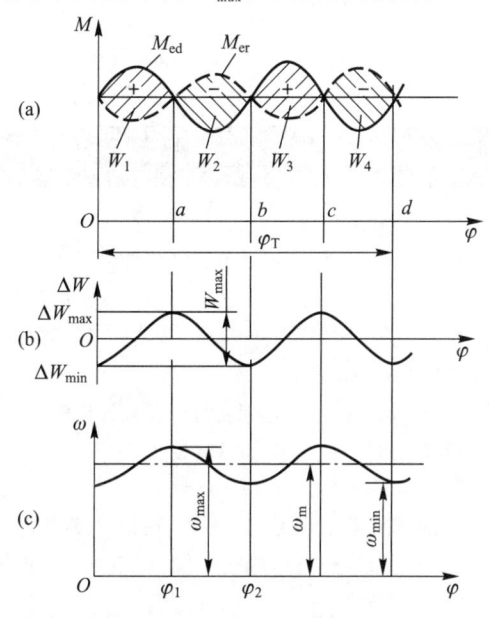

图 17.5 最大盈亏功的确定

机械系统中的等效力矩曲线，在一个整周期内可能有几个正负峰值，其功的变化曲线也将有几个正负峰值，而最大盈亏功 W_{max} 则应取 ΔW 曲线上正峰值与负峰值之差。求得最大盈亏功后，可按式(17.7)得出所设计飞轮的转动惯量，然后可按照不同截面形状的转动惯量计算公式设计出飞轮的主要尺寸。另外，由式(17.7)可知，飞轮转动惯量的大小与飞轮轴转速的平方成反比，因此飞轮应该安装在转速较高的轴上，通常都安装在机器的主轴上。

注意：在机械中飞轮不一定是特意增加的专门零件，也可以用增大带轮或齿轮的尺寸和质量的方法，使它们兼起飞轮的作用。

17.4.3 非周期性速度波动的调节

如前所述,非周期性速度波动的调节必须采用调速器。

调速器是基于反馈原理进行工作的。它在机器速度升高时,自动削减输入机器的能量,即减小驱动力所做的功;在机器速度降低时,增加输入机器的能量以稳定机器的速度。调速器的种类很多,有纯机械式调速器,也有包含了电气或电子元件的调速器。下面仅简单介绍机械式调速器。

图 17.6 所示为柴油机离心调速器的工作原理图。当工作机 1 的负荷突然减小时,柴油机 2 的输出转速升高,通过齿轮 3、4 使调速器的转速也升高。由于离心运动,重球 G 和 G' 将绕轴 A 和 B 向外扩张,推动套筒与压缩弹簧向左移动。通过套环 6 和小连杆等将节流阀门 V 关小,以减少供油量,从而使柴油机转速下降。若转速过低,重球 G 和 G' 的离心力减小,弹簧将推动套环 6 右移,节流阀门 V 开大,增加供油量,使柴油机转速回升,这样可将柴油机转速稳定在某个数值附近。

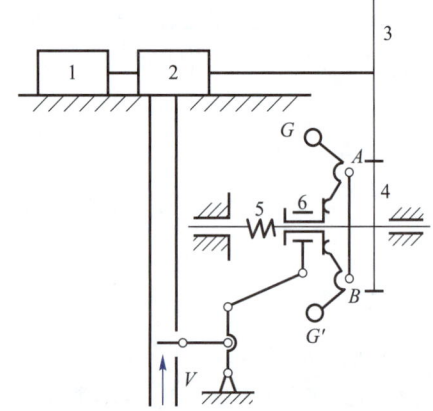

图 17.6 离心调速器

机械式调速器灵敏度低,结构复杂,在近代机械中已逐步被液压和电子调速装置取代。

复习题

17.1 刚性回转件的平衡有哪几种情况?如何计算?从力学观点看,它们各有什么特点?

17.2 怎样的回转件需要进行动平衡?需要几个校正平面?

17.3 为了减轻飞轮的重量,飞轮最好安装在何处?它能否安装在有自锁性的蜗轮轴上?能否安装在万向联轴器的变速轴上?

17.4 机械的平衡与调速都可以减轻机械上的动载荷,但两者有何本质区别?

17.5 如图所示,圆盘回转件上有三个不平衡质量:$m_1 = 2$ kg,$m_2 = 3$ kg,$m_3 = 2$ kg,$r_1 = 120$ mm,$r_2 = 100$ mm,$r_3 = 110$ mm,$\alpha_1 = 30°$,$\alpha_2 = 60°$,$\alpha_3 = 120°$。1) 若考虑在圆盘平面 a-a 中 $r = 150$ mm 的圆周上加平衡质量,试求该平衡质量的大小和方位;2) 若因结构原因,需将平衡质量加在图中Ⅰ、Ⅱ平面内,且已知 $L_1 = 150$ mm,$L_2 = 250$ mm,试求平衡平面Ⅰ、Ⅱ内应加的平衡质径积。

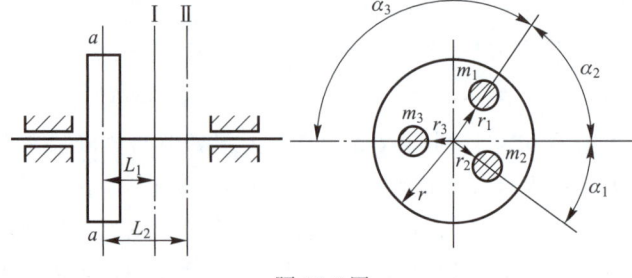

题 17.5 图

17.6 图示为一厚度 $B=10$ mm 的钢制凸轮,质量为 $m=0.8$ kg,质心 S 离轴心的偏距 $e=2$ mm。为了平衡此凸轮,拟在 $R=30$ mm 的圆周上钻 3 个直径相同且相互错开 60° 的孔。试求应钻孔的直径 d。(已知钢材密度 $\rho=7.8\times10^{-6}$ kg/mm³)

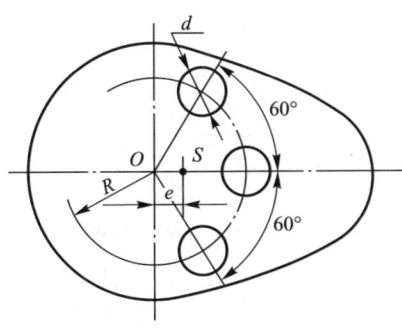

题 17.6 图

参 考 文 献

[1] 陈立德. 机器设计. 南京:南京大学出版社,1993.
[2] 吕慧瑛. 机械设计. 成都:成都科技大学出版社,1997.
[3] 唐照民. 机械设计. 西安:西安交通大学出版社,1995.
[4] 黄森彬. 机械设计基础. 2版.北京:高等教育出版社,2008.
[5] 黄锡恺. 机械原理. 6版. 北京:高等教育出版社,1989.
[6] 濮良贵,陈国定等. 机械设计. 5版. 北京:高等教育出版社,2024.
[7] 邱宣怀. 机械设计. 4版. 北京:高等教育出版社,2004.
[8] 郑志祥. 机械零件. 2版.北京:高等教育出版社,2000.
[9] 徐锦康. 机械原理. 北京:机械工业出版社,1994.
[10] 黄文灿. 机械设计基础. 北京:机械工业出版社,1992.
[11] 吴宗泽. 机械零件. 北京:中央广播电视大学出版社,1986.
[12] 徐灏. 新编机械设计师手册. 北京:机械工业出版社,1995.
[13] 《现代机械传动手册》编辑委员会. 现代机械传动手册. 北京:机械工业出版社,2002.
[14] 陈榕林. 机械设计应用手册. 北京:科学技术文献出版社,1995.
[15] 沈乐年. 机械设计基础. 北京:清华大学出版社,1997.
[16] 邓昭铭,卢耀舜,周杰. 机械设计基础 5版. 北京:高等教育出版社,2023.
[17] 田竹友,郭莹. 微机在机械原理中的应用. 北京:机械工业出版社,1994.
[18] 孙靖民,王新荣等. 现代机械设计方法选讲:修订版.哈尔滨:哈尔滨工业大学出版社,1998.
[19] Spotts M F. 机械零件设计. 陆传,朱复谦,译. 南宁:广西人民出版社,1985.
[20] 王中发. 机械设计. 北京:北京理工大学出版社,2007.
[21] 姜柳林. 机械CAD基础实践. 北京:高等教育出版社,1998.
[22] 陈立德. 机器设计. 上海:上海交通大学出版社,2002.
[23] 吴宗泽,冼建生. 机械零件设计手册. 2版. 北京:机械工业出版社,2013.
[24] 陈立德. 机械设计基础. 4版.北京:高等教育出版社,2020.
[25] 濮良贵,纪名刚. 机械设计学习指南. 4版. 北京:高等教育出版社,2001.
[26] 陈立德,罗卫平. 机械设计基础. 5版.北京:高等教育出版社,2019.

郑重声明

高等教育出版社依法对本书享有专有出版权。任何未经许可的复制、销售行为均违反《中华人民共和国著作权法》,其行为人将承担相应的民事责任和行政责任;构成犯罪的,将被依法追究刑事责任。为了维护市场秩序,保护读者的合法权益,避免读者误用盗版书造成不良后果,我社将配合行政执法部门和司法机关对违法犯罪的单位和个人进行严厉打击。社会各界人士如发现上述侵权行为,希望及时举报,我社将奖励举报有功人员。

反盗版举报电话　（010）58581999　58582371
反盗版举报邮箱　dd@hep.com.cn
通信地址　北京市西城区德外大街4号
　　　　　高等教育出版社知识产权与法律事务部
邮政编码　100120

读者意见反馈

为收集对教材的意见建议,进一步完善教材编写并做好服务工作,读者可将对本教材的意见建议通过如下渠道反馈至我社。

咨询电话　400-810-0598
反馈邮箱　gjdzfwb@pub.hep.cn
通信地址　北京市朝阳区惠新东街4号富盛大厦1座
　　　　　高等教育出版社总编辑办公室
邮政编码　100029

授课教师如需获得本书配套教辅资源,请登录"高等教育出版社产品信息检索系统"(https://xuanshu.hep.com.cn/)搜索下载,首次使用本系统的用户,请先进行注册并完成教师资格认证。

防伪查询说明

用户购书后刮开封底防伪涂层,使用手机微信等软件扫描二维码,会跳转至防伪查询网页,获得所购图书详细信息。

防伪客服电话　（010）58582300